Benedikt Sepp
Das Prinzip Bewegung

MODERNE ZEIT

Neue Forschungen zur Gesellschafts- und Kulturgeschichte
des 19. und 20. Jahrhunderts

Band XXXV

Herausgegeben von
Jan Eckel, Ulrich Herbert,
Sven Reichardt und Lutz Raphael

Benedikt Sepp

Das Prinzip Bewegung

Theorie, Praxis und Radikalisierung
in der West-Berliner Linken
1961 – 1972

WALLSTEIN VERLAG

Gedruckt mit freundlicher Unterstützung
der Dr. August und Annelies Karst Stiftung,
der Geschwister Boehringer Ingelheim Stiftung
für Geisteswissenschaften in Ingelheim am Rhein
und dem Historischen Seminar der
Ludwig-Maximilians-Universität München

Für K »F1« M

Bibliografische Information der Deutschen Nationalbibliothek
Die Deutsche Nationalbibliothek verzeichnet diese Publikation in der
Deutschen Nationalbibliografie; detaillierte bibliografische Daten
sind im Internet über http://dnb.d-nb.de abrufbar.

© Wallstein Verlag, Göttingen 2023
www.wallstein-verlag.de
Zugl. Dissertation Universität Konstanz
Erstgutachter: Sven Reichardt, Zweitgutachter: Philipp Felsch
Datum der Prüfung: 18.3.2021
Redaktion: Jörg Später
Vom Verlag gesetzt aus der Adobe Garamond
Umschlagbild: Während der Eröffnung in der ersten Reihe der
SDS-Bundesvorstand (l-r): Bernd Rabehl (Berlin), Frank Wolff
(Frankfurt, 2. Vorsitzender), Karl-Dietrich Wolff (Freiburg, 1. Vorsitzender)
und Hans Jürgen Krahl (Frankfurt). Dahinter das Präsidium mit (l-r):
Theodor Leithäuser, Helmut Richter, Hanne Niegbuhr und Dirk Müller. Vom
29.-31.03.1968 fand in Frankfurt am Main die Bundesdelegiertenkonferenz des
Sozialistischen Deutschen Studentenbundes (SDS) statt. (c) dpa – Report
Druck und Verarbeitung: Hubert & Co, Göttingen

ISBN 978-3-8353-5324-4

Inhalt

Einleitung 9

Mit der Theorie der Praxis zur Praxis der Theorie:
Hinführung und Fragestellung 9
Ist Theoriegeschichte Ideengeschichte? 11 — Von der Theorie zur Bewegung 14 — Fragestellung 18 — Theoretischer Zugriff 19

Untersuchungsgegenstände und Untersuchungszeitraum 23

Forschungsstand 25

Quellen 28

Aufbau der Studie............................... 30

1. Theorie als Praxis. Der Sozialistische Deutsche
   Studentenbund 32

   Praxisfragen als Identitätsfragen................... 33
   »Der radikal fragende Student«: Intellektuelle Selbstentwürfe 34 — Theorie als Praxis der Intellektuellen 37

   Wissensbäume und Karteikarten: Die Organisation
   der Theoriearbeit 40

   Am »Marterpfahl der Theorie«: Theoriearbeit als Lebensform   48

2. Theorie oder Praxis. SDS und Subversive Aktion 61

   Aufklärung als Praxis: Theoriekritik im SDS 63
   »Theorie heißt Hilflosigkeit« 63 — Aufklärung und Bündnispolitik 68 — Bewusstsein in Bewegung bringen: Die »Strategie der direkten Aktion« 70 — Wie Fische im Wasser der Öffentlichkeit 73

   Sprungbrett in die Wirklichkeit: Die Subversive Aktion..... 75
   Kunst gegen Marxismus: Situationisten und SPUR 76 — »Intellektuelles Tasten«: Unverbindliche Richtlinien 79 — Dekadente Theorie, asketische Praxis 85

   Theorie und Praxis als Akteurskategorien 91

3. Theorie zur Praxis. Die Entwicklung
der antiautoritären Fraktion im SDS 94

Von der Analyse zur Aktion: Interpretationen
des Vietnamkriegs 97
Vom Antikolonialismus zum Antiimperialismus 97 — Zwischen T(herapie) und T(error): Die Plakataktion 103 — Heimlich Lachen: Der erste Vietnamkongress 108

»Subversiv konspirieren«: Die Konsolidierung
der antiautoritären Fraktion 113
Erste Schritte: Der Arbeitskreis »Formierte Gesellschaft« 113 — Kein Kanon: Die Auseinandersetzung um das Schulungsprogramm 115

Jenseits von »praxisfremder Theorie« und »theorielosem
Aktivismus«: Der Beginn einer Bewegung 118

4. Denken in Bewegung. »Bewegung« als Schlüsselbegriff
für Theorie, Praxis, Habitus und Organisation 125

Vorüberlegungen: Was bewegt eine Bewegung? 128

Die Eklektik der Aufklärung 132

Antiautoritäre Autoritäten 138

Außer Atem 141

5. Theorie und Praxis. Die Hochphase der Bewegung . . . 145

Flucht nach vorn: Die Wochen nach dem 2. Juni 146
Bauern fangen: Eine kurze Hochzeit der Aufklärung 146 — Machtergreifung in Pichelsdorf 154

»Die Bewegung in Bewegung setzen«: Eine Eskalationsstrategie 157
Verflüssigungen 159 — »...denn sie wissen nicht, was sie tun«: Ein Tonbandmitschnitt 168 — »Viel Rennen« 173

Die Welle bricht 176
Berliner Winter 181 — Einmal Tragödie, einmal Farce: »Die antiautoritäre Revolte im SDS« 182

6. Hartes Denken. Marxismus als unbewegte Theorie . . 186

Steckengeblieben: Krisenerzählungen der Bewegung 188
Karate *und* Mao 194
»Wer jetzt noch theoretisiert, gehört nicht mehr zu uns« 207
Was leistete der Marxismus? 210 — Lesen lernen 214
Klarheit vor Einheit: Das Ende der Mehrdeutigkeit 219

7. Praxis gegen Theorie. Kumulative Radikalisierungen . . 223

»Den Kampf zweier Linien führen« – Rote Zellen
und ML-Bewegung 224
Revolutionäre Berufspraxis ... 224 —...oder berufsrevolutionäre Praxis? 230 — ROTZEG gegen ML – Blaupause zukünftiger Konflikte 233
Die RPK-Konferenz 236

8. Ins schwarze Loch. PL/PI und KPD-AO 244

Projektgruppe Elektroindustrie – Proletarische Linke/
Parteiinitiative 255
»Unser theoretisches Rüstzeug war leicht ...«: Die »Projektgruppe Elektroindustrie« 255 — Neustart als Kaderpartei: Die »Proletarische Linke/Parteiinitiative« 260 — Theorie (hausgemacht) 263 — Disziplinierte Selbstzerstörung 268

Die Kommunistische Partei Deutschlands –
Aufbauorganisation (KPD-AO). 270
Vom »Thesenpapier« zur Parteigründung 271 — »die gefahr seelischer verhärtung«: Lebenswelt Kaderpartei 284

Ein Erklärungsversuch 303

Was Theorie war. Zusammenfassung und Ausblick 304

Dank 316

Anhang
*Transkription einiger Redebeiträge auf der AStA-Veranstaltung
»Internationale Konterrevolution« am 20. Oktober 1967
im Audimax der FU* 318

Quellen- und Literaturverzeichnis

    Archive 322

    Zeitungen, Zeitschriften, Periodika 322

    Gesprächsmaterial 322

    Ton- und Filmdokumente 323

    Internetdokumente 324

    Gedruckte Quellen und Forschungsliteratur 325

Einleitung

»Die Germanistik verhindert die Reflexion auf den Warencharakter literarischer Erzeugnisse, den sie im Spätkapitalismus zwangsläufig annehmen. Durch ihr immanentes Vorgehen verfällt sie dem Fetischcharakter der zu Waren gewordenen geistigen Produkte, insofern sie deren Geschichte nicht dechiffrieren kann und sie statt dessen auf enthistorisierte Strukturen (als ›das Walten der inneren Ordnung‹) abzieht (!) oder sie mit Hilfe ontologischer Begriffe ins Metaphysische verrätselt. Moderne literaturwissenschaftliche Bestrebungen, die von der expliziten Ideologie ablassen, beschreiben bewußtlos den Zustand der gesellschaftlichen Warenproduktion.«[1]

»Nichts läßt dieser Text von der Erregung, von der Hochspannung erahnen, die dieses Jahr prägten, nichts wird von den Personen, die agieren, sichtbar; man spürt nichts von dem Feuer und der Entdeckerfreude, mit der dieser Text geschrieben wurde [...] – Sätze, denen der Sinn abhanden gekommen ist. [...] Diese Texte sperren sich ab; [...] [m]an muß schon sehr aufmerksam lesen, um das an ihnen zu entdecken, was nicht karg und martialisch ist: den glühenden Ingrimm, die Lust an der Entdeckung einer Sprache des Nein [...]. Vielleicht spürt man die Ergriffenheit im Umgang mit einer neuentdeckten Sprache, ihren großspurigen Ungetümen und ihrem hinreißenden Geklapper; so selbstsicher wir damals dieses neue Idiom – das wie ein wunderbarer autogenerativer Motor lief – sprachen, wir blickten auch staunend zu ihm auf, wir erschauerten vor unseren eigenen Formulierungen.«[2]

Mit der Theorie der Praxis zur Praxis der Theorie: Hinführung und Fragestellung

Wenige Erinnerungen an die Studentenrevolte von »1968« kommen ohne eine Erwähnung des Theoriehungers aus, der die jungen Revolutionäre durch dicke Bände und nächtelange Diskussionen quälte.[3] Eine »Explosion des Sprechens«[4], eine »Entfesselung von Kommunikation«[5],

---

1 Basisgruppe Walter-Benjamin-Institut, Schafft die Germanistik ab!, S. 434.
2 Schmid, Wirklichkeit eines Traums, S. 12.
3 Exemplarisch: o. A., Heute sind Designer Revolutionäre. Interview mit Peter Sloterdijk, in: Der Spiegel vom 29.01.2007, S. 148, stärker themenzentriert Liessmann, Soviel Theorie.
4 Mercer, Paperback, S. 613.
5 Nassehi, Gab es 1968?, S. 41.

von einem »eigentümliche[n] deutsche[n] Theorie-Fanatismus«[6] geprägt, ja, eine »grandiose, gigantomane Theorie-Fresserei und Völlerei«[7] sei »68« gewesen: Als letzte Generation vor der Verbreitung des Computers seien die studierenden Rebellen »gleichsam die letzten Schriftgelehrten«[8] gewesen, deren Erfahrungen, Denken und Verhalten in besonderem Maße durch das Lesen geprägt wären. Und in der Tat: Abgesehen von vereinzelten Nischen mutet das extensive Lesen und Diskutieren dicker Bücher mit schwierigen Themen heute anachronistisch an – selbst in der politischen Linken gerät es schnell in den Verdacht der elitären, tendenziell maskulinen Besserwisserei.[9]

Auch Zeitzeuginnen und Zeitzeugen erscheint ihre manische Lektüre im Rückblick als eigenartig, fast spukhaft. Oft lösen Texte der Bewegung, mit zeitlichem Abstand wiedergelesen, Scham oder Unverständnis, teilweise regelrechte Enttäuschung aus: Den Reden, Positionspapieren, Analysen, Flugblättern scheint etwas zu fehlen – eine Lücke klafft zwischen den Worten auf dem Papier und den Emotionen, die damals mit ihnen verbunden waren.[10] Offenbar vermitteln die Texte in der Gegenwart nichts von der Dringlichkeit, der Dramatik und vor allem der Bedeutsamkeit, die sie zur Zeit ihrer Abfassung hatten. Vor allem aber, wie Friedrich Christian Delius anmerkt, suggerieren sie aus dem Zusammenhang ihrer Entstehung und ihres Gebrauchs gerissen eine Eindeutigkeit, die sie damals nicht unbedingt hatten:

»In Ausstellungen zum Thema sehe ich mir die Exponate nicht ohne das Gefühl von Peinlichkeit an. [...] Die Plakate, die Resolutionen, die Flugblätter, etliche Bücher, das meiste wirkt, wenn nicht schrecklich einfältig, dann doch schrecklich eindeutig [...] Überdies, die Exponate, auch wenn sie angestoßen sind, Anstreichungen oder Fettflecken aufweisen, kommen einem, so ausgestellt und von ihrem Apfelsinenkistenmilieu isoliert, wie gereinigt vor, reiner als sie einem in den

---

6 Koenen, Das rote Jahrzehnt, S. 189.
7 Diederichsen, Sexbeat, S. 36.
8 Münz-Koenen, Bilderflut, S. 89.
9 Meist in Gestalt der Figur des »Theorie-Mackers«, siehe etwa Theorie und Praxis (2014). Online verfügbar unter https://www.neues-deutschland.de/artikel/955718.folge-theorie-und-praxis-subst-die.html, zuletzt geprüft am 21.8.2020.
10 Etwa Schneider, Rebellion und Wahn, S. 280; Hartung, Versuch, S. 26; Schmid, Wirklichkeit eines Traums, S. 12; Timm, Freund, S. 159; »Radikalismus des Alles oder Nichts« (2008). Götz Aly im Gespräch mit Wolfgang Schneider. Online verfügbar unter https://www.boersenblatt.net/archiv/178419.html, zuletzt geprüft am 8.8.2020.

MIT DER THEORIE DER PRAXIS ZUR PRAXIS DER THEORIE

sechziger Jahren begegnet sind. Was damals relativ war, erscheint heute absolut.«[11]

Was damals relativ war, erscheint heute absolut: Was Delius heute an seinen oder den Texten seiner Freunde und Genossinnen befremdet, so scheint es, ist die durch die Ausstellung einzelner Texte hergestellte Kontextlosigkeit – eine Kontextlosigkeit, die ihren Inhalten mehr Bedeutung verleiht als ihnen in seinen Erinnerungen tatsächlich zukam. Offensichtlich lag der Kern der Theoriefaszination also nicht in den Texten selbst, weder in ihrem offenen Inhalt noch versteckt zwischen den Zeilen. Was genau damals von solch eminenter Wichtigkeit war, entzieht sich auf den ersten Blick dem zurückblickenden Zeitzeugen wie dem interessierten Historiker.

Ist Theoriegeschichte Ideengeschichte?

Bedeutet das, dass man grundsätzlich falsch ansetzt, wenn man die antiautoritäre Bewegung primär aus ihren Theorien und Texten heraus verstehen möchte? Nicht wenige Zeitzeugen sind dieser Ansicht. Auf einer Podiumsdiskussion 1986 in Amsterdam bemerkte der frühere Antiautoritäre Klaus Hartung – der Erinnerung Helmut Lethens nach –, dass man

> »völlig fehl[gehe], wenn man versuche, die 60er Jahre aufgrund der damals kursierenden Theorien zu rekonstruieren. Damit könne man vielleicht einen Lehrstuhl gewinnen, die Wirklichkeit aber hätte anders ausgesehen. Seine [Hartungs, B. S.] These: Man nahm, was gerade passte: den mittleren Marcuse, den politischen Marx, den Pädagogen Siegfried Bernfeld, Wilhelm Reich, Anna Freud ... Schriften schwammen wie Treibholz auf dem Strom.«[12]

Viele Akteurinnen und Akteure der Bewegung favorisieren im Rückblick eine solche Interpretation – zumindest gegenüber einer ideengeschichtlichen oder politikwissenschaftlichen Herangehensweise[13], die

11 Delius, Bücher, S. 79 f.
12 Lethen, Handorakel, S. 104.
13 Derartige Gesamtdarstellungen bzw. Systematisierungen antiautoritärer Theorie wurden meist in zeitlicher Nähe zu den Ereignissen verfasst, etwa Sontheimer, Elend; Vossberg, Studentenrevolte; Weiss, Ideologieentwicklung; neueren Datums sind Benicke, Von Adorno zu Mao und Greven, Systemopposition. Spezifisch zu Rudi Dutschkes theoretischen Ansätzen Karl, Rudi Dutschke; Landois, Konterrevolution; Prien, Dutschkismus. Eine emphatische Kurzzusammenfassung der wichtigsten theoretischen Einflüsse bietet Hanloser, Lek-

implizit oder explizit den Anspruch erhebt, die Bewegung aus einem »Kernbestand von Ideen, Wertvorstellungen, Erklärungsmustern, Wirklichkeitsdeutungen« heraus zu verstehen. Dieser zu rekonstruierende Kernbestand sei – so die wissenschaftliche Perspektive – durch »Ordnungsentwürfe von Intellektuellen und ihre Umsetzung in handlungsrelevante Zielvorstellungen«[14] bestimmt. Zeitzeugen hingegen weisen oft auf die lebensweltliche Dimension und das affektive Moment des studentischen Theoriehungers hin: das »Hochgefühl [...] einer ›historisch notwendigen‹ und ›wissenschaftlich begründeten‹ Utopie«[15] oder der »Rausch der Verallgemeinerung«[16] oder die permanente Diskussion über »alles«[17] sei viel wichtiger gewesen als die konkreten Inhalte von Theorien. Meist heben die Veteranen damit auch auf den Ge- und Missbrauch von Theorie als Medium der Machtausübung, Distinktion und Identitätsfestigung ab: Theorie sei so anziehend gewesen, weil man mit ihr Professoren und andere Autoritäten in Grund und Boden argumentieren konnte.[18] Mit Theoriekompetenz habe man zuweilen gar die Mitbewohner zur Küchenarbeit[19] und die Genossinnen zum Beischlaf[20] überreden können. In der aufgeheizten Atmosphäre des permanenten Tumults konnte Theorie als »autoritäres Machtmittel *par excellence*«[21] eingesetzt werden. Theorie diente mithin der Identitätsstiftung, mit der sich die revoltierenden Studierenden vom Establishment absetzten, ihre Kommilitoninnen und Kommilitonen beeindruckten[22] und einzelne

---

türe und Revolte. Einen Überblick bietet Kraushaar, Denkmodelle. Einen anderen Ansatz wählen diejenigen, die die Rezeption bestimmter Denkerinnen und Denker in der Bewegung in den Mittelpunkt stellen, etwa Roth, Rebellische Subjektivität; Dannemann, Georg Lukács. Einen zeitgenössischen Versuch, das »zögernde und schweifende Räsonnement« der Theorie der antiautoritären Bewegung auch in der Form ihrer Darstellung sichtbar zu machen, wagte Freydorf, Neuer Roter Katechismus (das Zitat ist auf S. 254) – das Buch besteht praktisch ausschließlich aus kurzen Zitaten aus Publikationen der Bewegung, die nebeneinander gestellt werden.
14 Gilcher-Holtey, Phantasie, S. 45.
15 Schneider, Rebellion und Wahn, S. 11.
16 Rutschky, Erfahrungshunger, S. 88.
17 Horx, Aufstand, S. 18.
18 Schneider, Simon, Identität, S. 84.
19 Hartung, Psychoanalyse, S. 153.
20 Reiche, Sexuelle Revolution, S. 60.
21 Koenen, Das rote Jahrzehnt, S. 144. Den Eindruck, dass Theorie auch ein spezifisch maskulin geprägtes Machtmittel sein konnte, hatte beispielsweise Fronius, Als Frau, S. 34 f.
22 Spix, Abschied, S. 127.

Begriffskünstler sich in ihrem Umfeld einen Platz schufen und verteidigten[23].

Sicherlich haftet dieser Deutung etwas Plausibles an – auch wenn man ihr ein gewisses rechtfertigendes Element nur schwer absprechen kann, gerade weil sie oft von Zeitzeuginnen und Zeitzeugen vorgebracht wird, die sich durch eine retrospektive Abwertung von dem heute gelegentlich erschreckend kompromisslos klingenden Ton der Texte der Zeit oder gar dem Schreckgespenst der RAF oder der maoistischen Kleinparteien der frühen Siebziger Jahre absetzen wollen: Es sei im Grunde doch eher um Rock'n'Roll oder moralische Empörung gegangen, das Reden von der gewaltsamen Revolution hingegen sei eher »theoretische Begleitmusik«[24].

Als ich mit meiner Dissertation begann, wollte ich zunächst den spezifischen Charakter und die spezifische Rolle der Theorie der antiautoritären Bewegung herausarbeiten, herleiten und verstehen. Anstatt aus den Texten der Zeit ein Theoriegebäude der antiautoritären Bewegung zusammenzuzimmern oder eine wie auch immer geartete Echtheit der Theorieorientierung oder Ernsthaftigkeit der intellektuellen Motive auf den Prüfstand zu stellen, soll hier danach gefragt werden, was all die verschiedenen Texte, Diskussionen und Gedanken denn eigentlich zu »Theorie« machte, welche Rolle diese »Theorie« im Wissen der Akteure spielte und welche Konsequenzen dieses Wissen auf diese und ihre Bewegung hatte. Solche Fragen zielen auf die Entstehung, den Wandel und subjektiven Sinn von Theorie in der Praxis ab; sie möchten erklären, welche Hoffnungen, Wünsche und Motive mit ihr verbunden wurden. Die Praxis der Theorie dergestalt aus ihrem zeitgenössischen Kontext heraus zu verstehen, wäre ein erster Schritt, um den scheinbaren Widerspruch zwischen lebendiger Bewegung und toter Theorie nicht weiter zu bedienen. Der zweite wäre es, danach zu fragen, wovon genau Friedrich Christian Delius die Texte der Sechziger Jahre »gereinigt« erschienen: was genau die Faszination der Theorie ausgemacht und warum die Attraktivität die Zeit nicht überdauert hat.

---

23 Niklewski, Theorie, S. 4.
24 Henning, Attraktion, S. 75. Verstehen könnte man so etwa Krippendorf, Moral und Engagement, S. 99. Konsequenterweise findet man diesen Befund in der Kritik orthodoxer Marxistinnen und Marxisten gespiegelt, etwa bei Holz, Rebellion – im ersten Fall möchte man quasi die Bewegung vor dem Marxismus, im zweiten Fall den Marxismus vor der Bewegung retten.

EINLEITUNG

Von der Theorie zur Bewegung

Erst in den vergangenen Jahren, dann allerdings mit Schwung ist die Theoriefaszination der Linken jenseits eines ideengeschichtlichen Zugriffs in den Fokus der Geschichts- und Kulturwissenschaften gerückt. Während in der breiten Öffentlichkeit insbesondere Philipp Felschs Studie über den Merve-Verlag[25] sowie Ulrich Raulffs Erinnerungen an die *Wilden Jahre des Lesens*[26] rezipiert wurden, die den Schwerpunkt auf die Konjunktur poststrukturalistischer Theorie in den 1970er Jahren legen, geraten derzeit zunehmend die theoretischen Suchbewegungen der »Neuen Linken« in den Sechziger Jahren in den Blick, die allzu lange im Schatten des Deutungsmusters »1968« stand.

Diese »Neue Linke« lässt sich als heterogener, aber doch erkennbarer »innerer Diskussionszusammenhang«[27] vor allem in Westeuropa und den USA beschreiben. Enttäuscht sowohl von der Anpassung der Sozialdemokratie an die kapitalistische Demokratie wie den Entwicklungen in den sozialistischen Staaten suchten vor allem Intellektuelle, Journalisten und Publizisten nach neuen Ansatzpunkten für linke Politik und knüpften dabei oft an nicht-dogmatische theoretische Traditionen des Marxismus an.[28] Ihr Fokus auf Rekonstruktion und Diskussion linker Theorie jenseits der Parteidoktrinen war also nicht nur ein »Distinktionsmerkmal«[29] zur »Alten Linken« – vor allem in der Bundesrepublik –, sondern auch eine Praxis: Es ging darum, vor allem mittels neu gegründeter Zeitschriften[30] eine diskutierende Gegenöffentlichkeit zu schaffen. Gerade weil man keine Organisationen und Verbände gründen wollte, spielte

---

25 Felsch, Sommer der Theorie.
26 Raulff, Wiedersehen mit den Siebzigern. Ergänzend das Themenheft »Droge Theorie« der Zeitschrift für Ideengeschichte 6 (2012), H. 4, auch Göttel, Wessely, Im Vorraum.
27 Kollritsch, Konzept der Neuen Linken, S. 56.
28 Sassoon, One hundred years, S. 385-387. Die »Neue Linke« ist hier etwas verkürzt dargestellt; Uwe Sonnenberg weist etwa zu Recht darauf hin, dass man um 1960 bereits von zwei »Generationen« der Neuen Linken ausgehen müsse, nämlich denjenigen, die noch im antifaschistischen Kampf der Dreißiger und Vierziger Jahre politisch sozialisiert wurden, und denjenigen, die ihre politischen Erfahrungen später sammelten, siehe Sonnenberg, Von Marx zum Maulwurf, S. 44.
29 Felsch, Sommer der Theorie, S. 49.
30 Zur Bedeutung der Herausgabe von Zeitschriften für linksintellektuelle Milieus siehe vor allem Grunewald, Bock, Zeitschriften.

die Herausgabe von Zeitschriften daher eine bedeutende Rolle für die Gemeinschaftsbildung der »Neuen Linken«.[31]

Der vielzitierte »Theoriehunger« der antiautoritären Studentenbewegung im engeren Sinne ist sicher ein Teil dieser Geschichte, in der die 1960er und 1970er Jahre als Epoche der »Suhrkamp-Kultur«[32] oder als Zeitalter der Theorie, der intellektuellen Debatte und Kritik gezeichnet werden. Dennoch geht das manische Lesefieber der von der antiautoritären Bewegung Bewegten, vor allem aber die eruptive Entwicklung dieser Bewegung, ihre Hinwendung zu einem teilweise rabiaten Anti-Intellektualismus und auch zu einer Anti-Theoriehaltung, ihr schneller Zerfall und die Transformation von Teilen der ehemaligen Bewegungsprotagonisten in autoritäre Kleinstparteien nicht vollständig in der Geschichte der »Generation Theorie«[33] auf – vor allem weil die Bewegung sich maßgeblich gerade durch einen Gestus der Abgrenzung von der Theorieorientierung der »Neuen Linken« konstituierte (wenn auch die Überschneidungen und Verbindungen natürlich groß waren). Dieses Buch geht also davon aus, dass Charakter und Rolle von »Theorie« in der antiautoritären Bewegung nicht verstanden werden können, ohne den spezifischen Charakter dieser Bewegung selbst zu verstehen – und dieser Charakter der Bewegung wiederum, so die These, war untrennbar mit einem spezifischen Begriff von Theorie verbunden, der nicht vollständig in einer Untersuchung von Theorie als Literaturgenre aufgeht.

Dass »Theorie« für die antiautoritäre Bewegung sowohl Kampfbegriff als auch soziale Zuschreibung sein konnte, mit der die hier behandelten Akteure sich und andere charakterisierten und positionierten, hatte viel mit der Macht- und Traditionslosigkeit zu tun, in der sich die intellektuelle Linke in der Bundesrepublik zu Beginn der 1960er Jahre wähnte. Während manche von ihnen – allen voran Adorno[34] – Theorie als die den Intellektuellen zukommende Form von Praxis sahen, herrschte in

31 Zur bundesdeutschen Neuen Linken Tolomelli, Repressiv getrennt; Heigl, Oppositionspolitik; Jünke, Linkssozialismus; Frey, Vor Achtundsechzig. Eine luzide Geschichte der Verbindung der linken Bewegungen der Zwischenkriegszeit zur antiautoritären Bewegung hat kürzlich Terence Renaud vorgelegt: Renaud, New Lefts. Spezifisch zur Theorie (vor allem) der bundesdeutschen Neuen Linken siehe das Themenheft »Der Zauber der Theorie« der Zeitschrift Arbeit Bewegung Geschichte 17 (2018), H. 2.
32 So der Literaturkritiker George Steiner in einer Adorno-Rezension, siehe Steiner, George, Adorno: Love and Cognition, in: Times Literary Supplement vom 09.03.1973, S. 253-255.
33 So der Klappentext von Raulff, Wiedersehen mit den Siebzigern.
34 »Denken ist ein Tun, Theorie eine Gestalt von Praxis«, schrieb Adorno, der gerade unter dem Eindruck der Studentenrevolte versuchte, die Theorie vor

anderen Teilen des linksintellektuellen Milieus ein regelrechter »Haß auf die Theorie«[35] vor – denn die Fokussierung auf Theorie bedeutete, dass die Aussicht auf Praxis versperrt war. Dass »die Durststrecke zwischen Theorie und Praxis [...] in der heutigen Lage ungewöhnlich lang«[36] war, stellte für viele Linke ein permanentes Problem dar: Die »Einheit von Theorie und Praxis, nach der wir alle schreien«[37], sollte daher ein unbedingt anzustrebendes, wenn auch fernes Ziel sein – denn gesucht wurde ja nicht nach irgendetwas, was man außer reden sonst tun konnte, sondern nach einem Weg, Theorie und Praxis interagieren zu lassen: Theorie sollte Praxis denkbar machen, diese Praxis dann wiederum die Theorie verbessern. Theorie zu erarbeiten, die sich nicht mit ihrer eigenen Denkbarkeit begnügte, stellte sich vielen Akteuren im linksintellektuellen Milieu somit als zunehmend drängender Anspruch.

Dass »Theorie« nun erst in Relation zur »Praxis« wirklich zur »Theorie« wurde, mag zunächst als banale Beobachtung erscheinen, zumal die Forderung nach einer »Einheit von Theorie und Praxis« spätestens seit Marx zum Selbstverständnis nahezu aller linken Bewegungen gehörte.[38] Mitte der 1960er Jahre – und das machte das besondere Moment der antiautoritären Bewegung aus – waren sowohl »Theorie« als auch »Praxis« jedoch durchaus offene Konzepte. Dass die »Neue Linke« sich nämlich sowohl vom Marxismus sowjetischer Prägung als auch von der Praxis kommunistischer und sozialdemokratischer Parteien und Gewerkschaften absetzten, eröffnete ein weites Feld an Möglichkeiten, die definierenden Grenzlinien um und zwischen Theorie und Praxis neu zu ziehen: Ob akademische Wissenschaft revolutionäre Theorie oder Drückebergerei, ob Demonstrationen praktische Aufklärung oder sinnloser Aktionismus waren, ob Theorie nur ohne Praxis wahre Theorie sein konnte, ob sie zur Praxis hinleiten müsse oder sogar selbst Praxis sei, wurde ständig diskutiert.

  der Notwendigkeit ihrer Anwendbarkeit zu retten, siehe Adorno, Marginalien, S. 760.
35 Liessmann, Soviel Theorie, S. 123.
36 Habermas, Referat, S. 46. Jürgen Habermas veröffentlichte bereits 1963 einen Aufsatzband über das Verhältnis von Theorie und Praxis in den Sozialwissenschaften: Habermas, Theorie.
37 Marcuse, Analyse eines Exempels, S. 37.
38 Hierzu ausführlich Richter, Zum Problem der Einheit, S. 12. Die Vorstellung einer spezifischen »theoretischen Praxis« wurde später von Louis Althusser ausgeführt, jedoch spielten seine Überlegungen für die hier behandelten Akteure keine große Rolle; zur Geschichte der »theoretischen Praxis« und der Rolle Althussers siehe Felsch, Arbeit des Intellektuellen.

Dass die Antiautoritären – so wird im Laufe des Buchs ausgeführt werden – sich nun wesentlich durch einen Gestus der äquidistanten Abgrenzung von denen legitimierten, die sie als reine »Theoretiker« oder »Praktiker« ansahen, setzte sie dem Zugzwang aus, sich der »Einheit von Theorie und Praxis« sozusagen permanent anzunähern – ein Nachlassen der »auf jedem einzelnen lastende[n] Dauerspannung«[39] der Gleichzeitigkeit von Theorie und Praxis hätte die schmerzhafte Kluft zwischen Analyse und Aktion schnell wieder aufgerissen. »Ergänzungspaare wie ›reflektier das doch mal!‹ versus ›das ist doch abstrakt!‹ oder ›das ist doch aktionistisch‹ versus ›das ist doch intellektuelle Onanie‹ waren unsere ständigen Begleiter«[40], erinnerte sich der zeitweilige SDS-Vorsitzende Reimut Reiche an das Damoklesschwert, das über den Köpfen der Akteure hing: Die Furcht vor einem Erlahmen, Verlangsamen oder Versanden der bis dahin erreichten Vermittlung von Theorie und Praxis zwang die Akteure permanent in einen nächsten Schritt des Spiels von Theorie und Praxis.

»Theorie« in der antiautoritären Bewegung bedeutete also die subjektiv empfundene Notwendigkeit, Theorie und Praxis permanent miteinander in Beziehung zu setzen. Dieser Zwang zur andauernden Vermittlung verlieh der Gegenwart den ständigen Charakter eines Noch-Nicht, der ein andauerndes »Weiter« implizierte: ein »Weiter« an theoretischer Arbeit und ein »Weiter« an Aktion. Die antiautoritäre Bewegung war im Grunde damit »Bewegung« im ganz wörtlichen Sinne – sie existierte nur, solange sie in Bewegung war; und auch ihre Theorie war nur dann Theorie, solange sie die Bewegung bewegte.

Es war dieser Kontext, so die Ausgangsthese, der bestimmte Texte situativ zur Theorie machte – und den Friedrich Christian Delius vermisste, als er in den isolierten Texten seiner ehemaligen Genossinnen und Genossen nichts von der drängenden Faszination mehr fand, die sie ausstrahlten, als die Bücher noch geholfen hatten: Denn im praktischen Wissen der Akteure wurden die Texte erst durch ihre radikale Eingebundenheit in den Kontext der Bewegung zu Theorie – erst dann, wenn sie in einem spezifischen Moment die Bewegung weitertrieben.

---

39 Reiche, Sexuelle Revolution, S. 48.
40 Ebd., S. 48.

EINLEITUNG

Fragestellung

Dieser Vorgriff auf den ersten Teil des Buches (in dem die skizzierte Dynamik weitaus differenzierter geschildert wird) soll illustrieren, warum aus der ursprünglich geplanten Geschichte der Theorie der Bewegung auch eine Geschichte der Bewegung selbst werden musste. Denn es wäre zwar sicherlich möglich (wenn auch wegen der spärlichen Quellenlage herausfordernd), eine Wissens- oder Wissenschaftsgeschichte der Theorie der antiautoritären Bewegung als Wissenskultur[41] in dem Sinne zu schreiben, dass man den Schwerpunkt auf die Genese theoretischen Wissens in der in Arbeitskreisen, Studierstuben und *Teach-ins* geleisteten »theoretischen Arbeit« legen würde. Ich halte es jedoch für angemessener, nach der Verschränkung von Theorie mit der Entwicklungsdynamik der Bewegung selbst zu fragen, und zwar grob in drei Phasen unterschieden: den frühen 1960er Jahren, als sich in den Auseinandersetzungen im SDS eine distinkte Gruppenidentität der Antiautoritären herausbildete; der massiven personellen Verbreiterung und inhaltlichen Radikalisierung der antiautoritären Bewegung von 1967 bis 1968 und schließlich nach den Fliehkräften ihres Zerfalls. Denn, wie in der zweiten Hälfte des Buches argumentiert wird: Auch der Prozess, in dem die überschäumende Bewegung binnen knapp eineinhalb Jahren zerfiel und ein Gutteil ihrer klügsten Köpfe sich freiwillig in das Milieu der »K-Gruppen« begab, war vom Ideal der Einheit von Theorie und Praxis angetrieben.

Sicherlich ist die Theorie der antiautoritären Studentenbewegung ideengeschichtlich zu untersuchen, und sicherlich hat es ebenso seine Legitimität, die mit ihr verbundene Leidenschaft und auch ihre Funktion als Kommunikationsmedium und Distinktionsmittel jeweils gesondert zu betonen. Dieses Buch fragt jedoch spezifischer nach der Rolle von Theorie im Wissen der Akteure und nach den Konsequenzen dieses Wissens für die Bewegung – und muss daher die Geschichte der Theorie der

41 Im Sinne von Karin Knorr-Cetinas Studie über Strategien und Prinzipien der Erzeugung und Validierung von Wissen im Bereich der Molekularbiologie und Hochenergiephysik, siehe Knorr-Cetina, Wissenskulturen. Die Frage nach den Regeln, Routinen und Praktiken, die »in einem bestimmten Wissensgebiet bestimmen, wie wir wissen, was wir wissen« (ebd., S. 11), lange Zeit vor allem auf die Naturwissenschaften beschränkt, wurde in den letzten Jahren zunehmend sowohl auf andere Wissensformen wie die wissenschaftlichen als auch auf die Sozial- und Geisteswissenschaften ausgeweitet; bedeutend für Letzteres war vor allem der Sammelband Camic, Gross, Lamont, Social knowledge in the making. Im deutschsprachigen Raum wurde der Ansatz vor allem in Bezug auf die Produktion soziologischen Wissens diskutiert, siehe Keller, Poferl, Wissenskulturen der Soziologie.

Bewegung mit der Geschichte dieser Bewegung verschränken. Insofern soll, um eine Formulierung Philipp Felschs aufzugreifen, nicht allzu tief »ins Innere der Bleiwüsten«[42] vorgedrungen werden, sondern die wechselseitige Abhängigkeit und gegenseitige Hervorbringung von »Theorie« und »Bewegung« in den Vorstellungen und in der Praxis der Akteure untersucht werden. Die Ausgangsthese dieser Arbeit ist also, dass der spezifische Charakter der Theorie der antiautoritären Bewegung nicht ohne den Kontext ebendieser Bewegung zu verstehen ist; dass diese Bewegung durch ein Konzept von »Bewegung« charakterisiert war, das sich aus den Zugzwängen der Vorstellung einer permanenten »Einheit von Theorie und Praxis« ergab; und dass diese Notwendigkeit der »Einheit von Theorie und Praxis« die Theorie der Bewegung insofern prägte, als sie sowohl bewegungsermöglichend als auch selbst bewegt sein musste. Erst die im Wissen der Akteure vorherrschende Konstellation der Begriffe »Theorie«, »Praxis« und »Bewegung« macht, so die Überlegung, den spezifischen Charakter der Theorie der antiautoritären Bewegung verständlich, der sie von der Theorie als (sich wiederum von der Philosophie absetzenden) Literaturgenre, dem akademischen Marxismus, Expertenwissen über die Gesellschaft oder der Soziologie unterschied. Die Studie stellt damit eher eine Geschichte der Entwicklung und Radikalisierung der antiautoritären Bewegung durch eine Rekonstruktion der Interaktion des Motivs »Theorie« mit der »Bewegung« dar als einen Beitrag zur *intellectual history* der »Neuen Linken«.

Theoretischer Zugriff

In einer Arbeit über den Theoriehunger akademisch sozialisierter Geisteswissenschaftlerinnen und Geisteswissenschaftler kommt der Autor nicht umhin, das eigene Verhältnis zur Theorie zu thematisieren. Gleichzeitig ist die eingangs erwähnte Interpretation von Theorie als Instrument Intellektueller, Macht auszuüben und sich selbst zu positionieren, nicht von der Hand zu weisen. Daher soll hier kein umfangreiches Theoriekapitel Autorität ausstrahlen, sondern es sollen lediglich einige theoretische Grundbegriffe explizit gemacht werden, auf die immer wieder zurückgegriffen wird. Ansonsten soll der theoretische Ansatz nicht überbetont werden, sondern in der Form der Darstellung liegen.

---

42 Felsch, Sommer der Theorie, S. 19.

EINLEITUNG

Der methodische Ansatzpunkt dieser Arbeit verortet sich in der Praxeologie bzw. der Praxistheorie.[43] Dieser immer noch eher summarische Begriff bezeichnet einen theoretischen Ansatz, der sich von seinem Selbstverständnis her durch die Auseinandersetzung mit strukturalistischen Theorien auf der einen und *rational-choice*-Ansätzen auf der anderen Seite konstituierte und in den vergangenen Jahren zumindest in der Geschichtswissenschaft zwar durchaus etablieren konnte, jedoch nach wie vor eher eine vage Forschungsrichtung ist als ein kohärenter und mit umfassenden Ansprüchen auftretender Ansatz.[44]

Im Zentrum des praxeologischen Interesses steht die Untersuchung von »Praktiken«, also von mit einer gewissen Regelmäßigkeit ablaufenden, körperlichen Handlungsvollzügen, die weniger bewusste Ausführungen vorab gefasster Planungen darstellen, als dass sie von der alltäglichen Routine und dem praktischen, halbbewussten Wissen der Akteure bestimmt sind. Sie werden von der Interaktion von körperlichen Handlungsroutinen, materiellen Artefakten und Gegenständen, dem praktischen Wissen der Akteure und kollektiven wie subjektiven Sinnzuschreibungen, Wahrnehmungs- und Deutungsmustern geprägt.

Praxeologische Ansätze sind in der Geschichtswissenschaft zuletzt intensiv diskutiert worden und haben sich vor allem durch Anregungen aus der Kultursoziologie, Anthropologie und Philosophie nochmals gewandelt und ausdifferenziert. Wichtiger Impulsgeber ist nach wie vor Pierre Bourdieus Soziologie, vor allem sein Konzept des »Habitus« als System von inkorporierten »Wahrnehmungs-, Denk- und

---

43 Praxeologisch Forschende beziehen sich vom US-amerikanischen Pragmatismus, von der Ethnomethodologie Harold Garfinkels, der Sozialphänomenologie Alfred Schütz', der Wissenssoziologie Karl Mannheims bis hin zur »Kunst des Handels« Michel de Certeaus und der Sprachphilosophie Ludwig Wittgensteins auf zahlreiche Denkströmungen; schon in den Siebziger Jahren firmierte die Sozialtheorie Pierre Bourdieus als »Theorie der Praxis«. Es dauerte jedoch bis 2001, bis der *practice turn* als eigener Begriff ausgerufen wurde, siehe Savigny, Schatzki, Knorr-Cetina, The practice turn. Im deutschsprachigen Raum war wohl Andreas Reckwitz der wichtigste Stichwortgeber der Popularisierung eines praxeologischen »Theorieprogramms«; er beobachtete eine Konvergenz unterschiedlicher (neo-)strukturalistischer (von Claude Lévi-Strauss über Michel Foucaults »Praktiken des Selbst« bis hin zu Pierre Bourdieus »Praxeologie«) und interpretativer (von Alfred Schütz' Sozialphänomenologie und Lebensweltanalyse über Erving Goffmans Rahmenanalyse bis zu den Arbeiten von Clifford Geertz und Charles Taylor) Kulturtheorien hin zu einer »Theorie sozialer Praktiken«, siehe Reckwitz, Transformation.
44 Reichardt, Praxeologische Geschichtswissenschaft, S. 46.

Handlungsschemata.«⁴⁵ Es stellt den Akteuren einen »modus operandi«⁴⁶ zur Meisterung gewohnter sowie zur Deutung neuer Situationen bereit und vereint viele praxeologische Grundintuitionen: die Bedeutung des Körpers und des »körperlichen« bzw. praktischen Wissens, *wie* Dinge zu tun, zu deuten und wahrzunehmen sind; damit auch eine gewisse analytische Verschränkung von »Körper« und »Geist« sowie von kollektiven und individuellen Deutungsmustern, die sich die Akteure in der Anwendung aneignen und dadurch potentiell abwandeln; die Trägheit des Habitus, der sich nur langsam auf neue Umstände einstellt bzw. erlernte Deutungsschemata auf neue Umstände überträgt; damit auch die »Dialektik von [...] Strukturen und Habitusformen«⁴⁷ bzw. ein Verständnis von gesellschaftlichen Strukturen als Prozess aus routinierten Handlungsabläufen; zudem das Zusammendenken all dieser Faktoren mit Machtbeziehungen und der Position der Akteure in ihrem sozialen Feld; und damit schließlich auch der Fokus auf Relationen von Akteuren zueinander. Praxeologisch Forschende gehen daher nicht davon aus, dass Handlungen im Normalfall bewusst sinngerichtet und durchgeplant sind. Vielmehr nehmen sie an, dass das Handeln seine eigenen Regeln hat und entwickelt, dass das »Kennen« dieser Regeln eher ein »Wissen, wie« als ein »Wissen, was« ist und dass die Dimension der Ziele und die Wahl der Mittel sich gegenseitig beeinflussen und kaum getrennt werden können.

Ein Beispiel für die wichtige Rolle der Rekonstruktion dieser »praktischen Vernunft« (Bourdieu) der Akteure ist Friedrich Christian Delius' eingangs erwähnte Bemerkung, dass »heute absolut« erscheint, was »damals relativ war«. Ohne Zweifel sollte man diese Formulierung so verstehen, dass die durch die Situation der Ausstellung unvermeidliche Entkontextualisierung der Bewegungstexte deren Inhalte deshalb so betont, weil ihr situativer Gebrauch und ihre konkrete Funktion zum Beispiel in damaligen internen Auseinandersetzungen damit unsichtbar gemacht werden. Vorträge, Diskussionsbeiträge und Argumente waren oft Waffen in ganz konkreten Auseinandersetzungen um Macht, Bedeutungen und Distinktion, ohne deren Kenntnis man ihre tatsächliche Bedeutung nicht vollständig verstehen kann. Das subjektive Wissen der Akteure über Begriffe mittels ihrer praktischen Anwendung her zu rekonstruieren, ist zwar (nicht nur quellentechnisch) herausfordernd und läuft überdies manchmal Gefahr, einen paternalistischen Ton gegenüber

---

45 Bourdieu, Habitus, S. 153.
46 Bourdieu, Sozialer Sinn, S. 98.
47 Ebd., S. 98.

EINLEITUNG

den Akteurinnen und Akteuren anzuschlagen, bleibt aber unabdingbar für die Untersuchung derer Wahrnehmungs-, Deutungs- und Handlungsmuster. Das bedeutet auch, dass soziale Dynamiken, praktisches Wissen, körperlicher Habitus und theoretische Argumentation in dieser Arbeit nicht getrennt voneinander analysiert, sondern als miteinander verbunden und sich gegenseitig bedingend verstanden werden – in einer zentralen These etwa wird »Bewegung« als Schlüsselbegriff nicht nur für das Konzept »Theorie«, sondern auch für den Auftritt der Akteure, ihre Ideen von Organisation und ihre Vorstellung von Praxis aufgefasst.

Zudem wird dadurch die Bedeutung der räumlichen und zeitlichen Situiertheit der beobachteten Praktiken betont – Praktiken finden nicht in einem luftleeren Raum und immer gleich statt, sondern werden von ihrem Kontext und Ort geprägt und verändert.[48] Für diese Arbeit bedeutet das zum einen eine detaillierte und chronologische Darstellungsweise, die die Entwicklung der Bewegung und ihrer Theorie erst durch die Verortung und Kontextualisierung ihrer Praktiken als Prozess sichtbar macht: »Theorie« hatte im SDS 1961 eine andere Bedeutung als 1965, 1968 oder 1970, und es soll nicht mein Ziel sein, diese Bedeutungen jeweils idealtypisch zu fixieren und zu periodisieren. Ganz im Gegenteil soll gerade der permanente Fluss an Werken, Autoren und Stichworten als konstitutiv für ihren Charakter als Bewegungstheorie begriffen werden; der Fokus auf Theoriepraktiken kann gerade die Beständigkeit ihrer Veränderung als ein primäres Charakteristikum der antiautoritären Theorie und ihre Verwobenheit mit der Dynamik der Bewegung analytisch in den Griff bekommen.

Insofern verortet sich diese Studie nur begrenzt in der klassischen Bewegungsforschung und ihren etwa auf Ressourcenmobilisierung, Gelegenheitsstrukturen oder Framing abzielenden Modellen[49] – die »Bewegung«, wie sie hier durch die Vorstellung von Theorie hervorgebracht verstanden wird, ist nicht so sehr kollektiver Akteur, sondern auch ein durch ein ebenso wandelbares Konzept von »Theorie« hervorgebrachter Modus des Handelns, der durch ständige Bewegung charakterisiert wird und darüber wieder seine »Theorie« definiert. Eher schließt die Arbeit teilweise an Überlegungen über die Wechselwirkungen von (wissenschaftlichem) Wissen und sozialen Bewegungen an, in denen soziale Bewegungen als »collective spaces of knowledge production«[50] untersucht

48 Hierzu vor allem Schatzki, Site of the Social, S. 144 f.
49 Stellvertretend für die Behandlung der Studentenbewegung durch die Bewegungsforschung: Rucht, Ereignisse.
50 Della Porta, Pavan, Repertoires, S. 298.

werden. Auch wenn diese Ansätze die Verflechtung von »Wissen« und »Bewegung« untersuchen, zielen sie doch eher auf die Regeln der Produktion und Distribution von Wissen in und durch soziale Bewegungen ab. Die hier entwickelte Fragestellung stellt jedoch die Kontingenz und Interdependenz der Konzepte »Wissen« und »Bewegung« in den Vorstellungen der Akteure selbst in den Mittelpunkt.

Untersuchungsgegenstände und Untersuchungszeitraum

Warum der Menge an Büchern über »68«, die die Zahl der damals aktiven Akteurinnen und Akteure zu übersteigen droht und in denen zudem zunehmend der bisherige Fokus auf die immergleichen männlichen, weißen, akademischen und oft auch die Berliner Linken kritisiert wird, ein weiteres über ebenjene hinzufügen? Denn völlig zu Recht ist gerade in den letzten Jahren eine Reihe von Werken erschienen, die die Erzählung der studentischen Rebellen (oder auch die nach der »Fundamentaldemokratisierung«[51] der Bundesrepublik) dezentrieren und andere Akteure, Orte und Strukturen in den Blick nehmen.[52]

Das macht die Erforschung der etablierten Akteure, also der antiautoritären Rebellen von Berlin, aber nicht weniger interessant. Im Gegenteil: Befreit man sie von der Erzählung, die Bundesrepublik im Alleingang liberalisiert haben zu müssen, rücken sie erst als Phänomen sui generis in den Blick – und vielleicht braucht es gerade diese Nicht-Identität der hier behandelten Antiautoritären mit »68« oder der »Studentenrevolte«, um sie als spezifische Akteure mit eigener Agenda zu begreifen, die durch ihre Vorbild- und auch Führungsposition mittelbar dennoch großen Einfluss hatten.

Die Fokussierung auf diese spezifische Akteursgruppe hat aber noch einen anderen Grund: Um die Situativität und damit auch den Wandel ihrer Theorie adäquat erfassen zu können, kann ohnehin nicht die ganze, ohnehin eher amorphe bundesdeutsche »Bewegung« im Mittelpunkt der Untersuchung stehen. Während sie sich zunächst auf die Dynamiken im

---

51 Lucke, 68 oder neues Biedermeier, S. 78.
52 Etwa Hodenberg, Siegfried, Wo »1968« liegt; Hodenberg, Das andere Achtundsechzig; Nassehi, Gab es 1968?. In diesem Sinne bezeichnete Thomas Steinfeld die »68er« als »Vollzugsbeamte [...] der Modernisierung«, siehe Steinfeld, Thomas, Herr Tur Tur und die Revolution, in: Süddeutsche Zeitung vom 19.05.2010. Zur »eigenartigen geschichts- und erinnerungspolitischen Verzerrung«, die die Rolle der »direkte[n] Gegner des liberal-demokratischen Parlamentarischen Systems« weit überbetont, siehe Greven, Systemopposition, S. 36.

EINLEITUNG

Sozialistischen Deutschen Studentenbund (SDS) nach der Trennung von der SPD sowie in der Subversiven Aktion konzentriert, liegt der Fokus anschließend auf der antiautoritären Bewegung in West-Berlin – sicherlich keine gewöhnliche Stadt: Während ihre Bevölkerung wegen des Inselstatus sicher noch reizbarer auf die antiautoritären Provokationen reagierte, war die Studierendenschaft selbst – insbesondere an der Freien Universität – schon vor 1968 »auch unter ihresgleichen eine besondere Gruppe« – sie seien »standfestere Demokraten« und stünden »weiter links« als ihre westdeutschen Kommilitoninnen und Kommilitonen, so schon die zeitgenössische Wahrnehmung.[53]

Die lokale Beschränkung hat auch den pragmatischen Grund, dass das detaillierte Nachvollziehen der Mikrologik sozialer Prozesse eine umfangreiche und diverse Quellenbasis erfordert.[54] In ausreichendem Ausmaß ist diese letztlich nur für West-Berlin vorhanden. Für die Zeit der eigentlichen Bewegung, also ab circa 1965, werden die Untersuchungsobjekte sogar noch weiter eingegrenzt: Nicht das gesamte West-Berliner Bewegungsmilieu soll betrachtet werden, sondern ein eher kleiner Personenkreis, nämlich der sich im Wesentlichen aus dem dortigen SDS-Landesverband rekrutierende Kern der West-Berliner antiautoritären Bewegung[55] und ihre Zerfallsprodukte – im weiteren Sinne einige hundert, im engsten Sinne vielleicht um die fünfzig Akteure[56], die sich innerhalb der Bewegung in einer Führungsposition wähnten und anschließend deren Konkursmasse zu verwalten versuchten (die zu diesem Zeitpunkt freilich einen deutlich höheren Personenkreis umfasste).

53   O.A., Was denken die Studenten? SPIEGEL-Umfrage an deutschen Hochschulen, in: Der Spiegel vom 19.06.1967, S. 28-39, S. 28. Zu Berlin als »Theater of protest« siehe Davis, The City as a Theater of Protest.
54   Haasis, Rieske, Historische Praxeologie. Zur Einführung, S. 36.
55   Natürlich war der SDS nicht identisch mit der Bewegung: »Mit der Nennung des Namens SDS soll etwas, das offensichtlich nur schwer zu fixieren ist, identifizierbar gemacht werden«, so Kraushaar, Autoritärer Staat, S. 57.
56   Mit aller gebotenen Vorsicht wird hier grob Dutschke selbst gefolgt, der Ende 1967 in einem Interview mit dem Journalisten Günter Gaus von ca. 15-20 Aktivistinnen und Aktivisten sprach, die nahezu ihre gesamte Zeit in die politische Arbeit steckten; darüber hinaus gebe es »150 bis 200 Aktive« und bundesweit knapp vier- bis fünftausend »wirklich engagierte Menschen, die mitmachen in den Aufklärungsveranstaltungen, die teilnehmen an den Aktionen und bereit sind, dafür auch Konsequenzen zu ziehen«, siehe Dutschke, Zu Protokoll, S. 18-20. Zu diesem Zeitpunkt war die Gruppe um Dutschke aber nicht (mehr) identisch mit der Spitze der antiautoritären Bewegung, sondern begann, eigene Wege zu gehen.

FORSCHUNGSSTAND

Da Wissenspraktiken und Wissensformen im Zentrum der Aufmerksamkeit stehen, soll dieses Buch trotz dieses im Grunde überschaubaren Personenkreises keine Kollektivbiographie[57] sein – ein Grund, warum meist nicht explizit näher auf einzelne Protagonisten eingegangen wird. Die hier behandelte Führungsschicht der antiautoritären Bewegung bildet aber eine gedankliche Brücke für die Auswahl aus der heterogenen Menge an Gruppen und Grüppchen, die sich ab 1968 aus der Bewegung heraus bildete – denn wo der West-Berliner SDS und sein Umfeld noch relativ gut zu überblicken ist, wird die Situation mit dem Zerfall der Bewegung deutlich unübersichtlicher. Im Fokus stehen in diesem Zeitraum daher diejenigen Gruppen, die mit der Maßgabe der »Einheit von Theorie und Praxis« hauptsächlich von den Protagonisten der Bewegung gegründet wurden oder sich an diesen abarbeiteten; konkret sind das die Roten Zellen, die ML-Bewegung, die West-Berliner Basis- und Betriebsgruppen, die Proletarische Linke/Parteiinitiative (PL/PI) und die Kommunistische Partei Deutschlands/Aufbauorganisation (KPD/AO). Da es im Kern um die Dynamiken hinter der Entstehung dieser Gründungen gehen soll, steht die weitere Entwicklung dieser Organisationen nicht im Mittelpunkt des Interesses. Da sich die PL/PI im Jahre 1971 auflöste und die Parteiführung der KPD-AO 1972 ins Ruhrgebiet übersiedelte, kann in diesem Jahr ein sinnvoller Schlusspunkt gesetzt werden.

Die Studie folgt damit auf der Suche nach den Implikationen des Ideals der »Einheit von Theorie und Praxis« den Pfadabhängigkeiten der »Bewegung«: ihrer Entstehung aus dem Ideal einer Vereinigung von Theorie und Praxis; der Notwendigkeit, sie weiterzutreiben und damit zu radikalisieren; und den Versuch, nach dem Scheitern der Bewegung ihren Impuls in feste Strukturen aufzuheben und weiterzuführen.

Forschungsstand

Die Literatur zum bundesdeutschen »68« sprengt die Regale gängiger Bibliotheken und soll daher hier nur kursorisch aufgeführt werden. Das aktuellste Werk, das die bundesdeutsche antiautoritäre Bewegung sowohl detailliert behandelt wie in ihren zeithistorischen Kontext einbettet, ist Detlef Siegfrieds *1968*[58]; einen breiteren und internationalen Überblick auf neuestem Stand bieten Richard Vinen, Norbert Frei und Ben Mercer.[59]

---

57 Eine solche liefert (freilich nur für diejenigen SDS-Mitglieder, die 1967 eintraten) Wienhaus, Bildungswege.
58 Siegfried, 1968.
59 Vinen, 1968; Frei, 1968; Mercer, Student revolt.

EINLEITUNG

Während frühere Studien den Schwerpunkt der Darstellung meist auf eine (eingangs schon angeführte) ideen- oder ereignisgeschichtliche[60] Rekonstruktion der bundesdeutschen antiautoritären Bewegung legen, wurde »1968« spätestens seit dem dreißigsten Jahrestag der Ereignisse stärker in den Kontext der »langen Sechziger Jahre« eingebettet[61] und in diesem Zuge andere Akteure als die etablierten hervorgehoben.[62] In jüngster Zeit zeichneten sich zudem weitere Trends ab: zum einen wurden mehrere Studien[63] zur (De-)Konstruktion der und Deutungskämpfe um die »Chiffre«[64] 1968 vorgelegt, vor allem aber wurden die angeführten ideen- sowie ereignisgeschichtlichen Darstellungen der antiautoritären Bewegung mit kulturwissenschaftlichen Ansätzen vor allem zur Erforschung der Protestformen der Bewegung ergänzt[65], von denen sich einige spezifisch dem hier behandelten Themenkomplex widmen, zum

60 Insbesondere die West-Berliner Bewegung ist in dieser Hinsicht gut dokumentiert, siehe Kukuck, Student; Bauß, Studentenbewegung; Claessens, Ahna, Milieu; Lönnendonker, Rabehl, Staadt, Die antiautoritäre Revolte; Thomas, Protest; Kiessling, Revolte; Kraft, Hörsaal; Brown, West; Pettenkofer, Entstehung der grünen Politik. Eine »politisch-psychologische« Deutung liefert Schmidt, Israel. Speziell zu den Ereignissen des 2. Juni 1967 Michels, Schahbesuch; Soukup, 2. Juni 1967. Zu den transnationalen Verflechtungen der bundesdeutschen Bewegung Juchler, Studentenbewegungen; Horn, The spirit of '68'; Klimke, The other alliance; Weitbrecht, Aufbruch; Slobodian, Foreign Front.
61 Schönhoven, Aufbruch in die sozialliberale Ära; Schildt u. a., Dynamische Zeiten; Frese, Paulus, Teppe, Demokratisierung; Etzemüller, 1968; Wolfrum, Die 60er Jahre; Kiessling, Rieger, Wandel. Zu Jugendkultur und Konsum in den »langen Sechziger Jahren« vor allem Siegfried, Time; Siegfried, Sound. Zum Wandel der Medienöffentlichkeit Hodenberg, Konsens und Krise; zur Interaktion der Medien mit der Protestbewegung Vogel, Unruhe; zur Rezeption der Ereignisse in der deutschen und US-amerikanischen Presse Korndörfer, 1968. Zum Ende der Sechziger Jahre entstehenden linksalternativen Milieu Reichardt, Authentizität.
62 Zur Frauenbewegung der 60er Jahre Schulz, Atem der Provokation; Kätzel, 68erinnen; Dehnavi, Das politisierte Geschlecht; Perincioli, Berlin wird feministisch. Zur Arbeiter- und Lehrlingsbewegung Andresen, Gebremste Radikalisierung; Gehrke, Horn, 1968 und die Arbeiter. Das politische Engagement linker wie konservativer Studierender vor 1967 nimmt Boris Spix minutiös in den Blick: Spix, Abschied. Zu »68« aus dem Blickwinkel konservativer Studierender Goltz, The Other '68ers.
63 Cornils, Waters, Memories; Gilcher-Holtey, 1968 – eine Wahrnehmungsrevolution?; Cornils, Writing the revolution; Behre, Erinnerung; Stallmann, Erfindung.
64 Kraushaar, 1968 als Mythos.
65 Etwa Fahlenbrach, Protest; Schönberger, Sutter, Kommt herunter; Klimke, Scharloth, 1968; Pilzweger, Männlichkeit.

FORSCHUNGSSTAND

Beispiel Diskussionspraktiken⁶⁶, Sprach- und Habitusformen⁶⁷, dem linken Buchmarkt bzw. spezifischen Formen linker Publizistik⁶⁸ oder der Figur des bzw. der öffentlichen Intellektuellen⁶⁹. Darüber hinaus haben sich für diese Arbeit auch biographische Studien zu einigen Protagonisten der Bewegung als nützlich erwiesen, die deren Lebenswege in einen größeren gesellschaftlichen Zusammenhang setzen.⁷⁰

Weniger systematisch erforscht ist die Phase des Zerfalls der antiautoritären Bewegung⁷¹: Zum Milieu der Basisgruppen und der Roten Zellen gibt es vornehmlich zeitgenössische Darstellungen oder Quellensammlungen⁷², und auch zu den sogenannten »K-Gruppen«⁷³ und der Aneignung des Maoismus⁷⁴ existieren nur vereinzelt neuere Studien.

66 Verheyen, Diskussionslust.
67 Scharloth, 1968. Eine Kommunikationsgeschichte; Scharloth, Wengeler, Kämper, 1968; Kämper, Aspekte des Demokratiediskurses.
68 Saldern, Markt für Marx; Füssel, Politisierung; Mercer, Paperback; Stanitzek, Bandel, Broschüren; Sonnenberg, Von Marx zum Maulwurf.
69 Gilcher-Holtey, Eingreifendes Denken; Kersting, Reulecke, Thamer, Zweite Gründung; Kroll, Reitz, Intellektuelle in der Bundesrepublik; Tschirschwitz, Kampf um Konsens. Zum *Kursbuch*, einer der wohl einflussreichsten Zeitschriften aus dem Umfeld der Bewegung Marmulla, Enzensbergers Kursbuch.
70 Dutschke-Klotz, Leben; Reimann, Dieter Kunzelmann; Fischer, Horst Mahler; Chaussy, Rudi Dutschke. Lebenswege einzener Protogonistinnen und Protagonisten zeichnet auch Heinz Bude nach, siehe Bude, Altern einer Generation; Bude, Adorno für Ruinenkinder.
71 Spezifisch dazu vor allem Benicke, Von Adorno zu Mao; Gringmuth, Proletarische Wende.
72 Etwa Benke, Strategie und Taktik der Roten Zellen; Claessens, Ahna, Milieu; Schubert, Aufbruch.
73 Karuscheit, Geschichte der ML-Bewegung; Koenen, Das rote Jahrzehnt; Steffen, Geschichten vom Trüffelschwein; Kühn, Stalins Enkel, Maos Söhne; Hinck, Wir waren wie Maschinen; Dapprich, Historical Development; Benicke, Die K-Gruppen. Während Michael Steffen und Matthias Dapprich sich mit dem Kommunistischen Bund und der Marxistischen Gruppe auf einzelne K-Gruppen beschränken, bleiben Andreas Kühn und Gunnar Hinck einem anklagenden Ton verhaftet, der sich im unterstellten Wahnsinn des gesamten Milieus der maoistischen Kleinstparteien verbeißt.
74 Gehrig, Mittler, Wemheuer, Kulturrevolution als Vorbild; Cook, Mao's little red book; Jaspers, Michalski, Paul, Ein kleines rotes Buch.

EINLEITUNG

Quellen

Ein praxeologischer Zugriff, der insbesondere das kaum artikulierbare praktische Wissen und das nichtreflektierte Handeln der Akteure in den Blick nimmt, ist auf Dichte wie Diversität von Quellenarten angewiesen. Im Falle der West-Berliner antiautoritären Bewegung ist beides gegeben: Insbesondere im APO-Archiv der Freien Universität in Berlin, aber auch im Archiv des Hamburger Institut für Sozialforschung (HIS) und des International Institute of Social History (IISG) in Amsterdam, dem Archiv der Sozialen Demokratie in Bonn und dem Archiv des Instituts für Zeitgeschichte in München liegen in thematischen Sammlungen und Vor- und Nachlässen einzelner Akteure große Mengen an Manuskripten, Flugblättern und Rundschreiben, aber auch Diskussions- und Gedächtnisprotokolle, Notizen, Briefe, Schmierzettel, Erinnerungen und Tagebücher, also »Spuren«[75] interner und informeller Kommunikation, die einen Blick auf die »Hinterbühne«[76] der Publikationen der antiautoritären Bewegung (Artikel, Bücher, Verbandszeitschriften, Reden) erlauben. Publikationen und interne Dokumente des SDS-Bundesvorstands, der Landesverbände, der Roten Zellen, Basisgruppen, der Proletarischen Linken/Parteiinitiative und der KPD-AO sind weitgehend erhalten und zugänglich. Benutzt wurden neben den Archivmaterialien auch edierte[77] sowie im Internet verfügbare Quellen, insbesondere die von Dietmar Kesten und Jürgen Schröder zusammengestellte Datenbank »Materialien zur Analyse von Opposition« (MAO)[78], die zahlreiche Archivalien gescannt, zusammengefasst und kontextualisiert präsentiert.

In Memoiren- oder Romanform, teilweise im Selbstverlag veröffentlichte Erinnerungen[79] von Akteuren der »ersten« oder »zweiten« Reihe

75 Im Sinne von Carlo Ginzburgs Konzept von »Clues«, siehe Ginzburg, Davin, Morelli, Freud and Sherlock Holmes.
76 Im Sinne Erving Goffmans, siehe Goffman, Theater.
77 Etwa Wolff, Windaus, Studentenbewegung; Miermeister, Provokationen; Kraushaar, Frankfurter Schule und Studentenbewegung, Band 1; Kraushaar, Frankfurter Schule und Studentenbewegung, Band 2; Sievers, 1968. Eine Enzyklopädie; Kraushaar, 68er-Bewegung international.
78 www.mao-projekt.de, zuletzt geprüft am 20.10.2020.
79 Basten, Verfassungsfeindin; Buhmann, Geschichte; Schimmang, Vogel Phönix; Werder, Schwarze Landschaft; Baumann, Wie alles anfing; Brandes, Stein; Enzensberger, Ulrich, Jahre der Kommune I; Schneider, Rebellion und Wahn; Funke, Das Otto-Suhr-Institut; Krahé, Mein Leben; Gross, The untold sixties; Brentzel, Rote Fahnen; Lennert, Berlin; Lethen, Handorakel; Edschmid, Verschwinden des Philip S.; Enzensberger, Tumult; Heider, Vögeln ist schön; Schon, 1967 Wespenzeit; Schmidt, Siebenknie; Binger, 68 – selbstorganisiert &

QUELLEN

der Bewegung sind eine weitere, wenn auch kritisch einzuordnende Quellensorte, die jedoch vor allem da, wo sie mit zeitgenössischen Tagebucheinträgen[80] ergänzt wird, politische mit persönlichen Narrativen verwebt und Aufschlüsse über die Sozialisation der Protagonisten erlaubt. Eine bisher kaum systematisch ausgewertete Quellenart, die nicht durch den Filter der Verschriftlichung des gesprochenen Worts gegangen ist und dadurch einen etwas unmittelbareren Einblick vor allem in die internen Auseinandersetzungen der Bewegung erlaubt, sind Ton- und Filmaufnahmen. Im Tonarchiv des APO-Archivs der FU Berlin sind zahlreiche, teils mehrstündige Mitschnitte von dortigen Veranstaltungen und Diskussionen erhalten, die durch die Platzierung der Mikrophone meist auch einen Eindruck der Reaktionen des Publikums und von Diskussionen auf oder neben der Bühne geben.[81] Einige Dokumentarfilme und Videomitschnitte, die teils von Mitgliedern der Bewegung selbst angefertigt wurden, erlauben zudem, Demonstrations- und Diskussionspraktiken nahezu *in actu* zu beobachten – etwa in einem Mitschnitt von internen Diskussionen des Berliner SDS nach dem 2. Juni 1967[82] oder Teilen der Delegiertenkonferenz des SDS von 1968[83].

Ergänzend wurden zudem mehrere Gespräche mit Protagonisten, Zeitgenossen und Beobachtern der Bewegung geführt.[84] Da biogra-

antiautoritär; Jasper, Sarg; Dutschke, 1968. Worauf wir stolz sein dürfen. Zum »Genre« der autobiographischen Erinnerungen an »68« Schmidt, Zwischen Aufbruch und Wende.
80 Zu Tagebüchern aus den Sechziger und Siebziger Jahren Graf, Langeweile.
81 Zum Medium Tonband und die Umstände der Mitschnitte Scharloth, 1968. Eine Kommunikationsgeschichte, S. 264-268.
82 Hans Dieter Müller (Regie), Ruhestörung – Ereignisse in Berlin, 2. bis 12. Juni 1967 (1967). Online verfügbar unter https://av.tib.eu/media/25397, zuletzt geprüft am 27.08.2019.
83 Delegiertenkonferenz des SDS in Hannover Nov. 1968 (1968). Online verfügbar unter https://av.tib.eu/media/25395, zuletzt geprüft am 18.07.2019.
84 Die maskuline Form ist hier keine Unachtsamkeit: Bei einer auf die Geschlechter nahezu gleich verteilten Anzahl an Anfragen hatten praktisch nur männliche Akteure an einem Gespräch Interesse – vielleicht auch ein Grund dafür, dass der männliche Blick die Interpretation von »68« nach wie vor prägt. Im SDS bzw. in der Bewegung aktiv oder Mitglied in einer oder mehrerer der hier behandelten Organisationen waren von meinen Gesprächspartnern und -partnerinnen Rainer Bieling (Basisgruppe Spandau), Peter Gäng (SDS), Klaus Hartung (SDS), Udo Knapp (SDS, PL/PI), Ulfert Krahé, Helmut Lethen (KPD-AO), Detlef Michel (Kommune I), Rüdiger Minow (PL/PI, KPD-AO), Werner Rügemer, Manfred Scharrer, Götz Schmidt (KPD-AO), Werner Stanglmaier (KSV) und Lutz von Werder. Als zeitgenössische Beobachter wurden Jürgen Wingefeld (Gewerkschaftsvertreter), Dorothee und Thomas Lennert (SHB) sowie Erich

EINLEITUNG

phische Details oder Erinnerungskonstruktionen nicht im Zentrum der Arbeit stehen, hatten die Unterhaltungen mehr den Charakter von Hintergrundgesprächen als von methodisch kontrollierten Interviews – sie ergänzen die Darstellung daher eher, als dass systematisch auf sie zurückgegriffen wurde.

Aufbau der Studie

Die Kernthese dieser Untersuchung ist, dass die Rolle von Theorie in der antiautoritären Bewegung nur dadurch verständlich wird, wenn man sie in den Kontext dieser Bewegung einbindet; dass diese Bewegung durch ein Ideal von »Bewegung« charakterisiert war, das aus dem selbstauferlegten Zwang zur permanenten »Einheit von Theorie und Praxis« herrührte; und dass diese Notwendigkeit der »Einheit von Theorie und Praxis« die Theorie der Bewegung insofern prägte, als dass diese sowohl bewegungsermöglichend als auch selbst bewegt sein musste.

Diese hier noch kryptisch anmutenden Argumente sollen in den ersten fünf Kapiteln der Arbeit entfaltet und untermauert werden. In Kapitel 1 wird zunächst eine Art Vorgeschichte der Suche nach der »Einheit von Theorie und Praxis« erzählt, nämlich die Herausbildung und die Konsequenzen des Konzepts von »Theorie als Praxis« im SDS nach der Trennung von der SPD. In Kapitel 2 wird die Entstehung des Deutungsmusters einer problematischen Trennung zwischen Theorie und Praxis sowie die Konsequenzen dieses Deutungsmusters für den SDS und die Subversive Aktion nachgezeichnet. In Kapitel 3 wird die Entstehung der antiautoritären Bewegung aus wechselseitigen Absetzprozessen innerhalb des SDS rekonstruiert: indem sich die Antiautoritären von unterstellten Fraktionen von »Theoretikern« und »Praktikern« gleichermaßen distanzierten, formierten sie sich als Gruppe, die Theorie und Praxis in einer Bewegung vereinen wollte. Kapitel 4 schließlich schert aus der chronologischen Darstellung aus und zeigt, wie der implizite Anspruch der »Bewegung« den Habitus, die Organisationsformen und eben die Theorie der Bewegung prägten. Kapitel 5 arbeitet die Radikalisierungsdynamik der Bewegung in ihrer Hochphase vom 2. Juni 1967 bis zu den »Osterunruhen« im April 1968 heraus.

Man kann das Ende der Hochphase der antiautoritären Bewegung auf 1968 datieren; für die hier behandelten Akteure aber endete der

und Maria Sirrenberg (Studierende an der TU Berlin) interviewt. Die genauen Daten der Gespräche sind im Anhang aufgeführt.

Versuch, Theorie und Praxis zu vereinen, hier nicht. Kapitel 6 skizziert idealtypisch die Dynamiken hinter dem Umbruch in Theorie, Habitus, Organisation und Praxis, der mit dem Zerfall der antiautoritären Bewegung einsetzte, und argumentiert, dass dieser Umbruch maßgeblich von der Vorstellung geprägt war, es sei notwendig, die »Bewegung« zu »verfestigen«. Kapitel 7 skizziert die Dynamiken zwischen verschiedenen universitären und außeruniversitären Initiativen, die in einer wechselseitigen Radikalisierung mündeten. Die Konferenz zur Zukunft des gemeinsamen Publikationsorgans *Rote Presse Korrespondenz* markierte den vorläufigen Schlusspunkt der Versuche, die zerfallene Bewegung in einer Organisation zu vereinen. Kapitel 8 zeigt exemplarisch anhand der Gründung und Entwicklung zweier maoistisch orientierter Organisationen, wie der Versuch, Theorie und Praxis zu vereinen, die aus der Bewegung hervorgegangenen Kleinparteien in eine Konkurrenzsituation zwang, in der sich die Gruppen wechselseitig radikalisierten.

* * *

Zuletzt: Das Buch will mehr auf eine geschlechtergerechtere Sprache achten als es die Quellen tun. Deren Sprachgebrauch wird jedoch vor allem bei Paraphrasen – vor allem bei Begriffen wie »Studenten«, »Intellektuelle« oder »Arbeiter« – dann gefolgt, wenn die geschlechtsneutrale Ersetzung die zeitgenössische Bedeutung nicht erfassen würde: im Gebrauch der Zeitgenossinnen und Zeitgenossen waren die »Arbeiter« anders als heute die »Arbeitenden« eine politische Größe, nicht die Gesamtheit der arbeitenden Menschen. Wo es zum Verständnis der Argumentation notwendig ist, wird diesen Bedeutungsnuancen auch auf Kosten einer geschlechtergerechten Sprache Raum gegeben.

Des Weiteren werden normativ aufgeladene Quellenbegriffe da, wo sie deskriptiv gemeint sind – etwa die Selbstbezeichnung als »antiautoritär« –, nicht in Anführungszeichen gesetzt. Begriffe wie »Theorie« oder »Bewegung« stehen nur da in Anführungszeichen, wo ihre Bedeutung im Text diskutiert wird oder die Bedeutungsunschärfe des Begriffes in der konkreten Situation oder im Wissen der Akteure hervorgehoben werden soll, nicht, wenn sie im alltagspraktischen Sinne verständlich sind. Es kann daher passieren, dass innerhalb eines Satzes von Theorie und »Theorie« die Rede sein wird.

1. Theorie als Praxis
Der Sozialistische Deutsche Studentenbund

»1. Stufe: Aktivität ist einzig Bewußtseinsbildung.«[1]

»Der SDS war hoch angesehen, weil er so wissenschaftlich, hochgestochen und theoriegeleitet war. Die Leute kamen damit im Grunde genommen nicht mit, fanden das aber alle irgendwie gut.«[2]

Vor der Einforderung einer theoriegeleiteten Praxis stand die Annahme, dass Theorie die eigentliche Praxis ersetzt habe. Im Zentrum des folgenden Kapitels stehen die Fragen, warum und wie sich im SDS nach der Trennung von der SPD eine Vorstellung von Theorie als Praxis ausbildete, wie diese praktisch umgesetzt wurde, welche Implikationen dies für die zu erarbeitende Theorie hatte und welche Auswirkungen diese theoretische Arbeit wiederum auf den SDS hatte. Dies erfolgt in drei Schritten: Zuerst wird argumentiert, dass die den Akteuren als problematisch und kontingent erscheinende Situation der organisatorischen und politischen Unabhängigkeit einen Diskussionszusammenhang hervorbrachte, in dem über die Thematisierung der Fragen »Wer sind wir eigentlich?« und »Welche Form von Politik ist uns angemessen?« eine spezifische Vorstellung von Theorie als Praxis entstand. Danach wird gezeigt, dass die Notwendigkeit der praktischen Umsetzung dieser Vorstellung die erarbeitete Theorie vorab prägte. Zuletzt schließlich wird auf die Konsequenzen dieser Theoriearbeit für den SDS selbst eingegangen – denn die spezifische Theoriekritik und die Vorstellung einer über Theorie hinausgehenden Praxis der Antiautoritären speiste sich zu wesentlichen Teilen aus dem Versuch, sich von der im SDS geleisteten Form von »Theoriearbeit« abzusetzen.

---

1 Hüppauf, Hubertus, Konzeption des SDS. Thesen von Hüppauf, vorgetragen von (unleserlich) auf dem Mai-Seminar in Offenbach, Mai 1963. APO-Archiv, Ordner 227 BV I Bundesvorstand A-E Teil I 1964.
2 So Klaus Allerbeck im Gespräch mit Boris Spix, zit. nach Spix, Abschied, S. 127.

Praxisfragen als Identitätsfragen

Die Trennung von SPD und SDS hatte eine Vorgeschichte, nach der ein tendenziell radikaler und junger Intellektuellenflügel mit einer kompromissbereiten Mutterpartei zusammenprallte. Die plötzliche Eigenständigkeit des SDS barg große Gefahren: zuallererst natürlich in finanzieller und infrastruktureller Hinsicht, aber auch organisatorisch ging es um die schiere Existenz. Hatte der SDS 1961 noch 819 Mitglieder gezählt, war diese Zahl 1964 bereits auf 520 gefallen[3] – trotz nach außen getragener Zuversicht klang intern Zukunftsangst an. Gegenüber dem Status einer Studentenorganisation, die einer Partei zugeordnet war, musste der Daseinszweck eines parteifreien Verbandes erst einmal bestimmt werden. Nach außen hin wurde in der Phase der Auseinandersetzung mit der SPD zwar das Bild des starken, unabhängigen Studentenverbands beschworen, der ohne parteipolitische Bindungen seine Standpunkte noch unbeirrter und objektiver vertreten könne[4], in internen Debatten herrschte jedoch durchaus Unsicherheit über den zukünftigen Charakter des Verbandes: Die Bandbreite der Vorstellungen reichte von einer leninistischen Kaderorganisation bis hin zu einer informell-lockeren Zusammenarbeit verschiedener Diskussionsgruppen.[5] Einig war man sich jedoch über zweierlei: Der SDS sollte fortbestehen – und zwar selbstverständlich nicht wegen »Vereinsmeierei oder Traditions-Seeligkeit [...], sondern weil wir alle überzeugt sind, daß der SDS mehr als je zuvor politischen Zweck und Sinn hat«[6]. Daneben sollte der SDS einen wissenschaftlichen und intellektuellen Charakter haben – »ähnlich dem, was die Gruppe 47 im kulturellen Leben ist (also: eine zweite Reichsschrifttumskammer in der BR«, wie es ein Diskutant formulierte.[7] Anstelle des bisherigen Rufs als »kryptokommunistisch« solle man eher auf eine »radikal-demokratische«[8] Außenwahrnehmung hinarbeiten.

3 Mitglieder SDS 1961-1968. APO-Archiv, Ordner SDS 38 SDS Projekt Arbeitsmaterial. Hier wird außerdem auch der Anteil an weiblichen Mitgliedern zumindest für den Berliner SDS angegeben, der mit knapp einem Viertel an FU, KiHo und PH und etwa 5% an der TU in etwa dem Anteil an weiblichen Studierenden an diesen Universitäten entsprach, siehe Spix, Abschied, S. 84.
4 Bielenstein, Sozialistische Studentenarbeit, S. 30.
5 Brief an Wolf Rosenbaum, 9.4.1963. APO-Archiv, Ordner SDS 230 BV I F Intern 1964.
6 Waretzky, Solitarität (!), S. 6.
7 Notizen zur Gruppenvorsitzendenkonferenz. Entwurf Schmiederer, 6./7.4.1963. APO-Archiv, Ordner 227 BV I Bundesvorstand A-E Teil I 1964.
8 INTERN: Protokoll der Diskussionen auf der Gruppenvorsitzendenkonferenz in Frankfurt, 6./7. 1963. APO-Archiv, Ordner 227 BV I Bundesvorstand A-E Teil I 1964.

Durch den – taktischen – Verzicht auf klassenkämpferische Parolen könne man, so glaubte man, breitere Kreise ansprechen und sich als Sammelbecken von »›freischwebenden Intellektuellen‹ [...], radikalen Demokraten [und] diffus Oppositionellen«[9] präsentieren.

»Der radikal fragende Student«[10]: Intellektuelle Selbstentwürfe

Solche eher emphatischen Funktionsbestimmungen mochten zunächst über das Motivationstief nach der Trennung von der SPD hinweghelfen, aber sie konnten nicht darüber hinwegtäuschen, dass nach wie vor unklar war, worin genau die zukünftige Tätigkeit des SDS bestehen sollte. Worin lag eigentlich die spezifische Kompetenz der SDS-Mitglieder, welche Studenten wolle man überhaupt aufnehmen und welche politische Praxis erlaube dies? In Selbstbeschreibungen des SDS – etwa in Semestereinführungsschriften – wurden idealtypische Figuren des »Intellektuellen« und des »Studenten« beschrieben, aus denen heraus dann eine bestimmte Form von politischer Tätigkeit abgeleitet und legitimiert wurde: Was man tun könne, hing wesentlich davon ab, als wen man sich sah.

Dies galt vor allem für den »Intellektuellen«, dem in Abhandlungen etwa über »Die Rolle der Intellektuellen in der Bundesrepublik« detaillierte Verhaltensregeln zugeschrieben wurden. Seine Aufgabe bestehe darin, den Schleier von den Erscheinungen zu reißen und die dahinterliegenden gesellschaftlichen Vorgänge zu entschlüsseln. Zwangsläufig müsse der Standpunkt der Intellektuellen ein politischer sein: Denn aus der rationalen Analyse der Gesellschaft folge zwingend der Wunsch nach ihrer Verbesserung, was die Intellektuellen grundsätzlich auf die fortschrittliche Seite des politischen Spektrums stelle und sie seitens der herrschenden Klasse dem Generalverdacht aussetzte, Nörgelei und Unzufriedenheit zu verbreiten; wer sich der Vernunft verschrieben habe, müsse eine solche politische Heimatlosigkeit tapfer aushalten.[11]

9   Notizen zur Gruppenvorsitzendenkonferenz. Entwurf Schmiederer, 6./7.4.1963. APO-Archiv, Ordner 227 BV I Bundesvorstand A-E Teil I 1964.
10 Meschkat, Eignungsfeststellung, S. 33.
11 Das hier skizzierte Intellektuellenbild unterschied sich mit seiner Betonung der oppositionellen Haltung und des politischen Engagements eigentlich nicht wesentlich vom Leitbild des »kritischen« oder »modernen« Intellektuellen, das gegen Ende der 50er Jahre an Boden gewonnen hatte (Kießling, Die undeutschen Deutschen, S. 245) oder allgemein dem Konzept der »freischwebenden Intelligenz«. Zum Wandel des Intellektuellenbildes auch Gilcher-Holtey, Konkurrenz.

PRAXISFRAGEN ALS IDENTITÄTSFRAGEN

Keineswegs wollten die SDS-Intellektuellen dabei mit der Bohème verwechselt werden, mit unpolitischen Künstlerfiguren. Zwischen wirklichen Intellektuellen und denen, die die Öffentlichkeit für solche halte, bestünde ein massiver Unterschied, so ein Typoskript:

»Es gibt also viele Intellektuelle, die es nicht sind. Wer es zu nichts bringt, als zum Selbstmitleid und Nörgeln vor einer mondänen Kulisse von Jazz, Matisse oder Proust, wer gestern dem ›Ekel‹ frönte und heute auf Godot wartet und Blech trommelt, ist eine pittoreske Erscheinung, eingeplant in die Konsumfront, aber kein Intellektueller. Wer es wirklich ist, benimmt sich unauffällig; er weiß zwar, zu welch zweifelhafter Kategorie er gehört, macht aber weder Aufhebens davon, noch lamentiert er darüber [...]. Sein Metier ist demgemäß die Kritik, der produktive Zweifel; seine Idole die Vernunft, das Experiment, der offene Horizont angesichts einer Welt von dogmatisierten Systemen.«[12]

So bitter nötig die Kritik der Intellektuellen für die Gesellschaft sei, sie würde selten dankbar aufgenommen: »einen zugigen Platz in der Gesellschaft ausgesucht«[13] habe man sich also, fern jeder Anpassung und Oberflächlichkeit trage man seine Bürde. Das in solchen Selbstbeschreibungen kaum verhohlene elitäre Selbstbewusstsein wurde streckenweise sogar offen mit der eigenen gehobenen Klassenherkunft verbunden: Da für viele Arbeiter »schon die Erklimmung eines Bürostuhls in einer sozialdemokratischen Kommunalverwaltung« ein Erfolg sei, sei von ihnen folglich revolutionäres Bewusstsein (nach Lenin) nicht zu erwarten. Dieses wäre stattdessen eher bei bildungsprivilegierten Akademikern zu finden.[14]

Der Intellektuelle war einerseits eine Art Held, ein Vorbild für die spätere politische Betätigung, andererseits ein Habitus für die Mitglieder des SDS, den man sich aneignen konnte – in Sprache und Gesten. Natürlich musste ein Student erst noch lernen, ein »richtiger« Intellektueller zu sein, der sich seines eigenen Status, seiner Fähigkeiten und Aufgaben, seiner Alliierten und Gegner, also seiner ganzen Position in der Gesellschaft bewusst war. Und Massenuniversitäten trugen aus SDS-Sicht ihren Teil bei, die Nachfrage nach geistlosem Nachschub für eine inhumane Bürokratie zu bedienen: Ein satirisches Typoskript zeichnete die durchschnittlichen Studierenden als willkürlichen Entscheidungen

12 Hartung, Harald, Porträt des Intellektuellen. Typoskript, 1963. APO-Archiv, Ordner SDS 22 NK Korrespondenz Sitzungen Manuskripte 1960-1963.
13 Ebd.
14 Mauke, Michael, Referat auf Berliner Landesvollversammlung, 17.11.1962. APO-Archiv, Ordner 227 BV I Bundesvorstand A-E Teil I 1964 Teil 1, S. 4.

seelenloser Verwaltungsbehörden ausgeliefert und nach Kräften verdummt; ohnehin »durch Mensaessen ein wenig unterernährt« fügten sich die künftigen Akademiker mit »nunmehr gedankenleeren Stirnen« widerstandslos in die Reihen der »Bürokraten« ein. »Kultur« und »Geist« würden den Studenten in überlaufenen Seminaren nach Kräften ausgetrieben; sich gegen diese Gewalten zu stemmen und nur ein »Fünkchen Geist weiterglimmen«[15] zu lassen, stelle gegen jede Wahrscheinlichkeit an sich schon eine Leistung dar. Umso widerständiger fühlten sich die Genossinnen und Genossen des SDS, die dem Idealtypus des Intellektuellen nacheiferten. Niemand bestritt, dass das zeitgenössische Studentenleben kein sehr erfreuliches war: Die Medien berichteten durchaus über Prüfungsangst, Nervosität und sexueller Verklemmung,[16] von vereinsamenden Wohnformen und autoritären Professoren, von Bildungsstrukturen, die auf die Belange der Wirtschaft ausgerichtet wurden, von ökonomischen Problemen der Studierenden. Nach der Auffassung des SDS hatten diese Schwierigkeiten aber auch positive Nebenwirkungen: Das Fehlen von Bindungen und Verpflichtungen bringe nämlich auch die Freiheit mit sich, eigene Meinungen bilden und diese auch dann aussprechen zu können, wenn sie den »offiziellen«[17] Meinungen entgegenstünden – eine Außenseiterposition, die sich auch in der Lebensführung spiegeln müsse. Die zweite Bundesvorsitzenden Ursula Schmiederer beobachtete,

> »daß nämlich ein ganzer Teil Sozialisten [, die] zwar politisch und ökonomisch dauernd rrradikal (!) auf den Barrikaden stehen, im Privatleben die vollendestens (!) Spießer sind. [Es sei] den Genossen klar zu machen, daß Sozialismus (wie ich es zu formulieren liebe) nicht nur Politik, sondern auch Lebenshaltung ist.«[18]

Konsequenterweise wurde daher immer wieder auch versucht, den SDS-Mitgliedern eine Art sozialistisches Lebensgefühl zu vermitteln. Man hörte sich zum Beispiel gemeinsam Schallplatten mit Liedern von Kurt Weill an, veranstaltete Brecht-Abende oder empfahl den Genossen, ihren Urlaub am Plattensee anstelle im franquistischen Spanien zu verbringen.[19]

15 Lenk, Elisabeth, Schule der Demut. Typoskript. APO-Archiv, Ordner SDS 22 NK Korrespondenz Sitzungen Manuskripte 1960-1963.
16 P. St., nervös; h./s., Intimberatung.
17 Gross, Helga; Märthesheimer, Peter, Zum politischen Bewusstsein der Studenten, 1960. Archiv des IISG, Sammlung Eberhard Dähne, Box 25, S. 2.
18 Schmiederer, Ursula, Brief an Bernd Hartmann, 9.4.1963. APO-Archiv, Ordner SDS 230 BV I F Intern 1964.
19 Zusammenfassung der Diskussion über die Frage: Was erwarte ich vom SDS? am 19.1.1963 im Club »neue kritik«, 19.1.1963. APO-Archiv, Ordner 227 BV I

PRAXISFRAGEN ALS IDENTITÄTSFRAGEN

Theorie als Praxis der Intellektuellen

Das Selbstverständnis des kritischen, sozialistischen Intellektuellen war also nicht nur Identitätsversicherung, sondern hatte vor allem handlungsleitenden Charakter: Aus der Fähigkeit, hinter die Kulissen der Gesellschaft sehen zu können, Oberfläche und Kern, Erscheinung und Wesen zu trennen, leitete sich für die studentischen Intellektuellen die Verpflichtung ab, dies auch konsequent zu tun. In den Diskussionen um Selbstverständnis und Praxis des SDS spielten die Adjektive »echt« und »unecht« daher eine wichtige Rolle – wobei jedoch selten bestimmt wurde, was damit genau gemeint war. »Echtheit« und ihr Fehlen einfach so erkennen zu können, erwies sich vielmehr als Kernkompetenz und Legitimationsgrundlage eines intellektuellen Eliteverständnisses.[20] Als unecht wurde zwar insbesondere die westdeutsche Demokratie identifiziert; unecht konnte aber auch die universitäre Wissenschaft sein, eine politische Theorie, selbst profane Unterhaltungen, die im Gegensatz zu »›echte[n] Gesprächen‹«[21] standen. Auch links – und sogar im SDS – gab es Unechtes: Weil es »Mode«[22] geworden sei, sich kritisch zu

Bundesvorstand A-E Teil I 1964; Wolfgang, Gruppenbericht SS 63 SDS TH Bswg, 1963. APO-Archiv, Ordner 126 Bundesvorstand 1963.

20 Vermutlich gründeten diese Unterscheidungen auch in einem bildungsbürgerlichen Habitus, in dem Echtes und Wahres mit dem richtigen, sozial exklusiven Habitus als eher erspürbar als beschreibbar galt. Im gymnasialen Deutschunterricht des 19. Jahrhunderts wurde beispielsweise gelehrt, das »Innere« eines Textes zu erkennen, das als »dessen Seele den Leib durchdringt und belebt, aber doch nur an einzelnen Stellen, gleichsam den Augen der Dichtung an die Oberfläche heraustritt«, wie ein zeitgenössischer Pädagoge schrieb (zit. nach Reh, Literatur lesen lehren, S. 183 f.). Solche Lesepraktiken zielten auf die Konstitution eines Subjekts ab, »das wissen muss, dass es nicht versteht, selbst dann nicht, wenn es den Eindruck habe, es würde leicht verstehen« (ebd., S. 183). Das Verstehen eines Textes war somit fragil und permanent vom Scheitern bedroht; solche Erfahrungen vom Scheitern und Weitermachen an schwierigen Texten – allen voran dann dem *Kapital* – spielten in beinahe allen Zeitzeugengesprächen eine wichtige Rolle. Zur Diskussion um die Frage der bürgerlichen Sozialisation als Grundlage der Protestkultur der Studierendenbewegung ausführlich Wienhaus, Bildungswege, S. 35. Die Verwurzelung des Marxismus im »bürgerlichen Bildungsideal« betont auch Kondylis, Das Politische im 20. Jahrhundert, S. 32 f.

21 Schmidt, Studentenwohnheime, S. 37. Es ist nicht ohne Ironie, dass Adorno in seiner nur wenige Jahre später erschienenen Schrift *Jargon der Eigentlichkeit* gerade das »echte Gespräch« zu einem der den Jargon bestimmenden »Edelsubstantive« zählte, siehe Adorno, Jargon, S. 417.

22 SDS-Bundesvorstand, Grundsatzdiskussion, 27.2.1963. APO-Archiv, Ordner 227 BV I Bundesvorstand A-E Teil I 1964.

geben, müsse man die »Pseudokritik« der »Nonkonformisten«, die schon glaubten, »revolutionär zu sein, wenn sie Roth-Händle rauchen, und [...] um die spießbürgerliche Umgebung zu schockieren, SDS-Mitglied werden«[23], von echter Kritik unterscheiden lernen. Pointiert formuliert: Wer »Echtes« von »Unechtem« unterscheiden konnte, hatte auch das Zeug dazu, grundlegend und theoretisch tiefgreifend zu denken. Hatte sich in der Klassengesellschaft der Interessensgegensatz zwischen Arbeit und Kapital noch offen gezeigt, so das Argument, brauche es nun aufgrund der demokratischen Verschleierung der wahren Verhältnisse Intellektuelle, die sich nicht so einfach verblenden ließen. Die Transformation eines vagen Unbehagens in rationale Analyse und Änderung der Verhältnisse und die »Rückführung aller einzelnen Krisenphänomene auf den Wirkungszusammenhang der spätkapitalistischen Gesellschaft«[24] wurde damit als Kernaufgabe des SDS verstanden. Auf der ersten Delegiertenkonferenz nach dem Unvereinbarkeitsbeschluss wurde diese aus der eigenen gesellschaftlichen Position erwachsene Verpflichtung zum theoretischen Denken in emphatische Worte gekleidet:

»Veränderung aber und jeder Schritt zu einer freien Gesellschaft ist untrennbar mit Theorie verbunden. Sozialistische Theorie sprengt die Borniertheit und Zukunftslosigkeit des spätbürgerlichen Bewußtseins. Wir haben es daher nicht nötig, mit einem Ideal vor dem Kopf herumzulaufen oder eine Ideologie gleich einem roten Lämpchen mit uns herumzutragen, das alle Gegenstände in ein sanftes, den Augen angenehmes Licht taucht. Unsere Theorie sollte eher einem Scheinwerfergerät gleichen, dessen Licht stark genug ist, ein Stück des Wegs in die Zukunft zu erhellen, das aber zugleich, auf die gegenwärtige Gesellschaft gerichtet, grell ihre Risse, Sprünge, Jahrhunderte alten Staub, Muff und Spinnweben beleuchtet.«[25]

Entscheidend für die Fokussierung auf Theorie war für den SDS aber der Eindruck, dass man damit erst ganz am Anfang stehe: Ein Rückgriff auf sich zu Dogmen verhärteten Gewissheiten der Vergangenheit sei nicht mehr möglich, man müsse letztlich noch einmal ganz von vorne anfangen. Nun ging es darum, die »zerklüfteten Textmassive am Horizont«[26]

23 Lenk, Sozialistische Theorie, S. 8.
24 Mauke, Michael, Thesen zur Konzeption und Organisation des Arbeitskreises (!) für Probleme der europäischen Linken. APO-Archiv, Ordner SDS 366 »Kränzchen« 61/62.
25 Lenk, Sozialistische Theorie, S. 11.
26 Felsch, Sommer der Theorie, S. 50.

zu erklimmen:»1. Stufe: Aktivität ist einzig Bewußtseinsbildung«[27], so ein Thesenpapier des Berliner SDS von 1963 – wenn man als Verband theoretisch und politisch zu sich selbst gefunden habe, könne man zu gegebener Zeit mit dem alsdann erworbenen Erfahrungsschatz wissenschaftlich und rational in den Lauf der Welt eingreifen: Theorie sei das ganz originäre »Metier des Studenten, das keinerlei Abwertung als praxisfern verdient, wenn die notwendige Konsequenz aufgebracht wird, die eigene Haltung kompromißlos zu vertreten«[28], Theorie könne sogar »besonders [in] unsere[r] Zeit des Übergangs und der Desorientierung […] ganz unmittelbar den Charakter von Praxis haben.«[29] Theorie sei also kein Bildungskanon, sondern eine spezifische Praxis von Intellektuellen – und damit abzuleistende Arbeit.

Der stolz vor sich hergetragene Fokus auf das komplizierte Denken umgab den SDS mit einer Aura der intellektuellen Exklusivität: Der Verband war »hoch angesehen, weil er so wissenschaftlich, hochgestochen und theoriegeleitet war. Die Leute kamen damit im Grunde genommen nicht mit, fanden das aber alle irgendwie gut«[30], wie ein Zeitzeuge feststellte. Dieser Effekt war durchaus beabsichtigt: Potentielle Neumitglieder sollten mit der Mystik des »Geheimwissens«[31] angelockt werden, das ihnen bei passender Gelegenheit in kleinen Dosen offenbart werde. Man könne nämlich, so ein häufig geäußerter Gedanke, nicht mehr davon ausgehen, dass Studierende mit einem soliden sozialistischen Grundwissen oder einem gefestigten linken Standpunkt zum SDS kämen. Nötig sei vielmehr ein vages Gefühl des Dissens mit der Gesellschaft, der mithilfe von Theorie in sozialistische Kritik zu überführen sei. Unter Anleitung von erfahreneren Genossen sollten sich die Neulinge dann in die eigentliche *theoretische Arbeit* stürzen – ein Begriff, der in den Quellen weitaus häufiger vorkommt als seine statische Form *Theorie*. Besonderer Wert wurde darauf gelegt, dass Theorie nicht als etwas von oben Aufgezwungenes empfunden werden dürfe, sondern dass die eigenständige Erarbeitung und persönliche Aneignung ein wesentlicher Teil

---

27 Hüppauf, Hubertus, Konzeption des SDS. Thesen von Hüppauf, vorgetragen von (unleserlich) auf dem Mai-Seminar in Offenbach, Mai 1963. APO-Archiv, Ordner 227 BV I Bundesvorstand A-E Teil I 1964.
28 SDS, Semestereinführungsschrift für die FU, Sommersemester 1963. APO-Archiv, Ordner SDS 371 Landesverband Berlin, 1962-65.
29 Mauke, Michael, Referat auf Berliner Landesvollversammlung, 17.11.1962. APO-Archiv, Ordner 227 BV I Bundesvorstand A-E Teil I 1964 Teil 1, S. 16.
30 Spix, Abschied, S. 127.
31 Brief an Hubertus. APO-Archiv, Sammlung Bernhard Blanke Ordner SDS Rundbriefe + LV Berlin 1962-1965.

des theoretischen Bildungserlebnisses sein müsse. Der Weg zum sozialistischen Intellektuellen sollte ein individueller sein, allerdings durchaus pädagogisch angeleitet.[32]

Dieses *role-model* des theoretisch arbeitenden sozialistischen Intellektuellen schwebte somit sowohl über dem einzelnen Mitglied als auch über dem SDS als Ganzen, zumal der Verband schon länger an der Inhomogenität und dem schwachen Zusammengehörigkeitsgefühl der verschiedenen Ortsgruppen litt. Theoriearbeit in Form von organisierter Schulung und Forschung stellte sich somit auch als Medium dar, in dem sich kleinere Gruppen in den Gesamt-SDS integrieren konnten – wobei um 1963 in vielen Ortsverbänden die Mitgliedersituation so schlecht war, dass sie das schiere Überleben der Gruppe als Minimalziel angaben.[33]

Wissensbäume und Karteikarten: Die Organisation der Theoriearbeit

Die Vordenkerinnen und Vordenker des SDS waren sich also recht schnell darüber einig, dass ihre Praxis zunächst aus Theorie bestehen müsse. Das bedeutete vor allem, dass die Funktion dieser Theorie dem SDS klarer vor Augen stand als die Theorie selbst – anders formuliert, hatten sie von der Rolle der »theoretischen Arbeit« mehr Vorstellung als von dem Ergebnis dieser Arbeit selbst. Was Theorie selbst denn überhaupt sein sollte oder sein könnte, wurde in den Quellen hingegen nur selten thematisiert: Dort erscheint der Begriff im weitesten Sinne eher als Code für eine (sozial-)wissenschaftliche Herangehensweise an politische Probleme oder als Synonym für einen akademischen, immer aber »decouvrierenden« Stil des Nachdenkens über Politik, weniger als eine bestimmte Denkschule.[34] Die Führungsschicht des SDS stand also

32 Neue Kritik, Mitarbeiterbrief 1, 20.11.1963. APO-Archiv, Sammlung Bernhard Blanke, Ordner SDS neue kritik 67,68., S. 2.
33 SDS-Bundesvorstand, Protokoll der 2. SDS-BV-Sitzung am 2./3. März 1963 in Ffm (1.Teil), 2./3.3.1963. APO-Archiv, Ordner 227 BV I Bundesvorstand A-E Teil I 1964, S. 7.
34 Im Grunde galt dies auch für den Marxismus – »Theorie« und »Marxismus« waren hier nicht identisch. Zwar war im Selbstverständnis des SDS seine Theorie zumindest marxistisch geprägt, in den Arbeitskreisen bildeten marxistische Zugänge jedoch eher einen separaten Bereich neben anderen Fragestellungen. Aus den spärlich erhaltenen Literaturlisten ist auch ersichtlich, dass sich die Marx-Rezeption innerhalb des SDS vor allem auf seine Frühschriften bezog; in einem Arbeitskreis über die Grundzüge des Marxismus las man etwa nur Kurzexzerpte und Zitate aus dem *Kapital* und ansonsten Werke von Ernst Bloch,

nun vor der Aufgabe, die Erarbeitung dieser ihnen noch unbekannten Theorie ganz konkret zu organisieren. Das folgende Unterkapitel argumentiert, dass die dabei erarbeitete Theorie durch ebendiese Notwendigkeit, ihre Erarbeitung als Verbandsprojekt zu organisieren, entscheidend geprägt wurde.

Die praktische Organisation der Theoriearbeit war Aufgabe eines nach der 17. Delegiertenkonferenz 1962 eigens gegründeten Wissenschaftsreferats.[35] Dieses sollte, analog zum politischen Ziel einer rationalen Organisation der Produktion, auch die Theorieproduktion möglichst rational organisieren. Das bedeutete zunächst die Gründung von Arbeitskreisen.[36] Mit diesen Arbeitskreisen verband der SDS die Absicht, theoretische Arbeit als Subjektivierungsform und politische Praxis administrativ zu steuern und zu organisieren. Gesellschaftspolitische oder ökonomische Probleme sollten gemeinsam diskutiert, erforscht und von einer konkreten auf eine abstraktere, theoretische Ebene gehoben werden. Da sie nicht als »Vortragszirkel«, sondern eher als »Forschungsgruppe«[37] verstanden werden wollten, folgten sie der Form des akademischen Seminars: Die Teilnehmenden arbeiteten reihum Referate zu spezifischen Themen aus, die dann gemeinsam diskutiert und gegebenenfalls intern publiziert werden sollten. Gelegentlich wurden auch Versuche gemacht, das Vorgehen den Themen anzupassen: So wollte beispielsweise ein Arbeitskreis »Ästhetik« Künstlerinnen und Künstler einladen, über ihre Kunst zu sprechen, um davon ausgehend »zu theoretischen Verallgemeinerungen vorzustoßen«[38]. Die Themen umspannten ein breites Spektrum, das von »Soziale Schichtung und sozialer Wandel«[39], »Recht und Soziologie der Hochschule«, »Adornos *Metakritik der Erkenntnistheorie*«, »Einführung in das naturwissenschaftliche Denken des Atomzeitalters«[40] über »So-

Walter Benjamin, Karl Korsch, Leo Kofler und Bertolt Brecht (Lenk, Elisabeth, Modelle für Arbeitskreise. APO-Archiv, Ordner SDS 254 BV Schulungsreferat 1966/1967).
35 SDS-Bundesvorstand, Antrag Nr. 7 auf Einrichtung eines Wissenschaftsreferates, 1962. APO-Archiv, Ordner 288 BV 17. DK 1962.
36 Die ersten Arbeitskreise wurden allerdings bereits ab 1958 eingerichtet, siehe Falkenberg, Einleitung Tagung Wissenschaftsreferat, S. 2.
37 »Anmerkungen« zur Funktion des SDS, ca. 1962. APO-Archiv, Ordner 227 BV I Bundesvorstand A-E Teil I 1964.
38 Kerber, Harald, Brief an den SDS Berlin, 3.5.1963. APO-Archiv, Ordner 321b AK Berlin.
39 Berndt, Heide, Der Traum und die Sache. Unveröffentlichtes Manuskript, 1999. APO-Archiv, Nachlass Heide Berndt, Ordner 1 Manuskripte, S. 87.
40 SDS Landesverband Berlin; Hüppauf, Hubertus, Rundschreiben Nr. 1, 23.11.1962. APO-Archiv, Ordner SDS 366 »Kränzchen« 61/62.

ziologie des modernen Dramas«, »Planwirtschaft und Sozialismus«[41], »Kybernetik und Gesellschaft« und die »Grundlagen der Marxschen Theorie«[42] bis hin zu einem Rhetoriktraining[43] reichte.

Ein Blick auf einige von der Führungsschicht des SDS ausgearbeitete Konzeptionen einzelner Arbeitskreise legt nahe, dass hier nicht nur zu erarbeitende Wissensbestände, sondern auch Idealbilder der zukünftigen SDS-Mitglieder verhandelt wurden – und sich die altgedienten Mitglieder mit diesem pädagogischen Gestus gleichzeitig scharf von ihren zukünftigen Zöglingen abgrenzten. Ein »eben in äußerster Eile [...] aus dem Gedächtnis« getipptes Typoskript[44] – dessen Inhalt durch diese Zuschreibung des schnell Hingeworfenen als Selbstverständlichkeit gelten musste – etwa nannte die konkreten Schulungsthemen eines »Grundlagen-Arbeitskreis Entwicklung des Kapitalismus« nur als Stichworte, im Gestus eines informellen Zuzwinkerns: Einzelne Themenkomplexe lauteten etwa »Die Heroen der subjektiven Wertlehre« oder »Wie Herr Schumpeter Aufschwünge aus Innovationszyklen erklärt, die nun auf sich warten lassen«, »Wie Herr Lenin im Exil den Marxismus mit einer Imperialismustheorie verfeinert« oder »Wie-lange (!) das [zentrale Planwirtschaft] wohl gutgehen kann?«. Die saloppen Formulierungen der schon Initiierten setzten einen gemeinsamen Wissensbestand über Theorie voraus, der eine Gemeinschaft der Schon-Wissenden konstituierte, die sich Neuzugänge nach ihrem Ebenbild formen konnte und wollte. Der Zweck der Arbeitskreise war, sich kompetente Theoretikerinnen und Theoretiker heranzuziehen:

»Sinn des Arbeitskreises ist es wesentlich, die Interpretation aktuellen Wirtschaftsgeschehens zu lernen. Zu diesem Zwecke sollen die aus den Theorien destillierten Theorien angewandt werden, nicht exakt, aber in Fingerübungen. Die Marxsche Formel soll mal auf gesamtwirtschaftliche Daten angewandt werden. Man soll die Konjunkturberichte in den Gewerkschaftlichen Monatsheften lesen und daraus

---

41 SDS-Bundesvorstand, Faltblatt des Bundesvorstands des SDS (»Helfen ihm Reformen?«). APO-Archiv, Ordner 371 SDS Fach C34/1, SDS Landesverband Berlin, 1962-65.
42 SDS, Semestereinführungsschrift für die FU, Sommersemester 1963. APO-Archiv, Ordner SDS 371 Landesverband Berlin, 1962-65.
43 Mitgliederbrief des Sozialistischen Deutschen Studentenbundes, Nr. 1, 1965. APO-Archiv, Ordner 253 BV Infos, Arbeitsblätter, Mitgliederbrief, S. 2.
44 Alle folgenden Zitate aus Mike, Gesichtspunkte für einen Grundlagen-Arbeitskreis zum Thema ENTWICKLUNG DES KAPITALISMUS, 1964. APO-Archiv, Ordner SDS 229 BV I A-E Teil II 1964.

ablesen, wie relevant Marx, Keynes, Schumpeter oder Luxemburg heute sind.«[45]

Auf einer höheren Ebene sollte sich das erworbene Wissen also nicht in der Form memorierter Fakten niederschlagen, sondern als routiniert beherrschte Wahrnehmungskompetenz erweisen: Ohne größeren Aufwand, sondern als lockere »Fingerübung« sollte die Relevanz der Deutungsmuster gezeigt werden können, die man in reglementierter Weise aus der Menge der behandelten Literatur »destilliert« hatte. Die Theorie-Azubis sollten lernen, situativ aus Daten oder Beobachtungen kompetent Theorie zu machen.

Die Motivation für diesen Lernvorgang solle dabei eine intrinsische sein: Das Konzept verlangte, dass die Teilnehmenden nicht einfach ein Referat nach dem anderen konsumierten sollten, sondern dass die »›eigentliche‹ Arbeit« allein und am Schreibtisch zu verrichten sei, in kontemplativer, einsamer Auseinandersetzung mit einem Text, dem der zukünftige Sozialist dann diskutierbare Thesen zu entlocken hatte. Innerhalb des Arbeitskreises wurde dadurch jeder einzelne Teilnehmer zu einem Individuum, das sein Scherflein zu einem Ganzen beitrug, das durch zentrale Organisation zu mehr als der Summe seiner Teile werden konnte: Die erarbeiteten Thesen sollten nämlich in den internen *SDS-arbeitsblättern* publiziert werden. Die prospektive fruchtbare Weiterverwendung band also jede gelesene Seite, jede am Schreibtisch verbrachte Stunde in den verbandsinternen Aufbau einer sozialistischen Gesamttheorie ein.

Waren in den ersten zwei Jahren die einzelnen Gruppen bei der Auswahl ihrer bearbeiteten Themen noch relativ frei gewesen, wurde ab der 19. Delegiertenkonferenz 1964 versucht, die Themenwahl zentral zu planen – es sei schlicht ineffizient, hieß es, wenn mehrere Gruppen zu demselben Gebiet arbeiten würden. Jeder Arbeitskreis solle stattdessen auf die Ergebnisse anderer Arbeitskreise aufbauen, sich kritisch mit ihnen auseinandersetzen oder neue Themenfelder eröffnen, die wiederum kollektiv bearbeitet werden könnten.[46] Um die Arbeit besser koordinieren und die Suche nach internen Experten durch Verschlagwortung vereinfachen zu können, wurden im Laufe des Jahres 1964 mehrere provisorische Gliederungen des aufzubauenden Theoriebestandes diskutiert. Eine vom Bundesvorsitzenden Manfred Liebel vorgeschlagene Unterteilung orientierte sich – der Zielgruppe des SDS entsprechend – vor allem an ein-

---

45 Ebd.
46 Falkenberg, Walmot, Rundbrief des Wissenschaftsreferats, 15.1.1965. APO-Archiv, Ordner SDS 212 BV 1966.

zelnen universitären Fachdisziplinen, wie etwa Philosophie, Geschichte, Soziologie, Ökonomie, Jura, Naturwissenschaften oder Pädagogik. Sie gliederte diese in weitere Unterpunkte wie Hochschulgesetzgebung, Arbeitsrecht, Soziologie der Massenkommunikationen, Faschismus und Faschismustheorien, Schulreformen oder Vorurteilsproblematik. Darüber hinaus wurden spezialisierte thematische Schwerpunkte skizziert, die sich mit sozialistischer Planung und Rationalisierung befassen sollten, wie etwa die »Anwendung mathematischer Modelle in den Sozialwissenschaften in den UdSSR und westlichen Ländern« mit den Unterpunkten Kybernetik, Spieltheorie und Simulationsmodelle.[47] Dass die Kriterien für die Strukturierung bekannten und unbekannten Wissens sehr offen angelegt waren, zeigt eine Reaktion auf das Konzept, welche die Gliederung entlang von Fächern und Studiengängen wegen fehlender gesellschaftspolitischer Relevanz kritisierte. Alternativ schlug der Verfasser vor, interdisziplinäre Arbeitsgruppen zu bilden, wie etwa »Arzneimittel in der Schwangerschaft und experimentelle Entwicklungsphysiologie am Menschen«, »Beichte und Psychotherapie«, »Genetik und Rassenpolitik« oder »Prüfungen und Examina als Ausdruck patriarchalischer Gesellschaftsstruktur«.[48] Die Intention dieses Vorschlags war, Spezialistinnen und Spezialisten verschiedener Disziplinen zur Zusammenarbeit anzuregen: Zu »Sinnesphysiologie – hochautomatisierte Arbeitsplätze – Unfallversicherung« könnten etwa Studierende der Medizin, Biologie, Technik, Physik, Mathematik und der Rechtswissenschaften arbeiten.[49] Andere Gliederungsversuche waren stärker themenzentriert und nannten Schwerpunkte wie »Zirkulation und Konsum«, »Gesellschaftliche Reproduktion« oder »Wissenschaftstheorie« mit jeweils zwei bis drei weiteren Subunterteilungen.[50]

Die Bandbreite der konkreten Themen, die man sich vornehmen wollte, mag angesichts der Soziologielastigkeit, die dem SDS unterstellt wird, überraschen. Auch wenn der Anteil der Soziologiestudierenden im SDS verhältnismäßig hoch war, relativieren die Ergebnisse einer Mit-

---

47 Liebel, Manfred; Lessing, Helmut, Entwurf eines Fragebogens zur Feststellung von Experten im SDS für den Ausbau des Wissenschaftsreferates, Januar 1964. APO-Archiv, Ordner Sammlung Seifert SDS-BV 1963/1964/1965.
48 Hartwig, Brief an Manfred Liebel, 2.2.1964. APO-Archiv, Ordner Sammlung Seifert SDS-BV 1963/1964/1965.
49 Fragebogen und Expertengliederung. APO-Archiv, Ordner 252 (alt) SDS BV Hochschulreferat 1964 Wissenschaftliche Umfragen 1963-1964.
50 Liebel, Manfred, Wissenschaftliche Umfrage an Mitglieder, ehem. Mitglieder und gegenwärtige Freunde des SDS, Juli 1964. APO-Archiv, Ordner Sammlung Seifert SDS-BV 1963/1964/1965.

gliederbefragung das Klischee zumindest ein wenig. Vor allem zeigen sie massive Unterschiede zwischen den einzelnen Ortsverbänden: Waren in Frankfurt (kaum überraschend) tatsächlich zwanzig der 32 Mitglieder, die den Fragebogen zurückgeschickt hatten, für Soziologie eingeschrieben, hatten dies in Berlin nur elf von 39 Befragten als ihr Fach angegeben. In Heidelberg befanden sich unter zwölf Mitgliedern sogar überhaupt keine Soziologinnen und Soziologen. Im gesamten Verband überwogen die Philologen mit 27 Prozent die Soziologen (24 Prozent) knapp; Studierende der Naturwissenschaften und Medizin stellten bereits die drittgrößte Gruppe (13 Prozent).[51] Die letztlich alle Disziplinen überspannende Bandbreite an Themen hatte daher gewiss auch die Funktion, potentiell alle Mitglieder in die gemeinsame Arbeit zu integrieren.

Gemeinsam war den Strukturierungsvorschlägen aber ihre Herangehensweise: Die vollständige Durchorganisierung und Planbarkeit der Akkumulation von Wissen sollte den entscheidenden qualitativen Sprung in der Theoriearbeit bewirken. Zuvor, so der Befund, habe Theoriearbeit im SDS bedeutet, beliebig hier und da über Themen nachzudenken und dann zu versuchen, sie auf eine Weise aufzubereiten, »daß sie auch von durchschnittlichen SPD-Mitgliedern verstanden werden kann« (was bedeutete, kurze Sätze und keine Fremdwörter zu verwenden).[52]

Es ist kaum überraschend, dass mit Blick auf die Rationalisierung theoretischer Arbeit viel Wert darauf gelegt wurde, das Engagement im SDS nicht vom Studium zu separieren: »Wir müssen, und das ist keine Phrase, dahin kommen, unser Studium als eine politische Tätigkeit aufzufassen und unsere SDS-Arbeit als ein ergänzender Teil unseres Studiums«[53], wurde dem Berliner Landesverband aufgetragen. Die Theorieproduktion wurde damit vom Großentwurf in mehreren Bänden zu einem kleinteiligen Gemeinschafts- und damit letztlich Verbandsprojekt. Für dessen Koordination und Verwaltung arbeitete das SDS-Wissenschaftsreferat mehrere Fragebögen aus, um eine Kartei der wissenschaftlichen Fähigkeiten und Spezialgebiete der Mitglieder zu erstellen. Gefragt wurde dabei nicht nur nach Studienfächern, Berufsziel und Semesterzahl, son-

---

51 SDS, Mitgliederumfrage. Ausgefüllte Fragebögen, Anschreiben und Auswertungen, 1964/65. APO-Archiv, Ordner 252 (alt) SDS BV Hochschulreferat 1964 Wissenschaftliche Umfragen 1963-1964. Dennoch waren die Soziologiestudierenden im SDS im Verhältnis zu ihrem Anteil von ca. 2% 1967/68 an allen Studierenden deutlich überrepräsentiert.
52 Preuß, Ulrich, Betrifft: SDS-Erklärung, 1961. APO-Archiv, Ordner SDS 369 LV Berlin Div.
53 Mauke, Michael, Referat auf Berliner Landesvollversammlung, 17.11.1962. APO-Archiv, Ordner 227 BV I Bundesvorstand A-E Teil I 1964 Teil 1, S. 9.

dern auch nach Interesse an Randgebieten des Studienfachs, regelmäßig gelesenen Zeitschriften, beherrschten Fremdsprachen, interessanten Veranstaltungen an der eigenen Universität und Themen von eigenen Referaten und angefertigten Seminar-, Diplom- und Doktorarbeiten.[54] Die gesammelten Daten sollten intern gesammelt und bei Bedarf weitergegeben werden, um Forschungen zu Spezialfragen zu erleichtern und ältere Genossen auch nach ihrem Studienabschluss einbinden zu können. Zudem wurden die Mitglieder aufgefordert, der SDS-Zentrale ein Exemplar ihrer Diplom- und Doktorarbeiten zukommen zu lassen, wo diese neben den Ergebnissen der Arbeitskreise Teil einer SDS-eigenen Bibliothek für die Theoriearbeit werden sollten.[55] Eine Genossin schlug vor, die Arbeitsprozesse der Theoriearbeit zu standardisieren (etwa durch Vorgaben, wie Sitzungsprotokolle getippt und abgeheftet werden sollten),[56] jemand anderes, die persönliche Theorieaneignung durch Karteikartensysteme zu optimieren.[57] Teilweise löste dieser Rationalisierungseifer eine Art Entfremdungskritik gegenüber der eigenen Theoriepraxis aus:

»Das Karteikartensystem, das ich jetzt führe, wie überhaupt das durchrationalisierte Arbeitssystem [...] hat ausser den Vorteilen, eben rationell zu sein, und dem Zwang, den es ausübt: dass es ›gefüllt werden will‹, dass die Karteireiter nicht leer rumstehen und nicht zu wenige bleiben, und man Bücher nicht mehr liest sondern auswertet, noch den Nachteil, dass man weniger das Gelesene diskutiert und anderen mündlich oder schriftlich mitteilt, sondern eben auf die Karten ›ablegt‹, da- , einem jeder Gedanke zu schade ist, ihn auf einen Brief zu verschwenden (!), wo er doch in der Kartei an viel besserem Ort, nämlich unter dem richtigen Stichwort, aufgehoben wäre.«[58]

54 Falkenberg, Walmot, Rundbrief des Wissenschaftsreferats, 15.1.1965. APO-Archiv, Ordner SDS 212 BV 1966; Liebel, Manfred; Lessing, Helmut, Entwurf eines Fragebogens zur Feststellung von Experten im SDS für den Ausbau des Wissenschaftsreferates, Januar 1964. APO-Archiv, Ordner Sammlung Seifert SDS-BV 1963/1964/1965.
55 Rave, Dieter, Arbeitspapier-Wissenschaftsreferat zur 18. Delegiertenkonferenz, 1963. APO-Archiv, Ordner SDS 254 BV Schulungsreferat 1966/1967.
56 Lenk, Elisabeth, Modelle für Arbeitskreise. APO-Archiv, Ordner SDS 254 BV Schulungsreferat 1966/1967.
57 Auch Rudi Dutschke arbeitete gleichzeitig an einem gigantischen Lektürepensum, das er ebenfalls in einem Karteikartensystem mit verschiedenen Themenschwerpunkten organisierte (Archiv Hamburger Institut für Sozialforschung, RUD 340).
58 Reiche, Reimut, Brief an Heide Berndt, 19.7.1964. APO-Archiv, Nachlass Heide Berndt, Ordner 24 Briefe RR (von + an).

Solches schrieb der Theoriearbeiter Reimut Reiche 1964 seiner Lebensgefährtin. Die Klage, dass die Regelung selbst von Details der Theoriearbeit eine Eigendynamik entwickle – dass man eben Bücher nicht mehr richtig lese und diskutiere, sondern nur noch unter dem Aspekt ihrer Einordnung in ein Stichwortsystem auswerte – war symptomatisch für die Spannung zwischen der rationalen Organisation von Theoriearbeit und dem persönlichkeitsbildenden Anspruch, der ihr zugeschrieben wurde.

Die diversifizierende Expertenbildung sollte zudem noch gefördert werden, indem das Wissenschaftsreferat angehalten wurde, für die studierenden SDS-Mitglieder interne Handreichungen zur Studienstrategie auszuarbeiten. Einerseits sollten diese Hinweise ein effizienteres Studium ermöglichen – hierzu sollten annotierte Studienbibliographien, Überblicke über einzelner Fächer oder Veranstaltungshinweise gesammelt werden –, andererseits wurden die Mitglieder ermutigt, ihr Studium so zu gestalten, dass die theoretische Arbeit des SDS davon profitieren könne. Dazu sollten regelmäßig Vorschläge für bestimmte Lehrstühle, Studienorte im In- und Ausland oder ausbaubare Spezialgebiete gegeben werden.[59] Überdies wurde angeregt, an potentiell sympathisierende Hochschullehrer heranzutreten, um sie zu Seminaren zu bewegen, die die Theoriearbeit beflügeln könnten.[60]

Letztlich reproduzierten all diese Vorgaben aber vor allem ein Selbstbild des SDS, das den Verband als Gemeinschaft unterschiedlicher, durch die Widerstände der Gesellschaft jedoch nahtlos zusammengeschweißter Expertinnen und Experten entwarf, die durch den Ausbau ihres internen Geheimwissens (nicht wenige Dokumente waren trotz ihres wissenschaftlichen Charakters als »intern«, »vertraulich« oder geheimzuhalten klassifiziert) subversiv-wissenschaftliche Gegenarbeit leistete. Ein Selbstverständnis als Elite, die in kleinen Zirkeln durch Tarnung und verdeckte Arbeit gegen eine feindliche Gesellschaft konspirierte, zeigte sich auch in der Anregung, »geschulte […] SDSler, die nominell nicht Mitglied sind«[61], in anderen Hochschulgruppen mitarbeiten zu lassen, um diese zu beeinflussen. Der Gedanke liegt nicht fern, dass der in der späteren Studentenbewegung häufige Rekurs auf Guerillataktiken im

---

59 SDS, Arbeitsmaterialien Wissenschaftsfragen 2. Vorschlag für Merkblätter zur Studienstrategie, 1964. APO-Archiv, Ordner Sammlung Seifert SDS-BV 1963/1964/1965.
60 Mauke, Michael, Referat auf Berliner Landesvollversammlung, 17.11.1962. APO-Archiv, Ordner 227 BV I Bundesvorstand A-E Teil I 1964 Teil 1, S. 9.
61 Hüppauf, Hubertus, Konzeption des SDS. Thesen von Hüppauf, vorgetragen von (unleserlich) auf dem Mai-Seminar in Offenbach, Mai 1963. APO-Archiv, Ordner 227 BV I Bundesvorstand A-E Teil I 1964.

Selbstbild einer verschworenen Gemeinschaft von geschulten Individuen im Kern schon angelegt war.

Was in diesen – auf den ersten Blick nur lose verbundenen – Absichtserklärungen, Notizen und vermutlich größtenteils versandeten Initiativen sichtbar wird, könnte man als Entwurf eines großangelegten Kartierungsprogramm unbekannten Weltwissens beschreiben, das durch seine Herangehensweise der methodischen, arbeitsteiligen Untergliederung und des Zueinander-in-Beziehung-Setzens der einzelnen Wissensbereiche durch eine zentrale Koordinationsstelle das daraus resultierende Ergebnis letztlich vorwegnahm: Die Gesellschaft musste geradezu als diffizile Gemengelage verschiedener Bereiche erscheinen, deren Verwobenheit auf den ersten Blick verwirrend, durch methodisches Vorgehen aber letztlich von einer Zentralperspektive aus verständlich gemacht werden konnte. Im Grunde reproduzierte die in den Arbeitskreisen des SDS erarbeitete Theorie die Struktur des SDS selbst: einigermaßen unabhängige Landesverbände, die von einer zentralen Instanz aus koordiniert wurden.

Am »Marterpfahl der Theorie«: Theoriearbeit als Lebensform

Spätestens Ende 1964 beschlich die Führungsriege des SDS der Eindruck, dass die praktizierte Art der Theoriearbeit in eine Sackgasse führe – unkoordiniert immer mehr Spezialwissen anzuhäufen, war nicht die Form von sozialistischer Bewusstseinsbildung, die man sich ursprünglich vorgestellt hatte. Anfang 1965 veranstaltete das Wissenschaftsreferat deshalb eine Krisentagung, zu der unter anderem Jürgen Habermas eingeladen wurde. Als Problem wurde zunächst die mangelnde zentrale Koordination der theoretischen Arbeit identifiziert: Die Arbeitskreise wurstelten über zufällige Themen vor sich hin, die Ergebnisse würden vom Gesamtverband nicht zu Kenntnis genommen. Gleiches gelte für gelegentliche politische Aktionen, die improvisiert und planlos durchgeführt würden.[62] Das Wissenschaftsreferat, so der Plan, sollte die theoretische Arbeit zentral koordinieren und optimieren.[63]

Als problematischer noch wurde aber eine »Entpolitisierung« der Theorie wahrgenommen, die sich im Rückzug in wissenschaftlich-theoretische Diskussionen ohne eine Verbindung zu politischer Praxis, in

---

62 Falkenberg, Einleitung Tagung Wissenschaftsreferat, S. 2.
63 Zusammenfassung der Plenumsdiskussion auf der Tagung des Wissenschaftsreferates, S. 10.

der Fokussierung auf einzelne Themen ohne deren gesellschaftlichen Zusammenhang oder – wie es der Bundesvorsitzende Helmut Schauer ausdrückte – in der »Fernflucht« äußerte, also der Beschäftigung ausschließlich mit einzelnen Staaten außerhalb der Bundesrepublik (wie Südvietnam, Kongo oder die DDR).[64] Offenbar war es also gar nicht so leicht, »richtig« Theorie zu machen – zumindest nicht für diejenigen neuen Mitglieder, die erst seit dem Unvereinbarkeitsbeschluss in den SDS gekommen waren.

Die mangelnde theoretische Vorbildung der Neuen wurde nämlich von den älteren Mitgliedern zunehmend als hinderlich bewertet, wenn man dem Anspruch genügen wolle, in den Arbeitskreisen gemeinsam kritische Wissenschaft zu betreiben. Die Arbeitsgruppe »Probleme und Schwierigkeiten marxistischer Geschichtsinterpretation«, die sich an der FU Berlin im Wintersemester 1962/63 gebildet hatte, war genau daran gescheitert: Das ursprüngliche Ziel, »mit der Vergangenheit marxistisch, und d. h. weder positivistisch Fakten aufeinander häufend noch starr dogmatisch, fertig zu werden«, musste aufgegeben werden, weil die Teilnehmenden nicht über die vorausgesetzten Grundkenntnisse des historischen Materialismus verfügten; stattdessen richtete man eine improvisierte Schulungsgruppe über Grundzüge des marxistischen Denkens ein.[65] Auch andere Arbeitskreise sahen sich in einem Dilemma zwischen pädagogischem Anspruch und hohem Standard: Entweder senkten sie das Niveau, sodass jeder mitkam, oder sie gaben durch die Anforderung von älteren Genossen als Mentoren den Anspruch der selbsttätigen Forschung auf, um richtige Theorie produzieren zu können.[66]

Solche Probleme aus dem theoretischen Arbeitsalltag wirkten sich nicht nur auf die soziale Dynamik innerhalb des SDS aus, sondern auch auf das unscharfe und wandelbare Verständnis dessen, was überhaupt als Theorie zählte. Beispielhaft dafür war ein kleiner, aber vielsagender Verwaltungsakt aus dem Berliner SDS, in dem den Mitgliedern schon früh eine Pflicht zur Teilnahme an mindestens einem Arbeitskreis auferlegt worden war. Vermutlich aufgrund Mitgliederschwunds oder schlichter Verweigerung musste diese Bestimmung aus taktischen Gründen schon bald modifiziert werden: Um die Pflicht nicht allzu hart werden zu lassen, wurde mit merkbarem Zähneknirschen das Konzept theoretischer

---

64 Falkenberg, Einleitung Tagung Wissenschaftsreferat, S. 3.
65 Bericht über die Arbeitsgruppe des SDS »Probleme und Schwierigkeiten marxistischer Geschichtsinterpretation«, WS 1962/63, 1962. APO-Archiv, Ordner SDS 373 SDS Alt.
66 Gilgenmann, Zum Arbeitskreis Süd-Vietnam, 8.11.1964. APO-Archiv, Ordner SDS 54 Gruppen Berlin 1963-1965.

Mitarbeit für weniger aktive Mitglieder dahingehend erweitert, dass auch das kontinuierliche und aktive Lesen bestimmter Zeitungen und Zeitschriften zu einem bestimmten Thema (mit Anstreichen und Ausschneiden von Artikeln) zukünftig als »Arbeitsgruppenleistung, d. h. als Einlösung der Satzungsbedingungen«[67] anerkannt werden sollte – und damit zumindest implizit auch als theoretische Arbeit. Der Kompromiss illustriert die Schwierigkeit, abstrakte Konzepte wie »theoretische Arbeit« in alltägliche Praxis umzusetzen, er zeigt aber auch die transformierende Kraft, die solchen alltagspraktischen »Deals« innewohnte: Auch wenn auf der Führungsebene des SDS auf ein Verständnis von Zeitungslesen als Theoriearbeit herabgesehen werden mochte, machte die Notwendigkeit der praktischen Organisation theoretischer Arbeit den Begriff der Theorie unschärfer – verstärkte aber gleichzeitig die Kluft zwischen denen, die in dieser Theoriearbeit die genuine Praxis des SDS sahen, und denjenigen, die mit der Fokussierung auf Theorie fremdelten. Denn offenbar reichte es nicht aus, die richtigen Zeitschriften abonniert und die richtigen Bücher gelesen zu haben – Theorie situationsadäquat zu »können«, wurde zunehmend zum Distinktionsmerkmal der etablierten Genossen im SDS, die sich damit wohl zumindest implizit gegenüber den »Neuen« abschotteten.

Diesen Eindruck vermittelt zumindest die Korrespondenz der Führungsschicht des SDS – also eine kleine Gruppe, wo jeder jeden kannte und auch Freundschaften bestanden. Häufig ist dort eine ironische Distanz gegenüber genau den Begrifflichkeiten zu spüren, die ernst zu nehmen eigentlich die Grundlage der geteilten Gruppenidentität war. Beispielsweise mündete eine Debatte über das Für und Wider der Hundehaltung (konkret ging es um einen Boxer) in einem Briefwechsel zwischen den Bundesvorsitzenden Diether Sterzel und Ursula Schmiederer in der Aufforderung, die

»Thesen zu einem 19 ½ Seiten langen Aufsatz in der ›neuen Kritik‹ [...] unter dem Titel ›Einige Aspekte der Lage der Deutschen Boxer im Westdeutschen Teilstaat unter besonderer Berücksichtigung des Frankfurter Raumes, nebst kritischen Anmerkungen über das Verhältnis des SDS-BV-Boxers zur BUVA in historisch materialistischen (!) Sicht‹«[68]

---

67 SDS Landesverband Berlin; Hüppauf, Hubertus, Rundschreiben Nr. 1, 23.11.1962. APO-Archiv, Ordner SDS 366 »Kränzchen« 61/62.
68 Sterzel, Diether, Brief an Ursula Schmiederer, 10.3.1963. APO-Archiv, Ordner SDS 230 BV I F Intern 1964.

auszuarbeiten. Die Parodie des eigenen Sprachstils in einem geschützten Raum diente in diesem Kontext offenkundig als Code, als eine Art freundschaftliches Zuzwinkern unter Angehörigen einer Gruppe, die sich ihres Dazugehörens versicherten. Gleichzeitig zementierte die Möglichkeit der Ironisierung eben durch ihre Beschränkung auf den privaten Bereich die Bedeutung der Theorie für die Gruppenidentität des SDS.

Der Parodierbarkeit nach innen entsprach die gezielte Inszenierung von Theorie nach außen. Aus einem Berliner Arbeitspapier ging hervor, dass SDS-Mitglieder in öffentlichen Veranstaltungen immer wieder stolz ihre sozialistischen Argumente vortrugen, bei konkreten und unvorbereiteten Nachfragen von Kommilitonen dann aber oft »politische Hilflosigkeit« zeigten, die teilweise dazu führten, dass sie »selber an den von ihnen nur oberflächlich bekannten Thesen zweifeln«[69]. Die älteren Genossen schlugen also vor, solche Situationen einfach im Voraus durchzuexerzieren: Wo das Stück »Theorie« auf dem Spielplan stand, musste es auch vorher in Form einer »›Generalprobe‹«[70] geübt werden, bei der auch Fragen und weitere Ausführungen abgesprochen werden sollten.

Theorie situativ kompetent anwenden zu können, stellte sich also als ein Ensemble von Praktiken dar, deren genauer Ablauf und dessen Funktion sich oft erst in ihrem Scheitern zeigte – so etwa auf einer Weihnachtsfeier des Argument-Klub[71], auf der ein Mitglied spontan seinen neuen Artikel vorlesen wollte. Er schlug vor, dass diejenigen, die sich den theoretischen Anspruch im Moment nicht »zutrauen« würden, zur Twist-Musik nebenan gehen könnten. Der plötzliche Einbruch der ernsten Theorie in die sonst heitere Weihnachtsfeier wirkte auf die Anwesenden offenbar unpassend: Der Kontrast zwischen der roten Weihnachtsbeleuchtung und dem weihevoll vorgetragenen Artikel sei eher peinlich, der komplizierte Vortrag kaum verständlich gewesen, berichtet ein Zeuge in einem Brief. Dies zu thematisieren sei dem Publikum jedoch nicht möglich gewesen:

> »Umso schlimmer für die Leute, die alle andächtige Disziplin zeigten, die sich allerhöchsten (!) im Zigarettenanstecken oder Stuhlrutschen als nicht ganz authentisch erwies. Ich selbst schäme mich nachträglich, die ganzen zwanzig Minuten ein Gesicht gemacht zu haben, so interes-

---

69 Fichter, Tilman, Arbeitspapier über die Organisationsstruktur des SDS-Landesverbandes. Zur Diskussion am 13.2. APO-Archiv, Sammlung Bernhard Blanke Ordner SDS Rundbriefe + LV Berlin 1962-1965.
70 Ebd.
71 Zu dem 1960 gegründeten Argument-Klub Bebnowski, Kämpfe mit Marx.

siert und konzentriert, als ob ich was verstünde und es jedem furchtbar verübeln würde, der sich der Situation nicht angemessen zeigte.«[72]

Sicherlich war es auch im SDS eine ungewohnte Szene, dass der Nikolaus Theorie aus seinem Sack zog, aber das Gefühl, dass Theorie und Theoretisieren in manchen Situationen nicht so recht passen wolle, gab es wohl nicht nur an Weihnachten. Die Mimik des »authentischen« Zuhörens und Verstehens, das ganze Schauspiel von Konzentration und Ernsthaftigkeit – solche Routinen formten Räume, in denen kompetent Theorie produziert und reproduziert wurde. Theoriekompetenz zeigte also, wer sich in diesen Räumen kompetent bewegen konnte. Ein Briefautor beobachtete bei jüngeren Mitgliedern eine »seltsame – und doch verständliche – Schizophrenie«:

> »in der nicht-öffentlichen Kommunikation, im informellen Bereich der privaten Kontakte der einzelnen, bedienen sich die ›jungen‹ der ›normalen‹ Sprache, in der SDS-Öffentlichkeit [...] ›passen‹ sie sich dem Sprachhabitus ›an‹, von dem sie Integration erhoffen«.[73]

Dass öffentlich gezeigte Theoriekompetenz damit ein mächtiges Instrument zur Durchsetzung von Interessen sein konnte, ist evident, und ihre Durchschlagskraft gewann sie vor allem dadurch, dass man nur schwer darüber reden konnte: Wenn ein Sich-Einlassen auf Theorie als Grundvoraussetzung für die Zugehörigkeit zum SDS verstanden wurde, konnte man sich einem gut gestalteten theoretischen Argument nur schwer entziehen. Dass dies bei nicht-theoriekompetenten Mitgliedern für Unmut sorgte, ist leicht vorstellbar. Ein Manuskript wohl aus der führenden Schicht des Berliner SDS kritisierte diese Entwicklung harsch: Unter dem Deckmantel emanzipativer Theorie würden bestehende Machtstrukturen der bürgerlichen Gesellschaft lediglich fortgeführt, so der Vorwurf. Faktisch sei die Kommunikation innerhalb des SDS autoritär, Theorie ein Herrschaftsmittel, das durch seinen Anschein von Objektivität so subtil wie mächtig wirke: »Wenn es überhaupt zu einer Diskussion kommt, dann in jenem Kreis der ›Eingeweihten‹, der ›Wissenden‹, die – woher auch immer – theoretische Vorbildung ihr eigen nennen können [...]. Der Begriff ›der Genosse‹ ist zu einem Kalkül im organisatorischen

---

72 Reiche, Reimut, Brief an Heide Berndt, 13.12.1963. APO-Archiv, Nachlass Heide Berndt, Ordner 24 Briefe RR (von + an).
73 Brief an Hubertus. APO-Archiv, Sammlung Bernhard Blanke Ordner SDS Rundbriefe + LV Berlin 1962-1965, S. 3.

AM »MARTERPFAHL DER THEORIE«

Planspiel von auf die SDS-fremde Öffentlichkeit bezogene Aktionen regrediert«[74], kritisierte der Verfasser.

Die Darstellung mag zugespitzt sein, aber macht doch das Scheitern des egalitären Anspruchs deutlich, mit dem theoretische Arbeit aufgeladen worden war: In Wirklichkeit wurden Hierarchien im SDS über das Medium Theorie aufgebaut. Die informelle Trennung von »Eingeweihten« und Masse, von theoriekundigen »Patres« und zu ihnen aufschauenden »Fratres«[75], von »brain trust«[76] und SDS-Publikum war erstes Symptom des späteren Konfliktes zwischen antiautoritären und traditionslinken, älteren und jüngeren Genossen, auf den zu Beginn des Kapitels hingewiesen wurde; denn den »Fratres« wurde es damit mehr als leicht gemacht, den subjektiven Generationenkonflikt innerhalb des SDS mit einer Kritik an der Orientierung auf Theorie aufzuladen. Tatsächlich hatte sich die Zusammensetzung der SDS-Mitglieder in den Jahren nach dem Unvereinbarkeitsbeschluss schnell gewandelt. 1962 »fing das an, daß neue Leute [in den SDS] kamen«[77], erinnerte sich der ehemalige Bundesvorstand Helmut Schauer, und es klingt an, dass das »neu« hier »anders« bedeutete.[78] Es würde zwar zu kurz greifen, die Grenzen zwischen den sich herausgebildeten Lagern primär als Generationenkonflikt zu interpretieren – schon allein deshalb, weil der Altersunterschied meist nur wenige Jahre betrug.[79] Als polemisches Interpretationsmuster diente das Konzept einer theoriefaulen jungen Generation aber durchaus: Mit »aus völlig irrationalen Quellen gespeiste[m] Unbehagen, eine[r] unsichere[n]

---

74 Einige gewiß sehr vorläufige Gedanken. Manuskript. APO-Archiv, Sammlung Bernhard Blanke Ordner SDS Rundbriefe + LV Berlin 1962-1965.
75 Stolz, Innensichten, S. 29.
76 Falkenberg, Walmot, Brief an Thomas von der Vring, 21.11.1965. APO-Archiv, Ordner 248 BV Wissenschaftsreferat 1954-1966.
77 Berndt, Heide, Der Traum und die Sache. Unveröffentlichtes Manuskript, 1999. APO-Archiv, Nachlass Heide Berndt, Ordner 1 Manuskripte, S. 87.
78 Ein Blick auf die Mitgliederentwicklung zeigt zumindest, dass er kaum gemeint haben kann, dass mehr Leute in den SDS eintraten – von 1961 bis 1964 verlor der Verband gut ein Drittel seiner Mitglieder, siehe Mitglieder SDS 1961-1968. APO-Archiv, Ordner SDS 38 SDS Projekt Arbeitsmaterial.
79 Als anekdotischer Beleg dafür, dass der Generationenunterschied eher gefühlt war, sei Heide Berndts Charakterisierung des kaum ein Jahr älteren Helmut Schauer zitiert: »Er [...] flitzte in zu großen Anzügen und weißen Nylonhemden herum, trug spitze schwarze Halbschuhe, sommers wie winters, diskutierte, kommandierte und rauchte eine Zigarette nach der anderen. Er war für mich das Sinnbild eines wirklich Erwachsenen«, siehe Berndt, Heide, Der Traum und die Sache. Unveröffentlichtes Manuskript, 1999. APO-Archiv, Nachlass Heide Berndt, Ordner 1 Manuskripte, S. 61.

Kritikfreude« und »spätpubertäre[m] Mißmut«[80] lasse sich sozialistisches Bewusstsein nicht herstellen, polterten einige ältere Genossen in einem Brief. Das Ironische an dieser Klage über eine theoriefaule jüngere SDS-Generation war dabei, dass die älteren SDS-Mitglieder den Boden für diese Entwicklung durchaus selbst bereitet hatten: Offensichtlich nämlich hatte die nach dem Unvereinbarkeitsbeschluss vorangetriebene Neujustierung des Verbandsimages als Zufluchtsort der verfemten Intelligenz auch dazu geführt, dass sich zunehmend auch solche Studierende von ihm angezogen fühlten, deren kritische Haltung eher literarisch, existenzialistisch oder künstlerisch als sozialistisch begründet war. Dass deren Verhältnis zur Theorie ein anderes war als das der langjährigen SDS-Mitglieder, ist leicht vorstellbar: Von einem Moment der existenziellen Schwere und Betroffenheit charakterisiert, war es mit der Integration in ein fein gegliedertes Arbeitskreis-System nur schwer zu vereinen.

Diese jugendkulturellen Praktiken des Theorielesens waren allerdings nicht nur beim SDS zu beobachten. Intellektuelle waren in Zeitschriften und Radiosendungen stark vertreten und gaben schillernde Vorbilder ab – allen voran natürlich Adorno. Wie Philipp Felsch herausgearbeitet hat, wurde von jungen Intellektuellen insbesondere der philosophische Leseband *Minima Moralia* mit spezifischen, in die Lebenswelt integrierten Praktiken als »Theorie« gelesen: Der Band wurde in entsprechenden Kreisen gegen Anfang der 60er Jahre nicht nur ständig zitiert, sondern als Ersatz für den ständig mitgeführten Gedichtband überallhin mitgenommen und bei sich bietender Gelegenheit auch aus der Tasche gezogen.[81] Folgt man den Erinnerungen zeitgenössischer Adorno-Leserinnen und -leser, übten die als zwischen Theorie und Aphorismen oszillierenden Zeilen ihre durchschlagendste Wirkung ausgerechnet auf der Liegewiese aus. »Adorno zu lesen, im Freibad, wenn man dann das Buch, Minima Moralia, auf dem Handtuch liegen hatte, das gab Startvorteile. Das war schon was«, erinnert sich Rüdiger Safranski;[82] auch Michael Rutschky verortet seine Adornolektüre im Sommer 1963 hauptsächlich zwischen

80 Offe, Claus; Preuß, Ulrich, Brief an Hubertus Hüppauf, 18.6.1963. APO-Archiv, Ordner 238 (neu) BV Ohne Titel 1961 (Stellungnahmen, Berichte usw.) Teil 1.
81 Felsch, Sommer der Theorie, S. 29. Zur Stellung Adornos als Universalgelehrter, bei dem man Rat zu den alltäglichsten Dingen einholte, siehe Felsch, Mittelmeier, Ich war ehrlich überrascht. Zur Medienpräsenz Adornos und anderer Intellektueller Kießling, Die undeutschen Deutschen, S. 83.
82 Andreas Christoph Schmidt (Regie), Interview mit Rüdiger Safranski im Dokumentarfilm »Was war links?«, Teil 2 (2003).

Peter Stuyvesant und nackten Oberschenkeln.[83] Gerade im Freibad, dem klassischen Ort juveniler Körperausstellung, fungierte dieses Buch mit seinem minimalistischen Einband als Symbol des anspruchsvollen Tiefendenkens, das dem Lesenden gerade im Kontrast zu seinem Umfeld einen sezierenden Blick unter die wohlgefällige Oberfläche der Erscheinungen gewährte (und der dann in einem geradezu dialektischen Schritt wieder in erotisches Kapital umgewandelt werden konnte, zumindest impliziert dies Rutschky: bevor man sich nach dem Freibad den »Abenteuern der Liebe« mit der Freundin in der Studentenbude hingab, erklärte man ihr noch lässig, dass Adorno die Sonnenbaderei kürzlich als Zeichen der Unterdrückung der Sexualität entlarvt habe[84]).

Dass eine solche Form von Theorie nur mit massiven Reibungsverlusten in das fein verästelte System der SDS-Arbeitskreise zu integrieren war, ist so offensichtlich wie die Tatsache, dass die Grenze zwischen Spaß und Ernst, zwischen tiefer Überzeugung und jugendlicher Posenanprobe in diesem Habitus der jungen kritischen Denker schlechterdings unmöglich zu ziehen war. Wie sehr diese Theorie im Einzelfall in den Alltag, in das Denken und Fühlen und Planen einiger junger SDS-Mitglieder eindrang, wird in einem mehrjährigen Briefwechsel zweier durchaus Prominenter der späteren Studentenbewegung offensichtlich. In der Korrespondenz der Soziologiestudentin Heide Berndt mit ihrem zeitweiligen Lebensgefährten, dem späteren SDS-Bundesvorsitzenden Reimut Reiche, wird sowohl der existenzielle Charakter der Theorielektüre wie das Gefühl der Verpflichtung deutlich: Theorie war ein Wissen und Theorielektüre ein Erlebnis, nach dem nichts mehr so war wie zuvor, das zu einem – wie auch immer gearteten – Handeln oder zumindest Sein drängte und gleichzeitig dessen Unmöglichkeit aufzeigte. Sie zwang die Lesenden in die Position einer permanenten Wachsamkeit, sich nicht unversehens mit der Welt zu versöhnen.

Reiche beschrieb etwa in einem Brief vom Juni 1963, just von einem Besuch bei Heide Berndt in Frankfurt zurückgekehrt, ausführlich seine Autofahrt mit einer Fahrgemeinschaft zurück nach Berlin. Seine Antipathie gegenüber den Mitreisenden hatte ihn dabei in düstere Stimmung versetzt:

»Die Heimfahrt war weitaus schlimmer und das erzwungene Zusammensein mit den gleichgeschalteten Typen viel unerträglicher als auf der Hinfahrt. Bei undurchsichtigem Nebel [...] war ich der kalten Welt, beziehungslose Orientierung nur als Befehl erhaltend vom insti-

---

83 Rutschky, Ethnographie des Inlands, S. 182.
84 Ebd., S. 183.

tutionalisierten weissen Mittelstreifen [...] – so wird man sich zur unmenschlichen Gedankenlosigkeit präformiertes Bewusstsein vorstellen müssen: Nicht einmal auf den sonst immer mächtigen Gedanken, mit kurzem folgenlosen Ruck von der Strasse abzulenken und ›in den Tod‹ sich hineinzumalen, kommt man mehr, der Todestrieb hat sein Recht verloren, wie gesagt, an den von der Institution mit Absolutheitscharakter ausgestatteten Mittelstreifen – war ich dem Nebel [...] und der Öde dieser vierzehnstündigen Ingroup, die diesmal sicherer als auf der Hinfahrt mich als Juden erkannte [dem Satz fehlt ein Verb – vermutlich: ausgeliefert].«[85]

Die Selbstverständlichkeit, mit der auf die Kategorisierungen »gleichgeschaltet« und »jüdisch«[86] zurückgegriffen wurde, verdeutlicht die tiefe, kaum überbrückbare Kluft, die man als sozialistischer Intellektueller zwischen sich und anderen wahrnahm – nicht durch mangelnde Sympathie oder unterschiedliche Meinungen, sondern durch die ganze Art der Wahrnehmung und Existenz. Zwischen Reiche und seiner Mitfahrgelegenheit standen nicht Antipathie und Stress, sondern gesellschaftliche Strukturen und die deutsche Geschichte, die zu sehen und zu ertragen eine Verständigung auf Augenhöhe unmöglich machte.

Zuhause in Berlin angekommen verflog die unheilvolle Stimmung nicht. Reiche zeichnete seine Intellektuellenexistenz als asketisch und freudlos. Ein Moment der Übermüdung und des Hungers führte ihn, wie er schildert, zu einem inneren Konflikt zwischen dem, was er als richtig erkannt hatte, und menschlichen Bedürfnissen, über die er als Sozialist eigentlich hinweg sein sollte:

»In mein Zimmer zurückgekehrt endlich hat mich das kalte Kotzen gepackt. Muffig die Bude, eklig übernächtigt, hungrig und keine Lust zu essen, schliesslich zerlaufende Margarine und billigen Käse und Tomaten, die am (!) rauchzerkratzten Kehle mit widerlichem Nachgeschmack hängenblieben, die erste davon innen noch faulig dazu, was erst nach dem ersten Bissen man merkte, versuchte ich schliesslich etwas zu schlafen bei aufdringlich strahlender Sonne, – die schien als ob man nicht den ganzen Sommer über allein würde arbeiten müssen. Da fing ich schier an zu heulen und war nicht weit weg, mir ein geschichtsloses (!) und gesellschaftsverleugnendes Glück im kleinen zu

---

85 Reiche, Reimut, Brief an Heide Berndt, 10.6.1963. APO-Archiv, Nachlass Heide Berndt, Ordner 24 Briefe RR (von + an).
86 Zur (nicht seltenen) Selbstidentifikation der rebellierenden Studierenden mit Juden ausführlich Schmidt, Israel, auch Kiessling, Revolte, S. 274-283.

AM »MARTERPFAHL DER THEORIE«

wünschen. Ist es richtig gewesen, so überlegte ich mir, was wir da taten die kurze Woche lang. Ist es doch klar, dass diese Zustände auch bei einem je möglichen Zusammenleben in den nächsten Jahren wir nicht durchführen könnten, sondern uns eine härtere Disziplin aufzuerlegen hätten, wollten wir uns nicht verraten und uns nicht ›zu Mitschuldigen machen‹.«[87]

Als Verrat empfand Reiche also schon der Wunsch nach einer unreflektierten Art der Lebensführung. Einmal hinter die Kulissen der Gesellschaft geschaut, durfte es kein kleines Glück mehr in ihr geben und die Verlockungen, die ein gesellschaftskonformes Leben in schwachen Momenten offensichtlich noch ausübte, musste man sich durch harte und permanente Disziplin vom Leibe halten. Auch die vergangene, gemeinsam verbrachte Woche fiel schon beinahe unter das Verdikt des Verrats: Angenehme Tage zusammen verbracht zu haben, roch schon nach Disziplinlosigkeit. Es gab eben, wie es schon die *Minima Moralia* diktierten, kein richtiges Leben im Falschen. Nur durch konsequente Arbeit (und vermutlich Selbstkasteiung mit schlechtem Essen) konnte man Gedanken und Emotionen unterdrücken, die zu schuldhafter, nicht-theoretischer Lebensführung führten. Der größte Fehler, so klang immer wieder an, war dabei, sich der Illusion einer nicht-theoretischen Möglichkeit des Widerstands hinzugeben: Immer wieder musste sich Heide Berndt, die sich ohnehin schon wegen ihrer immer wieder durchbrechenden Sehnsüchte nach einem kleinen Glück selbst geißelte,[88] aktiv daran erinnern,

»daß man als einzelnes Subjekt sich zu zersplittern scheint will man beides: reales Antizipieren und Handeln nach Theorie. Das erste bedeutet zu leicht Integration, nicht dadurch, daß man aktiv mitmachen wollte, sondern bloß, indem der Widerstand nachlässt.«[89]

»[R]eales Antizipieren«, also politische Praxis jenseits von Theorie, bedeute für dieses Paar also lediglich Integration in das System, Schwächung des Widerstands, Ablenkung vom Wesentlichen und ein feiger

---

87 Reiche, Reimut, Brief an Heide Berndt, 10.6.1963. APO-Archiv, Nachlass Heide Berndt, Ordner 24 Briefe RR (von + an).
88 »Sehr demütig müßte ich fragen, ob Du im Sinne der Sache Dich an ein so wenig förderliches Wesen binden wollest, oder aber das private Vergnügen gegenüber den gesellschaftlichen Anforderungen sein Recht habe«, siehe Berndt, Heide, Brief an Reimut Reiche, 11.6.1963. APO-Archiv, Nachlass Heide Berndt, Ordner 24 Briefe RR (von + an).
89 Ebd.

Fluchtversuch aus dem heroischen Aushalten des einzig wahren Ortes persönlicher und politischer Freiheit – dem widerständigen Denken. Und dieses Gebot des ständigen widerständigen Denkens hieß für die jungen Sozialistinnen und Sozialisten, alles Alltägliche in einen politischen Zusammenhang einzubetten und theoretisch zu fassen – und damit auch, immer mehr zu Theoretisierendes zu entdecken. Ohne Zweifel boten die *Minima Moralia* dafür reichlich Anregung, wenn es auch gelegentlich noch daran hapern mochte, Worte ebenso kunstvoll auf Alltagsbeobachtungen zu »applizieren«[90], wie Adorno es tat. Berndt beschrieb etwa die Fahrgemeinschaft, die Reiche bereits als »gleichgeschaltet« bezeichnet hatte, folgendermaßen:

»Als ich dich zur Tankstelle begleitete und die Gruppe rumsitzen sah, wurde mir klar, daß Du auf keinen Fall übertrieben hattest. Finster fand ich die Geste des einen Mädchens […]: der stur-witzige Blick auf die Uhr, ›Pünktlichkeit, junger Mann, scheint auch nicht ihre Sache, aber so kommt man nicht durchs Leben. Jetzt ist's ja noch Scherz, aber Sie müssen sich auch jetzt schon drangewöhnen ...‹ Gerade das Forsche, Frisch-Fröhliche zeigt die gesellschaftliche Drohung am unverblümtesten. ›Im Gleichschritt marsch‹ ist die versteckte Parole überall. Und auch offen: Lemnitzer [Lyman L. Lemnitzer war der Oberkommandierende der NATO-Kräfte in Europa] fordert mal wieder ›härteren Kurs für die Nato‹, nicht immer bloß in der Defensive bleiben ...Sektorengrenze soll stärker bewacht werden.«[91]

Widerständiges, also politisches, also theoretisches Denken zeigte sich hier als die Fähigkeit, alltägliche Vorgänge mit der politischen Großwetterlage und die Forderung nach Pünktlichkeit mit der Aggression der NATO zu verbinden (und man kann davon ausgehen, dass Unpünktlichkeit durchaus als ein kleiner Bestandteil des widerständigen Lebensstils gewertet wurde). Das Erkennen solcher Zusammenhänge und damit auch der Anspruch, sich außerhalb dieser Zusammenhänge zu stellen, waren potentiell uferlos. Vom Schreibtisch und aus der Bibliothek heraus schlich sich Theorie als permanent Aufmerksamkeit einfordernde Besatzungsmacht in die Lebenswelt von Berndt und Reiche. Letzterer beschrieb seine permanente Theoriearbeit als anstrengend, ihm keine Ruhe lassend, seine ganze Persönlichkeit in Beschlag nehmend – damit

---

90 Rutschky, Erinnerungen an die Gesellschaftskritik, S. 28.
91 Berndt, Heide, Brief an Reimut Reiche, 11.6.1963. APO-Archiv, Nachlass Heide Berndt, Ordner 24 Briefe RR (von + an).

AM »MARTERPFAHL DER THEORIE«

man den Augenblick der Erkenntnis nicht verpasse, müsse man immer dranbleiben:

»Ich bin auch zugleich übervoll von Gedanken und ausgelaugt. Im Bett oder auf der Strasse fällt mir plötzlich die ›Synthese‹ ein, – wie man ›sie‹ alle unter einen Hut bringen könnte; es sind aber, bis ich nach Hause oder an den Schreibtisch komme oder wieder aufgewacht bin, von der Fata Morganas, die ›sie stets schon waren‹ nur mehr irgendwelche Satzteile: ›…anders als Schumpeter hatte Heller schon 1932 …‹ oder Versatzstücke von der Art mancher Rezensionen aus dem Argument ›…ihren Bezug aus System ökonomischer Herrschaft …‹, ›… diese umfangreiche Darstellung …‹ übriggeblieben.«[92]

Diese Art, »Theorie« zu betreiben, unterschied sich nun vom Typ her massiv von der arbeitsteiligen Wissensakkumulation, die im SDS minutiös geplant worden war. Sie war charakterisiert von Omnipräsenz und Bewegung: als »immerwährenden Strom des Geistes«[93] beschrieb der zur gleichen Zeit theoriearbeitende Rudi Dutschke seine Tätigkeit. Die Atemlosigkeit der späteren antiautoritären Bewegung klang hier schon an. Bis dahin bedurfte es aber noch einiger Schritte. Rund ein Jahr nach den zitierten Briefen sah Reimut Reiche die Phase seiner Theoriearbeit deutlich kritischer – nicht nur, weil sie auf die Dauer enorme Einbußen an Lebensqualität bedeutete. Vielmehr schien Reiche nicht so sehr der Theorie, aber dem angestrengten Theoretiker, der er im Vorjahr war, unbewusste und unlautere Motive zu unterstellen: Der stolz vor sich hergetragene Habitus der kalten Analyse, der Nicht-Verstrickung, des Nicht-Teilhabens habe es ihm einfach gemacht, persönliche Schwächen, Ängste und Feigheit zu rechtfertigen – er und seine Freunde hätten sich hinter der Theorie versteckt, um sich nicht mit der Welt auseinandersetzen zu müssen:

»Unsere angestrengte Arbeit und unsere Theorie zwingen uns und […] machen es uns zugleich leicht, uns Personen und Dingen gegenüber in reservierter Distanz, in einem Sich-nicht-Engagieren zu verhalten […]. In unserer Isolierung beklagen wir uns über die sprachlosen Zustände und, selbst unfähig, Gespräche zu beginnen, Freundlichkeit um uns zu verbreiten oder ›Mädchen anzuquatschen‹, projizieren wir unsere Aengste auf die isolierenden Massenmedien.

---

92 Reiche, Reimut, Brief an Heide Berndt, 19.7.1964. APO-Archiv, Nachlass Heide Berndt, Ordner 24 Briefe RR (von + an).
93 Dutschke, Jeder hat sein Leben ganz zu leben, S. 15.

Ich will jetzt nicht plötzlich einem neuen voluntaristischen Subjektivismus das Wort reden. Ich weiss aber aus meiner ›Praxis‹, dass ich die Aengste vor anderen Personen, die sich niederschlagen in Berührungsängsten, Sprachschwierigkeiten, Verlegenheit bösen oder bornierten Menschen gegenüber, ja, selbst in der Praxis, die Leute, mit denen man zu tun hat, vor allem andern nach der Kategorie Autoritär/nichtautoritär zu beurteilen, – dass ich diese Aengste allzuleicht ›ideologiekritisch‹ verbergen kann, um sie dann als den Marterpfahl der Theorie zu geniessen.

Noch vor einem Jahr trauten Blanke, Götz Schmidt und ich uns nicht, ins Kino zu gehen, ohne uns vorher zu versichern, dass es aus ideologiekritischem Interesse geschähe. Heute finden wir es zwar nicht mehr nötig, jeden Cowboyfilm zu analysieren, den wir uns anschauen, oder jedem Nachmittag, den wir im Baden (!) verbracht haben, sechs durchgearbeitete vorzurechnen. Bei den Vergnügungen, die tiefer gehen, oder die den ›Einsatz der Person‹ [...] erordern (!), siehts aber noch schlimm aus.«[94]

Diese Theorie-Kritik richtete sich zunächst einmal nur gegen die eigene Person – nicht gegen die Situation im Argument-Klub, nicht gegen den gesamten SDS. Die Wucht war aber schon zu erkennen, mit der die spätere antiautoritäre Studentenbewegung ihren Vorgängern im SDS vorwerfen sollte, es sich am »Marterpfahl der Theorie« etwas zu gemütlich eingerichtet zu haben.

94 Reiche, Reimut, Brief an Heide Berndt, 22.9.1964. APO-Archiv, Nachlass Heide Berndt, Ordner 24 Briefe RR (von + an), S. 1f.

2. Theorie oder Praxis
SDS und Subversive Aktion

»Handeln in dieser Zeit heißt Integration, Theorie heißt Hilflosigkeit. Man kann es diskutieren wie oft man will, am Ende bleibt es offen, was richtig sein wird.«[1]

»Um einer endlos-unproduktiven Diskussion aus dem Wege zu gehen, wird bei allen Erscheinenden der Standort vorausgesetzt: der Worte sind genug gewechselt oder was not tut ist einzig die Aktion.«[2]

»Hinzu kam, daß sich 1964/1965 [...] so etwas wie eine repressive Arbeitsteilung innerhalb der Linken einpendelte, ästhetisierte Theorie contra begriffslose Handwerkelei. Zwischen diesen beiden Gruppen und mit ihnen zusammenarbeitend die Berliner Sektion der Subversiven Aktion.«[3]

Auffällig oft greifen zeitgenössische, vor allem aber spätere Deutungen und Narrative der »68er-Bewegung« auf ein Motiv der Gleichzeitigkeit dichotomer Widersprüche zurück.[4] Jürgen Habermas sprach schon 1969 vom »Janusgesicht des Jugendprotests«[5], das sowohl emanzipatorische wie regressive Muster zeige; andere Zeitgenossen betonten eher die eigenartige Koexistenz von rational-intellektuellen und subjektivistisch-rebellischen Elementen.[6] Spezifisch auf die antiautoritäre Bewegung im engeren Sinne gemünzt findet sich dieses Motiv vor allem in der Geschichte zweier Strömungen, deren Fusion die Bewegung gezeugt habe: Mit dem Beitritt der aktionsorientierten Mitglieder der Subversiven Aktion 1965 in einen apathischen SDS seien Theorie und Praxis verschmolzen und hätten die antiautoritäre Bewegung hervorgebracht[7], so eine zugespitzte Erzählung.

1 Berndt, Heide, Brief an Bernhard Blanke, 31.05.1963. APO-Archiv, Sammlung Heide Berndt, Ordner Briefe alphabetisch bis 1967, S. 1-2.
2 Kunzelmann, Brief an Böckelmann vom 05.11.1963.
3 Dutschke, Vom Antisemitismus zum Antikommunismus, S. 62.
4 Etwa Langguth, Mythos, S. 99f.; Siegfried, Sound, S. 160. Eine Ausnahme stellt etwa die Monographie Michael Grevens dar, der von kaum einer gemeinsamen Grundlage der Bewegung ausgeht und stattdessen von über zehn einzelnen, nur lose verbundenen »Protestepisoden« ausgeht, siehe Greven, Systemopposition, S. 24.
5 Habermas, Protestbewegung, S. 37.
6 Etwa bei Kuhn, Rebellion, S. 53.
7 Etwa bei Koenen, Das rote Jahrzehnt, S. 43.

THEORIE ODER PRAXIS

Die Pointe solcher Charakterisierungen besteht meistens darin, dass die Bewegung vor allem durch eine Spannung zwischen zwei scheinbar widersprüchlichen Polen geprägt erscheint, beispielsweise durch den Kontrast von »Sex und Marx«[8], »Marx und Coca-Cola«[9], Moral und Theorie[10], Privatem und Politischem[11], »Rausch und Rationalität«[12] oder »Chelsea-Girls und Rote Garden, Rudi Dutschke und Twiggy«[13]. Meine These ist, dass dieses Motiv der Spannung keine nachträgliche Deutung, sondern vielmehr konstitutiv für das Selbstverständnis der antiautoritären Bewegung war, die sich die Aufhebung des Widerspruchs zwischen Theorie und Praxis auf die Fahnen geschrieben hatte. Das folgende Kapitel fragt danach, wie dieser Widerspruch überhaupt zum gültigen Deutungsmuster avancierte – also wie aus der Notwendigkeit der Vermittlung zwischen Theorie und Praxis das Problem einer Kluft zwischen Theoretikern und Praktikern wurde, die man heldenhaft zu überwinden versprach. Sowohl im SDS als auch in der Subversiven Aktion bildete sich nämlich eine spezifische Kritik an einer angeblichen Theoriefixierung der eigenen Gruppe heraus, nach der auch die klügste und akkurateste theoretische Analyse und Kritik der gesellschaftlichen Verhältnisse zwingend systemstabilisierend wirke, sofern sie keine Möglichkeiten aufzeige, die kritisierten Verhältnisse zu ändern – Praxisrelevanz wurde damit gleichsam zum Wahrheitskriterium für Theorie. Eine solche Theoriekritik fungierte als Selbstermächtigung und gemeinschaftsstiftende Selbstbeschreibung, indem sie diejenigen, die auf das Primat theoretischer Analyse bestanden, mit moralischen Attributen abwertete: Den »Theoretikern«, die glaubten, dass die theoretische Analyse vor allem die Unmöglichkeit von Praxis aufzeige, gehe es gar nicht um eine echte Umgestaltung der Gesellschaft, sondern eher um einen komfortablen Posten

8 O. A., Sex und Marx, in: Der Spiegel vom 10.07.1967, S. 27-28.
9 So der deutsche Titel eines Films von Jean-Luc Godard: Godard, Jean-Luc, Masculin – Feminin oder: Die Kinder von Marx und Coca-Cola. Originaltitel: MASCULIN – FEMININ, Frankreich/Schweden 1965.
10 Knobloch, Clemens, 1968 als umkämpfter Erinnerungsort (und als Zurechnungsadresse). Online verfügbar unter https://nrw.rosalux.de/fileadmin/ls_nrw/dokumente/Publikationen/Clemens_Knobloch_1968_als_umk%C3%A4mpfter_Erinnerungsort.pdf, zuletzt geprüft am 18.08.2020, S. 4.
11 Siegfried, Sound, S. 19.
12 Siegfried, Detlef, Rausch und Rationalität (2019). Ästhetiken der Gegenkultur um 1968. Online verfügbar unter https://literaturkritik.de/rausch-und-rationalitaet-aesthetiken-der-gegenkultur-um-1968,25305.html, zuletzt geprüft am 14.10.2020.
13 O. A., Übertriebene Generation, in: Der Spiegel vom 02.10.1967, S. 154-170, S. 156.

im Wissenschaftsbetrieb, garniert mit ein wenig linker Selbstgefälligkeit und kritischer Geste. Die so angegriffenen »Theoretiker« hielten sich mit Gegenangriffen nicht zurück: Die »Praktiker« hätten die relevante Theorie vermutlich einfach nicht recht verstanden, denn planloser Aktionismus führe höchstens dazu, dass sich die »Praktiker« zu Hofnarren des kritisierten Systems machen und dieses dadurch noch stützen würden.[14] Zwar unterschieden sich Verlauf, Akteure und nicht zuletzt die Inhalte dieser Auseinandersetzung im SDS und der Subversiven Aktion, die diskursive Konstellationen ähnelten sich jedoch stark. Die Herausbildung des Deutungsmusters einer Trennung von Theorie und Praxis und Praktikern und Theoretikern steht daher im Zentrum des folgenden Kapitels: Seine spezifische Ausformung bildete die Voraussetzung für das Selbstbewusstsein der entstehenden Bewegung, diese beiden Pole vereinen zu können.

Aufklärung als Praxis: Theoriekritik im SDS

»Theorie heißt Hilflosigkeit«[15]

Nach dem Unvereinbarkeitsbeschluss der SPD setzte im SDS ein Wandel des politischen Selbstverständnisses, der sozialen Zusammensetzung der Mitglieder und nicht zuletzt des Verständnisses von Theorie und Praxis ein. Die ausgefochtenen Debatten wurden oft entlang generationeller Trennlinien geführt:[16] Ältere Mitglieder aus der Zeit vor 1962 fürchteten, der Verband könnte seine sozialistische Substanz verlieren, eher jüngere Mitglieder hingegen wollten sich auf gar keinen Fall weiter an den »Mar-

---

14 Natürlich waren diese Zuschreibungen keine Erfindung der Akteure; die Unterscheidung zwischen Menschen, »die wissen und nicht tun, und solche, die tun und nicht wissen, was sie tun«, besteht im Grunde seit Plato, siehe Arendt, Vita activa, S. 282.
15 Berndt, Heide, Brief an Bernhard Blanke, 31.05.1963. APO-Archiv, Sammlung Heide Berndt, Ordner Briefe alphabetisch bis 1967, S. 1-2.
16 Diese Auseinandersetzungen, die sich auch um das Verhältnis des SDS zum linkssozialistischen Sozialistischen Bund drehten, wurden vor allem unter dem Aspekt der transnationalen Verflechtungen der entstehenden bundesdeutschen mit der britischen und US-amerikanischen »New Left« von Martin Klimke, Phillipp Kufferath und Felix Kollritsch minutiös nachgezeichnet und sollen hier daher nicht weiter rekapituliert werden, siehe Kufferath, Das linkssozialistische Milieu; Klimke, The other alliance; Kollritsch, Konzept der Neuen Linken. Außerdem Lönnendonker, Rabehl, Staadt, Die antiautoritäre Revolte, S. 77-85.

terpfahl der Theorie«[17] fesseln lassen – und versuchten folglich, neue Ansätze zu finden. Ein Beispiel für diese Haltung ist der 22-jährige Michael Vester.[18] Aus einem Austauschjahr in den USA zurückgekehrt, verurteilte er die Praxis der herkömmlichen Linken als wirkungslos, weil sie nicht den modernen Zeiten angepasst gewesen sei:

»Die Werkzeuge, mit denen sie den leidigen Boden der Tatsachen bearbeiten wollen, sind archaischen Verhältnissen entlehnt. Solche Werkzeuge waren z. B. Sammlungsaufrufe, Parolen und die ungebrochene Hoffnung, man könne die Arbeitnehmer ohne weiteres ihren bürokratischen Organisationen abspenstig machen, wenn man ihnen mit einer roten Fahne vor der Nase herumwedelt.«[19]

Das ging noch nicht gegen den Marxismus an sich, wohl aber gegen seine Verknöcherung durch die alte Linke: In der Forderung nach einer »Entideologisierung und Entmythologisierung des heutigen sozialistischen Denkens«[20] positionierten Vester und sein Genosse Thomas von der Vring sich als junge, kritische Intelligenz, die überkommene Traditionen der Linken zugunsten einer zukunftsgerichteten, praktischen Strategie über Bord werfen wolle. Objekt der Kritik war somit nicht primär die Theorie der älteren Linken per se, sondern vor allem die Art des Umgangs mit ihr – in der Charakterisierung »des Marxisten« wurde der Vorwurf, Theorie als Schutzschild gegen tatsächliche Veränderungen zu benutzen, ganz direkt erhoben:

»[D]er Blick des Marxisten verfolgt aus Distanz die sozialen Vorgänge und durchstöbert dann, wenn er stutzig wird, ›den Marx‹ nach ›Stellen‹. Die Theorie zerfällt in Zitate. Verändert braucht nichts zu werden.«[21]

Schon 1961 hatte von der Vring gewarnt, zu viel Marx-Exegese berge die »Gefahr, dass wir zu guten Bürgern mit linker Vergangenheit werden«.[22] Klassische politische Organisationsformen seien dem »integrative[n] Sog

17 Reiche, Reimut, Brief an Heide Berndt, 22.9.1964. APO-Archiv, Nachlass Heide Berndt, Ordner 24 Briefe RR (von + an), S. 1 f.
18 Zur Rolle Michael Vesters und der Kontakte zwischen dem bundesdeutschen SDS und den US-amerikanischen Students for a Democratic Society siehe vor allem Klimke, The other alliance, S. 10-26.
19 Vester, Falsche Alternativen, S. 7.
20 Vring, Probleme einer neuen sozialistischen Strategie, S. 5.
21 Vring, Antikritisches I, S. 18.
22 Vring, Beitrag zu den Thesen zur Politik des SDS, S. 17.

des Staates«[23] hilflos ausgeliefert. Statt »Theorie« ohne Praxisbezug zu betreiben, wie er es dem SDS unterstellte, forderte von der Vring die Entwicklung einer »Strategie« – als permanent vorantreibende Vermittlung von Theorie und Praxis:

»Strategie erweitert zielloses Reflektieren zur kritischen Theorie – Reflektieren, das nicht in Praxis münden will, kann sich nicht zu Recht als kritisch bezeichnen. Indem Strategie das theoretische Denken politisiert, vermittelt es Theorie und Praxis, hebt deren abstrakte Scheidung auf. Dadurch wird Strategie zugleich zum Instrument permanenter Theoriekritik. Sie treibt die Entfaltung der Theorie voran.«[24]

Auch wenn die polemisch formulierten Anwürfe von den SDS-Theoretikern erwartungsgemäß als »platte, vom Geist der Dialektik verlassene Marx-Kritik«[25] abgetan wurden, fand sie zumindest bei denjenigen Mitgliedern Zuspruch, die wegen der von den Älteren kritisierten »kritischen Atmosphäre«[26] in den SDS geströmt waren und tatsächlich kein gesteigertes Interesse an einer sozialistischen Grundausbildung zeigten. Wie sehr sich in Teilen des Verbandes schon Ende 1963 eine Auffassung von Theorie als Rückzugsraum für Drückeberger und Dampfplauderer ausgebildet hatte, zeigt ein Rundschreiben des Berliner Landesverbands, das ganz untheoretisch zur gemeinschaftlichen Renovierung des frisch angemieteten SDS-Zentrums am Kurfürstendamm 140 aufrief: Verfasst im Stile eines Theaterstücks, redet darin der »sozialistische Weltgeist« einem Theoriearbeiter ins Gewissen, er solle es doch mal mit richtiger Arbeit versuchen:

»Deine ganze Theorie, verheißungsvoller Genosse H.C. Rothändl, taugt keinen Pfifferling, wenn sie Dich nicht dazu bewegt, notfalls auch Nägel einzuschlagen, Wände abzuwaschen, Tapeten anzukleistern, damit die Theorie auf dem Wege zu ihrer Verwirklichung einen kleinen Schritt weiterkomme«.

Das Gruppenbewusstsein der neuen Genossinnen und Genossen festigte sich also über die Abgrenzung von den Älteren, deren Schwerpunkt auf – vor allem Kritischer – Theorie als Angst vor der Praxis hingestellt wurde. Tatsächlich schienen sich die jüngeren Mitglieder eher für konkretere

23 Vring, Neue Linke – Partei – Staat, S. 21.
24 Vring, Probleme einer neuen sozialistischen Strategie, S. 6.
25 Negt, Bemerkungen, S. 6.
26 Offe, Claus; Preuß, Ulrich, Brief an Hubertus Hüppauf, 18.6.1963. APO-Archiv, Ordner 238 (neu) BV Ohne Titel 1961 (Stellungnahmen, Berichte usw.) Teil 1, S. 1.

Themen zu interessieren: Bei einer Mitgliederbefragung über Interessen und Vorschläge für neue Arbeitskreise gaben etwa in Berlin nur je zwei bis drei Personen »Marxismus-Leninismus«, »Politische Ökonomie« oder »Sozialismus heute« als Interessenfelder an – ganze 14 hingegen wollten ihre Aufmerksamkeit lieber einem praktischeren Thema wie der Bildungssoziologie (inklusive Hochschulpolitik und Lehrerbildung) zuwenden. In Heidelberg (später aufgrund der dortigen Marx-Orthodoxie SDS-intern scherzhaft »Heidelgrad« genannt[27]) interessierte sich sogar nur ein einziges Mitglied für Marx, während »Sozialpolitik« und »Schulreform« je vier Interessenten fanden.[28] In einer vorläufigen Auswertung aller Fragebögen kam der zusammengefasste Themenkomplex »Marxismus, Psychologie und Psychoanalyse« (quasi linke »Theorie« in einem engeren Sinne) nur auf Platz acht der nachgefragten Themen.[29]

Wie Praxis jenseits jeder Form von Theorie jedoch konkret eigentlich aussehen könne (außer indem man beim Renovieren mit anpacke), blieb hier nach wie vor diffus – ein Umstand, der von den angegriffenen älteren Genossen weidlich kritisiert wurde. Mehr oder weniger liefen die Vorstellungen darauf hinaus, die eigene Position als Intellektuelle stärker in der Öffentlichkeit geltend zu machen – auf der 19. Delegiertenkonferenz 1964 schlug der Suhrkamp-Lektor und Adornoschüler Karl Markus Michel etwa die Gründung eines großen Intellektuellenverbandes vor, der als »pressure group«[30] der Intelligenz den Widerstand gegen die Manipulation durch die Bewusstseinsindustrie anführen könne: Die jungen Intellektuellen sollten sich bemühen, ihr Wissen »kommunikabel« zu machen, notfalls in Form von »Mimikri«[31] durch Mitarbeit im Apparat.[32] Auch der zum neuen Bundesvorsitzenden gewählte Helmut Schauer schlug vor, sich aktiv auf den »Kampfboden« der bürgerlichen Demokratie zu begeben; die Aufgabe der sozialistischen Intelligenz bestehe dort im »Zeigen«, im »Aufklären« und darin, »der sozialen und

---

27 Gespräch des Autors mit Peter Gäng am 29.01.2015 in Berlin.
28 SDS, Mitgliederumfrage. Ausgefüllte Fragebögen, Anschreiben und Auswertungen, 1964/65. APO-Archiv, Ordner 252 (alt) SDS BV Hochschulreferat 1964 Wissenschaftliche Umfragen 1963-1964.
29 Falkenberg, Walmot, Einige vorläufige Ergebnisse der Umfrage des Wissenschaftsreferats, 7.5.1965. APO-Archiv, Ordner 253 BV Infos, Arbeitsblätter, Mitgliederbrief.
30 Michel, Narrenfreiheit, S. 25.
31 Ebd., S. 26.
32 Ebd., S. 28.

politischen Opposition des Kapitalismus ihre eigenen Ziele und Wünsche klarzumachen«.[33]

Das Ethos des kritischen Wissenschaftlers, der aus seiner spezifischen Funktion als Intellektueller heraus in die Gesellschaft hineinwirke, unterschied sich zwar nicht besonders stark vom Selbstverständnis des älteren SDS, der sich noch als Teil der Arbeiterbewegung gesehen hatte. Es wurde jedoch mit einer etwas optimistischeren Grundhaltung vorgetragen: Man sah es als zumindest möglich an, dass die Gesellschaft ihre Fehlentwicklungen schon korrigieren werde, wenn man sie konzise analysiere und Verbesserungsvorschläge anbringe. Und tatsächlich sollte dieses Selbstbild als hart im Dienste der Wahrheitsfindung arbeitende Intellektuelle, die die demokratische Gesellschaft an ihren eigenen Maßstäben messen, in den folgenden Jahren im Verband sehr wirkmächtig werden. Aus den Publikationen, Rundbriefen und Aushängen dieser Zeit spricht der Willen des SDS, als Verein scharfsinniger und -züngiger Wissenschaftlerinnen und Wissenschaftler bewundert und gefürchtet zu werden, die zu jedem Thema Kluges beizusteuern in der Lage waren.

Diese Bemühungen waren durchaus erfolgreich. In meinen Zeitzeugengesprächen wurde immer wieder erzählt, wie ein smarter SDSler in einem Seminar oder eine kühle SDSlerin in einer Debatte mit einem Professor die Erstsemester mit Furchtlosigkeit und Redegewandtheit beeindruckten – solche Aufritte, zudem die elitäre, intellektuelle Ausstrahlung des Verbands, verstärkten die Anziehungskraft des SDS wahrscheinlich mehr als die politischen Standpunkte. Das in SDS-Arbeitskreisen aufgebaute Spezialistenwissen über einzelne Themen wurde also in Podiumsdiskussionen, Vortragsabenden, Gremienarbeit, Bündnissen und zahllosen, geduldig und freundlich verbessernden Briefen an Medien oder Politiker selbstbewusst unter die Leute gebracht – wobei die Grenzen zwischen revolutionärer und reformistischer, zwischen sozialistischer und fundamental-demokratischer Argumentation zunehmend verwischt wurden.

Aufklärung und Bündnispolitik

Diese Wahrnehmung als unabhängiger, kritischer und intellektueller Verband mochte den SDS zwar von seinen traditionelleren Alliierten, vor allem den Gewerkschaften, entfremden; sie erhöhte aber die Anschluss-

---

33 Schauer, Helmut, Soziale Demokratie oder neuer Faschismus. Zur innenpolitischen Entwicklung der Bundesrepublik, 05.09.1964. APO-Archiv, Ordner XIX DK in Frankfurt/Main 1964, S. 9.

fähigkeit an die anderen Hochschulverbände des linken Spektrums. Im sogenannten »Höchster Abkommen« vereinbarten im Mai 1964 (unter anderem) der SDS, der Sozialdemokratische Hochschulbund, der liberale LHB und später noch der Bundesverband Deutsch-Israelischer Studiengruppen (DBIS) zunächst gegenseitige Unterstützung bei AStA-Wahlen, später sollte auch bei der Durchsetzung hochschulischer, etwas später auch allgemein politischer Forderungen zusammengearbeitet werden.[34] An der Berliner FU führte diese Kooperation zu Wahlerfolgen. Bei den Konventswahlen Ende 1964 war eine überdeutliche linke Mehrheit zustande gekommen, mit Wolfgang Lefèvre und Peter Damerow wurden sogar zwei Mitglieder des SDS bzw. des Argument-Klubs Vorsitzende des AStA.[35] Gleichzeitig versuchte die Universitätsleitung, in einer Neufassung der FU-Satzung schrittweise die im »Berliner Modell« garantierten Mitbestimmungsrechte der Studenten zu beschneiden, was den AStA in die Rolle einer studentischen Interessensvertretung drängte, die er vorher so nicht gehabt hatte.[36] In diesem Konflikt war es für den linken AStA folglich opportun, den grundsätzlichen Antagonismus zwischen Universitätsleitung und Studierenden zu betonen und sich dezidiert auf die Seite der Letzteren zu schlagen. Mit wachsendem studentischem Selbstbewusstsein wurde dieser Antagonismus zunehmend als grundsätzlicher Konflikt zwischen kritischer Öffentlichkeit und kritikunfähigen Autoritäten gedeutet.

Im Sommersemester 1965 gab es dazu auch mehrere Anlässe: Die Ausladung des kritischen Journalisten Erich Kuby[37], die faktische Entlassung des Politikwissenschaftlers Ekkehard Krippendorff nach einer Kritik am Rektor[38] und die Anwesenheit des FU-Rektors Herbert Lüers auf dem

---

34 Lönnendonker, Rabehl, Staadt, Die antiautoritäre Revolte, S. 118.
35 Ebd., S. 118.
36 Ebd., S. 120.
37 Nachdem der Rektor Herbert Lüers die schon erteilte Genehmigung für eine Podiumsdiskussion mit dem Journalisten Erich Kuby mit der Begründung zurückgezogen hatte, er hätte die FU 1958 verunglimpft, protestierten die Studierenden gegen die als solche empfundene politische Zensur und Bevormundung. In Anlehnung an die Formulierung der protestierenden Studierenden in Berkeley wurde gefordert, »an unserer Universität jedermann zu jeder Zeit über jedes Thema hören und mit ihm darüber diskutieren zu können«, siehe Offener Brief verschiedener Studentenverbände an den Rektor zum Fall Kuby.
38 Der Vertrag des Politikwissenschaftler Ekkehard Krippendorff wurde nicht verlängert, nachdem er das Verhalten der Universitätsleitung im Falle Kuby kritisiert hatte. In einem Zeitungsartikel hatte er dem Rektor der FU zudem (fälschlicherweise) vorgeworfen, zuvor auch schon einen Vortrag von Karl Jaspers verhindert zu haben. Er korrigierte und entschuldigte sich einige Tage spä-

10. Deutschen Burschentag führten in der traditionell eher korporationsfeindlichen FU[39] dazu, dass sich die Protestereignisse überschlugen. Die Studierenden empfanden den Dauerkonflikt mit der Universitätsleitung bald als grundsätzlichen Antagonismus zwischen kritischem Denken und repressiver Autorität, um so mehr, als ihr Protest mit Ausgrenzung beantwortet wurde: Der AStA-Vorsitzende Wolfgang Lefèvre wurde des Saales verwiesen, als er auf einer Immatrikulationsfeier den Rektor und die versammelten Professoren an die Grundsätze der Diskussionsfreiheit und »den Geist dieser Universität« erinnerte.[40] Die Studierenden des Otto-Suhr-Instituts riefen daraufhin den ersten politischen Studentenstreik der Bundesrepublik aus, was von einem wachsenden politischen Selbstbewusstsein der Studierenden zeugt.[41]

Zwar wurde der linke AStA-Vorstand Ende 1965 wieder abgewählt, aber der öffentliche Streit mit den Autoritäten setzte sich fort und spornte junge Intellektuelle an, diesen als ihre genuine politische Praxis zu begreifen – und zwar gerade im Namen der Werte, die eine Institution wie die Universität zu vertreten behauptete. Ein internes Papier des Berliner SDS zeigt, dass öffentliche Diskussionen ganz bewusst als gemeinschafts- und identitätsbildende Events inszeniert werden sollten: Die Veranstalter zukünftiger Protestereignisse sollten etwa dafür sorgen, dass »ständig etwas passiert, so daß die Versammelten nicht auseinanderlaufen« und »also viel geredet und diskutiert werden« müsse. Notfalls müsse man zögerliche Teilnehmende auch zu ihrem Glück zwingen:

»Unserer Erfahrung nach sind die Versammelten nicht ohne weiteres bereit, ihre Gedanken öffentlich zu machen. Man sollte deshalb grundsätzlich gleich zu Anfang betonen, daß jeder der Versammelten nicht nur das Recht hat, öffentlich zu reden, sondern daß er um der Öffentlichkeit der Diskussion willen öffentlich reden muß.«[42]

Öffentliche Kritik an Autoritäten wurde hier nicht nur als intellektuelle Praxis, sondern auch als sinnliche, politisierende Erfahrung interpretiert. Die Vorstellung einer praktisch werdenden theoretischen Aufklärung

ter öffentlich, siehe Lönnendonker, Rabehl, Staadt, Die antiautoritäre Revolte, S. 122 f.
39 Ebd., S. 123 f.
40 Friedeburg, Freie Universität und politisches Potential, S. 266 f.
41 Ebd., S. 261.
42 Demonstration mit dem Charakter einer Massenversammlung (Erfahrungen aus der Versammlung von ca. 700 Studenten im Henry-Ford-Bau der FU Berlin am Freitag, den 7.5.1965 anläßlich des Falls Erich Kuby). APO-Archiv, Ordner SDS 363 Berlin Doppel II und Manuskripte, S. 1.

durch öffentliche Konfrontation von Autoritäten war hier im Kern schon ausformuliert.

Bewusstsein in Bewegung bringen: Die »Strategie der direkten Aktion«

Als eigenständige Praxis konzeptionalisiert wurden solche Ansätze 1965 in einem Artikel von Michael Vester, der mit Blick auf die Entwicklungen in der US-amerikanischen Studentenbewegung und ihrer Praxis der *civil disobedience* den Begriff der »direkten Aktion« in die Debatte einführte. Das Besondere an diesem Konzept war die Verschränkung von Aktion und Bewusstseinsbildung: Ungerecht Behandelte sollten durch gewaltfreie Widerstandsaktionen in ihrem Lebensbereich ihre eigene Handlungsmacht begreifen – und bei diesem Lernprozess könnten die Intellektuellen sie solidarisch begleiten, indem sie die Kämpfe der Betroffenen in größere Zusammenhänge einordneten und mit ihren Analysen »sich selbst und die Bevölkerung aus der Apathie ins demokratische Engagement«[43] führten. Das für die hier entwickelte Argumentation Bedeutsame an Vesters Idee war vor allem, dass er die »direkte Aktion« als quasi dialektische Aufhebung des Widerspruchs zwischen Theoretikern und Praktikern entwickelte. Das momentane Problem der Linken nämlich sei, so Vester, dass sie sich »politischen Ersatzbefriedigungen« hingebe, indem sie entweder dem »Aktivismus« oder dem »Realismus« huldige: Der »Aktivist« erhoffe sich historische Dynamik von der »kolonialen Revolution [...] oder vom Sitzen auf Straßenbahnschienen«, der »Realist« von »Verbandsspitzen [...] oder von der wissenschaftlichen Analyse«.[44] Beides sei für sich genommen nicht falsch, aber es brauche notwendigerweise ein Element, das die beiden »entzweiten Hälften des bürokratischen Voluntarismus« zusammenfüge – und das sei die Selbsttätigwerdung der politischen Subjekte in der »direkten Aktion«.

Man sollte nicht unterschätzen, mit wie viel rhetorischer Verve solche Vorstellungen als Angriffe auf das unterstellte »bloße Sagen«[45] der älteren Sozialistinnen und Sozialisten geführt wurden. Thomas von der Vring skizzierte bereits 1965 eine »moderne Partisanenstrategie«, in der durch »Gegenmacht« ausübende »Aktivgruppen« »Inseln eines organisierten

---

43 Vester, Strategie der direkten Aktion, S. 16. Hervorhebung im Original.
44 Ebd., S. 19.
45 Vring, Strategie des Klassenkampfes, S. 21.

AUFKLÄRUNG ALS PRAXIS

Widerstandes zu schaffen und zu festigen«[46] hätten – freilich wiederum durch im Vergleich zur Partisanenrhetorik eher zahme Aktivitäten: durch »Förderung der Publizität« nämlich, durch »Anhebung des Bildungsniveaus [...] durch interessenbezogene, antiautoritäre Bildungsarbeit« oder auch durch »Organisierung solidarischer Interventionen«.[47] Die Stoßrichtung dieses Kritikgestus war aber klar: In der »direkten Aktion« »entsteht die Einheit von Theorie und Praxis«, sie sei »der Versuch, das verdinglichte Bewußtsein der Abhängigen in Bewegung zu bringen.«[48] Eine nahezu ideale Umsetzung dieses Konzepts war unterdessen im Kreis der Hochschulspezialisten im Berliner SDS ersonnen worden, die von der Sorge geleitet war, dass ihrer erfolgreichen Praxis an der Hochschule ohne theoretische Reflexion derselben der politische Fluchtpunkt verloren zu gehen drohe – was verdeutlicht, wie drohend das Damoklesschwert des Vorwurfs eines reflexionsfreien Aktionismus über ihren Köpfen hing. Begegnet wurde dieser »Gefahr des Praktizismus«[49] mit der Gründung eines internen Arbeitskreises über Hochschulpolitik. Dieser veröffentlichte anonyme Rezensionen von Lehrveranstaltungen durch Studierende. Gleichsam oberflächlich als harmlose wissenschaftliche Kritik verpackt, sollten sie ihre »objektiv politische«[50] Bedeutung erst durch die Reaktion der Kritisierten zeigen. Tatsächlich zogen die ab Februar im *FU-Spiegel* erscheinenden Texte wütende Gegenreaktionen der kritisierten Professoren nach sich.[51] Doch auch wenn die Studierenden auch anderorts wegen ihres »belesen, aber nicht recht gescheit« wirkenden, altklugen Stils[52] getadelt wurden, verfing die Interpretation der Rezensionen als Wahrnehmung eines demokratischen Rechtes zum Abbau ungerechtfertigter Hierarchien und zur Verbesserung der Wissenschaft: Die heftigen Reaktionen einiger Professoren bewertete ein Journalist der *Zeit* als »bösartige Parodie auf einen längst ausgestorbenen akade-

46 Ebd., S. 30.
47 Ebd., S. 30.
48 Vester, Strategie der direkten Aktion, S. 19.
49 SDS-Landesverband Berlin, Rundbrief Nr. 3. Wintersemester 1965/1966, 2.2.1966. Archiv des HIS, HBE 611, Rundschreiben des SDS LV Berlin, 1966-1969, S. 2.
50 Nitsch, Wolfgang, Vorlesungsrezensionen als Hochschulkritik. Zur Problematik studentischer Rezension von Lehrveranstaltungen, 1966. APO-Archiv, Ordner Sammlung Langhans SDS Intern, S. 3.
51 So kritisierte der Anglistikprofessor Rolf Kaiser die Rezension seiner Vorlesung erwartbar als »ebenso arrogante[s] wie ahnungslose[s] Produkt Ihres anonymen Schmierfinkens«, vgl. Kaiser, Mitteilung. Zu den Hochschulrezensionen zeitgenössisch Leibfried (Hg.), Untertanenfabrik, S. 220-264.
52 Pauli, Kritik, S. 9.

mischen Standesdünkel«, mit dem der Kritisierte »selber besorgt [habe], was die Rezension seiner Vorlesung nicht konnte und nicht wollte: in einer weiteren Öffentlichkeit Zweifel zu säen an seiner Befähigung zum Umgang mit Studenten.«[53] Selbst der Berliner Senator für Wissenschaft und Kunst gab zu, dass Kritik die Beziehungen zwischen Lehrenden und Lernenden durchaus verbessern könne.[54] Die protestierenden Studenten und der SDS erwiesen sich im weiteren Verlauf der hochschulpolitischen Unruhen als äußerst findig, die Auseinandersetzungen immer wieder neu als grundsätzlichen Konflikt zwischen klugen, mutigen Studierenden und irrationalen Autoritären zu inszenieren. Als im Frühjahr 1966 an der juristischen und medizinischen Fakultät eine Beschränkung der Semesterzahl beschlossen wurde, war die Atmosphäre also längst entsprechend aufgeheizt. Die Maßnahmen wurden als technokratische »Zwangsexmatrikulation« kritisiert, um von der offenkundigen Notwendigkeit einer inhaltlichen Hochschulreform abzulenken.[55] Der Solidarisierungseffekt war aufgrund des sensiblen Themas, das sogar SDS und Burschenschaften in gemeinsamen Protestaktionen zusammenbrachte, enorm.[56]

Die tatsächlich populistisch[57] zu nennende Inszenierung des Konfliktes durch die Studierendenverbände ist nicht zu unterschätzen. Zum einen zog der AStA – vermutlich im vollen Bewusstsein der Aussichtslosigkeit dieses Unternehmens – erfolglos bis vor das Verwaltungsgericht, um eine studentische (weder vorgesehene noch rechtlich bindende) Urabstimmung zur Aufhebung des Beschlusses zu erreichen.[58] Zum anderen schaffte er es, während der die umstrittenen Themen betreffenden Sitzung des Akademischen Senats am 22. Juni den Widerspruch zwischen demokratisch diskutierender Öffentlichkeit und autoritärer Geschlossenheit der Universitätsverwaltung öffentlich darzustellen: Weil die studentischen Vertreter im Akademischen Senat die Tagesordnungspunkte der Sitzung an ihre Kommilitonen weitergeleitet hatten, konnten jene auf der Wiese vor dem Sitzungssaal eine Paralleldiskussion abhalten. Als der Rektor verlangte, diese Veranstaltung aufzulösen, antworteten die Studenten mit dem ersten »Sit-in« der Universitätsgeschichte, das im

53 Zimmer, Dieter E., Anonyme Schmierfinken?, in: Die Zeit vom 27.05.1966.
54 Kraft, Hörsaal, S. 140.
55 Nevermann, Studienreform, S. 292.
56 Lönnendonker, Rabehl, Staadt, Die antiautoritäre Revolte, S. 142 f.
57 Sandra Kraft bezeichnete die Suggestion der demokratischen Legitimation durch eine studentische Vollversammlung als »populistische[n] Effekt, der vom SDS durchaus beabsichtigt war«, vgl. Kraft, Hörsaal, S. 133.
58 Ebd., S. 131 f.

Laufe des Abends zu einem »Teach-in« wurde. Die Bandbreite der teilnehmenden Personen muss einen beispielhaften Eindruck diskutierender Öffentlichkeit vermittelt haben: Zum Thema der Hochschulreform und der gesellschaftlichen Rolle der Universität sprachen nicht nur die durch ihre Arbeitskreise rede- und themengewandten SDS-Mitglieder, sondern auch Vertreter des RCDS und der Burschenschaften sowie mehrere Professoren (etwa der Philosoph Wilhelm Weischedel und der Soziologe Ludwig von Friedeburg); Solidaritätserklärungen verschiedener Professoren aus Westdeutschland, die per Telegramm eintrafen und laut verlesen wurden, rundeten den Eindruck breiter Unterstützung ab. Nach Mitternacht wurde von den Versammelten – von Linken bis zu Korporierten – eine von Mitgliedern des SDS verfasste Resolution verabschiedet, die die Auseinandersetzungen zwischen Studenten und Universitätsleitung in einen gesamtgesellschaftlichen Konflikt einband, in dem der Wunsch nach Demokratie und Verfassungstreue gegen die Kräfte der Beharrung und der Oligarchie verteidigt werden müsste.[59]

Wie Fische im Wasser der Öffentlichkeit

Im Grunde hätten die Strategen des SDS mit den im Vergleich zu seinen Mitgliederzahlen durchaus beachtlichen (universitäts-)öffentlichen Erfolgen zufrieden sein können: Mit seiner nüchternen Präsentation von Fakten und Forderung von öffentlicher Diskussion übertrug der Verband das akzeptierte Idealbild kooperativer und kritikfähiger Wissenschaft auf die Politik. Zwar waren die kritisierten Autoritäten dadurch tatsächlich gezwungen, ihre Positionen argumentativ zu verteidigen, der Preis für diesen Erfolg war aber gewesen, die Haltung einer fundamentalen Opposition aufzugeben. Für die grundlegende sozialistische Kritik des SDS stellte es sich also als Problem heraus, dass die Türen, gegen die sie im Namen der kritischen Rationalität anrannten, so geschlossen nicht waren.

Für die Hoffnung, Theorie und Praxis in einer Einheit zu verbinden, war die Praxis der theoretischen Aufklärung der Öffentlichkeit damit ein zweischneidiges Schwert. In Vesters Skizze der »direkten Aktion« war die Selbstermächtigung der Unterdrückten nur als erster Schritt auf dem Weg zu einer grundsätzlichen Oppositionshaltung und damit zur Einheit von Theorie und Praxis gedacht worden; doch ob die In-

---

[59] Resolution von der versammelten Studentenschaft der Freien Universität Berlin auf dem Sit-in am 22./23. Juni 1966.

szenierung als Aufklärer, die irrationalen Autoritäten furchtlos die Stirn boten, hierfür tatsächlich Potential hatte, wurde nach Ansicht vieler Akteure immer zweifelhafter, vor allem, weil die mobilisierende Wirkung dieser aufklärerischen Aktionen Grenzen hatte – den SDS-Mitgliedern schwante, dass die Zustimmung einer breiten Masse an Studierenden eher von Zufälligkeiten und einem gewissen Eventcharakter bestimmt war, als dass sie zwingend eine inhaltliche Übereinstimmung mit dem SDS bedeutete. Ob aus den Aktionen in Berlin der Schritt von einer »›radikal-demokratischen‹ zu einer sozialistischen Politik«[60] gemacht werden könnte, wurde zunehmend bezweifelt. In einem Briefwechsel zwischen Reimut Reiche und seinem Berliner Freund Bernhard Blanke zeigten sich beide skeptisch gegenüber der Möglichkeit, breite Studentenmassen zu einer grundsätzlichen Systemkritik zu führen. Blanke warnte davor, den Erfolg des Sit-ins überzubewerten. Zwischen dem Gros der demokratisch gesinnten Studierenden und dem sozialistischen SDS liege nach wie vor ein Graben:

»Das sind also zwei Gleise: a) die offizielle Öffentlichkeit, die man mobilisieren muß, in der man den demokratischen Teil offenhalten muß (defensiv) mit allen bekannten Fragen: Notstand, Vietnam, etc. b) die ›Fische‹, die in diesem Wasser dann schwimmen sollen (offensiv), aber ganz geringer Teil der Studenten, die in einer Art Partisanenkampf gewonnen werden. Beides ist nicht theoretisch durcheinanderzubringen wie praktisch zusammenzukoppeln, solange die offizielle Öffentlichkeit für die Theorie der ›Fische‹ (SDS) keinen Platz hat.«[61]

Blanke hielt es für »politischen Humbug«, sich darauf zu verlassen, dass sich mit einer auf dem Boden der Demokratie gründenden Agitation eine sozialistische Gesinnung bei der Masse der Studierenden erreichen ließe. Zudem bezweifelte er, dass der Schritt zum Sozialismus im Rahmen des Grundgesetzes zu erreichen sei. Der notwendige nächste, qualitative Schritt müsse aus einer »Kombination von Legalität und ›Illegalität‹ (definiert als Durchbrechung der legalen Schranken, soweit es ohne gewaltsame Reaktion der anderen Seite möglich ist)«, bestehen. Deren Vorbereitung und Durchführung benötige nun »gründliche theoretische Arbeit«[62] – auf konkrete Praxis hin.

60 Blanke, Bernhard, Brief an Reimut Reiche, 29.06.1966. APO-Archiv, Ordner Briefwechsel Blanke-Reiche, S. 1.
61 Blanke, Bernhard, Brief an Reimut Reiche, 18.08.1966. APO-Archiv, Ordner Briefwechsel Blanke-Reiche, S. 2 f.
62 Blanke, Bernhard, Brief an Reimut Reiche, 29.06.1966. APO-Archiv, Ordner Briefwechsel Blanke-Reiche, S. 1 f.

Sprungbrett in die Wirklichkeit[63]:
Die Subversive Aktion

Die Geschichte der Subversiven Aktion, oftmals als eine Art kulturrevolutionäre Inkubationszelle der antiautoritären Bewegung interpretiert, ist im Grunde schnell erzählt:[64] Ab 1962 sammelte sich um die schillernde Gestalt Dieter Kunzelmanns eine Gruppe von Nonkonformisten, Künstlern und Studenten, die sich bei vielfältigen Theorieangeboten bedienten: vom Surrealismus, Existenzialismus, dem französischen Lettrismus und Situationismus, der Psychoanalyse, dem undogmatischen Marxismus, der Kritischen Theorie der Frankfurter Schule bis hin zu Theologie, Architekturtheorie und Beatmusik. Aus diesen Inspirationen entstand ein kulturrevolutionärer Praxisansatz, mit dem sich die subversiven Aktionisten scharf von zeitgenössischen linken Standpunkten absetzten. Im Zentrum standen öffentliche »Aktionen«, mit denen die in der Konsumgesellschaft unterdrückten wahren emotionalen und psychischen Bedürfnissen der Menschen sichtbar gemacht werden sollten. Mit dem Eintritt der beiden aus der DDR geflohenen Studenten Rudi Dutschke und Bernd Rabehl wurden diese noch tastenden und stark in den bohemienhaften Lebensstil der Subversiven eingebetteten Theorieversuche durch orthodoxere marxistische Ansätze ergänzt. Die Subversive Aktion spaltete sich daraufhin in eine eher theorie- und eine eher praxisorientierte Strömung. Während erstere noch einige Jahre an ihrer Theorie feilte und sich letztlich auflöste, traten die anderen vor allem in Berlin und München dem SDS bei, um diesen von innen mit subversiven Praxisvorstellungen zu unterwandern und damit die antiautoritäre Bewegung mitzugründen.

Ereignisgeschichtlich ist dem nichts hinzuzufügen, und auch die verschiedenen »Aktionen« der Subversiven Aktion sind gut erforscht und

---

63 »Im Gegensatz zur ›radikal-akademischen Kritik‹, die in Passivität verharrt und von wirklich Kritik als Identität von Theorie und Praxis entbindet, soll unsere Analyse Sprungbrett sein, in die Wirklichkeit einzugreifen«, siehe Dutschke, Wozu Anschläge?.

64 Der kurze Abriss folgt Bernd Rabehls Beitrag über die »Provokationselite« in Lönnendonker, Rabehl, Staadt, Die antiautoritäre Revolte, S. 400-435, zudem der Darstellung Aribert Reimanns in seiner Biographie Dieter Kunzelmanns, vgl. Reimann, Dieter Kunzelmann, S. 49-113. Für eine kurze Zusammenfassung auch Holmig, Wurzeln. Fast alle Publikationen sowie einige Interna der Subversiven Aktion sind in einer Quellenedition zusammengefasst, in der Wolfgang Kraushaar eine zeitlich näher an den Ereignissen liegende Einführung in die Entwicklung der Gruppe gab, siehe Kraushaar, Kinder einer abenteuerlichen Dialektik. Eine vor allem auf die Konsumkritik abzielende Darstellung der Subversiven Aktion liefert Sedlmaier, Konsum und Gewalt, S. 45-56.

sollen hier nicht weiter ausgeführt werden. Ihre Geschichte interessiert allerdings unter einem anderen Aspekt, denn die Abfolge von Spaltungs- und Neufindungsprozessen, aus denen die Gruppe hervorging und denen sie selbst unterworfen war, ist letztlich nur dann verständlich, wenn diese vor dem Hintergrund der Wahrnehmung eines Widerspruchs zwischen Theorie und Praxis gedeutet wird. Zwar unterschieden sich sowohl die Akteure wie auch die diskutierten Themen massiv von denen im SDS, aber die Entwicklungsdynamik der Erzählung einer Kluft zwischen Theorie und Praxis – oder Kunst und Politik – ähnelte sich auf bemerkenswerte Weise: »Theoretiker« und »Praktiker«, die erst in den Vorwürfen der anderen Seite zu diesen wurden, schrieben die andere Seite als reflexionsfreien Aktionismus oder aber konsequenzlose Kritik ab und suchten jeweils nach einem Weg, Theorie und Praxis stattdessen produktiv zu verbinden.

Kunst gegen Marxismus: Situationisten und SPUR

Auch wenn die Traditionslinien der Subversiven Aktion, die bis zum Surrealismus und Dadaismus der Zwischenkriegszeit reichen, gut rekonstruierbar sind,[65] lassen sich die direkten Wurzeln der Gruppe vor allem in der Lettristischen Internationalen verorten, die im Paris der frühen 1950er Jahre gegründet wurde. Die Lettristen waren eine lose Gruppe von Schriftstellern, Filmemachern und Nonkonformisten, die sich neben provokativen Eingriffen in den avantgardistischen Kunstbetrieb vor allem kritisch mit dem zeitgenössischen funktionalistischen Städtebau auseinandersetzten.[66] Zunehmend kristallisierte sich dabei vor allem bei dem Filmemacher Guy Debord, dem Herausgeber der lettristischen Zeitschrift *Potlatch*, eine politische Kritik an der Avantgardekunst und dem Surrealismus heraus: Diese Kunstrichtungen würden trotz oder gerade wegen scheinbarer Grenzübertretungen die Rahmenbedingungen der bürgerlichen Kunstwelt letztlich nur bestätigen. Zusammen mit dem dänischen Maler Asger Jorn und bald zahlreichen anderen Künstlern aus ganz Westeuropa gründete Debord 1957 die Situationistische Internationale, die eine politisch definiertere Agenda einer kulturrevolutionären Avantgarde verfolgte:[67] Die psychische Entfremdung der Menschen habe in der Konsumgesellschaft so zugenommen, dass auf

---

65 Bohrer, 1968: Die Phantasie an die Macht?, S. 1072.
66 Reimann, Dieter Kunzelmann, S. 50.
67 Ebd., S. 58.

dem Weg zu einer »größtmögliche[n] emanzipatorische[n] Veränderung der Gesellschaft und des Lebens«[68] zuerst die psychischen Verwerfungen und falschen Begierden zerstört werden müssten, die der Kapitalismus produziert habe. In diese Verhältnisse solle durch die Schaffung von »Situationen« interveniert werden, »kurzfristige Lebensumgebungen und ihre Umgestaltung in eine höhere Qualität der Leidenschaft«[69], in denen eine »Neue Wirklichkeit«[70] zu erahnen wäre. Auch wenn solche Formulierungen zunächst eher esoterisch als klassenkämpferisch anmuten mochten, lief das aber in den Grundzügen doch noch stark auf Denkfiguren des klassischen Marxismus hinaus – die Arbeiterschaft stellte einen größeren Bezugspunkt situationistischen Denkens dar als die Künstlerszene. Dies führte bald zu Spannungen mit der Münchner Künstlergruppe SPUR, die die deutsche »Sektion« der Situationistischen Internationalen darstellte.[71] Die Gruppe aus drei Malern und einem Bildhauer, die sich an der dortigen Akademie der Künste kennengelernt und ab 1957 zusammen ausgestellt hatten, diskutierte zu diesem Zeitpunkt vor allem über das Verhältnis von Individuum, Gruppe und Gemeinschaft.[72] So versuchten sie etwa, das Spannungsfeld zwischen kollektiver und individueller Arbeit durch die gemeinsame Arbeit an Werken auszuloten, bei denen die Handschrift jedes Einzelnen jedoch noch erkennbar war. Sowohl in der künstlerischen Praxis wie auch in den alltäglichen Routinen inszenierten sie sich dabei aber letztlich als raubeinige Avantgardisten, deren bohemienhafter Lebensstil zwischen Atelier, Diskussionen in Schwabinger Nachtcafés und Masskrugprügeleien in bayerischen Wirtshäusern stark spielerischen Charakter hatte.[73] Frank Böckelmann, der sich seit 1960 im Kreis um SPUR aufhielt, erinnerte sich:

»Ich merkte gleich, daß nichts und alles ernst gemeint war: In der Art und Weise, wie [Hans-Peter] Zimmer davon sprach, daß man in den Kreis der Situationisten aufgenommen worden sei und täglich auf die »Exkludierung« gefaßt sein müsse, daß er sich mit germanischer Frühkultur und altnordischer Dichtung befasse und sich von ihnen wesent-

---

68 Rapport über die Konstruktion von Situationen, S. 28.
69 Ebd., S. 39.
70 Vorbereitende Probleme zur Konstruktion einer Situation, S. 16.
71 Zu SPUR allgemein: Danzker, Dornacher, Gruppe SPUR; Czerny, Gruppe SPUR; Graber, Gruppe Spur.
72 Galimberti, Redefining the Individual, S. 101.
73 Eine Schilderung der Lebenswelt der SPUR-Mitglieder liefert Dieter Kunzelmann in Dreßen, Nilpferde, S. 129.

liche Aufschlüsse erhoffe [...][,] durchdrangen sich Ergriffenheit und Selbstironie ununterscheidbar. Jede Passion war eine Durchgangsstation, mußte aber rückhaltlos bejaht werden, damit man weiterkam; so wahrte man eine höhere Unschuld, denn das Ziel war unbekannt.«[74]

Oberflächlich ähnelte die Kritik des Kollektivs am »leeren Ästhetizismus« der abstrakten Malerei und dem »Akademismus« des »folgerichtigen Denkens«[75] den Standpunkten der Situationisten. Der dänische Maler Asger Jorn vermittelte den Kontakt nach Paris – 1959 wurde SPUR aufgenommen. Zwar ermöglichte der gemeinsame avantgardistische und kulturrevolutionäre Gestus eine Zusammenarbeit, der spätere Konflikt zwischen den Münchnern und den Situationisten war zu diesem Zeitpunkt aber bereits angelegt:[76] Während Letztere sich für die Zusammenarbeit mit anderen gesellschaftlichen Kräften, speziell dem »revolutionären Proletariat« aussprachen, argumentierten die deutschen Künstler, dass die Arbeiter zum Widerstand gegen die »bürokratischen Eingriffe« in ihre Bewegung unfähig seien – stattdessen sahen sie das eigentlich revolutionäre Potential bei sich selbst, nämlich den zu mobilisierenden »Avantgardekünstler[n] [...], die von der heutigen Gesellschaft in unerträgliche Verhältnisse versetzt werden«.[77] Als die Münchner Maler kurze Zeit später mit der bayerischen Staatsregierung in Konflikt gerieten und daraufhin in einem Manifest über die Freiheit der Kunst die provokante Regelverletzung und den Gesetzesbruch als integralen Bestandteil künstlerischer Tätigkeit bezeichneten,[78] musste ihnen ihre eigene Selbstdeutung als revolutionäres Subjekt und des Regelbruchs als den Künstlern genuin eigene Praxis umso plausibler erscheinen.

Die argumentative Konstellation hatte sich damit schon herausgebildet: SPUR verstand sich als Avantgardekünstler als neues politisches Subjekt, damit als praxisverpflichtet; die Situationisten pochten im Gegensatz dazu auf den klassischen Antagonismus von Proletariat und Bourgeoisie, der zu einer genuin künstlerischen Form von Praxis wenig Anlass gebe. Als dieser latente Konflikt in den folgenden Monaten hochkochte, waren die wechselseitigen Vorwürfe damit schon gesetzt: Das Vertrauen der Situationisten auf die revolutionäre Kraft der Arbeiterklasse liefe schlicht auf Handlungslähmung heraus, so SPUR; Vorwürfe, die situationistische Theorie schlicht nicht kapiert zu haben, waren da-

---

74 Böckelmann, Begriffe versenken, S. 23.
75 Manifest, November 1958, abgedruckt in Graber, Gruppe Spur, S. 417.
76 Dreher, Zwischen Kunst und Lebensform, S. 13.
77 Die 4. Konferenz der S.I. in London, S. 173.
78 Reimann, Dieter Kunzelmann, S. 73.

rauf die Antwort. Der Streit endete in wechselseitigen Unterstellungen, sich dem Kulturbetrieb anzubiedern bzw. in der Tatenlosigkeit der Nur-Theorie zu verharren.[79] SPUR wurde jedoch kurze Zeit später zum Objekt der eigenen Kritik, und zwar von innen: Als im November 1961 eine Ausgabe des SPUR-Magazins von der bayerischen Justiz beschlagnahmt und die Häuser der Künstler wegen »Verbreitung unzüchtiger Schriften« und »Gotteslästerung« durchsucht wurden, nutzten die Münchner Künstler den Gerichtssaal als Bühne zur öffentlichen Provokation, indem sie wegen des Vorwurfs der Gotteslästerung die Vernehmung Gottes als Hauptzeugen der Anklage verlangten.[80] Als jedoch tatsächlich Haftstrafen im Raum standen, zogen es die Künstler dann doch lieber vor, mit dem Argument der Kunstfreiheit auf einen Freispruch hinzuarbeiten. Damit gerieten sie jedoch in Konflikt mit Dieter Kunzelmann, der der Gruppe zu diesem Zeitpunkt als textproduzierendes Faktotum und umtriebiger Diskutant schon länger angehört hatte. Er wollte nicht juristisch, sondern politisch kämpfen und die Verhandlung auch um den Preis von Gefängnisstrafen eskalieren lassen. Kunzelmann kündigte seinen Provokationskameraden die Freundschaft in einem Schreiben auf, in dem er ihnen das gleiche vorwarf, das diese kurz zuvor den Situationisten vorgeworfen hatten: Ihre Kritik und Praxis sei zu zahm und würde auf ein »Etablieren in dieser Gesellschaft« hinauslaufen.[81] Ab 1962 diente Kunzelmanns Schwabinger Kellerwohnung als Zentrum eines fluiden Netzwerks selbsternannter Revolutionäre, deren Debatten sich um soziologische Gesellschaftskritik, situationistische Interventionslust und kulturrevolutionäre Lebensstilexperimenten drehten. Einig waren sie sich nur in einem: dass sie sich nicht mehr auf Kunst oder Theorie beschränken wollten.

»Intellektuelles Tasten«[82]: Unverbindliche Richtlinien

Dass die Entschlossenheit zur Praxis für sich genommen im Grunde noch keinerlei Richtungsentscheidung oder inhaltliche Positionierung bedeutete, wurde schon in der ersten Publikation der so fluiden wie heterogenen Gruppe sichtbar. Unter dem Titel *Unverbindliche Richtlinien* wurde Ende 1962 eine Art Synthese der Kellerdiskussionen herausgegeben, in

---

79 Die 5. Konferenz der S.I. in Göteborg, S. 281.
80 Reimann, Dieter Kunzelmann, S. 84.
81 Kunzelmann, Dieter, Brief an SPUR, 12.09.1962. Archiv des IfZ München, ED 750 Band 304.
82 Vorwort, in: Unverbindliche Richtlinien 2.

der sexuelle Repression, das Christentum und die Konsumgesellschaft zu einem großen Unterdrückungszusammenhang zusammengedacht wurden, gegen den sich in einer »Totale[n] Revolte [...] unter Einbeziehung aller Lebensbereiche«[83] aufzulehnen vonnöten sei. Erkennbar übte die Kulturindustrie-These aus der *Dialektik der Aufklärung* zu diesem Zeitpunkt großen Einfluss auf die Gruppe aus – »alles von Adorno«[84] sei intensiv zu studieren, trug Kunzelmann seinem Genossen Rodolphe Gasché in einem Brief auf. Kern des Hefts bildete ein »Eschatologisches Programm«, in dem ein »etwas entrücktes religiös-esoterisches Entwicklungsmodell einer zukünftigen Kulturrevolution«[85] formuliert wurde. Es ist nahezu unmöglich, die verschiedenen, eher assoziativ übereinandergelegten Bedeutungsschichten der *Unverbindlichen Richtlinien* auf ein kohärentes Gedankengebäude zurückzuführen, und vermutlich würde dieser Versuch auch den subjektiven Impuls der Texte übersehen – selbst Kunzelmann kritisierte intern, dass er beim Korrekturlesen der Texte auch »nicht mehr genau [wusste], was wir eigentlich gemeint hatten«.[86] Vermutlich sollten die Manifeste auch eher performativ als inhaltlich überzeugen: Im Zentrum stand die Vermittlung eines »Dynamischen Prinzips«, das die »Urerwartung der Menschheit« durch einen »neuen Typ Mensch [...], der über den homo sapiens/animal rationale hinausgewachsen sein wird«, erfüllen sollte.[87] Die Vorstellung einer andauernden revolutionären Bewegung, die die Bewegten durch die Bewegung transformieren würde, war hier bereits erkennbar.

Die Unverständlichkeit dieser Thesen tat ihrer Wirkung jedoch keinen Abbruch, denn offenbar traf schon allein der antitheoretische Gestus den richtigen Ton. Auch Frank Böckelmann hatte in der letzten Nummer seiner literarischen Zeitschrift *texturen* auf eine ähnliche Weise ätzende Kritik an den Möglichkeiten politischer Kunst und Literatur geübt – wenn jede Kritik nur das kritisierte System bestärke und das »pseudorevolutionäre Gebaren der Künstlergruppen« letztlich nur der »Sicherung der Gesellschaft«[88] diente, bleibe der Literatur nur noch der Sprung in den existenziellen Widerstand:

83 Eschatologisches Programm, S. 24.
84 Kunzelmann, Dieter, Brief an Rodolphe Gasché, 30.09.1962. Archiv des IfZ München, ED 750 Band 304.
85 Reimann, Dieter Kunzelmann, S. 96.
86 Kunzelmann, Dieter, Brief an Rudi [verm. Rodolphe Gasché], 23.02.1962 [irrtümliche Datierung Kunzelmanns, verm. 1963]. Archiv des IfZ München, ED 750 Band 304.
87 Eschatologisches Programm, S. 27.
88 Böckelmann, Frühes Fazit, S. 58.

SPRUNGBRETT IN DIE WIRKLICHKEIT

»Widerstand oder Schweigen. An der Unerbittlichkeit dieser Alternative muss jeder Verfasser von Texten, jeder Künstler sich entscheiden, ob ihm seine Bewusstseinsstufe und Sensibilität nur Mittel zu Zweck eines schalen Prestiges oder mehr ist, ob er bereit ist, in die Resistance zu gehen gegen etwas, das gefährlicher, schleichender und unwiderstehlicher ist als Hunger, Furcht und offene Gewalt.«[89]

Auch wenn unklar blieb, worin diese Widerstandspraxis konkret hätte bestehen können, wirkte tatsächlich schon allein die Geste des Bruchs mit der kalten Analyse provokant auf jene, die dem Selbstbild der kritischen Intelligenz verhaftet blieben: In den Augen Inga Buhmanns, die sich im Münchner Umfeld der Subversiven Aktion aufhielt, bedeutete die Wende Böckelmanns zur Praxis einen »Verrat an eigener Authentizität«[90], in der Absage an das tapfere Aushalten der gesellschaftlichen Widersprüche argwöhnte sie einen »leichten Ausweg.«[91] Als Kunzelmann im November 1963 zur Gründung einer »neuen revolutionären Bewegung« aufrief, fasste er diesen Entschluss zur Praxis allein schon als hinreichende Gemeinsamkeit potentieller Genossinnen und Genossen auf:

»Um einer endlos-unproduktiven Diskussion aus dem Wege zu gehen, wird bei allen Erscheinenden der Standort vorausgesetzt: der Worte sind genug gewechselt oder was not tut ist einzig die Aktion. [...] Ansonsten ist noch nichts festgelegt und jeder, der sich an der neuen Bewegung engagiert, kann den Kurs mit seinen Intentionen bestimmen.«[92]

In der zweiten Ausgabe der *Unverbindlichen Richtlinien* war dieser Gestus des Hinter-sich-Lassens der Theorie zum vernehmlichen Leitmotiv geworden. Nicht nur werde der Mensch durch Konsumterror, Kirche und sexuelle Repression in seinen innersten Trieben deformiert, nicht nur hätten sich traditionelle linke Organisations- und Politikformen als systemstützend erwiesen, auch die Jugendrevolte und die Kunst, eigentlich Momente der Freiheit, seien schon längst der Marktlogik unterworfen – und auch das widerständige Denken selbst: »[N]och die tiefstschürfende Gesellschaftsanalyse taugt nur dazu, auf der Frankfurter Buchmesse und in den Bibliotheken Regale zu füllen«[93], so der Vorwurf an die einstigen Idole der Frankfurter Schule. Die »intellektuelle Paranoia«[94], dass jede

89 Ebd., S. 66.
90 Buhmann, Geschichte, S. 85.
91 Ebd., S. 85.
92 Kunzelmann, Brief an Böckelmann vom 05.11.1963.
93 Repressive Aktion, S. 10.
94 Kraushaar, Kinder einer abenteuerlichen Dialektik, S. 15.

Form von Rebellion in die Konsumgesellschaft integriert werde, zwang die Mitglieder der (seit dieser Ausgabe als solche firmierenden) Subversiven Aktion, wie Wolfgang Kraushaar es formulierte, zu einer »existenzialistischen Flucht nach vorn«:[95] Wenn jede Form von Kritik und Protest gegen das System den schleichenden Mechanismen der Vereinnahmung durch das System ausgesetzt sei, müssten die Revolutionäre die Fluchtbewegung zum Prinzip machen – der »homo subversivus« müsse Vernunft und Emotion in einer ständigen Spannung halten, er »aktiviert Wille und Gefühl und gibt sich offen der Dynamik hin«.[96]

Hier schwang bereits der »gesamte Begriffsapparat der antiautoritären Linken der sechziger Jahre«[97] mit. Viel wichtiger aber war ein anderes Erbe der Subversiven: die Hingabe an die »Dynamik« als Existenzform und die Vorstellung eines permanenten geistigen In-Bewegung-Seins auf der Flucht vor der Vereinnahmung. Allerdings hatten die Subversiven nun ein Problem: Solange sie sich nämlich durch »Praxis« definierten, diese Praxis aber bis auf einzelne isolierte Aktionen nicht existent war, waren sie quasi gezwungen, ihre revolutionäre Existenzform zum Teil ihrer Praxis zu erklären. Es war daher konsequent, dass die Subversiven zunächst vollends damit beschäftigt waren, ein ausreichendes »Revolutionär-Sein« aller Beteiligten sicherzustellen: Der korrekte Lebensstil des bindungslosen Bohemiens, der bürgerlichen Lebensweisen wie einer akademischen Karriere oder der Ehe zugunsten revolutionärer Eignung zu entsagen hatte, wurde gegenseitig in spontanen Kontrollbesuchen oder »Sitzungen zur Erforschung der individuellen Motivation für revolutionäre Praxis« überprüft.[98] Weitere Praxis-Pläne blieben allerdings unkonkret: Ein im Vergleich zu den manifestartigen Pathos der Veröffentlichungen eher kleinlautes internes Zirkular nannte als vordringliche Aufgabe vor allem die Anwerbung von Mitstreitern.[100]

Die bekanntesten dieser neuen Mitstreiter waren Rudi Dutschke und Bernd Rabehl, die Rodolphe Gasché in Berlin kennengelernt hatte. Die beiden noch rechtzeitig vor dem Mauerbau aus der DDR geflo-

---

95 Ebd., S. 15.
96 Subversive Aktion oder: VEN-, VID-, VICIT, S. 27.
97 Reimann, Dieter Kunzelmann, S. 99.
98 Böckelmann, Nagel, Subversive Aktion, S. 123. Andreas Pettenkofer charakterisiert die *Situationistische Internationale* und die *Subversive Aktion* als »Virtuosengemeinschaft« im Sinne Max Webers, in der sich die Mitglieder durch korrekte Lebensführung ihrer weltablehnenden Haltung versichern, siehe Pettenkofer, Entstehung der grünen Politik, S. 48.
99 Archiv des HIS, RUD 341, 07 Vokabelhefte.
100 Subversive Aktion, Konklusionen, S. 133.

henen Soziologiestudenten hatten sich im von Künstlern, Studenten und Nonkonformisten frequentierten Café am Steinplatz angefreundet. Dutschke, für den das Soziologiestudium sich nach der Aufgabe seines Berufswunschs des Sportreporters als »Allroundstudy«[101] darstellte, hatte sich seit seiner Ankunft in Berlin einem straffen Lektürepensum unterworfen, das mit seinem nach- und aufholenden Charakter sicherlich Teil des Habitus des akademischen Aufsteigers war.[102] Erinnerungen und Anekdoten kolportieren das Bild Dutschkes als das eines asketischen und disziplinierten Lesers, der sich mit protestantischem Arbeitsethos zehn bis zwölf Stunden täglich durch einen Berg an soziologischem, bald auch revolutionärem Schriftgut wühlte. In der Tat bezeugen zahlreiche Karteikarten und Exzerpte in seinem Nachlass ein hart durchgezogenes Leseprogramm. Bald umfasste dieser Lektürefeldzug auch Werke von Marx, Lenin und Luxemburg. Laut der Darstellung Ulrich Chaussys stellte die Vorstellung, der parteioffiziellen Lesart der sozialistischen Klassiker eine eigene, kritische Lektüre gegenüberzustellen, auf die DDR-»Abhauer« ein Faszinosum der besonderen Art dar.[103] Dennoch trafen schon allein in habitueller Hinsicht Welten aufeinander, als die asketischen Marxisten Dutschke und Rabehl das zweite Heft der *Unverbindlichen Richtlinien* in die Hände bekamen; die spielerisch-bohemienhaften Attitüde der Subversiven, die auf alle Anflüge von traditionslinker Marx-Orthodoxie mit Verachtung reagierten, muss ihnen als kaum ernstzunehmend erschienen sein. Wechselseitige erste Eindrücke der beiden Gruppen sind zwar nur in Form von Erinnerungen erhalten. Sie zeigen aber doch, wie stark sich in der gegenseitigen Wahrnehmung Theorieansätze mit Habitus, Lektürepraktiken, Sprach- und Aktionsformen und nicht zuletzt der persönlichen Herkunft der Akteure überlappten. Bernd Rabehl hat von den ersten Treffen nicht so sehr die politischen Unterschiede in Erinnerung, sondern den Kulturschock beim Kennenlernen der süddeutschen Bohemiens: Er und Dutschke, die als theoretisch Werktätige täglich früh aufstanden, um eisern ihr Lektürepensum durchzuarbeiten, wurden um Mitternacht in ein Café bestellt, um endlich den geheimnisvollen Dieter Kunzelmann kennenzulernen. Die beiden »brandenburgischen Preußen« Dutschke und Rabehl verschmähten die angebotenen französischen Zi-

101 Karl, Rudi Dutschke, S. 20.
102 Zumindest geht die Darstellung Ulrich Chaussys stark in diese Richtung, siehe Chaussy, Drei Leben, S. 41. Beschrieben werden hier auch die Dutschke'schen Lesepraktiken: immer ein Buch dabei, sorgfältig exzerpierend, über dem Bett ein Lektüreplan mit Fortschrittsanzeige.
103 Chaussy, Drei Leben, S. 40.

Vorbereitung auf das komplizierte Denken: Rudi Dutschkes selbstverfasstes Fremdwörterbuch[99]

garetten und versenkten sich sogleich in die Schrift, konkret, in deren Kritik: Anhand eines sorgfältig durchgearbeiteten Exemplars der *Unverbindlichen Richtlinien* präsentierten sie selbstbewusst ihre marxistischen »Bedenken« gegen die »Dekadenz des subversiven Denkens«.[104]

In den anschließenden Debatten und Treffen wurde ihnen klar, dass sich diese westliche »Dekadenz« vor allem in einem verschwenderischen Umgang mit Büchern und Gedanken äußerte. Vor allem die Lektüregewohnheiten Kunzelmanns, der oft nur wenige Stunden brauchte, um ein Buch von Bloch, Lukacs, Lenin oder Marx durchzulesen und als »Legenden vergangener Zeiten«[105] abzutun, standen in maximalen Kontrast zu denen der Bildungsaufsteiger Dutschke und Rabehl: Diese konnten stundenlang über einzelne Seiten sprechen, weil Theorie für sie auf eine existenziellere Weise wahr und bedeutsam war. Die Subversiven hingegen kultivierten einen eklektischen und beweglichen Theorie- und

104 Kunzelmann, Widerstand, S. 40.
105 Ebd., S. 42.

Diskussionsstil, in dem Anregungen aus Philosophie, Soziologie, Psychologie, Theologie, Musik- und Architekturtheorie zusammenflossen.[106] »Wie zum Trotz« habe Dutschke daraufhin statt einer gleich zwei Aktentaschen mit revolutionärer Literatur zu den Treffen mitgebracht, um der »westlichen Übermacht an bedrucktem Papier«[107] – also dem so umfangreichen wie fluiden Kanon subversiver Theorie – etwas entgegenzuhalten. Frank Böckelmann betonte die Aura von Ernst und Entschlossenheit, die vor allem Dutschke dabei umgab; es sei eine »Ahnung von Reinheit, man möchte fast sagen: Keuschheit« von ihm ausgegangen, gegenüber der sich die ironisch, andeutungs- und bedeutungsreich diskutierenden Subversiven »schmutzig« fühlten. Dutschke als Marxist, für den »alles schon klar war, der die Antworten schon mitbrachte, der uns mit einem geschlossenen System konfrontierte«, forderte wegen seiner einfachen, klaren Kommunikations- und Denkformen einerseits zum Spott auf. Andererseits beeindruckte er mit seiner Geradlinigkeit und erinnerte die mit ihrer intellektuellen Beweglichkeit kokettierenden Subversiven damit unangenehm an die mangelnde Konkretheit und Eindeutigkeit ihrer Praxis.[108] Trotz oder vielmehr gerade wegen dieser von vornherein präsenten Spannung begannen die Berliner Marxisten und die Münchener Subversiven zusammenzuarbeiten.

Dekadente Theorie, asketische Praxis

Dutschkes und Rabehls Hang zur marxistischen Zitatologie wurde von den meisten Subversiven zunächst als fantasielose Orthodoxie abgetan.[109] Vor allem Frank Böckelmann hatte für den Rückgriff auf linke Klassiker wenig mehr als Spott übrig: »Sollte der biedere Klassengegensatz wider Erwartung [...] Dynamik ermöglichen, würde mich dies sehr freuen. Man lässt sich nur zu gern belehren, dass die neue Lösung immer noch die alte ist«.[110] Das begann sich jedoch zu ändern, als die Strategie der subversiven »Aktionen« wegen ihrer offensichtlichen Wirkungslosigkeit merklich an ihre Grenzen gestoßen war. Selbst Böckelmann gestand ein, dass die bisherigen Aktionen der Subversiven Aktion auch dem »narzisstischen Anlass [entsprungen waren], [...] das eigene Bescheidwissen zu

---

106 Lönnendonker, Rabehl, Staadt, Die antiautoritäre Revolte, S. 417.
107 Kunzelmann, Widerstand, S. 42.
108 Alle Zitate aus einem Interview mit Frank Böckelmann in Chaussy, Drei Leben, S. 50-52.
109 Böckelmann, Rundschreiben aus Kalikutt vom 24.-27.08.1964, S. 201.
110 Ebd., S. 208.

dokumentieren, und die Tendenz [verbargen], an absoluter, aber nicht eingreifender Aktion seine Genugtuung zu finden.«[111] Im Kontrast dazu erschienen die marxistischen Impulse plötzlich als nicht nur lebendige Form der Kritik, sondern auch als Weg zu einer möglichen Praxis. Mitte 1964 einigte man sich in der Subversiven Aktion folglich darauf, dass die zukünftige Arbeit auf die ökonomischen wie die psychischen Widersprüche in der Gesellschaft gleichermaßen abzielen müsse.[112]

In der ersten Ausgabe der neuen Publikation *Anschlag* standen die beiden Richtungen daher kaum verbunden nebeneinander: Während Rudi Dutschke eine radikale Kritik des Stalinismus innerhalb der Sowjetunion als Voraussetzung für deren positive Rolle für den Aufbau des Sozialismus in unterentwickelten Ländern forderte[113] und Bernd Rabehl die Wahlkampfstrategie der SPD als »de[n] vollendete[n] Verrat am Sozialismus und damit am Menschen«[114] verurteilte, widmeten sich die anderen Heftautoren mit Texten zu James-Bond- und Stanley-Kubrick-Filmen, Trampern und dem Trend zur Busenfreiheit den subtileren Unterdrückungsmechanismen in der Kultursphäre. Rudi Dutschke brach dieses Nebeneinander jedoch auf – mit einem Beitrag, der als Schlüsseldokument für die spätere antiautoritäre Theorie gelesen werden muss. Dutschke behauptete, dass das kritische Bewusstsein Einzelner, das zu wecken gemeinhin Ziel subversiver Aktionen sein sollte, nicht nur irrelevant, sondern sogar systemstützend sei: Die besten Analysen der Frankfurter Schule und der »linken Professorenschaft« seien falsch und wirkungslos, solange sie nicht das kritische Bewusstsein der »organisierten Massen«[115] beförderten: »Es genügt nicht, dass der Gedanke zur Verwirklichung drängt«, zitierte er aus der *Kritik der Hegelschen Rechtsphilosophie*, »die Wirklichkeit muss sich selbst zum Gedanken drängen.«[116] Niemand aus der Subversiven Aktion hätte dem widersprochen, aber Dutschkes Sätze schlugen einen antiintellektuellen Ton an:

> »Für den kritischen Denker, [...] für den das objektive Moment der Entfaltung der Produktivkräfte in der Welt nicht zu trennen ist von der subjektiven Tätigkeit der aufklärerisch-revolutionären organisier-

---

111 Ebd., S. 161.
112 Berliner Protokoll vom 10.07.1964, S. 158.
113 Dutschke, Rolle der Sowjetunion.
114 Bernd Rabehl, Sozialimperialismus, S. 178.
115 Dutschke, Diskussion: Das Verhältnis von Theorie und Praxis, S. 194.
116 Ebd., S. 191.

ten Avantgarde, ist ein ›Stillstand der Geschichte‹ als Resultat einer dialektischen Analyse unmöglich.«[117] Das musste als Vorwurf an seine Genossen gelesen werden: Wenn Theorie erst wahr sei, wenn sie Praxis ermögliche, dann arbeite man wohl nicht hart genug an der Theorie, wenn diese keine konkrete Praxisperspektive eröffne. Tatsächlich traf er einen wunden Punkt: Die Aktionen, in denen die Subversiven subkutane gesellschaftliche Konflikte exemplarisch erfahrbar machen wollten, waren zu einem Gutteil auf eine »gewissermassen notwendige Zufälligkeit [angewiesen], mit der sich die verschleppten Widersprüche multiplizieren und an theoretisch nicht vorherbestimmbaren Punkten explosiv werden.«[118] Demgegenüber lebte die Anziehungskraft von Dutschkes und Rabehls Marxismus – und auch das Pathos der Aktion, mit dem Dutschke »den totalen Einsatz der Person für die Sache des Proletariats««[119] forderte – von der Suggestion, einen unmittelbaren Weg zur Praxis aufzuzeigen. Betrachtet man ihre theoretische Arbeit von dieser Funktion her, könnte man auch sagen: Sie modifizierten und kombinierten vorhandene Theorien so, dass am Ende ein Praxiskonzept stand.

Am stärksten gilt dies wohl für die bedeutende Stellung der »Dritten Welt« in der Theorie Dutschkes und Rabehls. Bereits im Februar 1963 hatte Dutschke in sein Tagebuch notiert, dass Marx' Analyse zwar für das gegenwärtige Westeuropa ins Leere laufe, für Teile Südeuropas, Lateinamerikas und viele Gebiete Asiens aber »fast noch jeder Satz« Geltung habe[120] – dass Dutschke einige Jahre später dann im entstehenden Industrieproletariat Lateinamerikas einen »Ausgangspunkt einer gewissen Strukturveränderung der Welt«[121] sah, war im Grunde bloß weitergedacht. Auch wenn diese Faszination für die »Dritte Welt« Dutschke schon früh erfasste und der freundschaftliche Umgang mit den oft übersehenen Studierenden aus südlichen Ländern sicher ebenfalls eine gewichtige Rolle spielte,[122] hatte dieses Argument aber eben vor allem

117 Ebd., S. 194.
118 Böckelmann, Nagel, Subversive Aktion, S. 168.
119 Neumann, Karl-Heinz, Brief an Frank Böckelmann, 22.2.1965. Archiv des HIS, RUD 151, 06 Korrespondenz mit Kunzelmann und anderen Mitgliedern der »Subversiven Aktion«, S. 1.
120 Dutschke, Jeder hat sein Leben ganz zu leben, S. 11.
121 Dutschke, Diskussion: Das Verhältnis von Theorie und Praxis, S. 191.
122 Dieter Kunzelmann kolportierte später etwas boshaft, dass der »Politisierungsprozeß« Dutschkes, der eine Schwäche für Wildwestfilme hatte, »sehr über die Ausrottung der amerikanischen Indianer durch die Weißen« vermittelt gewesen sei, siehe Interview mit Dieter Kunzelmann, S. 194. Das beschränkte sich aller-

theoriepolitisch Sinn: Der Bezug auf die »Dritte Welt« machte die marxistische Analyse mit all ihren praktischen Implikationen im globalen Maßstab sozusagen wieder gültig und wahr, ohne gleich die Notwendigkeit einer leninistischen Parteigründung zu implizieren. Ähnlich kann man Dutschkes Interpretation von Marcuses Randgruppen-These verstehen: Während Marcuse mit der Theorie vom revolutionären Potential marginalisierter Gruppen vor allem die Afroamerikaner in den USA meinte,[123] fand Dutschke diese marginalisierten Gruppen in der Bundesrepublik in den Studenten und Intellektuellen – zumindest wenn sich diese ihres marginalisierten Status bewusst werden würden, sobald sie das Gesetz übertraten.[124]

Die Skeptiker innerhalb der Subversiven Aktion hatten Dutschkes sozialrevolutionärem Elan nicht viel entgegenzuhalten. Auf einem Treffen im September 1964 wurde Einigkeit sowohl in Bezug auf »die Notwendigkeit der Hereinnahme der Entwicklungsländer in die voranzutreibende eigene Analyse (Revolutionstheorie)« als auch die »absolute Notwendigkeit der dialektischen Analyse« sowie die Notwendigkeit der »Diktatur des Proletariats« festgestellt.[125] Aus dem formulierten Willen zum künftigen Wechselspiel von Analyse und Aktion sprach dabei schon eine Ahnung der gewaltigen Spannung zwischen Theorie und Praxis, die zu vereinen eine andauernde Transformation, ein permanentes Aufeinander-zu-Bewegen beider Seiten erforderte:

»Das Verhältnis von Theorie und Praxis ist für uns eindeutig: keine Praxis ohne Theorie und keine Theorie ohne Praxis. Die permanente Korrelation von Analyse und Aktion impliziert sowohl die Notwendigkeit, immer Analyse zu vervollkommnen, als auch die Hinfälligkeit

---

dings nicht auf Dutschke – wie mir in zahlreichen Zeitzeugengesprächen versichert wurde, teilten nahezu alle Antiautoritären die Vorliebe für Westernfilme. Ob die darin transportierten Vorstellungen über den Kampf edler Wilder eine Auswirkung auf ihre antiimperialistischen Standpunkte hatte, kann nur vermutet werden. Vor allem Quinn Slobodian hat hingegen völlig zu Recht die Rolle von Studierenden aus der »3. Welt« (vor allem Lateinamerika und Haiti) beim Politisierungsprozess Dutschkes betont und deren Abwesenheit in der herkömmlichen Geschichtsschreibung über »68« beklagt (Slobodian, Foreign Front, S. 52), diese Kontakte ereigneten aber erst nach dem sogleich zitierten Tagebucheintrag.
[123] Zwar sah Dutschke die Black-Power-Bewegung durchaus als Vorbild und pflegte auch Kontakte zu Gruppen um Malcolm X, jedoch erst ca. ab dem Herbst 1965, siehe Klimke, The other alliance, S. 69.
[124] Slobodian, Foreign Front, S. 58.
[125] Hamburger Protokoll vom 26.-30.09.1964.

der Ansicht, bei Aktion auf den endgültigen Zeitpunkt einer endgültigen Analyse vertrösten zu müssen. Zwar müssen wir erkennen, daß die jetzige Situation keinen revolutionären Eingriff ermöglicht, aber unsere Praxis darf sich nicht auf eine revolutionäre Epoche beschränken.«[126]

Als Plattform für die künftige Verbindung von Theorie und Praxis wurde der SDS auserkoren. In München und Berlin traten die Subversiven den jeweiligen Ortverbänden bei. Tatsächlich konnten auch die zunächst skeptischen Münchner im SDS durchaus einigen Wirbel erzeugen. Frank Böckelmann und Dieter Kunzelmann waren sogar maßgeblich am Entwurf eines Selbstverständigungsdokuments für den SDS beteiligt, in dem mit dem jungen Marx die »total[e] [...] rücksichtslose Kritik alles Bestehenden« sowie »internationale Solidarität [...] für die Befreiungsbewegungen der unterdrückten Völker in aller Welt«[127] gefordert wurde. Als hätten sie nach einer Bestätigung aller Vorwürfe der praxisverhindernden Theorieverwaltung älterer SDS-Mitglieder gefragt, handelten sie sich prompt einen Rüffel wegen falscher Marx-Auslegung ein.[128]

Die durch die gemeinsame Arbeit im SDS forcierte Einigkeit der zwei subversiven Flügel sollte jedoch eine nur vorläufige bleiben. In München waren die Differenzen zwischen Dieter Kunzelmann, der sich inzwischen entschieden auf die Seite der Marxisten geschlagen hatte, und Frank Böckelmann, der die kulturrevolutionären Ansätze der Subversiven Aktion hochhielt, nicht mehr zu übersehen. Gegenüber Kunzelmanns Umsturzplänen, der an der nächsten Erhöhung der Straßenbahnfahrpreise schon die Revolution losbrechen sah,[129] spottete Böckelmann über die »neuen Vokabeln, die wir schlucken und lernen sollten [...]: Arbeiterpraxis, Gewerkschaftskurse am Wochenende zur Bewusstseinsbildung von Arbeitern, Kaderbildung im Betrieb, Räteprinzip.«[130] Im April 1965 führte Kunzelmanns Zusammenarbeit mit einer rätesozialistischen »Gesellschaft für wissenschaftlichen Sozialismus«, die mit den Gewerkschaften Schulungskurse für Arbeiter sowie Agitationsarbeit in Betrieben organisierte, zu seinem Ausschluss aus der Subversiven Aktion.

Diesen organisatorischen Vollzug einer konzeptionellen Differenz nahmen die Berliner Dutschke und Rabehl als Ausgangspunkt für eine

---

126 Berliner Protokoll vom 10.07.1964, S. 157.
127 Altvater, Böckelmann, Thesen, S. 276.
128 Böckelmann, Brief an Dieter Kunzelmann vom 28.1.1965, S. 265.
129 Kunzelmann, Brief, S. 290.
130 Böckelmann, Aus einem Brief an Christofer Baldeney vom 14.06.1965, S. 295.

weitere Schärfung ihrer Position. Anstatt sich auf Kunzelmanns Seite zu schlagen, versuchten sie, den Widerspruch zwischen der »Resignation« der Theorie und einer »hilflos im leeren Raum« pendelnden Praxis aufzuheben.[131] Mit einem durchaus eklektischen Zugriff nicht nur auf die später wichtigen Autoren Herbert Marcuse, Ernst Bloch und Georg Lukács, sondern auch auf Georges Sorel interpretierten sie gerade die sinnliche *Erfahrung* des Scheiterns der Theorie als Ausgangspunkt für eine neue Praxis: Eine Gruppe entschlossener Revolutionäre sollte dadurch entstehen, dass diese die kollektive Erfahrung der Unmöglichkeit intellektueller Aufklärung innerhalb des gegebenen Rahmens machten:

»Das lauernde Ausharren verlangt von uns selbstverständlich Aktionen – aber Aktionen, die eher nach innen ihre Wirkung vollziehen, denn nach aussen. Die Demonstrationen in Berlin sind getragen durch einen naiven Glauben an den Rechtsstaat und die ›Öffentlichkeit‹ [...]. Diese Romantik ist von uns ad absurdum zu führen; wir müssen den legalen Rahmen sprengen, wir müssen die sich selbst aufputschende Herrschaft provozieren, damit deren Gegenmassnahmen endgültig den Schein der Demokratie zerreissen; nur so wird die innere Kohäsion der Demonstranten aufgebaut und ein sozialistisches Bewusstsein geschaffen. Wir agieren also eher in der Demonstration als für die Aussenstehenden, für die Gaffer. Wir brauchen in Berlin keine rund 500 humanistischen Schwärmer, die sich den Luxus leisten können zu protestieren; wir benötigen 500 Humanisten der Tat! Sicherlich laufen wir in Gefahr, Märtyrer zu werden, aber auf andere Art bildet sich schwerlich eine Avantgarde.«[132]

Auch wenn dies vermutlich so nicht gemeint war: Das bestechende an diesen Überlegungen war wohl vor allem, dass sie eine Form von Praxis ermöglichten, deren Erfolgsbemessung von keinen äußerlichen Faktoren abhängig, sondern rein subjektiv war – auch wenn eine Demonstration niedergeknüppelt wurde, eine »Aktion« fehlschlug, stellte sie keinen Misserfolg dar, solange sie sich im revolutionären Bewusstsein der Teilnehmenden niederschlug. Insofern ist es vielsagend, dass Dutschke eine berühmt gewordene Demonstration gegen den Berlin-Besuch des kongolesischen Ministerpräsidenten Moïse Tschombé[133] im Dezember

---

131 Rabehl, Antwort auf den Brief von Kunzelmann, S. 291.
132 Ebd., S. 293.
133 Zur Bedeutung der Krise im Kongo und den weltweiten Protesten gegen die Ermordung Lumumbas, die sich in europaweiten Demonstrationen gegen Tschombés Besuch äußerten, siehe Slobodian, Foreign Front, S. 61-64. Der Afrikanische und der Lateinamerikanische Studentenbund, die Berliner

1964 als den »Beginn unserer *Kulturrevolution*«[134] bezeichnete. Zwar sei, so seine Interpretation einige Jahre später, an diesem Tage »erstmalig in West-Berlin die Dritte Welt lebendig geworden in der praktisch-kritischen Tätigkeit der Studenten und Arbeiter«[135], aber es kann bezweifelt werden, dass Dutschke die Ereignisse am Tag der Demonstration selbst entsprechend bewertete: Die afrikanischen Kommilitonen tauchen jedenfalls in dem Tagebucheintrag über die Demonstration kaum auf. Die Schilderung ist vielmehr stark von der sportlichen Faszination an der Bewegung, der Freude am Regelbruch, den treffsicheren Tomatenwürfen und dem maskulin-spielerischen Messen mit der Polizei geprägt.[136] Das spektakuläre innere Erlebnis erschien hier schon als politischer Erfolg. Während sich die übrigen Subversiven um Frank Böckelmann also als »Studiengruppe für Sozialtheorie« neu aufstellten[137] und der »heimlichen Orthodoxie begriffsloser Praxis-Verherrlichung«[138] endgültig entsagten, konzentrierten sich Dutschke, Rabehl und einige ihrer Berliner Mitstreiter nun endgültig auf den SDS.

Theorie und Praxis als Akteurskategorien

Sowohl die Debatten als auch die Konstellation im SDS und der Subversiven Aktion weisen hinsichtlich der Konfliktdynamik deutliche Parallelen auf: In beiden Gruppen bildete sich eine Kritik an der angeblich praxisverhindernden Theoriefixierung aus, die zu einer Dichotomisierung von »Theoretikern« und »Praktikern« führte. Die jeweils eigene Position wurde dabei als Widerpart zu dem formuliert, was man bei der anderen Seite zu erkennen glaubte: Mit schlafwandlerischer Sicherheit warfen die von den anderen so gescholtenen »Theoretiker« den »Praktikern« vor, sinnlose Aktionen lediglich um der Aktion willen zu veranstalten und

Gruppe der Subversiven Aktion, der SDS sowie der Argument-Klub hatten wegen Tschombés Rolle bei der Ermordung des kongolesischen Premierministers Patrice Lumumba zu Protesten aufgerufen. Die als »Schweigedemonstration« geplante Kundgebung gegen Tschombé eskalierte in ein Übertreten der Demonstrationsauflagen und eine Beinahe-Stürmung des Rathauses mit Tomatenwürfen auf den Staatsgast. Federführend an dieser Entwicklung beteiligt waren afrikanische Studierende (größtenteils wohl aus Ost-Berlin) gewesen.

134 Dutschke, Vom Antisemitismus zum Antikommunismus, S. 63. Hervorhebung im Original.
135 Ebd., S. 64.
136 Dutschke, Jeder hat sein Leben ganz zu leben, S. 23.
137 Ausgangsposition und Arbeit der Studiengruppe für Sozialtheorie.
138 Böckelmann, Nagel, Subversive Aktion, S. 305.

die Theorie letztlich nicht verstanden zu haben; die »Praktiker« hingegen unterstellten den »Theoretikern«, sich mit ihrer praxisverunmöglichenden Theoriefixierung letztlich doch noch in das System integrieren zu wollen.

Diese Grundkonstellation von wechselseitigen Wahrnehmungen entstand dabei nahezu unabhängig vom Inhalt der jeweiligen Theorien oder Praxisformen: So wurde der Marxismus in Teilen des SDS als lähmende intellektuelle Doktrin hingestellt, die man auf dem Weg zu einer gesellschaftsverändernden Praxis überwinden müsse; in der Subversiven Aktion hingegen schien derselbe Marxismus einen handlungsleitenden und praxisermöglichenden Ausweg aus der angeblich statischen Nur-Theorie der Frankfurter Schule zu bieten.

Solche Stilisierungen verlangten Konsequenzen, denn selbstverständlich wollten die Praktiker nicht nur Praktiker und auch die Theoretiker nicht nur Theoretiker sein. Grundsätzlich teilten alle den Anspruch, die Einheit von Theorie und Praxis herzustellen. Allerdings herrschte dabei schnell eine gewisse Asymmetrie, denn die »Praktiker« befanden sich doch in einer komfortableren Situation: Die »Theoretiker«, die darauf beharrten, dass »Theorie« – also eine wahre Analyse der politischen Situation – auch dann wahr sei, wenn sie die Unmöglichkeit der »Praxis« der »Praktiker« nachwies, konnte aus sich selbst heraus kaum so etwas wie einen theoretischen Durchbruch oder ein sonstiges Erfolgserlebnis erzielen. Die »Praktiker« hingegen, für die sich Theorie erst durch das Ermöglichen und Gelingen der »Praxis« als wahr erwies, konnten nahezu jede »Praxis« (oder deren Scheitern) auch zumindest als Arbeit an der Theorie verbuchen. Die noch im Situationismus wurzelnde und von Rudi Dutschke explizit formulierte Vorstellung, dass das primäre Ziel von »Aktionen« nicht unbedingt im agitatorischen Erfolg in der Öffentlichkeit, sondern in der Gruppenbildung und »Selbstaufklärung« der Beteiligten liege, vernebelte die Kriterien für einen Erfolg der »Aktionen« noch weiter. Die »Theoretiker« waren somit auf die »Theorie« zurückgeworfen, die »Praktiker« hingegen versprachen, »Praxis« und »Theorie« zu etwas Neuem zu vereinen, das mehr ergeben sollte als die Summe seiner Teile – zumindest potentiell und in der Zukunft.

Was sich darin abzeichnete, war die Grundkonstellation der späteren antiautoritären Bewegung: die Vorstellung, jenseits einer unterstellten Dichotomie von »ästhetisierte[r] Theorie contra begriffslose[r] Handwerkelei«[139] einen Raum der permanenten Bewegung öffnen zu können, in dem Theorie zur Praxis anleitete und Praxis neue Theorie ge-

---

139 Dutschke, Vom Antisemitismus zum Antikommunismus, S. 62.

nerierte. Durch den Willen und hingebungsvollen Einsatz einer kleinen Minderheit bewusster Einzelner einmal gestartet, nährte die Spannung zwischen den – voneinander isoliert statisch bleibenden – Polen »Theorie« und »Praxis« eine permanent in Bewegung bleibende Bewegung, die tendenziell einer unendlichen Steigerungslogik unterlag.

3. Theorie zur Praxis
Die Entwicklung der antiautoritären Fraktion im SDS

»Der SDS ist dabei, sich ziemlich gründlich zu verändern [...]. Aber die Unbeweglichen erschweren oft nicht nur die Bewegung im eigenen Kopf, sie erschweren es auch demokratische Bewegung zu schaffen, die vorantreibt. Weil sie sich Bewegung so recht nicht vorstellen können, reagieren sie immer fertig und wollen auch die anderen als fertige behandeln.«[1]

Der SDS, in den die Berliner Subversiven Anfang 1965 eingetreten waren,[2] war sicher nicht der lethargische Haufen von »Krawattenmarxisten und Gewerkschaftsberatern«[3], als den Dieter Kunzelmann ihn später beschrieb und damit in die Schublade »Theoretiker« steckte. Tatsächlich befand sich der Verband um 1965 in heller Unruhe. Die Gewichte in dem schwelenden Konflikt zwischen theorieorientierten, eher älteren, und praxisorientierten, eher jüngeren Mitgliedern verschoben sich allerdings zunehmend zugunsten letzterer – kein Wunder, denn die Mitglieder, die maßgeblich für die theoretisch-marxistische Fundierung des Verbandes standen, beendeten allmählich ihr Studium und damit größtenteils auch ihre Tätigkeit im SDS.[4]

Im Vorfeld der 20. Delegiertenkonferenz spitzten sich diese Reibereien zu veritablen Fraktionskämpfen um die zukünftige Ausrichtung des Verbandes zu.[5] Gegen die Pläne des stark traditionsmarxistisch geprägten Marburger SDS, den Verband stärker international auszurichten, for-

---

1 Schauer, Helmut, Brief an Fritz Lamm, 05.01.1966. APO-Archiv, I Bundesvorstand E (intern) 1965/66 abgeschl. Sept. 66, S. 2.
2 Die Versuche der Berliner Subversiven, durch einen auf Praxis hin gelesenen Marxismus eine aktionsorientierte Gruppe aufzubauen, beschränkten sich nicht auf den SDS: Schon früh nahmen Dutschke und Rabehl an einem Arbeitskreis des SPD-Parteilinken Harry Ristock teil und veranstalteten in diesem Zusammenhang sogar einen »Grundlagen des Marxismus«-Kurs an der Volkshochschule, vgl. Gespräch Siegward Lönnendonkers mit Eike Hemmer am 11.01.1970, S. 113.
3 Kunzelmann, Widerstand, S. 51.
4 Seitenbecher, Mahler, S. 62.
5 Die folgenden Ausführungen sind stark gerafft dargestellt; zu den Auseinandersetzungen im Vorfeld der 20. Delegiertenkonferenz und zur Debatte um die *neue kritik*, in der sich eine generationelle Frontenbildung vollzog, erschöpfend Lönnendonker, Rabehl, Staadt, Die antiautoritäre Revolte, S. 125-140. Die Auseinandersetzung um die Rolle der *neuen kritik* führte zudem dazu, dass mit der *SDS-Korrespondenz* ein internes Dokumentations- und Diskussionsorgan heraus-

THEORIE ZUR PRAXIS

mierte sich eine spöttisch als »Ältestenrat«[6] bezeichnete Gruppe ehemaliger Bundesvorstände und älterer Genossen, die den gewerkschaftsnahen Charakter des SDS zu erhalten wünschten. Eine ganz andere Linie wiederum verfolgte die »radikaldemokratische« Strömung, die im Sinne von Michael Vesters »direkter Aktion« spezifisch Studierende und Intellektuelle als politisches Subjekt ansprach und sich damit an die antiautoritäre Gruppe in Berlin anlehnte. Der Bundesvorstand in Gestalt des Bundesvorsitzenden Helmut Schauer, der 1965 – untypisch für den SDS – in seinem Amt bestätigt wurde, betrieb hingegen eine intensive Vernetzungspolitik des SDS mit anderen linken Gruppen und Persönlichkeiten – eine Strategie, die ihren Ausdruck etwa in dem Notstandskongress vom Mai 1965 fand, in dem Schauer eine wichtige Rolle spielte.[7]

In einem Überblick über die im SDS diskutierten Themen zeichnete Schauer Mitte 1965 daher das Bild eines Verbands, dem ein inhaltlicher Konsens immer weiter zu entgleiten drohte. Insbesondere die Konjunktur zweier neuer Themenkomplexe hätte das Potential, »den Verband gründlich [zu] verändern«[8]: die durch die kapitalistische Leistungsgesellschaft verursachten psychischen Verwerfungen unter Arbeitnehmern und Studenten und die Verbindung zwischen antikolonialen Befreiungsbewegungen und sozialistischer Bewegung im Westen[9]. Vor allem aber zeigte sich Schauer über den Ton besorgt, der mittlerweile im SDS herrschte: Die »Diskussionen, [die] mit so viel Schärfe und Verbindlichkeit von derart verfestigten Positionen aus geführt worden [sind], wie es ihren Gegenständen kaum adäquat gewesen«[10], müssten wieder versachlicht werden. Das blieb nicht nur deshalb Wunschdenken, weil der Eintritt der Subversiven in den Berliner SDS den Verband noch mehr in Aufruhr brachte.

Folgt man Erinnerungen Beteiligter, verlief dieser Eintritt spektakulär; sie waren einfach auf einer Versammlung des Berliner SDS aufgetaucht

gegeben wurde, in dem zentrale Texte interner Debatten der Verbandsöffentlichkeit zugänglich gemacht wurden.
6 Ebd., S. 134.
7 Erschöpfend zu diesem Kongress und der Rolle Schauers: Schneider, Demokratie in Gefahr?.
8 Schauer, Kernpunkte der aktuellen Diskussion, S. 11.
9 Nicht zu unterschätzen ist hier der Einfluss des 1965 gegründeten *Kursbuch*, dessen zweite und dritte Ausgabe sich neben den Befreiungsbewegungen auch mit der »Geisteskrankheit« beschäftigte. Schauer selbst bezeichnete das *Kursbuch* 2 als »eines der für die Linken in der Bundesrepublik wichtigsten politischen Ereignisse der jüngsten Zeit«, Ebd., S. 10.
10 Ebd., S. 4.

und hatten dort ihre Aufnahme eingefordert. Misstrauisch nach ihrer Motivation gefragt, hatten sie den Spieß umgedreht und die alteingesessenen SDSler ihrerseits aggressiv nach deren revolutionärem Engagement befragt. Den jüngeren Mitgliedern gefiel dieser aktivistische Gestus, sodass die Abstimmung ein Votum für die Aufnahme ergab.[11] Rudi Dutschke wurde sogar kurz nach seinem Eintritt in den »Politischen Beirat« gewählt.[12] Zunächst geschah jedoch wenig Revolutionäres. Ab dem Wintersemester 1965 leiteten Dutschke und Rabehl einen Arbeitskreis über Marxismus, in dessen Lektüreliste sich der Praxisbezug und die internationale Orientierung schon andeuteten: Man las das *Kommunistische Manifest*, Lenins *Was tun?* und Frantz Fanons *Verdammte dieser Erde*.[13] Das rege Interesse vor allem jüngerer Mitglieder an diesem Arbeitskreis[14] signalisierte eine Tendenzwende; in einer Umfrage nur wenige Monate zuvor war keinerlei Interesse an marxistischer Schulung zu bemerken gewesen.[15]

Die Subversiven versuchten zunächst also, ihre Position im SDS auszubauen – durchaus offen und streitlustig. Dieses Kapitel argumentiert, dass die Entwicklung der »antiautoritären« Fraktion im SDS wesentlich von einer Abgrenzungsdynamik angetrieben war, die zunächst paradox erschien: Gerade weil die Antiautoritären sich als diejenigen verstanden, die über die praxislose »Theorie« der »Theoretiker« hinausgingen, waren sie diesen in gewisser Weise auch ausgeliefert: Jeder Schritt und jeder Gedanke der »Theoretiker« musste von den Antiautoritären polemisch als Nur-Theorie denunziert werden, damit sie eine sich von dieser Theorie unterscheidende Praxis betreiben konnten – und je schneller ihnen von den »Theoretikern« der Vorwurf des unreflektierten Aktionismus gemacht wurde, desto verbissener mussten die Antiautoritären ihre eigene Gruppenbildung und ihre eigene »Bewusstwerdung« als theoriegeleitete Praxis verkaufen.

Diese Dynamik ist im Wandel der Haltung des SDS zum Vietnamkrieg gut zu beobachten. Während der praxisorientierte Teil des SDS die aktive

11 Lönnendonker, Rabehl, Staadt, Die antiautoritäre Revolte, S. 424.
12 SDS Landesverband Berlin, Rundbrief, 04.04.1965. APO-Archiv, Ordner Berlin FU 1 1957-1966.
13 SDS-Landesverband Berlin, Rundbrief Nr. 3. Wintersemester 1965/1966, 2.2.1966. Archiv des HIS, HBE 6II, Rundschreiben des SDS LV Berlin, 1966-1969, S. 2.
14 Gespräch Siegward Lönnendonkers mit Bernd Rabehl am 18.12.1969, S. 97.
15 SDS, Mitgliederumfrage. Ausgefüllte Fragebögen, Anschreiben und Auswertungen, 1964/65. APO-Archiv, Ordner 252 (alt) SDS BV Hochschulreferat 1964 Wissenschaftliche Umfragen 1963-1964.

Aufklärung der Öffentlichkeit über den Krieg zunächst noch als Fortschritt gegenüber dem unterstellten »Seminarmarxismus« der älteren SDS-Generation verstand, geriet diese Aufklärung bald selbst unter Verdacht, nur moralisierender Appell und intellektuelle Selbstbestätigung zu sein. Dem stellte die wachsende antiautoritäre Fraktion im SDS provokante Aktionen gegenüber: Die polemische Abgrenzung zur rationalen Aufklärung diente performativ als Beweis für die Machbarkeit von Praxis.

Dieser Gestus gewann immer mehr Anhänger, aber er war letztlich auf eine permanente und konflikthafte Abgrenzung gegenüber den »Theoretikern« angewiesen, um plausibel zu sein. Ein eigener antiautoritärer Arbeitskreis, der Theorie und Praxis unmittelbar vereinen sollte, scheiterte. Zu ihrer eigentlichen Form fand die antiautoritäre Bewegung damit erst kurz vor dem 2. Juni 1967, als sie sich erstmals äquidistant gegen zwei Seiten abgrenzte: von den marxistischen Traditionalisten auf der einen, vom angeblich reflexionsfreien Aktivismus der neu gegründeten Kommune I auf der anderen Seite.

Von der Analyse zur Aktion: Interpretationen des Vietnamkriegs

Vom Antikolonialismus zum Antiimperialismus

Das Interesse an der »Dritten Welt« war in der studentischen Linken keineswegs neu.[16] Protestaufrufe gegen Kolonialmächte und Appelle an die internationale Solidarität wurden schon in den frühen fünfziger Jahren thematisiert. Im Mittelpunkt der Kritik stand vor allem die französische Kolonialpolitik in Algerien. Hier entstanden und entwickelten sich antikoloniale Argumentationsmuster, die später in Bezug auf den Vietnamkrieg Anwendung fanden.[17] Aber auch praktische Solidarität wurde gelebt: die zeitweilige Frankfurter SDS-Vorsitzende Walmot Falkenberg schmuggelte beispielsweise Angehörige der algerischen Front de Libération Nationale (FLN) über die französische Grenze oder besorgte konspi-

---

16 Boris Spix zeigt in einer Auswertung der Veranstaltungen mit dem Themenbezug »Dritte Welt, Entkolonialisierung, Apartheid, Vietnamkrieg« sogar, dass der SDS in Berlin das Thema zwar führend besetzte, vor dem Eintritt der Subversiven in den SDS aber sogar teilweise mehr Veranstaltungen darüber abgehalten hatte als danach. Mit gehörigem Abstand folgten die anderen Studierendenverbände, doch auch für sie war das Thema 1965 nicht mehr neuartig, siehe Spix, Abschied, S. 415.

17 Ausführlich dazu Kalter, Das Eigene im Fremden.

THEORIE ZUR PRAXIS

rative Wohnungen.[18] Bei einer Flugblattaktion gegen den französischen »Kolonialkrieg« kam es 1961 auch schon zu ersten Verhaftungen von SDS-Mitgliedern.[19] Die »Dritte Welt« bzw. der Kolonialismus waren also durchaus Gegenstände studentischer Politik, im Mittelpunkt allerdings stand die Anprangerung humanitärer Missstände;[20] dezidiert antiimperialistische Deutungsmuster spielten dabei kaum eine Rolle.

Und zunächst schien auch in Bezug auf den Vietnamkrieg die Präsentation schlichter Tatsachen zu genügen, um politische Wirkung zu erzielen. Schon im Juni 1964 – also noch vor dem Tonkin-Zwischenfall und dem Aufflammen der Proteste in den USA[21] – hatte ein Arbeitskreis in Berlin begonnen, Materialien über die Situation in Südvietnam zusammenzutragen. Wie in einem Uniseminar wurden Referatsthemen vergeben, Informationsveranstaltungen mit Filmvorführungen geplant und theoretische Spezialisten angefordert, um die empirischen Ergebnisse in einen größeren Zusammenhang zu stellen.[22] Auf der 19. Delegiertenkonferenz des SDS Ende 1964 gab es zwar noch andere internationale Themen, aber der US-amerikanische Krieg in Südostasien rückte schon in den Vordergrund: Im Schlussdokument wurden alle SDS-Gruppen verpflichtet, Informationsveranstaltungen über den Krieg an ihren Hochschulen anzubieten und der Berliner Verband überdies beauftragt, eine Dokumentation über die Hintergründe des Konflikts anzufertigen.[23] Im Laufe des Jahres 1965 wurde der Krieg dann zu einem dominanten

18 Leggewie, Kofferträger, S. 74 f.
19 Lönnendonker, Fichter, Staadt, Hochschule III, S. 35.
20 Spix spricht von einer auch von der Diskussion um allgemeinpolitische Stellungnahme der Studentenschaft beeinflussten Einschränkung der Äußerungen in Bezug auf die »Dritte Welt«, die meistens einen bildungspolitischen Aufhänger brauchten, um die Regeln des Diskurses nicht zu überschreiten – etwa die Verfolgung von Studenten in Algerien, vgl. Spix, Abschied, S. 402. Spix argumentiert weiter, dass die »Dritte Welt« vor allem im Hinblick auf den Systemkonflikt sowie die Menschenrechtssituation thematisiert wurde; Menschenrechtsverletzungen wurden vor allem unter dem Aspekt des Vergleichs mit dem Nationalsozialismus interpretiert, was die spätere Diagnose des »Faschismus« schon vorbereitet habe, vgl ebd., S. 406.
21 Dorothee Weitbrecht relativiert daher den Vorbildcharakter der US-amerikanischen Protestbewegung für die Aktivitäten des SDS, vgl. Weitbrecht, Aufbruch, S. 145.
22 Gilgenmann, Zum Arbeitskreis Süd-Vietnam, 8.11.1964. APO-Archiv, Ordner SDS 54 Gruppen Berlin 1963-1965.
23 Antrag 23: Südvietnam. APO-Archiv, Ordner XIX DK in Frankfurt/Main 1964. In diesem Kontext führte der SDS 1965 sogar ein Interview mit dem Vertreter der FNL in der DDR, Nguyen Huu Thien, vgl. Interview mit dem Leiter der ostberliner Vertretung der Nationalen Front für die Befreiung Südvietnams.

Thema in der Arbeit des SDS. Insbesondere in Berlin widersprachen Fotoausstellungen, Filmvorführungen, Unterschriftensammlungen, Leserbriefe und Podiumsdiskussionen der gängigen Darstellung, in Vietnam würde die Freiheit vor dem aggressiven Kommunismus verteidigt.[24]

Dem Gestus der kritischen Aufklärung kam die wachsende öffentliche Anteilnahme an den Geschehnissen in Vietnam entgegen. 1965 sendete das Fernsehen bereits viermal so viele Beiträge über den Krieg als noch im Jahr zuvor, viele davon durchaus kritisch;[25] Ende 1965 unterzeichneten knapp 150 Intellektuelle, Schriftstellerinnen und Professoren einen Appell gegen den Krieg;[26] im Sommer 1966 verfolgten immerhin 87 Prozent der Bundesbürgerinnen und -bürger die Vorgänge in Vietnam.[27] Die Aufklärungsbemühungen des SDS stießen gleichwohl auf wütenden Widerstand der Universitätsleitungen, der Presse und der Bevölkerung.[28] Dem Selbstverständnis der SDS-Mitglieder als kühle Aufklärer, die durch Wissenschaft und Fakten die Lügen der Autoritäten entlarven, kam dies natürlich zupass. Den Höhepunkt dieser Selbstdeutung stellte eine Podiumsdiskussion zwischen Mitgliedern des SDS und Botschaftsangehörigen der USA dar, bei der es Ersteren gelang, ihre Kontrahenten vor dem Publikum anhand von Pressezitaten derart in Widersprüche zu verwickeln, dass diese anschließend keine Einladungen zu Streitgesprächen mehr annahmen.[29]

Die emsige Tätigkeit des SDS setzte den SDS tatsächlich an die Spitze einer breiten Protestbewegung. Der Preis dafür war jedoch eine Entpolitisierung: Ein breites konsensfähiges Bündnis konnte nur gezimmert werden, wenn der Protest an Moral und Ethik appellierte oder die einseitige Berichterstattung der Medien beklagt wurde.[30] Eigentlich hatte man aber einen grundlegenden, sozialistischen Anspruch.

24 Aus einem Leserbrief Jürgen Horlemanns geht hervor, dass der SDS teilweise sogar mit Strafanzeigen wegen Falschbehauptungen gegen einzelne Medien vorging, siehe Horlemann, Jürgen, Brief an die Redaktion des »blickpunkts«, 11.4.1965. APO-Archiv, Ordner SDS 54 Gruppen Berlin 1963-1965.
25 Hodenberg, Konsens und Krise, S. 389 f.
26 Erklärung über den Krieg in Vietnam, siehe auch o. A., Wasser in den Augen, in: Der Spiegel vom 22.12.1965, S. 33.
27 Weitbrecht, Aufbruch, S. 157.
28 Im Januar 1966 setzte der AStA-Vorsitzende sogar gegen die Bedenken des Rektorats durch, dass eine Informationsveranstaltung in der Universität unter Polizeischutz stattfinden konnte – angesichts der Empörung über Polizeieinsätze gegen protestierende Studenten nur wenige Jahre später durchaus bemerkenswert, siehe Kraft, Hörsaal, S. 126.
29 Lönnendonker, Rabehl, Staadt, Die antiautoritäre Revolte, S. 212.
30 Beispielsweise habe man sich bei einer Veranstaltung über den Vietnamkrieg im Juni 1964, so die Argumentation, auf eine »humanitäre« Argumentation

Wie eine analytisch scharfe, aber dennoch radikal parteiische und vor allem politische Kritik stattdessen aussehen könnte, wurde derweil in Marburg vorexerziert. Dort hatte sich um den Politikwissenschaftler Wolfgang Abendroth ein Diskussionszusammenhang gebildet, der sich am Marxismus orientierte und später als »Marburger Schule« der Politikwissenschaft bekannt wurde.[31] Zahlreiche Mitarbeiter Abendroths waren Mitglied im dortigen SDS, der als marxistisch äußerst versiert galt. Seit 1964 beschäftigte sich dort eine Arbeitsgruppe mit der »Theorie der sozioökonomischen Transformation in den Entwicklungsländern« und dem Phänomen des »underdevelopment« und der »nationalen Befreiung«. Hier wurden marxistische Grundannahmen mit Impulsen von Theoretikern aus der »Dritten Welt«[32] angereichert, die man von der Diskussion in Frankreich aufnahm. Die dortige Linke hatte begonnen, den Kalten Krieg mit der Dekolonisierung in einem »systemischen Zusammenhang«[33] zu denken. Das verschob den Fokus – im Falle des Vietnamkriegs mit dem Kriegseintritt der USA – vom Antikolonialismus zum Antiimperialismus.[34]

Ab Juli 1965 veröffentlichten die Marburger Autoren in der Zeitschrift *Argument* mehrere Aufsätze, in denen sie die Entwicklungen der ehemaligen Kolonien aus einer politökonomischer Perspektive betrachteten. Sie untersuchten die Verflechtung der Kolonien mit ihren ehemaligen Kolonialmächten und fassten den Vietnamkrieg als »Modellfall«[35] eines imperialistischen Krieges auf, der unter anderem von den Interessen der US-amerikanischen Rüstungsindustrie mit befeuert wurde.[36] So entstand eine umfassende Theorie der kolonialen Revolution und Konterrevolution. Gegenüber den Imperialismustheorien Lenins und Rosa Luxemburgs setzte diese Analyse einen neuen Akzent:[37] Anders als in

beschränkt, um die ebenfalls teilnehmenden Studentenverbände LSD, SHB und HU nicht durch weiterreichende politische Forderungen zu verschrecken, siehe Wetzel, Dieter, Brief an Manfred Liebel, 07.07.1964. APO-Archiv, Ordner I Bundesvorstand F intern 1964.

31   Peter, Marx, S. 37. Siehe auch Hüttig, Raphael, Wissenschaftliche Politik.
32   Dazu zählte insbesondere Frantz Fanons 1961 erschienenes Werk *Die Verdammten dieser Erde*, das auch durch sein Vorwort von Jean-Paul Sartre zu einer wichtigen »intellektuellen Matrix« der »Entdeckung der Dritten Welt« durch die französische Linke wurde, siehe Kalter, Le monde, S. 108.
33   Ebd., S. 129.
34   Ebd., S. 122.
35   Steinhaus, Vietnam, S. 5.
36   Griepenburg, Steinhaus, Aspekte, S. 54. Ausführlich zu den von den Marburgern entwickelten Theorien zum Vietnamkrieg siehe Bebnowski, Kämpfe mit Marx, S. 225-234.
37   Ebd., S. 230 f.

VON DER ANALYSE ZUR AKTION

den Industriestaaten des Westens sei der zentrale Antagonismus in den Entwicklungsländern der zwischen einer durch Entwicklungshilfe an der Macht gehaltenen Oberklasse von Landbesitzer, der sogenannten Kompradorenbourgeoisie, und der massenhaft verelendeten Unterschicht.[38] Es sei diese ländliche Unterschicht, und nicht das Industrieproletariat, die in den Entwicklungsländern die Trägergruppe der revolutionären Emanzipationsbewegungen darstelle.[39] Anders als im Westen, wo institutionalisierte Formen der Auseinandersetzung zwischen Arbeiterklasse und Bourgeoisie – etwa Streiks – vorherrschten, müssten die Unterdrückten der Entwicklungsländer ihr Selbstbewusstsein als revolutionäres Subjekt erst erlernen. Der beste Lehrmeister hierfür wäre der Partisanenkrieg gegen die Unterdrücker – dieser sei also nicht aus militärischer Notwendigkeit, sondern als »politisch-psychologische[s]«[40] Mittel zu führen, mit dem revolutionäre Bewegungen sich selbst ihrer Handlungsmacht versichern und die Bevölkerung von ihren Anliegen überzeugen könnten. Die USA hätten dabei sehr genau begriffen, dass der Vietnamkrieg faktisch die Probe aufs Exempel sei, ob ein imperialistisches System auf Dauer revolutionäre Bewegungen militärisch unterdrücken könne: »Der Kampf des vietnamesischen Volkes antizipiert […] die Emanzipation ganzer Kontinente, deren Stellenwert für die Selbstreproduktion des internationalen kapitalistischen Systems […] kaum abzuschätzen ist.«[41]

Entscheidend für diesen Fokus auf die befreiende Rolle des Guerillakriegs gegen die Besatzer dürfte der Bezug auf Theoretiker aus der »Dritten Welt« gewesen sein, insbesondere eben auf Fanons *Die Verdammten dieser Erde*. Auch Che Guevaras und Mao Tse-Tungs Überlegungen zu Partisanenkriegen wurden aufgegriffen und diskutiert.[42] Sicher, Fanon, Guevara und Mao erschienen in diesen Texten nicht unbedingt als theoretische Leitfiguren – vielleicht war es auch ein gewisser exotischgefährlicher Reiz[43], den diese Lektüre ausstrahlte – aber dennoch waren die Marburger Marxisten weit voraus, wenn sie antikoloniale Theorie bereits 1965 in der Bundesrepublik einer breiteren Öffentlichkeit[44] zugänglich machten. Sie waren auch vor den Antiautoritären die Ersten,

38 Büchner, Deppe, Tjaden, Theorie der sozioökonomischen Emanzipation, S. 47.
39 Ebd., S. 48.
40 Griepenburg, Steinhaus, Aspekte, S. 47.
41 Ebd., S. 55.
42 Ebd.
43 Kurt Steinhaus bezeichnete seinen Text über den Partisanenkrieg als »heißes Eisen«, siehe Bebnowski, Kämpfe mit Marx, S. 233.
44 Die Auflage des ersten Entwicklungsländer-Heftes, *Argument 34*, betrug immerhin 4000 Exemplare.

die über das psychologisch-selbstermächtigende Potential des Guerillakrieges nachdachten und den Vietnamkrieg in eine umfassende Theorie des Imperialismus einordneten.

Der Vietnamkriegs-Arbeitskreis im Berliner SDS wird sicherlich über die Marburger Texte gestaunt haben, denn ihr eigenes Vietnambuch, Jürgen Horlemanns und Peter Gängs *Vietnam. Genesis eines Konflikts*[45], argumentierte deutlich zahmer und öffentlichkeitskompatibler – im Literaturverzeichnis suchte man Marx vergebens, die Quellenbasis bestand zum größten Teil aus ausländischen bürgerlichen Zeitungen, und der Ton der Darstellung war zwar unkritisch gegenüber der südvietnamesischen Front National de Libération (FNL), insgesamt jedoch sachlich.[46] Aber auch wenn der Band äußert erfolgreich war (1968 gab es bereits fünf Auflagen) war den Berlinern bewusst, dass ihre eigenen Arbeiten an das theoretische Niveau der Marburger nicht heranreichten.[47] Viele der Quellen und Deutungsansätze, die die Berliner rezipierten, hatten sie auch erst durch deren Veröffentlichungen kennengelernt.[48]

Gleichwohl war auch durch den Erfolg des Vietnambuchs einmal mehr offensichtlich geworden, dass, wer in der breiten Öffentlichkeit gehört werden wollte, nicht zu radikal argumentieren durfte – eine Einsicht, die im SDS für Frustration sorgte, wie eine Studentenzeitung 1966 anmerkte:

»Es ist leidig, immer nur Worte wechseln zu können, wenn man sich im Prinzip längst einig ist. [...] Sie [die sozialistischen Studenten] sonnen sich in einem präzis ausgefeilten politisch-philosophischen Denkmodell, lassen dessen Regeln immer aufs neue mit der Beredsamkeit spielen, die ihnen oft eigen ist, und interpretieren die gesellschaftlichen und politischen Tendenzen der Zeit. Dabei haben sie aber mit der alten und vielbeklagten Kluft zwischen Theorie und Praxis mehr Kummer als die meisten ihrer sozialistischen Vorväter. [...] So bleibt das Echo auf den Eifer des SDS klein. Das Gespräch ist akademisch geworden, und das gilt nicht nur für den Kreis der Teilnehmer, sondern auch für die Sprache, die in ihm geredet wird: Sie ist ein Abglanz der Terminologie etlicher moderner soziologischer Schulen, angerei-

---

45 Horlemann, Gäng, Vietnam.
46 Weitbrecht, Aufbruch, S. 144.
47 Diese kritisierten die Arbeit der Berliner als »nicht auf der Höhe der Theorie«, siehe ebd., S. 142.
48 Jürgen Horlemann nannte besonders Paul Barans *The Political Economy of Growth* und Jean Zieglers *Sociologie de la nouvelle Afrique*, siehe Horlemann, Zwischen Soziologie und Politik, S. 228.

chert mit neuem Fremdwortgut und grenzt für manchen Außenstehenden zuweilen ans Unverständliche«.⁴⁹

Vor allem in Berlin äußerte sich schon bald Kritik daran, dass die Aufklärungsveranstaltungen und Publikationen des SDS »mit den Ornamenten der »Objektivität« (»Überparteilichkeit«, »Leidenschaftslosigkeit«, »Sicherheit«) [ausgestattet werden müssten], um überhaupt verstanden zu werden«⁵⁰ – und dass auch von den marxistischen Analysen der Marburger nicht mehr als die Beschränkung auf Rationalität und wissenschaftliche Analyse zu erwarten war.⁵¹

Es hätte die subversive Agitation also vermutlich nicht mehr gebraucht, um im und um den Berliner SDS herum einen politischen Gärungsprozess anzustoßen, dessen genauer Verlauf wegen fehlender Quellen zwar nicht nachzuzeichnen, aber leicht vorzustellen ist: Aus verschiedenen Arbeitskreisen und Clicquen fand sich gegen Ende 1965 eine Gruppe zusammen, in denen die Themenfelder »Vietnamkrieg«, »Befreiungsbewegungen in der Dritten Welt« und »Möglichkeiten direkter Aktionen kleiner avantgardistischer Gruppen westdeutscher Revolutionäre« zusammengedacht wurden. Diese Gruppe hatte nun einmal mehr den Anspruch, über Theorie hinausgehende Praxis aufzeigen – was in der berühmt gewordenen »Plakataktion« resultierte.

Zwischen T(herapie) und T(error): Die Plakataktion

In der Nacht zum 4. Februar 1966 hängte die Gruppe um Rudi Dutschke in den Straßen Berlins und Münchens ohne Wissen des SDS großformatige Plakate auf, in denen die Bundesregierung der Beihilfe zum Mord an den unterdrückten Völkern bezichtigt und zur »Revolution«

---

49 F. P., Bewußtsein der Ohnmacht.
50 SDS-Landesverband Berlin, Rundbrief Nr. 3. Wintersemester 1965/1966, 2.2.1966. Archiv des HIS, HBE 611, Rundschreiben des SDS LV Berlin, 1966-1969.
51 Im Vorwort zum Vietnam-Buch der Marburger hieß es: »In einer Welt, deren Bewegung sich durch gesellschaftliche Widersprüche gleichsam naturwüchsig über die Köpfe der Menschen hinweg vollzieht, [...] müssen [die Interessen] durch wissenschaftliche Analyse sichtbar gemacht werden, die sich von vornherein der Unvernunft des Bestehenden bewußt ist und die die einzelnen sozialen und politischen Erscheinungen in diesem Bewußtsein untersucht. [...] Das Bewußtsein von der Notwendigkeit des Sozialismus [, das] die sozialistische Programmatik postuliert, kann innerhalb der Bewegung nur streng rational begründet sein«, siehe Steinhaus, Vietnam, S. 6.

THEORIE ZUR PRAXIS

aufgerufen wurde.⁵² Die Botschaft war so maximal plakativ wie die Medienreaktionen aufgeregt⁵³ – der vorher formulierte Anspruch, des Aufmerksamkeitseffektes wegen »nach aussen unsere Intellektualität [nicht] durchschimmern zu lassen«⁵⁴, war aufgegangen.

Auch im SDS herrschte Aufruhr. Nicht, dass jemand inhaltliche Einwände gegen die aggressive Beschuldigung der BRD gehabt hätte – aber die heftigen medialen Reaktionen auf die Nacht-und-Nebel-Aktion erzeugten so große Unruhe, dass vor allem ältere Genossen sogar den Ausschluss der Beteiligten forderten. Auch der Bundesvorstand verurteilte die »Illegalität-Romantik«⁵⁵ der Aktion, betonte aber, mit den jüngeren Genossen eine Grundsatzdiskussion über Strategie und Ziele des SDS führen zu wollen.

Vermutlich hatte der Bundesvorstand mit seiner Romantik-Diagnose Recht, denn die Geste des illegalen Plakateklebens hatte deutlich mehr kommunikativen Gehalt als die inhaltliche Aussage der Plakate. Offensichtliches Ziel war es, den SDS zu polarisieren, oder genauer: eine Polarisierung des SDS zwischen Theoretikern und Praktikern zu suggerieren, deren Aufhebung man dann versprechen konnte. Dass einige ältere Mitglieder die Aktion wie erwartet mit einem routinierten Marx-Zitat abkanzelten⁵⁶, musste die Plakatkleber nur bestätigen: Genau diese borniette Reaktion unterstrich ihr Urteil über die SDS-Elite, die mit Theorieorthodoxie jegliche Praxis verhindern wolle.

Mehrere Tage später fand die verbandsöffentliche Abrechnung statt – etwa 150 Mitglieder wohnten der Diskussion mit dem eigens angereisten Bundesvorstand Helmut Schauer bei.⁵⁷ Es muss eine Art Duellatmosphäre, eine Ahnung grundsätzlicher Auseinandersetzungen in der Luft gelegen haben. Endlich nämlich war der seit langer Zeit im SDS gefühlte Spalt zwischen Theoretikern und Praktikern offen zutage getreten und als Generationenkonflikt interpretierbar geworden: Gegenüber

52 O.A., Mord.
53 Eine Zusammenstellung der Zeitungsschlagzeilen bietet Chaussy, Drei Leben, S. 164.
54 Antwort der Berliner Gruppe der Subversiven Aktion auf Plakatkorrektur der Münchener Gruppe, 13.1.1966. Archiv des HIS, RUD 151, 06 Korrespondenz mit Kunzelmann und anderen Mitgliedern der »Subversiven Aktion«.
55 Lönnendonker, Rabehl, Staadt, Die antiautoritäre Revolte, S. 229.
56 Das Zitat – »An der Stelle der kritischen Anschauung setzt die Minorität eine dogmatische, an die Stelle der materialistischen eine idealistische. Statt der wirklichen Verhältnisse wird ihr der bloße Wille zum Triebrad der Revolution« (MEW 8, S. 412) – zierte sogar den Titel der die Auseinandersetzungen dokumentierende Ausgabe der SDS-Korrespondenz 2 (1966).
57 Ebd., S. 233.

standen sich in der Wahrnehmung des Bundesvorstandes »beiderseits einigermaßen unklare aber äußerst emotional bestimmte Positionen […], wobei die Differenzen vordergründig als solche zwischen der älteren und der jüngeren, aktiveren Generation des SDS«[58] auszumachen sei.

Dabei konnten die an der Plakataktion Beteiligten der stringent formulierten Position des Bundesvorstands, nach der Rechtsnormen einzuhalten seien, um ihren Bruch durch die Herrschenden propagandistisch auszunutzen, zunächst nichts entgegensetzen.[59] Erst einige Tage später hatten sie einen Gegenstandpunkt ausformuliert, den Rudi Dutschke auf einer Versammlung des Berliner Landesverbands präsentierte. Darin versuchte er sich an einer Art theoretischer »Grundsatzerklärung«[60] der wachsenden antiautoritären Strömung innerhalb des SDS – wenn auch, der Gefahr des offenen Ausschlusses wegen, nur abstrakt und in Andeutungen.

Der Text selbst ist leider nicht erhalten, aber man kann aus Vortragsnotizen und Erinnerungen unschwer erahnen, dass vor allem die vom Marburger SDS in die Diskussion eingeführte Literatur aus dem lateinamerikanischen Guerilla-Kontext die in der Subversiven Aktion ausgearbeiteten Ansätze ergänzt hatte. Im Zentrum der Argumentation stand der Versuch, Che Guevaras Fokustheorie[61] – vermittelt vor allem durch einen Aufsatz von Régis Debray[62] – zu einem globalen Revolutionsmodell zu verarbeiten, das einen Ansatzpunkt auch für Praxis in der Bundesrepublik bieten sollte. In diesem sollte in einer Art Doppelstrategie ein »Gegenmilieu« in der Universität geschaffen werden, von dem aus der »›Lange Marsch‹ durch die Institutionen beginnen«[63] könne. Gleichzeitig war dieses universitäre Gegenmilieu als »relative[s] Sicherheitsgebiet« einer »Stadtguerilla« gedacht, die als eine Art elitäre Avantgarde nicht nur

58 Plakat-Aktion in Berlin und München, S. 5.
59 Schauer selbst schrieb in der SDS-Korrespondenz, dass nicht einmal die an der Aktion Beteiligten diese noch verteidigen wollten; Bernhard Blanke erinnerte sich hingegen, dass die Positionen durchaus klar gewesen seien; die Plakatgruppe hätte nur schlicht nicht über das theoretische Niveau verfügt, den Argumenten Schauers adäquat entgegentreten zu können, siehe Gespräch Siegward Lönnendonkers mit Bernhard Blanke am 19.12.1969, S. 6.
60 Gespräch Siegward Lönnendonkers mit Jürgen Horlemann am 29.12.1969, S. 28.
61 Nach dieser sollte einige wenige Gruppen entschlossener Revolutionäre durch kleinere Aufstände die revolutionäre Situation herbeiführen, anstatt auf sie zu warten. Zu Dutschkes Rezeption Guevaras auch Slobodian, Foreign Front, S. 57.
62 Dutschke zitierte mehrmals aus einem Aufsatz Debrays: Debray, Latin America.
63 Rudis Referat, 13.2.1966. APO-Archiv, Ordner SDS 242 BV IX Seminare 1966, S. 1.

»politisch-wiss[enschafftlich]« und in »menschli[cher] Kommunikation« geschult werden, sondern auch eine »höchste phys[isch]-morali[isch]-militä[rische] Ausbildung« absolvieren sollte.[64] Diese Guerilla-Terminologie war natürlich dem lateinamerikanischen Partisanenkrieg entlehnt, Dutschke fügte sie aber bruchlos in den bundesrepublikanischen Kontext ein, wenn er beispielsweise von »T-Gruppen« sprach, die »gegen imperialistische Infra-Struktur [...] eingesetzt«[65] werden sollten. Auch wenn Dutschke damit sicher auch Sabotageakte und gewaltsame Auseinandersetzungen mit der Staatsmacht andeutete, gehe ich aber dennoch davon aus, dass er den agilen Partisanenkrieg des universitären Milieus gegen den bundesdeutschen Staat eher als politischen Stil auffasste, nicht als konkreten Vorschlag. In diesem Zusammenhang ist es nun bemerkenswert, dass Dutschke neben der staatlichen Repression und den hohen persönlichen Kosten der einzelnen Guerilleros als größte Gefahr für den Erfolg anführte, dass ihr die »Beweglichkeit als movens der Guerilla [...] verloren«[66] gehen könnte.

Man kann in dieser Formulierung statt bloß einer Stilblüte durchaus einen Schlüssel für den Kern des antiautoritären Praxisimpulses sehen. Denn hätte man nüchtern gefragt, was Dutschkes Vorschläge – abgesehen von einer quasi wörtlichen Deutung, eine terroristische Stadtguerilla aufzubauen[67] – konkret bedeuten sollten, wären die angeregten Aktivitäten im Grunde nur graduell vom Konzept der »direkten Aktion« zu unterscheiden gewesen – »propaganda by facts, by the practical experience of the peasant themselves«, zitierte Dutschke Debray[68], ein Satz, der

64 Ebd., S. 1.
65 Ebd., S. 1. Es kann nur spekuliert werden, wofür das »T« in der nicht weiter erläuterten »T-Gruppe« stand. Die Bandbreite an möglichen Deutungen ist groß: während die Zeitgenossen darunter vermutlich eher die seit den 1940er Jahren entstandenen therapeutischen »Trainings-Gruppen« verstanden (Tändler, Vergemeinschaftung, S. 146), wäre es angesichts des Kontextes und der Rolle der »T-Gruppen« jedoch wahrscheinlicher, dass Dutschke auf die »Tscheka« bzw. »Terror«-Gruppen anspielte, sowjetisch gesteuerte Untergrundorganisationen, die in der Weimarer Republik einen bewaffneten kommunistischen Aufstand provozieren sollten (siehe Weber, Bayerlein, Drabkin, Deutschland, Russland, Komintern, S. 416; 1729).
66 Rudis Referat, 13.2.1966. APO-Archiv, Ordner SDS 242 BV IX Seminare 1966, S. 3.
67 Wolfgang Kraushaar folgt dieser Deutung zumindest teilweise: das Konzept der Stadtguerilla liege hier bereits »in nuce« vor, siehe Kraushaar, Dutschke und der bewaffnete Kampf, S. 28-30.
68 Rudis Referat, 13.2.1966. APO-Archiv, Ordner SDS 242 BV IX Seminare 1966, S. 2.

die Zielrichtung der »direkten Aktion« gut zusammenfasste. Man muss daher davon ausgehen, dass der eigentliche Unterschied exakt in dieser Rhetorik lag: Die Semantik einer agilen und hingebungsvollen Guerilla suggerierte ein gänzlich anderes Selbstverständnis, eine gänzlich andere Zukunftsperspektive, das Gefühl einer historischen Mission, einen entschiedenen Bruch mit aller wohlmeinend-intellektuellen Aufklärung und vor allem die revolutionäre Bewegung als Existenz- und damit Praxisform. Auch wenn sicher nicht alle SDS-Mitglieder diesen Thesen hätten vollständig zustimmen wollen, so beeindruckte doch wohl der Wille zur Tat – der drohende Ausschluss war jedenfalls vom Tisch.

Auch im Argument-Klub hatte die Plakataktion ein Nachspiel. Hier grenzte man sich zunächst entschieden von den Antiautoritären ab; als Treffpunkt der »schlausten Linken«[69] stand der Klub – und seine Zeitschrift *Das Argument* – für die Theorie, die reine Theorie. Auch dort war es allerdings schon länger zu Spannungen gekommen, in denen sich persönliche und politische Motive überlagerten. *Argument*-Herausgeber Wolfgang Fritz Haug, der aufgrund seines Alters und seiner Vorbildung die Rolle eines spiritus rector[70] gegenüber den jüngeren Mitgliedern einnahm, hatte die Zeitschrift zunehmend auf seine Person und Interessen zugeschnitten und dabei ihren rein theoretisch-wissenschaftlichen Charakter betont; jüngere Mitarbeiter beharrten hingegen auf dem pluralistischen und demokratischen Charakter des *Argument* und kritisierten die Weigerung, über theoretische Analysen hinauszugehen, als Entpolitisierung: Haug mache »Theorie, kritische vielleicht, aber nicht mehr Politik«[71], kritisierte Bernhard Blanke, der Vorsitzende des Klubs.

Man kann davon ausgehen, dass die in der Person Haugs wahrgenommene Einheit von Autorität und Nur-Theorie die jüngeren Mitglieder des Argument-Klubs noch viel stärker als im SDS zu Widerstand reizte. Ende 1965 hatte Rudi Dutschke die Leitung eines *Argument*-internen Arbeitskreis übernommen, aus dem sich auch Teilnehmende an der Plakataktion rekrutiert hatten; als Haug davon Wind bekam, platzte er unangemeldet und in höchstem Zorn in eine Sitzung des Arbeitskreises und verlangte Aufklärung über den »Geheimbund«[72], der sich angeblich gegen seinen Willen im Argument-Klub gebildet hatte. Die jüngeren Mitglieder hatten seinen Argumentationsfähigkeiten nichts entgegenzu-

69 Felsch, Sommer der Theorie, S. 50.
70 Bebnowski, Kämpfe mit Marx, S. 153.
71 Blanke, Bernhard, Brief an Reimut Reiche, 12.10.1966. APO-Archiv, Ordner Briefwechsel Blanke-Reiche, S. 3. Hervorhebung im Original.
72 Blanke, Bernhard, Brief an Reimut Reiche, 19.2.1966. APO-Archiv, Ordner Briefwechsel Blanke-Reiche, S. 1.

setzen. Daraufhin verließen etwa zwei Drittel der Mitglieder den Arbeitskreis und verlegten ihre Aktivitäten in den SDS.[73]

Das Argument und der Argument-Klub hatten in der ersten Hälfte der 1960er Jahre eine Reihe an Themen und Begriffen gesetzt, die für die Theorie der antiautoritären Bewegung bedeutsam wurden, etwa die Emanzipation der Frau, Repression, Faschismustheorien und die Rolle der »Dritten Welt«. Vermutlich aber war es eher der Akt der Emanzipation von Wolfgang Fritz Haug, der in den Augen vieler jüngerer SDS-Mitglieder die Einheit von Theoriebesserwisserei, Praxisferne und Autoritätsausübung quasi idealtypisch zu verkörpern schien, die das Gefühl hervorbrachte, Theorie und Praxis wirklich vereinen zu können. Die ehemaligen Mitglieder des Argument-Klub spielten fast alle eine wichtige Rolle in der entstehenden antiautoritären Bewegung – es ist daher nicht vermessen, im Zerbrechen des Klubs einen der wichtigsten Gründungsmomente der Berliner antiautoritären Bewegung festzumachen.

Heimlich Lachen: Der erste Vietnamkongress

Es war also nur eine Frage der Zeit, bis es zur ersten Machtprobe der Berliner Antiautoritären mit dem Bundesvorstand des SDS kommen sollte. Dieser verfolgte zwar nach wie vor die Strategie, als Teil breiter Bündnisse Aufklärungsarbeit über den Krieg zu leisten, aber die lauter werdende Kritik am Mangel an sozialistischer Substanz in der Vietnamarbeit konnte ihm kaum gleichgültig bleiben. Ab Januar 1966 bereitete er zusammen mit den Marburger Marxisten einen wissenschaftlich-politischen Kongress vor, der der Gefahr begegnen sollte, dass die bisherige Vietnampolitik des SDS durch »fehlende marxistische Analyse« in »aufklärerische[r] Mimikry«[74] versanden würde. Eine internationale Liste an Teilnehmenden auch ohne dezidiert sozialistischen Hintergrund sollte den wissenschaftlichen und seriösen Anspruch des Kongresses hochhalten.[75]

Da spätestens nach der Plakataktion absehbar war, dass der Landesverband Berlin gegen diesen wissenschaftlichen Charakter des Kongresses opponieren würde, bemühte sich der Bundesvorstand schon im Voraus

---

73 Laut Bernd Rabehl handelte es sich etwa um 30 Leute, siehe Gespräch Siegward Lönnendonkers mit Bernd Rabehl am 18.12.1969, S. 98.

74 Schauer, Helmut; Dabrowski, Hartmut, Vorüberlegungen für einen Studenten-Kongreß »Vietnam. Analyse eines Exempels«, Januar 1966. APO-Archiv, Ordner SDS 212 BV 1966.

75 Lönnendonker, Rabehl, Staadt, Die antiautoritäre Revolte, S. 248.

darum, diese an Bord zu holen. Mitte März veranstaltete er ein einwöchiges Seminar zur Geschichte der Arbeiterbewegung, das als Einführungsveranstaltung für jüngere Genossen angekündigt war, faktisch aber dazu dienen sollte, die Antiautoritären argumentativ auf Linie zu bringen.[76] Während die Themen der Vorträge und Diskussionen daher zunächst tatsächlich wie ein Seminar mit historischem Bezug anmuteten,[77] drehten sich die anschließenden Diskussionen dann doch sehr schnell um den eigentlichen Konflikt im SDS. Auch wenn hier nicht im Detail auf die erhitzten Debatten um die Bewertung der anarchistischen Tendenzen im Kommunismus, die Möglichkeit eines parlamentarischen Wegs zum Sozialismus oder das Verhältnis zwischen Nah- und Fernzielen des SDS eingegangen werden kann, traten die Differenzen zwischen den klassisch marxistisch ausgerichteten Marburgern, den inzwischen theoretisch versierter argumentierenden Berlinern und dem um Ausgleich bemühten Bundesvorstand deutlich zutage. In seinem Vortrag über »die revolutionären Ansätze der westeuropäischen Arbeiterbewegung bis 1923 und die Wiederherstellung der Marx'schen Theorie durch Lukacs und Korsch« formulierte Rudi Dutschke antiautoritäre Theorieansätze das erste Mal mit ausführlichem Fußnotenapparat: Anhand der »Märzaktion«[78] von 1921 argumentierte er für den Einbezug des »subjektiven Faktors« in die Analyse revolutionärer Prozesse[79] – der Bezug zur gegenwärtigen Situation lag für alle Beteiligten auf der Hand.

76 Was sich vor allem an der Einladungspolitik zeigte, siehe ebd., S. 251. Der Bundesvorsitzende Schauer sprach in diesem Zusammenhang davon, »den Linksradikalismus im leninschen Sinne auch mit organisatorischen Maßnahmen zerschlagen« zu wollen (Altvater, Elmar, Zur Diskussion um die Berliner Flugblattaktion. APO-Archiv, Ordner LV Gruppen Berlin Frankfurt München I, S. 1).

77 Die Themen reichten von den »Anfängen der Arbeiterbewegung vor 1884« über »Die I. Internationale und die Entfaltung der nationalen Arbeiterbewegungen«, »Die westeuropäische Arbeiterbewegung bis 1923« bis hin zu »Integration und politisches Bewußtsein der Arbeiterklasse im Spätkapitalismus« und endeten mit einem Vortrag des Bundesvorsitzenden Helmut Schauer über »Intellektuelle und Arbeiter in der Bundesrepublik – politische Möglichkeiten«, siehe Vorläufiges Programm für das Studentenseminar »Zur Geschichte der Arbeiterbewegung« vom 12. bis 20. März im Naturfreundehaus Oberreifenberg/Taunus. APO-Archiv, Ordner SDS 242 BV IX Seminare 1966.

78 Der von der KPD später als »Märzaktion« vereinnahmte »Mitteldeutsche Aufstand« war ein von der KPD und linken Teilen der USPD organisierter bewaffneter Arbeiterrevolte in der Gegend um Halle, die nach einigen Tagen von den Regierungstruppen niedergeschlagen wurde, siehe Knatz, Heer im grünen Rock.

79 Langhans, Rainer; Gilgenmann, Protokoll der Diskussion im Anschluss an das Referat des Genossen Dutschke über die revolutionären Ansätze in der

THEORIE ZUR PRAXIS

Die theoretische Grundhaltung der Berliner hatte somit schon mehr als nur Konturen angenommen, aber noch viel wichtiger: Sie war als eigenständiger Standpunkt in der Theoriesprache des SDS formulierbar geworden und das auf so charakteristische Art, dass der Bundesvorstand auf eine Einschränkung des ideologischen Pluralismus durch ein verpflichtendes Grundsatzprogramm für den SDS zu drängen begann.[80] Diese Forderung ging insofern an der eigentlichen Problematik vorbei, als die antiautoritäre Theorie sich gar nicht primär auf die Inhalte bezogen hatte. Vielmehr ging es eher um eine andere Art, mit Theorie umzugehen. Deutlich wurde das an den eigenen Vorschlägen des Berliner Landesverbands zum Vietnamkongress – das Hauptanliegen der Berliner war, dass der Kongress wegen des globalen und allumfassenden Charakters des Vietnamkriegs die Leistung vollbringen müsse, die Proteste gegen den Vietnamkrieg mit den Protesten gegen die Notstandsgesetze zusammenzubringen, um sie zur einer umfassenden Bewegung gegen die internationalen Formierungstendenzen des Kapitals zu vereinen.[81] Der amerikanische Krieg in Vietnam sollte daher nicht nur als Verletzung humanitärer Grundwerte oder als Beispiel imperialer Politik angeprangert werden, sondern als globale Konterrevolution verstanden werden, die in Vietnam wie in der Bundesrepublik zu bekämpfen sei.

Als der Marburger Frank Deppe Anfang Mai mit dem Berliner Landesverband dessen Bedenken gegen den Kongress diskutieren wollte, stellte er überrascht fest, dass es im Grunde keinerlei inhaltliche Divergenzen gab – allen Analysen der Marburger wurden vielmehr recht gegeben.[82] Die Berliner wünschten letztlich bloß, dass nur mehr Wert auf die Abschlussdemonstration gelegt werde – so sollte der Verlauf der vorausgehenden Podiumsdiskussion vorher festgelegt werden, um die Kundgebung zielgerichtet »anheizen« zu können.[83]

Angesichts dieser überraschenden Einigkeit war Deppe daher umso mehr irritiert, als ihm anschließend ein Flugblattentwurf vorgelegt wurde, der allen kurz zuvor diskutierten Forderungen krass widersprach.[84] Darin hieß es, durch Debatte und Argument sei nichts zu

westeuropäischen Arbeiterbewegung und die Wiederherstellung der Marxschen Theorie durch Lukacs und Korsch, März 1966. APO-Archiv, Ordner SDS 242 BV IX Seminare 1966.
80 Lönnendonker, Rabehl, Staadt, Die antiautoritäre Revolte, S. 256.
81 Gegenvorschlag des LV-Berlin zum Kongreß-Programm, S. 13.
82 Deppe, Frank, Bericht über die Sitzung des Vorstandes des Landesverbandes Berlin, 10.5.1966. APO-Archiv, Ordner SDS 232 BV I E (Intern) 1965/66, S. 2.
83 Ebd., S. 1.
84 Ebd., S. 3.

erreichen, statt wohlfeilen Friedensappelle brauche es Forderungen, »die schlagkräftig werden in der Solidarität mit den Siegern, schlagkräftiger werden mit jedem abgeschossenen amerikanischen Flugzeug, mit jedem verbrannten Einberufungsbefehl«. Statt sich als objektive Schiedsrichter des Weltgeschehens zu sehen, wurden die Lesenden aufgefordert, sich endlich als darin parteiisch Kämpfende zu begreifen: »[J]eder Sieg der Vietcong [bedeutet] einen Sieg für unsere Demokratie«.[85] Für alle, die wie der Bundesvorstand auf die Rolle intellektueller Aufklärung der Öffentlichkeit bauten, stellte eine solche Rhetorik einen ungeheuren Bruch dar. Ausschlussdrohungen folgten auf dem Fuße,[86] zumal das Gerücht kursierte, dass Ulrich Enzensberger, einer der Verfasser des Flugblattes, von einer notwendigen Illegalisierung des SDS gesprochen habe, die durch »existentialistische Aktion« eine revolutionäre Situation schaffen würde.[87]

Der Bundesvorstand verstand nun, dass die vernünftige Argumentation und herrschaftsfreie Diskussion für die Berliner nicht nur als Praxiskonzept, sondern auch als innerverbandliche Etikette keine Rolle mehr spielten – vielmehr schienen sie erst durch Gegenwind zu ihrer vollen Form aufzublühen.[88] Entsetzt berichtete der Bundesvorstand, dass

> »Argumente von den jüngeren aktiven Genossen kaum mehr zur Kenntnis genommen würden, daß die Diskussionen so unter repressiven Zwang stünden, daß von rationaler Ausarbeitung von Positionen keine Rede mehr sein könne«.[89]

Die Berliner wussten also, was sie taten. Der spöttische Affront gegen die Haltung der wissenschaftlichen Aufklärung war eine Provokation, die sich vor allem gegen den SDS selbst richtete – die einseitige Verkündung des Endes der Diskussion, von Abwägung und Aufklärung, sollte eine

---

85 SDS Landesverband Berlin, Informationen über Vietnam und Länder der Dritten Welt. Nr. 1, Mai 1966. APO-Archiv, Ordner Vietnam Horlemann B I 1965-1966 I, S. 1.
86 Reaktion des BV vor der Verteilung des Flugblatts.
87 Gespräch des verantwortlichen Flugblatt-Redakteurs mit dem ›Argument‹.
88 Jürgen Horlemann berichtete später, wie der Bundesvorsitzende Schauer mit Rudi Dutschke telefoniert habe, um ihn von der Veröffentlichung des Flugblattes als offizielles Dokument des SDS abzuhalten. Die Verfasser des Flugblattes hörten dabei über Lautsprecher heimlich mit und konnten kaum an sich halten, um nicht in Lachen auszubrechen. Ohne Zweifel machte der gemeinsame Spott über die SDS-Elite die Antiautoritären noch weiter zur verschworenen Gemeinschaft, siehe Gespräch Siegward Lönnendonkers mit Jürgen Horlemann am 29.12.1969, S. 37.
89 Reaktion des BV vor der Verteilung des Flugblatts, S. 16.

Für-uns-oder-gegen-uns-Entscheidung erzwingen. Nach ihren Zielen befragt, argumentierten die Flugblattautoren dementsprechend auch nicht inhaltlich, sondern zielten auf die Situation im SDS ab: Das Flugblatt sei zwar in der Tat misslungen, könne aber nicht aus der Position richtigerer Theorie oder einfacher Faktenvermittlung heraus kritisiert werden. Gemeint sei es nämlich als eine die »Prinzipien der Verbandspraxis [...] in Frage stellende Aktion«[90], seine Existenz drücke das Bedürfnis nach einer anderen Praxis aus: es sei »Ausdruck der fehlenden Selbstverständigung über die Umsetzung unserer Theorie in politische Aktion.«[91] Schauer tat diese Mischung aus Diskursverweigerung und Drohung als »tödliche« »Schizophrenie«[92] ab. Was er zwangläufig als Mangel an rationaler Argumentation oder innerverbandlicher Solidarität auffassen musste, war für die Berliner jedoch inzwischen ein essentieller Teil ihres Selbst- und auch ihres Praxisverständnisses geworden: Jede Frage nach dem objektiven Zweck ihrer Aktionen musste fehlgehen, weil dieser in den Aktionen selbst lag, jede inhaltliche Kritik an den Aktionen hätte diese wieder zur Nur-Theorie reduziert. Pointiert formuliert: Gerade weil der Bundesvorstand und die Marburger Gruppe so lange geduldig mit den Berlinern diskutiert hatten, waren diese gezwungen, ihre Position immer weiter ins Extreme zu steigern, um einen in ihrem Sinne notwendigen Antagonismus herzustellen.

Der Kongress fand schließlich wie geplant statt, die Berliner konnten aber zumindest einen kleinen symbolischen Sieg erringen: Auf die explizite Bitte der Veranstalter, die »verzweifelt-aktivistische Irrationalität«[93] der Berliner zu verurteilen, ging der Hauptredner Herbert Marcuse nicht ein, im Gegenteil lobte er die »instinktive spontane Solidarität des Sentiments« – sie sei »Teil der Gewalt des Negativen, mit der die Umwälzung beginnt«[94].

---

90 Referat von Jürgen Horlemann am 18.05.1966, zit. nach Lönnendonker, Rabehl, Staadt, Die antiautoritäre Revolte, S. 267.
91 Ebd., S. 268.
92 Schauer, Referat auf der Landesvollversammlung in Berlin, S. 24.
93 Falkenberg, Walmot, Brief an Herbert Marcuse, 11.5.1966. APO-Archiv.
94 Marcuse, Analyse eines Exempels, S. 39.

»Subversiv konspirieren«[95]: Die Konsolidierung der antiautoritären Fraktion

Erste Schritte: Der Arbeitskreis »Formierte Gesellschaft«

Obwohl der Kongress also stattfand, blieben die Angriffe des Berliner Landesverbandes auf die Aufklärungs- und Koalitionspolitik des Bundesvorstands nicht folgenlos. Am Tag danach erklärten die zwei Bundesvorsitzenden Helmut Schauer und Hartmut Dabrowski ihren Rücktritt und begründeten das mit der spaltenden Politik des Berliner SDS.[96] Auch wenn sie nur kurze Zeit später den Rücktritt vom Rücktritt erklärten, war der Graben zwischen Berliner SDS und Bundesvorstand damit jedermann offenbar geworden. Nun stand also die Spaltung des Verbandes tatsächlich im Raum, woraufhin die Berliner offenbar Angst vor der eigenen Courage bekamen; oder sie wollten ihren Sparringspartner nicht verlieren – jedenfalls zeigte sich der Berliner Landesvorstand Jürgen Horlemann betont loyal:

> »Die Position des Genossen Schauer, so sehr wir sie weiterhin kritisieren werden, scheint uns zur Zeit die einzig mögliche Politik zu bezeichnen, die [...] den Verband nicht auf eine zufällig gewonnene Position festlegt.«[97]

Der kleinlaute Ton kam nicht von ungefähr. Wer den Rest-SDS so lautstark als Verband voller Bücherwürmer hingestellt hatte, stand nun unter Erfolgsdruck, die geforderte theoriegeleitete Praxis selbst zu leisten. Es ist nicht ohne Ironie, dass der Berliner SDS dazu einen nicht gerade neuen Weg einschlug: Er gründete einen Arbeitskreis.

Dieser hieß »Die Entwicklung zur formierten Gesellschaft und Formen politischer Praxis« und trat seit Anfang Mai 1966 mit einer vergleichsweise hohen Mitgliederzahl zusammen.[98] Selbstverständlich sollte

---

95 »In wenigen Stunden geht's nach München, will ›meine innerverbandliche Basis‹ erweitern & ein wenig subversiv konspirieren«, siehe Dutschke, Rudi, Brief an Helmut Schauer und Hartmut Dabrowski, 17.12.1965. APO-Archiv, Ordner SDS 232 BV I E (Intern) 1965/66.
96 Rücktrittsabsichten der Bundesvorsitzenden.
97 SDS Landesverband Berlin, Brief an den Bundesvorstand, 29.05.1966. APO-Archiv, Ordner LV Gruppen Berlin Frankfurt München I, S. 2.
98 Lönnendonker, Rabehl, Staadt, Die antiautoritäre Revolte, S. 243. Ulrich Chaussy nennt hingegen Anfang Februar als Beginn des Arbeitskreises, vgl. Chaussy, Rudi Dutschke, S. 148. Die genannte Zahl der Teilnehmenden schwankt zwischen 40 und 150, was ein bedeutsamer Anteil des Berliner SDS gewesen wäre. Dabei herrschte sicher eine hohe Fluktuation, für viele Mitglieder

er nicht die arbeitsteilige Spezialistenausbildung der bisherigen SDS-Arbeitskreise wiederholen. Vielmehr trat er mit dem Anspruch auf, »revolutionäre Wissenschaft oder marxistische Studien zu aktuellen Fragen« zu einer »Gesamtanalyse der Gesellschaft«[99] zusammenfügen zu können, und zwar mit einem bestimmten Zweck: Hier sollte keine positivistische Faktensammelei betrieben, sondern Theorie erarbeitet werden, die Ansatzpunkte für Praxis aufzeige.

Schon nach einigen Monaten war jedoch offenkundig geworden, dass der große Wurf einer umfassenden politökonomischen Gesellschaftsanalyse als Praxis und zur Praxis hin nicht so einfach zu erbringen war. Das greifbarste Ergebnis der monatelangen Arbeit war zunächst eine umfassende Liste an Themen, mit denen man sich in Zukunft genauer beschäftigen müsse – von der Wirtschafts- und Finanzpolitik bis hin zur Strukturplanung.[100] Die Parallelen zum SDS nach der Trennung von der SPD und zur Subversiven Aktion nach der Trennung von Kunzelmann, Dutschke und Rabehl, die sich beide ebenfalls an einer Kartierung sozialistischen Weltwissens versucht hatten, waren offensichtlich: Auch wenn es der Anspruch des Arbeitskreises war, alles neu und anders zu machen als die Arbeitskreise zuvor, und auch wenn die erhaltenen Notizen von einem enormen Arbeitspensum zeugen, stand am Ende die gleiche Erfahrung wie zuvor, nämlich dass der Zuwachs an Kenntnissen über ein Themenfeld sofortige Praxis eher erschwerte als erleichterte. Die hinter dem Arbeitskreis stehende Hoffnung, »innerhalb von vier oder fünf Monaten die Grundwidersprüche dieser Gesellschaft zu haben und dann an diesem Punkt anzusetzen wie Bergarbeiter, die endlich die Goldader gefunden haben«[101], resultierte in immer komplexerem und Praxis regelrecht verhinderndem Spezialistenwissen. Folgt man den Erinnerungen Bernhard Blankes, stand der Arbeitskreis nach einigen Monaten vor genau der dichotomischen Grundsatzentscheidung, zu deren Überwindung man eigentlich aufgebrochen war: »entweder ein Forschungsse-

    stellte eine Mitarbeit auch den ersten Kontakt mit dem SDS dar, siehe Gespräch Siegward Lönnendonkers mit Bernhard Blanke am 19.12.1969, S. 10. Blanke geht sogar so weit, den Arbeitskreis wegen seiner Größe und Integrationskraft als »so etwas wie de[n] fungierende[n] Gesamtverband« zu bezeichnen.
99 Ebd., S. 10.
100 Eine Themenliste ist abgedruckt in Lönnendonker, Rabehl, Staadt, Die antiautoritäre Revolte, S. 245-264; diverse weitere Entwürfe und Planungen finden sich im Nachlass Dieter Kunzelmanns, siehe Kunzelmann, Dieter, Gliederung für den Arbeitskreis »Formierte Gesellschaft«. Archiv des IfZ München, ED 750 Band 304.
101 Gespräch Siegward Lönnendonkers mit Bernd Rabehl am 18.12.1969, S. 99.

minar zu machen über drei, vier Jahre, um die Fragestellung, die man sich andiskutiert hatte, gründlicher zu klären[,] oder wieder Praxis zu machen.«[102]

Kein Kanon: Die Auseinandersetzung um das Schulungsprogramm

Der mit großem Aplomb angekündigte Versuch, die Verbindung von Theorie und Praxis dadurch zu finden, dass man es sich fest vornahm, war also vorerst gescheitert – und die Erfahrung, dass je konkreter die Theorie wurde, desto ferner die Praxis rückte, stellte für die Selbstlegitimation der Antiautoritären ein gewaltiges Problem dar. Ihre Theorie war offenbar auf ein gewisses Maß an Unbestimmtheit, an Nicht-Fixierbarkeit angewiesen, um als Suggestion der Gestaltbarkeit der Zukunft zu fungieren. Das wurde besonders deutlich, als ein Schulungsprogramm für den SDS erstellt und dazu eine verbindliche Theorie kodifiziert werden sollte.

Seit dem Unvereinbarkeitsbeschluss nämlich waren die Klagen älterer Mitglieder über das sinkende theoretische Niveau der SDS-Mitglieder immer lauter geworden, Klagen, die nur notdürftig maskiert eigentlich die wachsende Heterogenität des SDS meinten. Die Forderung nach zentral geplanter Theoriearbeit – dazu gehörten ab 1964 die in Kapitel 1 beschriebene Gründung des Wissenschaftsreferates und die zentrale Planung der Arbeitskreise – war insofern immer auch der Versuch gewesen, eine verloren geglaubte Einheit des Verbands wiederherzustellen. Auf der Delegiertenkonferenz 1966 schlugen die Marburger Delegierten Frank Deppe und Kurt Steinhaus vor, diesem Defizit durch eine zentrale Theorieschulung aller SDS-Mitglieder abzuhelfen. Sie verwiesen dafür auch auf die von den Berlinern ausgelösten verbandsinternen Unruhen: Die Forderung nach »neuer Praxis« sei von der Frustration über den »Leerformelcharakter«[103] der bisherigen Theorie motiviert. Damit der SDS als potentieller »Kristallisationskern auch der nichtstudentischen westdeutschen Linken« in der Opposition »bewußtseinsbildend und vorantreibend«[104] wirken könne, so die Formulierung, sei ein »höhere[r] Bewußtseinsstand und eine größere politische Qualifikation seiner Mitglieder« sowie die »Festigung seiner Organisation«[105] vonnöten. Deppes und Steinhaus' Entwurf für ein Schulungsprogramm, das diesem Mangel abhelfen sollte, ließ keinen Zweifel daran, dass sie sich die künftige

---

102 Gespräch Siegward Lönnendonkers mit Bernhard Blanke am 19.12.1969, S. 10.
103 Deppe, Steinhaus, Politische Praxis und Schulung, S. 33.
104 Ebd., S. 34f.
105 Ebd., S. 35.

theoretische Grundausbildung der SDS-Mitglieder als Einführungskurs in den Historischen Materialismus und den SDS als potentielle marxistische Kaderorganisation vorstellten.[106] In der aufgeheizten Situation, in der sich der SDS befand, mussten die Antiautoritären dies als Provokation auffassen, die sie schnell beantworteten: nur wenige Wochen nach der Delegiertenkonferenz veröffentlichte Rudi Dutschke seine *Ausgewählte und kommentierte Bibliographie des revolutionären Sozialismus von Karl Marx bis in die Gegenwart.*

Der Text blieb alles schuldig, was man hätte erwarten können: Weder stellte er ein alternatives Schulungsprogramm noch einen konkreten theoretischen Gegenstandpunkt auf. Auch die zentrale Forderung, über den marxistischen Tellerrand hinauszusehen, war maximal vorsichtig formuliert:

> »Ohne der ketzerischen These von Korsch aus dem Jahr 1950, daß Marx ›heute nur einer unter vielen Vorläufern, Begründern und Weiterentwickeln der sozialistischen Bewegung der Arbeiterklasse ist‹, vollständig zuzustimmen, scheint uns Korsch darin ganz recht zu haben, daß die historischen Alternativen und ›Weiterentwicklungen‹ der Marxschen Formung des Sozialismus [...] bei der Neubegründung einer revolutionären Theorie und Praxis für die hochkapitalistischen Länder aufgearbeitet werden müssen und zwar nicht als Vorläufer von Marx und nicht als Abweichler und Verräter der ›reinen Lehre‹, sondern als ambivalente Antworten auf die jeweiligen Veränderungen der geschichtlichen Wirklichkeit«.[107]

Die knapp fünfzig Titel, die Dutschke in dem Text aufführte und diskutierte, spannten zwar ein extrem weites Feld revolutionärer Theorie und Geschichte vom Deutschen Arbeiterbildungsverein bis hin zu Mao und Marcuse auf (und enthielten sogar Werke der kritisierten Marburger Kurt Steinhaus und Karl-Heinz Tjaden). Letztlich wurden aber vor allem offene Fragen aufgeworfen, vergessene Traditionslinien beleuchtet und Denkansätze thematisiert, keinesfalls also ein Gegen-Schulungsprogramm aufgestellt. Die Sprengkraft der Bibliographie lag insofern eher darin, was sie nicht tat, nämlich eine eigenständige Theorie der antiautoritären Bewegung mit distinkter Lektüretradition zu formulieren, über die man hätte diskutieren können. Mit seinem Fokus auf die jeweilige historische Spezifität der verschiedenen Lesarten des Marxismus betonte

---

106 Deppe, Steinhaus, Anlage zum Schulungsprogramm.
107 Dutschke, Ausgewählte Bibliographie, S. 8. Der erweiterte Text wurde 1969 als Buch nachgedruckt, siehe Dutschke, Ausgewählte Bibliographie 1969.

Dutschke die Kontextgebundenheit und nur temporäre Anwendbarkeit marxistischer Theoreme und damit einhergehend die Notwendigkeit ihrer permanenten Weiterentwicklung.[108]

Die Provokation des Textes lag somit nicht nur darin, dass er kein konkretes Gegen-Schulungsprogramm aufstellte, sondern vielmehr darin, dass er die schiere Möglichkeit eines solchen anzuzweifeln schien: Wenn die eigene historische Situation nur noch bedingt mit dem Theorieinstrumentarium des klassischen Marxismus verständlich war, waren festgelegte Schulungsprogramme an sich überholt.[109] Eine Perspektive gab Dutschke aber dennoch: Für die Periode des »Spätkapitalismus« greife das Marx'sche Modell der Klassengesellschaft nicht mehr. Die Zukunft der radikalen Systemkritik sah Dutschke daher nicht mehr bei den Arbeitern und Gewerkschaften, sondern bei der akademischen Jugend, den psychisch Kranken, den Arbeitslosen oder Afroamerikanern[110] – die spätere »Randgruppenthese« deutete sich hier schon an.

Dies alles war nun weder Schulungsprogramm noch eigene Theorie. Erst im Kontrast zum Schulungsvorschlag der Marburger wurde die eigentliche Zielrichtung der Bibliographie deutlich, wie auch die antiautoritäre Bewegung ihre momentane Form immer vor allem im innerverbandlichen Konflikt gefunden hatte: Die Antiautoritären befanden sich auf der Suche nach einer Theorie neuen Typs, einer Theorie, die sich nicht in statische Schulungsprogramme mit definierten Arbeitsfeldern und Experten pressen ließ, sondern deren unfertige Bricolage-Form Ausdruck der Situation eines permanenten und präzedenzlosen Noch-Nicht war, in der sich die beginnende Bewegung zu befinden glaubte. Tatsächlich war die Suggestion einer solchen permanent neu zu erarbeitenden, nicht zu kodifizierenden Theorie für die meisten SDS-Mitglieder verlockender als die Vorstellung, sich kollektiv durch *Das Kapital* zu ackern. Trotz des Beschlusses der Delegiertenkonferenz war das Echo auf die Vorschläge der Marburger so reserviert, dass die Schulungsreferenten Frank Deppe und

---

108 Gerhard Hanloser meint in der Biographie Dutschkes einen »bewegte[n] Marx« zu entdecken, siehe Hanloser, Lektüre und Revolte, S. 15.
109 »Die Widersprüche innerhalb der kapitalistischen Gesellschaft, aus denen sozialistische Theorie Möglichkeit und Notwendigkeit ihrer Transformation ableitet, haben sich seit dem 19. Jahrhundert nicht verringert«, schrieben die Marburger hingegen in ihrem Schulungsbeitrag, siehe Deppe, Steinhaus, Politische Praxis und Schulung, S. 32.
110 Dutschke, Ausgewählte Bibliographie, S. 23.

Kurt Steinhaus Ende 1966 von ihrem Posten zurücktraten und das Projekt eines Schulungsprogramms für den SDS damit beerdigten.[111]

Jenseits von »praxisfremder Theorie« und »theorielosem Aktivismus«: Der Beginn einer Bewegung

Das Scheitern des Schulungsprogramms hatte sichtbar gemacht, dass der SDS 1966 ein anderer geworden war. Zwar teilten keinesfalls alle SDS-Mitglieder, noch nicht einmal alle Mitglieder des – inzwischen beachtliche 205 Genossinnen und Genossen starken[112] – Berliner Verbands Dutschkes Hoffnung auf eine von der Bundesrepublik und Vietnam ausgehenden weltrevolutionären Bewegung, vermutlich nahmen auch nur wenige sie überhaupt ernst. Der SDS stand noch immer für die Demokratisierung der Hochschule und der Gesellschaft. Aber allmählich wuchs das Selbstbewusstsein, am Beginn und mittel- oder unmittelbar auch an der Spitze einer Bewegung zu stehen.

Die wachsenden Arbeitslosenzahlen, die Erfolge der NPD, die Notstandsgesetze und die sich abzeichnende Große Koalition zwischen CDU und SPD trugen sicher dazu bei, die Warnungen des SDS vor einer sich formierenden Gesellschaft, aber auch die Vorstellung des rebellischen Potentials jenseits der saturierten Arbeiterschaft plausibel erscheinen zu lassen. Der SDS erhielt weiter Zulauf – und damit auch Zuspruch, die Konfrontation zwischen Studierenden und Obrigkeit weiter zuzuspitzen: Als »einzig intakte sozialistische Organisation in der BRD«, so eine Resolution des Berliner SDS, sei es seine Aufgabe an den Hochschulen, den dort unmittelbar erfahrbaren Widerspruch zwischen den Ansprüchen demokratischer Ausbildung und der kapitalistischen Profitmaximierung der Produktivkraft Wissenschaft auf eine Weise in eine Konfrontation der Studierenden mit der Universität zu lenken, die »als Prozess politischen Lernens […] die einzige derzeit zu verwirklichende Form der demokratischen Universität« sei. Durch »politische Massenaktionen auf dem Campus« sollte »aus den einzelnen Protestaktionen eine Politik der permanenten Universitätsrevolte«[113] geformt werden.

[111] Deppe, Frank; Steinhaus, Kurt, Brief an Reimut Reiche und Peter Gäng, 29.12.1966. APO-Archiv, Ordner BV Schulungsreferat 1966/67.
[112] Lönnendonker, Rabehl, Staadt, Die antiautoritäre Revolte, S. 148.
[113] SDS Landesverband Berlin, Resolution zur Politik des SDS Landesverband Berlin, 07.01.1967. APO-Archiv, Ordner SDS 363 Berlin Doppel II und Manuskripte, S. 2.

JENSEITS VON »PRAXISFREMDER THEORIE« UND »THEORIELOSEM AKTIVISMUS«

Diese Strategie schien vorbehaltlos aufzugehen, vor allem nachdem die linken Gruppen bei den Wahlen zum Konvent der FU Anfang Dezember 1966 die absolute Mehrheit erringen konnten.[114] In der ersten Jahreshälfte 1967 verschärfte sich die Rhetorik und radikalisierte sich die Praxis des SDS – so wurde etwa Geld für Medikamente für den Vietcong gesammelt.[115] Und auch die Obrigkeit und die Medien drehten an der Eskalationsschraube: Anfang Januar meldete die Deutsche Presseagentur, dass der Berliner Senat ein Demonstrationsverbot in der gesamten Berliner Innenstadt plane. Eine »Aktuelle Stunde« des Abgeordnetenhauses befasste sich mit der »Unruhe innerhalb der Studentenschaft der FU«, und Artikel in der *Welt* und der *Berliner Zeitung* forderten die Exmatrikulation einzelner »Rädelsführer«, die die Studenten der FU aufhetzen würden.[116] Die Berliner Staatsanwaltschaft ließ sogar die Räumlichkeiten des SDS durchsuchen und die Mitgliederlisten des Verbands beschlagnahmen.[117] Der Polizeieinsatz führte zu einer breiten Solidarisierung mit dem SDS; verschiedene Gruppen von AStA und Konvent über SHB und RCDS bis sogar zum Vorsitzenden der Gewerkschaft der Polizei verurteilten das Vorgehen.[118]

Die jungen Sozialistinnen und Sozialisten erlebten diese Zeit enorm intensiv. »Wie im Rausch«[119] vergingen diese Monate, so Peter Schneider, wozu sicher beitrug, dass man durch die Auseinandersetzungen mit der Obrigkeit und die Aufmerksamkeit der Medien endlich das Gefühl hatte, tatsächlich tätig zu sein, einen Schritt aus der ewigen Theoriediskussion getan zu haben. Anfang 1967 notierte Inga Buhmann ein vielsagendes Detail in ihr Tagebuch: Ihr sei aufgefallen, dass im SDS inzwischen abfällig über »Literatur-Schwätzer« geredet werde – die Bezeichnung »Intellektueller« sei inzwischen für die meisten »ein Schimpfwort«.[120]

Es trübte den Optimismus zunächst nicht, dass sich die ohnehin schon heterogene Bewegung bereits während ihres Entstehens weiter auszu-

---

114 Lönnendonker, Fichter, Rietzschel, Hochschule, Teil IV, S. 129.
115 Ebd., S. 168.
116 Lönnendonker, Rabehl, Staadt, Die antiautoritäre Revolte, 169-171. Insbesondere der am 07.01.1967 in der *Welt* erschienene Artikel »Links vom Geist« griff die Studenten derart heftig an, dass sogar die Universität protestierte.
117 Claessens, Ahna, Milieu, S. 64. Anlass der Durchsuchung war eine Anzeige von vier Professoren, die sich von der Bezeichnung »Fachidioten« verunglimpft sahen – offenbar wussten sie nicht, dass der Ausdruck von Marx kam.
118 Lönnendonker, Rabehl, Staadt, Die antiautoritäre Revolte, S. 171f.
119 Schneider, Rebellion und Wahn, S. 128.
120 Buhmann, Geschichte, S. 252.

differenzieren begann. Die neben dem Republikanischen Club[121] (RC) bedeutsamste SDS-Ausgründung war dabei ohne Zweifel die (spätere) Kommune I, zu deren Gründung vor allem das gefühlte Scheiterns des Arbeitskreises »Formierte Gesellschaft« Anlass gab. In seinen »Notizen zur Gründung revolutionärer Kommunen in den Metropolen« vom November 1966 rückte Dieter Kunzelmann die Gründung einer Kommune in den Zusammenhang der immer noch nicht gelungenen Vermittlung von Theorie und Praxis: Solange die Praxisvorstellungen derart »diffus«[122] seien, müsse das kollektive Zusammenleben in der Kommune als Praxis fungieren.[123]

Die Kommune wurde also nicht unbedingt gegründet, weil man von dieser neuen Form des Zusammenlebens überzeugt war, sondern weil man sich – abermals – von dieser neuen Form von Praxis erhoffte, den SDS – abermals – aus dem Verharren in der Theorie zu reißen.

> »Das Phraseologisieren über die verschiedenen Praxisvorstellungen [...] perpetuiert sich so lange wie die verschiedenen an Praxis interessierten Individuen ihre Vorstellungen im luftleeren Raum abstrakt-theoretisch darstellen, ohne dadurch jemals in der Lage zu sein, konkrete Praxis zu initiieren. [...] Nur durch Beginn von Praxis werden wir gezwungen, die Inhalte unseres verdinglichten Begriffsinstrumentariums [...][,] mit dem wir gekonnte Handwerkelei betreiben, mit der Wirklichkeit zu vermitteln[,] und damit überprüfen, modifizieren und den nächsten konkreten Schritt unternehmen können«,[124]

so Kunzelmann. Die erste Aktion, mit der die Kommunarden auffielen, bestand folglich auch aus dem Abbruch einer Diskussion, einem symbolisches Beenden des ewigen Palavers:[125] Ende November 1966 veranstaltete der AStA der FU eine öffentliche Diskussion mit dem Direktor Hans-Joachim Lieber über die Studienreform – dieser hatte sich

---

121 Dieser ging aus einer Gruppe tendenziell etwas älterer oder ehemaliger, eher linksliberaler SDS-Mitglieder hervor, die sich im November 1966 als »November-Gesellschaft« zusammengefunden hatten. Sie fassten längerfristig die Etablierung einer neuen linken Partei ins Auge, gründeten im April 1967 aber zunächst den Republikanischen Club, der einer der bedeutendsten Vernetzungsknoten der Bewegung werden sollte. Zum RC Hewener, Westberliner Neue Linke.
122 Kunzelmann, Notizen, S. 101.
123 Ebd., S. 101.
124 Ebd., S. 104.
125 Die Darstellung der Ereignisse folgt Lönnendonker, Rabehl, Staadt, Die antiautoritäre Revolte, S. 163 f. Für eine ausführlichere Analyse der Aktion siehe Scharloth, 1968. Eine Kommunikationsgeschichte, S. 233 ff.

auf dem ersten Sit-In im Juli bereit erklärt, als Privatmensch mit den Studierenden zu sprechen und sich nicht hinter seinem Amt zu verschanzen. Während der Diskussion entwand Eike Hemmer, ein Mitglied der Mao-Abzeichen tragenden Kommunegruppe, dem Direktor das Mikrophon und verlas ein Flugblatt mit dem Titel *Von diesem Gespräch haben wir nichts zu erwarten*. Dem AStA wurde darin »Kollaboration mit dem Rektor« vorgeworfen: Allein dadurch, dass die Studierendenvertretung in ihrem zugewiesenen institutionellen Rahmen agieren müsse, mache sie »[i]m Clinch mit den Autoritäten [...] aus unseren Forderungen Konzessionen«[126], so die Anklage.

In den folgenden Monaten trieb die Kommune I[127] den Berliner SDS zielgerichtet vor sich her, indem sie ihm die gleiche praxisvergessene Theoriefixiertheit unterstellte, die jener nur wenige Monate zuvor noch seinen älteren Genossen vorgeworfen hatte. Als der Rektor der FU einigen protestierenden Studierenden die Beschäftigungsverträge an der Universität kündigte und Disziplinarverfahren gegen sie einleitete, kündigte der Konvent eine Urabstimmung unter den Studierenden an, um den Protestierenden das Vertrauen auszusprechen. SDS und AStA stilisierten diese Abstimmung schnell zur Grundsatzentscheidung zwischen demokratischer Kritik und autoritärer Obrigkeit hoch. Die Kommune I begann in dieser ohnehin schon hochpolarisierten Situation jedoch damit, das Vorhaben des SDS gezielt zu sabotieren: Nicht nur beschimpfte sie die Studierenden in mehreren Flugblättern als »Lahmärsche und Karrieremacher«[128] sowie Bürgermeister und Polizeipräsident als »Homos«[129], sie schlug auch vor, das Rektorat anzuzünden;[130] schließlich unterzeichnete sie diese Flugblätter auch noch mit dem Kürzel SDS. Gerade in einer Situation, in der sich immer mehr Studierende, Dozierende und Medien immer wieder mit dem SDS zu solidarisieren begannen,

---

126 Von diesem Gespräch haben wir nichts zu erwarten, S. 364.
127 Die Geschichte der Kommune I kann hier nur in den Grundzügen geschildert werden; sie ist in Aribert Reimanns Biographie Dieter Kunzelmanns (Reimann, Dieter Kunzelmann) ausgeführt. In den ersten drei Monaten nach der Gründung am 01. Januar 1967 standen die Versuche im Zentrum, sich in Gruppendiskussionen gegenseitig zu analysieren; diese Phase ist ausführlich beschrieben bei Lönnendonker, Rabehl, Staadt, Die antiautoritäre Revolte, S. 431-454. Anfang April sollte mit dem »Humphrey-Attentat« das Ende der auf die Individuen gerichteten Analysepraxis eingeläutet werden; die Pläne, den US-amerikanischen Hubert H. Humphrey mit Pudding zu bewerfen, scheiterten jedoch.
128 Kommune 1, Flugblatt 2.
129 Kommune 1, Flugblatt 5.
130 Ebd.

gerade in einer Situation, in der der Vorwurf, eine kleine störende Minderheit zu sein, durch eine Vertrauenserklärung der gesamten Studierendenschaft endgültig obsolet gemacht werden hätte können, war ein derartiges Ausscheren aus dem Verbandskonsens für viele SDS-Mitglieder ein grobes taktisches Foul. Der SDS-Landesvorstand suspendierte mit Billigung des Bundesvorstandes die Mitglieder der Kommune und stellte kurz darauf den Antrag auf deren Ausschluss aus dem SDS.[131]

Der von Wolfgang Lefèvre vorgetragene Ausschlussantrag wollte diesen Akt jedoch dezidiert nicht als Wiederherstellung eines befriedigenden Status quo ante wissen, sondern vielmehr dem SDS zu einem qualitativen Schritt verhelfen. Lefèvre griff dafür das etablierte Deutungsmuster eines zwischen der »praxisfremde[n] Theorie« der Marburger und dem »theorielose[n] Aktivismus«[132] der Kommune I gefangenen SDS auf, fasste diese Polarisierung aber nicht als beklagenswerte Spaltung, sondern als Quell produktiver Spannung auf – zumindest potentiell, denn die festen Organisationsstrukturen des Verbandes stünden dem noch im Weg. Im Ausschluss der Kommunemitglieder, so Lefèvres Pointe, liege nun die Chance, dem lähmenden Gegeneinander von Theorie und Praxis durch eine organisatorische Flexibilisierung zu begegnen – anstelle einer festen, arbeitsteiligen Verbandsstruktur solle der Landesverband lieber aus mehreren beweglichen Arbeitsgruppen bestehen:

»Wenn ein Ausschluß im SDS nicht ein einfacher administrativer Akt eines Zentrums sein soll, das die Wahrheit gepachtet hat, so muß es ein Schritt sein, in dem sich der Verband politisch wie organisatorisch weiterbringt. Der Ausschluß der ›Kommune I‹ müßte deshalb das Resultat eines heute zu vollbringenden theoretisch-praktischen Fortschritts des Verbandes sein.
Wenn heute vorgeschlagen wird, keinen Vorstand neu zu wählen, sondern die Vorstandsfunktionen an die den neuen politischen Beirat bildenden Genossen zu delegieren, die tatsächlich die Praxis des Verbands, sei es die verbindliche Diskussion, sei es die Arbeitskreispraxis, sei es die Hochschulpolitik, hauptsächlich bisher trugen und deswegen keinen Blanko-Scheck auf die Zukunft erbitten müssen, so ist dieser Vorschlag neben der heutigen Diskussion der heute mögliche Schritt in Richtung auf die theoretische wie praktische Überwindung der

---

131 SDS Landesverband Berlin, Pressemitteilung.
132 Lefèvre, Wolfgang, Referat zur Begründung des Antrags auf Ausschluß der Kommune I aus dem Berliner SDS. 12.5.1967. APO-Archiv, Ordner 351 LV Berlin Post + Flugblätter 1967-1969, S. 2.

Rechten [gemeint sind die Marburger] wie der pseudo-Linken [gemeint ist die Kommune]. Wenn ich deshalb mit diesem Referat für den Ausschluß der »Kommune 1« plädiere, so auch zugleich für diesen Vorschlag hinsichtlich des neuen politischen Beirats.«[133]

Wenn man einen Startpunkt für die antiautoritäre Bewegung festlegen möchte, dann war es vermutlich dieser organisatorische Akt. Während die Mitglieder der Kommune I aus dem SDS ausgeschlossen wurden und ihre provokanten Aktionen befreit von den Fesseln der Rücksichtnahme auf den SDS immer weiter radikalisierten,[134] beschloss der Berliner Landesverband die Ersetzung des Landesvorstands durch einen »erweiterten Beirat« mit Arbeitsverteilung nach dem Rotationsprinzip[135] – ein unbedeutend anmutendes administratives Detail, das den Berliner SDS aber von einer arbeitsteiligen Organisation zu einem fluiden Verbund permanent revolutionär tätiger Individuen machen sollte. Auch wenn der Ausschluss der Kommune zunächst noch wie ein Zugeständnis an die Universitätsleitung wirken mochte, bedeutete er daher doch den finalen Schritt des Berliner SDS, der die Bewegung endgültig ins Rollen brachte.

Es ist daher gut möglich, wie Bernd Rabehl kolportiert, dass Lefèvre seine Argumente vorher nicht nur mit verschiedenen SDS-Mitgliedern, sondern auch mit der Kommune selbst diskutiert hatte.[136] Und tatsächlich: Auch wenn unklar bleibt, ob sich die Folgen mit den Absichten der Akteure zu diesem Zeitpunkt deckten, könnte man durchaus auf den Gedanken kommen, dass der Ausschluss der Kommune Teil eines zumindest halbbewussten gemeinsamen Plans war, eine möglichst breite Bewegung möglichst schnell zu radikalisieren: Während der SDS sich offiziell der unseriösen Polit-Clowns entledigt hatte und als radikaler, wenn auch rationaler Verband immer mehr Studierende ansprechen konnte und der Republikanische Club unterdessen Teile der traditionellen Linken und Minderheiten der SPD, FDP und Gewerkschaften abdeckte, zog die offiziell von der Bindung an den SDS befreite Kommune I die

---

133 Ebd., S. 6.
134 Dazu Hakemi, Anschlag und Spektakel; Schoen, Symbolische Ordnung.
135 Lönnendonker, Fichter, Rietzschel, Hochschule, Teil IV, S. 166. Die Mitglieder des Beirats waren Rolf Czeskleba, Peter Damerow, Rudi Dutschke, Sigrid Fronius, Manfred Hammer, Ursel Henning, Karl-Joachim Heymann, Nikolaus Kuhnert, Wolfgang Lefèvre, Dirk Müller, Peter Neitzke, Hermann Pfuetze, Ulrich Preuß, Bernd Rabehl, Christian Semler und Ulrich Ströhle, siehe ebd., S. 166.
136 Lönnendonker, Rabehl, Staadt, Die antiautoritäre Revolte, S. 457.

Aussteiger, die Phantasten und nicht zuletzt die Medien an.[137] Die gemeinsame Gegnerschaft zur etablierten Politik hielt diese heterogenen Teile so weit zusammen, dass sie als breite Bewegung auftreten konnten – und gleichzeitig so weit auseinander, dass zumindest die wechselseitige, teilweise konkurrenzhafte Dynamik zwischen Kommune und SDS eine permanente Weiterentwicklung der Bewegung sicherstellte.

Insofern kann es nicht überraschen, dass der SDS nach dem Ausschluss der Kommune I die provokante Rhetorik immer mehr verschärfte – im Juni zum Beispiel sammelte er explizit Geld für Waffen für den Vietcong.[138] Als der Akademische Senat Ende Mai den Entzug der Förderungswürdigkeit des SDS in die Wege leitete, interpretierte der SDS dies in einem Flugblatt als »offene Kriegserklaerung der Universitätsbuerokratie an die Studentenschaft«[139] und begrüßte die »[k]lare[n] Fronten« zwischen den Lagern. Zudem kündigte er für den folgenden Tag eine Demonstration gegen den Besuch des Schahs von Persien an, der einen Tag später in Berlin eintraf.

---

137   Ebd., S. 460.
138   SDS Landesverband Berlin, Keine Waffen für die FNL?, Juni 1967. Archiv des HIS, HBE 643 SDS Aufrufe, Flugblätter I, 1967-1969.
139   SDS, Klare Fronten, 1.6.1967. Archiv des IISG, Sammlung Student Activity at the Freie Universität of Berlin (West), Ordner 4.

4. Denken in Bewegung
»Bewegung« als Schlüsselbegriff für Theorie, Praxis, Habitus und Organisation

> »Natürlich werden wir morgen unter diesen Bedingungen, wie sie von der anderen Seite gegeben sind, unsere Arbeit durchführen, und das ist politische Arbeit, und das heißt auch menschliche Arbeit, denn wir haben angefangen, bewusst zu werden, und wollen keinen Schritt zurück gehen, sondern morgen wollen wir einen Schritt nach vorwärts gehen.«[1]

> »Solange er sprach, hatte er Recht.«[2]

Wie um das oberflächlich konflikthafte, sich im Grunde aber ergänzende Nebeneinander von aufklärerisch-politischem und subversiv-künstlerischem Teil der beginnenden Revolte zu illustrieren, hatten am 10. Dezember 1966 getrennt voneinander zwei Aktionen stattgefunden. Vor dem Café Kranzler am Kurfürstendamm zündeten Mitglieder der späteren Kommune I im Rahmen eines »weihnachtspolitischen Happenings« einen Weihnachtsbaum und Pappmaché-Köpfe von Walter Ulbricht und Lyndon B. Johnson an. Von den umstehenden etwa 800 Studierenden, die dazu Weihnachtslieder sangen, wurden 63 verhaftet. Auf der am gleichen Tag stattfindenden Demonstration gegen den Vietnamkrieg mit knapp 2000 Teilnehmenden kam es zur ersten größeren Auseinandersetzung zwischen Studierenden und Polizei seit der Demonstration gegen Moïse Tschombé Ende 1964. Etwa 200 Mitglieder des SDS hatten sich im Vorfeld verabredet, auf ein Kommando hin aus der genehmigten Route auszubrechen und dabei möglichst viele Demonstrierende mitzureißen. Der Versuch aber scheiterte: Im Angesicht der zackig auftretenden Ordnungshüter verließ die Studierenden schnell der Mut zum Regelbruch.[3]

Da sich die Beteiligten trotz des vorgenommenen Gesetzesbruchs als so autoritätshörig gezeigt hatten, so überlegte man anschließend, müsse man anders demonstrieren als vorher. Die direkte Konfrontation mit der Polizei laufe auf ein Kräftemessen hinaus, mit dem man sich nur

---

1 Tonbandmitschnitt der AStA-Veranstaltung »Internationale Konterrevolution«, 20.10.1967. APO-Archiv FU Berlin Tonsammlung, Vorl. Sig. STAR 1102.
2 Koenen, Das rote Jahrzehnt, S. 118. Mit dieser Formulierung bezeichnete Thomas Mann einmal den Sprachstil von Georg Lukács; Gerd Koenen zitierte daraus sein Gefühl, wenn er den »Vordenker[n] der Bewegung« zuhörte.
3 Gespräch Siegward Lönnendonkers mit Wolfgang Lefèvre am 20.12.1969, S. 66.

auf die Logik der Obrigkeit einlasse. Stattdessen nahmen sich die SDS-Mitglieder vor, bei der nächsten Demonstration ihre Stärken auf anderem Gebiet auszuspielen:

»Genossen, am letzten Samstag ist eine Menge schief gegangen. Wir haben schlecht demonstriert, und die Polizei hat uns dafür verprügelt. Viele von uns wollten sich in einem Machtkampf gegen die Polizei durchsetzen. Sie haben sich dabei die Formen der Auseinandersetzung von der Polizei vorschreiben lassen. Die kann aber besser prügeln als wir.
Einige meinen, dass die Demonstration deswegen daneben ging, weil sie nicht ordentlich genug verlief. Viele haben gemerkt, dass sie noch nicht unordentlich genug war. Die Stärke der Polizei ist die Ordnung, die sie aufrecht erhält. Unsere Stärke ist die Unordnung, die uns beweglich (!) macht.
Unsicherheit macht uns unbeweglich.«[4]

Die folgende sogenannte »Spaziergangsdemonstration« ist in die Annalen der Studentenbewegung eingegangen. Sie erhob »Beweglichkeit« zum Leitprinzip: Auf einen Signalton formierten sich die als normale Passanten getarnten Demonstrierenden zu einem Demonstrationszug und zerstoben schnell wieder in der Menge, als sich die Polizei näherte. Unfähig, Demonstrierende von Unbeteiligten zu unterscheiden, reagierten die Polizisten kopflos und verhafteten zahlreiche Passanten, auch Journalisten. In Rudi Dutschkes Worten war es damit tatsächlich gelungen, »den Kurfürstendamm in ein fluktuierendes ›Wasser‹ für die Antiautoritären zu machen.«[5]

Die offenkundig sinnliche Qualität dieser Demonstrationsform – das Gefühl des Übertölpelns tumber Polizisten durch Witz und Schnelligkeit, das Gemeinschaftsgefühl in der Gruppe, das Bewusstsein, wie Maos Fische im Wasser des Volkes zu schwimmen – blieb im SDS weder unbemerkt noch unausgesprochen: »Wer nicht aus Spaß mitmachen kann, wird vielleicht künftig gar nicht mehr mitdemonstrieren können«,[6] resümierte der Landesvorstand und gab sich optimistisch, dass die alten internen Querelen von der nun in Gang gesetzten Dynamik aufgehoben werden würden:

---

4 SDS Landesverband Berlin, Rundbrief vom 15.12.1966. APO-Archiv, Ordner FU SDS 352 Berlin B I 1960-66.
5 Zit. nach Greven, Systemopposition, S. 162.
6 SDS Landesverband Berlin; Gilgenmann; Raspe, Rundbrief, 19.12.1966. APO-Archiv, Ordner SDS 364 SDS Berlin Doppel I, S. 1.

»[D]em Landesvorstand, der mit dem Beigefügten eine Perspektive andeuten möchte, [erscheinen] alle möglichen Differenzen (z. B. mit jenen, in deren Köpfen eine isolierte Antizipation herrschaftsfreier Zustände sich als die noch stets revolutionärste Möglichkeit gegen diese Gesellschaft darstellt) in diesem Stadium der ersten Erfahrungen mit einer neuen Form der Bewegung irrelevant. Die werden, wo wirklich Bewegung ist, von dieser selbst entschieden und sind zum Teil schon entschieden worden.«[7]

Auch wenn die Form der »Spaziergangsdemonstration« in den folgenden Jahren nicht mehr aufgegriffen wurde, offenbarte sich im Optimismus über diese »neue Form der Bewegung« mehr als nur eine pfiffige Instrumentalisierung der Einsatztaktik der Polizei. Die bisher entwickelte Argumentation lief darauf hinaus, aufzuzeigen, dass die angestrebte »Einheit von Theorie und Praxis« in der antiautoritären Bewegung die Vorstellung einer beide Seiten in einem permanenten Spannungsverhältnis haltenden und in der Zukunft vereinigenden Bewegung angenommen hatte.[8] Im Folgenden wird davon ausgegangen, dass diese Vorstellung spätestens ab 1966 eine so ungeheure Suggestionskraft entfaltete, dass das Konzept von »Bewegung« für die Akteure schnell eine grundlegendere

---

7 Ebd., S. 2.
8 Das legt übrigens auch ein Blick auf die Semantik der Akteure nahe, in der auffällig oft das Motiv der Freisetzung von Bewegungsenergie durch die Fusion zweier Pole zu finden ist. So finden sich (ein Echo jugendlicher Basteleien an Moped oder Radio?) häufig Metaphern aus dem Bereich der Motor- und Elektrotechnik (»Initialzündung«, der SDS als »Motor« der Revolte, ein zu schaffender »Transmissionsriemen« zu den Arbeitern etc. [Reiche, Sexuelle Revolution, S. 58; SDS Landesverband Berlin, Rechenschaftsbericht, 20.10.1968. APO-Archiv, Ordner SDS 353 SDS LV Berlin o.J. B II a, 1965-1967, S. 10; o.A., »Wir fordern die Enteignung Axel Springers«. SPIEGEL-Gespräch mit dem Berliner FU-Studenten Rudi Dutschke (SDS), in: Der Spiegel vom 10.07.1967, S. 29-33, S. 31]. Auch die in der Literatur ausführlich behandelte, begeisterte Rezeption des Films *Viva Maria!* lässt sich so deuten. Die 1966 erschienene Revolutionskomödie Louis Malles, in der Brigitte Bardot und Jeanne Moreau in einem fiktiven lateinamerikanischen Land ein Bauernheer in die Revolution führen, machte einen ungeheuren Eindruck auf die subversive Gruppe im SDS: »Wir sind wie betäubt aus dem Film herausgekommen [...] es gibt solche Erlebnisse, wo aufgrund eines gemeinsamen Erlebnisses jeder dieselbe (!) Erleuchtung hat«, erinnerte sich Dieter Kunzelmann. In der Interpretation Bernd Rabehls war der entscheidende Punkt des Films gerade die Aussage, dass die beiden Marias den Marxismus und den Anarchismus, die Theorie und die Praxis verkörperten, deren Fusion erst die Revolution auf den Weg bringen würde, siehe Rabehl, Viva Maria, S. 24. Ausführlich zur Rezeption des Films durch die Studentenbewegung Parr, VIVA MARIA.

Bedeutung annahm als nur als ein Gegenbegriff etwa zu »Partei« zu sein. »Bewegung«, so die These, war der entscheidende Schlüsselbegriff für den spezifischen Charakter der Praxis, der Organisationsform, des Habitus und eben der Theorie der Antiautoritären.

Das folgende Kapitel unterbricht die bisherige chronologische Darstellung daher zugunsten einer Art Nahaufnahme der antiautoritären Bewegung in ihrer Hochphase. Vor allem drei Aspekte dieses Bewegungsparadigmas sollen aufgezeigt werden: Zum einen wird ausgeführt, was die Vorstellung und Eigenbezeichnung einer »Bewegung« für die Akteure konkret leistete. Zweitens werden die Praktiken dargestellt, mit denen die Bewegung und vor allem eben ihre Theorie als eine »bewegte« hervorgebracht wurden. Und drittens werden die Implikationen und Zwänge von »Bewegung« als Eigenbezeichnung und Handlungsmodus nachgezeichnet – insbesondere, was die Notwendigkeit bedeutete, die Bewegung in Bewegung halten zu müssen.

Vorüberlegungen: Was bewegt eine Bewegung?

Was war der spezifische Reiz, Teil einer Bewegung zu sein – und nicht etwa Mitglied einer Partei? Sicher spielte in diesem konkreten Fall eine wichtige Rolle, dass die Dazugehörigen sich als Einheit fühlen konnten, die genau betrachtet nie existierte: In der Bewegung konnten Reformistinnen und Revolutionäre, Kommunistinnen und Radikaldemokraten, Psychoanalytiker und Marxistinnen, vor allem aber Pathos und analytische Kälte, Spaß und Ernst, Politisches und Privates zusammenfinden. Solange die Bewegung im Fluss blieb und Fixierungen vermieden wurden, erschienen solche Differenzen, die nüchtern betrachtet fundamental waren, als in einer unbestimmten Zukunft aufhebbare.

Doch der Begriff der »Bewegung« hatte darüber hinaus auch ein Eigenleben – denn bei einer Lektüre der zeitgenössischen Schriften beschleicht einen schnell der Eindruck, dass »Bewegung« nicht nur Praxisform, sondern auch Selbstverständnis, nicht nur Mittel, sondern auch Ziel war. Durch die Rhetorik der Akteure – und in unkritischer Übernahme auch durch die zeitgenössischer Beobachter und späterer Interpretationen – zog sich die Beschreibung der bundesrepublikanischen Verhältnisse (und auch der »alten« Linken[9]) als

---

9 Kunzelmann, Dieter, Brief an Rudi Dutschke, 21.9.1965. Archiv des HIS, RUD 151, 06 Korrespondenz mit Kunzelmann und anderen Mitgliedern der »Subversiven Aktion«.

VORÜBERLEGUNGEN

»verkrustet«[10], »erstarrt«[11] und »versteinert«[12], als »auf der Stelle tretende Gesellschaft oder [...] korrupte, dreckige Stagnation, [...] [als] geordnete Grausamkeit«[13], als abgestandener »Mief«[14] – eine Diagnose, die so selbstverständlich nicht war, denkt man an die den Zeitgenossen durchaus bewussten gesellschaftlichen Dynamiken, die die 1960er Jahre prägten.[15]

Solche Metaphern der versteinerten und unbewegten Verhältnisse finden sich auch bei zeitgenössischen Denkern: Adorno klagte beispielsweise über die »nach anonymen Gesetzen sich verhärtende Gesellschaft«[16], Arnold Gehlen diagnostizierte eine »Kristallisation«[17], in der die »Geschichte sozusagen stillsteht, da sie angesichts des regelmäßigen Funktionierens der Räder der Verwaltung und der Industrie nur noch störende Wirkung«[18] habe. Doch gleichgültig, welche Stoßrichtung eine Erstarrungsdiagnose haben mochte: So, wie diese Begriffe in der Rhetorik der Antiautoritären verwendet wurden, waren »Bewegung« und »Dynamik« völlig selbstverständlich die einzig möglichen Gegenmittel, und man kann davon ausgehen, dass sich Mittel und Zweck hier aufs Trefflichste überschnitten:

> »Meine herren, den beat benötigen wir allerdings dringend, um unser bißchen gleichgewicht zu finden. Wenn sie uns die ärsche schwingen sehen, dann halten sie das nicht für überschwang. Wir versuchen lediglich, uns einzupendeln, denn die balance, die sie uns mit auf den weg gegeben haben, die hält uns nicht über wasser. Verstehen Sie uns recht: es ist verdammt schwer, Ihre gestärkten hemden loszuwerden und Ihre idiotischen Schlipse, da muß man schon ein paar lautsprecher im rücken haben. Ja, meine herren, wenn wir unsere körper

---

10 O. A., Zur Sonne, in: Der Spiegel vom 26.06.1968, S. 38-55, S. 44.
11 Rabehl, Von der Bewegung zur Opposition, S. 151.
12 Nagel, Brief an Frank Böckelmann, S. 333.
13 Gruppe »der sog«, Wer ...?, 19.6.1967. Archiv des HIS, SAK 130, 1, Ordner 1.
14 Kunzelmann, Dieter, Brief an Rudi Dutschke, 21.9.1965. Archiv des HIS, RUD 151, 06 Korrespondenz mit Kunzelmann und anderen Mitgliedern der »Subversiven Aktion«.
15 So empörte sich Wilhelm Hennis etwa: »Nur ganz junge Menschen mit einem minimalen historischen Horizont [...] können auf die kuriose Idee kommen, unsere Gesellschaft sei durch Immobilität und Stagnation gekennzeichnet. Noch nie hat es [...] solch gewaltige Veränderung in einer so kurzen Zeit gegeben wie in den zwei Nachkriegsjahrzehnten«, Hennis, Unruhe, S. 108.
16 Adorno, Minima Moralia, S. 231.
17 Gehlen, Kulturelle Kristallisation.
18 Gehlen, Ende der Geschichte, S. 126.

durchschütteln, dann sind wir imstande, ihnen die kotflügel einzufahren aus höchst angebrachtem übermut, dann erscheint es möglich, die mülleimer auf Ihrer treppe auszuleeren.«[19]

Diese Sätze schleuderte Peter Schneider im November 1966 den unbeweglichen Spießern entgegen – ein Text, der den allgemeinen und umfassenden Charakter des Bewegungsgefühls der Bewegung gut illustriert: Bewegung vereinte hier nicht nur Musik und Politik[20] zur Ahnung eines nicht entfremdeten Lebens, sie war auch Modus eines anderen Körpergefühls[21], sie war, wie später ausgeführt wird, Modus und Ziel veränderter Organisationsstrukturen im SDS, und sie war Modus und Ziel auch von Theorie: Nicht ohne Grund zählte zu den beliebtesten Marx-Zitaten der Zeit dasjenige, nach dem man die »versteinerten Verhältnisse dadurch zum Tanzen zwingen [müsse], daß man ihnen ihre eigene Melodie vorsingt.«[22]

Eine solche Bewegung entwickelte einen ungeheuren Erlebnis- und Ereignischarakter: Bei Demonstrationen, Sit-ins oder öffentlichen Diskussionen verbanden sich die politischen Inhalte mit Erfahrungen der kollektiven Entgrenzung, der gemeinsamen Gewalterfahrung und der körperlichen Nähe zu einem unmöglich voneinander zu entkoppelnden Gesamterlebnis, wie man aus dem Bericht eines studentischen Magazins über ein Sit-in an der Freien Universität erahnen kann:

> »Der Rausch der ›Massenaktion‹, die die Scharfmacher im Sit-in immer wieder forderten, hat die ›rationale Argumentation‹ zu einem gut Teil mit eitel Emotionen gemischt. [...] Die Argumente der Redner spielen mit dem Auf und Ab der Stimmungen; Stimmungen locken neue Argumente heraus. [...] Beatnik-Lyrik mit Woodoo (!) -Trommelun-

---

19 Schneider, Rebellion und Wahn, S. 179.
20 Die Bedeutung von Beat, Rock und anderen Formen neuer Musik für das Körpergefühl und den Politikbegriff junger Menschen in den 60er Jahren (wie auch das weitere Feld veränderter Konsumpraktiken) ist ausgiebig beforscht und soll hier nur mit einem Zitat Helmut Lethens angedeutet werden: »Das Problem, das die 60er Jahre lösen mussten, war die Erstarrung der Gliedmaßen, die Körper zu lockern, und da finde ich das Beste den ›Unterstrom der Musik‹, wie Theweleit das beschreibt, der ist so unglaublich viel wichtiger. Und dann sagen die Demoskopen ja noch der Pillenknick: Rock'n'Roll, Pillenknick, Popmusik das sind Unterströmungen gewesen, und die Theorien sind Strandgut auf diesem Unterstrom« (Gespräch des Autors mit Helmut Lethen am 01.04.2015 in Wien).
21 Dazu Linke, Unordentlich, auch (wenn auch stark auf die Akteursnarrative zentriert) Herzog, Antifaschistische Körper; Reichardt, Inszenierung.
22 MEW 1, S. 38. Diese Beobachtung formulierte ähnlich Hennis, Unruhe, S. 109.

termalung, Singen, rhythmisches Klatschen, der Kumpanenblick vom Nachbarn, der Blick aufs Knie der miniberockten Studentin nebenan, die Bierflasche zur Rechten ... es ist gottlob nicht alles Politik. Und wer hernach – plötzlich recht allein gelassen – ins nachtstille Dahlem hinaustritt, weiß: Da drin, das war das ›Wir‹-Gefühl. Emotion. Aber auch ein kleiner Sieg.«[23]

Dieses Wir-Gefühl war sicher eine der prägendsten Erfahrungen der Studentenbewegung, einerseits als positive Erinnerung von Gemeinschaft auch unter Fremden (verbunden mit der Etablierung einer linken Infrastruktur, wie »linken« Kneipen mit neuen Umgangsformen[24]), andererseits in Form eines Zustandes der politischen Dauererregung, der Gelassenheit und Reflexion nahezu unmöglich machte. Insbesondere die Demonstrationen dürften rauschhafte Erfahrungen gewesen sein, wie der Protagonist einer Erinnerungserzählung sie beschrieb:

»Seit dem Abend des 2. Juni 1967 ging Bernd immer zu Demonstrationen, fast jede Woche. ›Es war einfach notwendig hinzugehen, es gab keine Diskussion darüber‹. Doch nicht Vietnam, Griechenland, Spanien oder Springer trieb ihn zu den Demonstrationen, sondern es gab einen Aufruhr in seinem eigenen Körper, der sich Bahn brechen wollte. Dann stand er in der Nacht im Strom Hunderter auf dem Kudamm, sah die Polizisten vor den Demonstranten davonlaufen, hörte Fensterscheiben klirren. [...] Alle hatten das Gefühl: Wir werden siegen, wir werden viele sein, die Straßen gehören uns, die Stadt gehört uns! Nirgends Angst, nirgends Furcht oder Beklemmung, es gab keine Bremse in diesen explosiven Zügen von Gewalttätigkeit und Siegesrausch. [...] Mit vielen in einem tosenden Zug zusammensein, gab die Stimmung einer großen vereinigenden Brüderschaft Sprache, Verhalten, Wut und Gesten waren ihnen gemeinsam, es war eine Art *feeling*, das alle verband.«[25]

Das gemeinsame Sich-Einfinden zu Demonstrationen, vielleicht auch ohne genau zu wissen, wogegen oder wofür es ging, das körperliche Gefühl von Einheit, Solidarität und Kampfgeist im gemeinsamen rhyth-

---

23 Struschka, Sorgen. Auch Peter Schneider betont die Erfahrung des Gefühls körperlicher Nähe bei den Sit-Ins, das »Generationen von Deutschen bisher allenfalls in Militärkasernen und beim Schunkeln am Rosenmontag erlebt hatten«, siehe Schneider, Rebellion und Wahn, S. 118.
24 Ebd., S. 120.
25 Mosler, Was wir wollten, S. 34.

mischen Parolenschreien und Marschieren[26] übte zweifellos einen Sog aus, dem man sich kaum entziehen konnte – für Hans Dieter Kittsteiner blitzten in Demonstrationen »flüchtige Momente des Glücks« auf, die der »ominösen ›Befreiung‹« noch am nächsten kamen.[27] »Die enorme Dynamik, die da entstanden ist, [...] ist aus heutiger Perspektive unvorstellbar«[28], so rückblickend Rüdiger Minow und in Einklang mit Erinnerungen anderer Zeitzeugen: Die notwendige Spannung zwischen Theorie und Praxis permanent aus- und damit die Bewegung in Gang zu halten, von der sich die Akteure so getrieben wie sie selbst antreibend fühlten, verlieh der Gegenwart einen enormen Intensitätsgrad und führte bei vielen auch zu einem Bewusstsein, die Verantwortung für das Gelingen einer Mission von historischem Ausmaß auf den Schultern zu tragen. Zwar trug ein Teil der Medienlandschaft, der die Aktionen der Rebellierenden übertrieb, ganz sicher zu deren Selbstüberschätzung bei, doch der Glaube an die Relevanz des eigenen Tuns war mindestens so sehr Voraussetzung wie Produkt der eigenen revolutionären Tätigkeit. Auch wenn im SDS Konzepte ausgearbeitet wurden, die »Weiterentwicklung der Auseinandersetzung«[29] durch gezielte Agitation und Themensetzung planvoll zu strukturieren, hätte es dies ab einem bestimmten Punkt vermutlich gar nicht mehr gebraucht: Die Bewegung hatte längst Eigendynamiken gewonnen, und das Weitermachen rief bei vielen sicher nur die Frage des Wie hervor, nicht mehr des Ob.

Die Eklektik der Aufklärung

Für dieses Weitermachen spielte Theorie nun die entscheidende Rolle. Wenn man der bisherigen Argumentation folgt, dass Texte oder Gedanken in der antiautoritären Bewegung weniger durch ihre Analysekraft als vielmehr durch das ihnen zugeschriebene Bewegungspotential zur Theorie wurden, war diese Theorie von einer hohen Situationsabhängigkeit charakterisiert: Theorie im engeren Sinne war für die Antiautoritären nur das, was man mit Praxis vermitteln konnte, um die Bewegung zu jedem Zeitpunkt voranzutreiben. »Kommunikationshülsenhafte Ergänzungspaare wie ›reflektier das doch mal!‹ versus ›das ist doch abstrakt!‹

---

26 Eine zeitgenössische Analyse der körperlichen Wirkung der »Ho-Ho-Ho Tschi Minh«-Rufe auf Demonstrationen bietet Schultz, Verse, S. 519.
27 Kittsteiner, Unverzichtbare Episode, S. 42.
28 Gespräch des Autors mit Rüdiger Minow am 28.09.2018 in Köln.
29 Resolutionen und Beschlüsse der XXII. ordentlichen Delegiertenkonferenz des SDS. APO-Archiv, Ordner XXII. DK in Frankfurt/Main 1967, S. 41.

oder ›das ist doch aktionistisch‹ versus ›das ist doch intellektuelle Onanie‹ waren unsere ständigen Begleiter«[30], erinnert sich Reimut Reiche und verdeutlicht damit die auf den Akteuren lastende permanente Anstrengung, nicht zurück auf die Dichotomie eines Entweder-Theorie-oder-Praxis zu fallen – wobei ein solches Absinken in die Nur-Theorie oder Nur-Praxis natürlich nur situativ und konkret erkannt oder vorgeworfen werden konnte.

Der daraus resultierende Bewegungsdruck sowohl auf die Individuen als auch auf die Bewegung als Ganzes führte dabei auch zu einem weiteren Spezifikum der antiautoritären Theorie: Ihr oft beschriebener Eklektizismus[31]. Dieser entstand vor allem, weil neue Gedanken und Begriffe sofort eine Anwendung finden mussten – denn wenn diese nicht sofort ihren praktischen Wert unter Beweis zu stellen vermochten, qualifizierten sie sich eben nicht als Theorie, sondern als »intellektuelle Onanie«. Dieser ausgeprägte Gegenwartsbezug machte die Theorie – auch als Erlebnis – zu etwas nahezu prinzipiell Beweglichem[32] und damit prinzipiell Flüchtigem – wozu auch die Beschreibung von Theorie als »Sound«[33] passt. Rudi Dutschke ist hier sicherlich das beste Beispiel, auch wenn seine Belesenheit, seine Anmutung der Kompromisslosigkeit und Hingabe und seine – angeblich von seinem ursprünglichen Berufswunsch Sportreporter inspirierte[34] – Fähigkeit zur Bildung komplexer, mit Fremdwörtern und Literaturhinweisen angereicherter Sätze aus dem Stegreif[35] in diesem Ausmaß einzigartig gewesen sein mag: »Solange er

---

30 Reiche, Sexuelle Revolution, S. 47.
31 »Man nahm, was gerade passte«, paraphrasiert Helmut Lethen eine These Klaus Hartungs, »den mittleren Marcuse, den politischen Marx, den Pädagogen Siegfried Bernfeld, Wilhelm Reich, Anna Freud ... Schriften schwammen wie Treibholz auf dem Strom«, siehe Lethen, Handorakel, S. 104.
32 Anregungen, wie man ein solches »Bewegen« von Theorie in allgemeinere Fragestellungen überführen könnte, liefert Eichberg, Bewegungsformen.
33 Felsch, Sommer der Theorie, S. 34.
34 Lau, Jörg, Die nicht endende Rede. Mit eigener Stimme sprechen lernen: Rudi Dutschkes Leben, von seiner Frau Gretchen erzählt – eine Einladung zur Zeitreise in die Revolte, in: taz vom 21. 9. 1996, S. 18-19.
35 Der Schriftsteller Reinhard Lettau beschrieb Dutschkes Redeweise folgendermaßen: »Er spricht beim Schreiben, schreibt, während er spricht. Dabei hört er zu, was die andern sagen. Also das Zuhören, in diesem überfüllten Zimmer, stört ihn beim Schreiben, das ihn beim Sprechen stört, das ihn beim Zuhören stört. Da aber dringend alles auf einmal getan werden muß, tut er alles auf einmal, die andern lernen es bald, daß das gerade Geschriebene durch das gerade Gesprochene, das es verändert, überholt wird, aber nicht unnötig, da das danach Gesprochene oder neu Geschriebene oder Gehörte, das Neues bringen kann, das

sprach, hatte er Recht«, beschreibt Gerd Koenen dieses das Publikum der Reden Dutschkes (oder auch Hans-Jürgen Krahls) beschleichende Gefühl: »Im Moment des Hörens oder Lesens glaubte man aperçuhaft etwas erfaßt zu haben, flitzte ein Gedanke durch den Kopf wie eine Eidechse. Wollte man ihn festhalten, hielt man eine leere Satzhülle in der Hand, die ihr Geheimnis nicht mehr preisgab.«[36] Auch wenn aus Koenens Worten eher die Enttäuschung über die angebliche Inhaltsleere des Gesagten spricht, betonen sie auch die ungeheure soziale Wirkung der Ansprachen auf die Zuhörenden, für die der Akt des Zuhörens eine Gemeinschaftserfahrung bedeutete.

Vorige noch braucht, ihm womöglich wieder weichen muß als neuem Neuen, d. h. eben zutreffende Vorgänge werden von unerbetnen (!) oder unerwarteten oder unbedachten verdrängt, d. h. jeden Schritt muß er verlängern oder sofort unterbrechen können, so daß er also so lebt, daß er an einer unendlichen nicht endenden, sich immer verändernden, sich nach vielen Seiten stärkenden Rede arbeitet, die umgebende, erkennbare Veränderungen mit aufnimmt, von der er manchmal kurze Strecken, auf dem Podium stehend, von andern unterbrochen, atemlos mitteilt, daher die Relativsätze bei ihm, der, da sein Angriff vor allem darin besteht, daß es ihn gibt, gewinnt, indem er bleibt, bleibt, indem er redet, redet, indem er schreibt, schreibt, indem er zuhört«, siehe Lettau, Bildnis, S. 315. Zur mitreißenden Wirkung von Dutschkes Sprechweise auf einen amerikanischen Beobachter (mitsamt Hitlervergleich) auch Gross, The untold sixties, S. 212. Ulrich Chaussy beschreibt Dutschkes mit Notizen und Manuskripten gefüllte Aktentasche als »Zufallsgenerator [, der] mit immer neuen Zettelkombinationen immer neue Variationen seiner Rede auswarf«, siehe Chaussy, Rudi Dutschke, S. 261.

36 Koenen, Das rote Jahrzehnt, S. 118. Wolfgang Lefèvre vermutete, dass Dutschke relativ früh merkte, dass seine Begabung in der Rhetorik, nicht im Schreiben lag und daher schnell darauf verzichtete, seine Gedanken schriftlich zu veröffentlichen – der einzige ausformulierte Text aus dieser Zeit, sein Beitrag im Band *Rebellion der Studenten*, entstand nur auf erheblichen Druck seiner Genossen hin, siehe Gespräch Siegward Lönnendonkers mit Wolfgang Lefèvre am 20.12.1969, S. 86. Erich Sirrenberg, der zu dieser Zeit an der Technischen Universität in Berlin studierte, berichtete, dass er am Tag nach einer Dutschke-Rede regelmäßig zornig über sich selbst geworden wäre, wenn er darüber nachgedacht habe, wofür er am Vortag abgestimmt habe – Dutschkes Suggestionsfähigkeit sei absolut, aber sehr lokalbezogen gewesen (Gespräch des Autors mit Erich und Maria Sirrenberg am 30.01.2020 in Konstanz). Götz Schmidt meinte, dass die theoretisch Belesenen in der Bewegung bei Dutschkes Vorträgen auch immer wieder ob des Inhalts den Kopf geschüttelt hätten: »man hat gesehen, andere hören zu und finden es gut, gehen wir nicht drauf ein, Hauptsache es geht voran«, sei eine verbreitete Haltung gewesen (Gespräch des Autors mit Götz Schmidt am 20.11.2016 in Niedenstein).

DIE EKLEKTIK DER AUFKLÄRUNG

Nachvollziehbar wird dieses Gefühl in vielen der erhaltenen Tonbandaufzeichnungen von Vorträgen und Debatten an der Freien Universität: Was Dutschke als Sprecher nahezu perfekt beherrschte und was viele andere zumindest anstrebten, war die Fähigkeit, in theoretisch anspruchsvoller und komplexer Sprache situativ eine agitatorisch aufputschende Wirkung zu entfalten, die die Anwesenden überzeugte, nicht einem Demagogen auf den Leim gegangen, sondern argumentativ überzeugt worden zu sein – und die Begeisterung, die schon den Ankündigungen von Dutschkes Redebeiträgen entgegenschlug, deutet darauf hin, dass das Publikum auch genau diesen Impuls von Dutschke. Auch weil die Akustik in großen Veranstaltungsräumen mit vielen erregten, durcheinanderredenden Studierenden nicht die beste war und dadurch nicht jedes Argument von allen Anwesenden akustisch und kognitiv vollends verstanden werden konnte, kann man vermuten, dass unterschiedliche Standpunkte zwar notwendig erkennbar im entsprechenden soziologisch-theoretischen Jargon der Zeit formuliert werden mussten, entscheidend jedoch eher eine zwischen theoretischer Kälte und emotionaler Hingabe balancierende Performance war, die an Dringlichkeit noch gewann, wenn sie mit einer konkreten, jetzt sofort umsetzbaren Forderung verbunden war.[37] Ob man die Argumente in den Reden oder in den hastig gelesenen Aufsätzen und Büchern wirklich grundlegend verstanden hatte, war vielen vielleicht auch nicht so wichtig. Eine Schülerin, die sich »wie wild« Marx und Marcuse angelesen hatte, sagte: »Alles immer nur zur Hälfte verstanden, aber es hat für 'n Moment gereicht.«[38]

Der ephemere Charakter der antiautoritären Theorie ist sicher auch der Grund für das seltsame Paradoxon, dass aus dem Kreis der Antiautoritären zu dieser Zeit kaum ein theoretisches Werk stammt, das län-

---

37 In den Erinnerungen Hans-Dieter Kittsteiners besaß Dutschke »die rhetorische Gabe, ein komplettes Auditorium Maximum, das eben gerade beschlossen hatte nicht demonstrieren zu gehen, innerhalb von zwei Minuten umzustimmen. Halb düpiert, halb lachend ging man dann doch zur U-Bahn«, siehe Kittsteiner, Unverzichtbare Episode, S. 41. Peter Schneider beschreibt, wie es zum Problem wurde, dass nach einer guten Rede ein Plan für den nächsten Schritt fehlte: »Rudi Dutschke, der die Energie im Saal spürte, lief unruhig auf dem Podium herum. ›Was machen wir jetzt‹, flüsterte er mir zu, ›wir müssen irgend etwas tun, das OSI oder das Rektorat besetzen!‹ [...] Das Rektorat besetzen? Warum? Hatten wir es nicht gerade erst besetzt? Nun gut, grundsätzlich war es nie falsch, das Rektorat zu besetzen. Aber mit welcher Forderung diesmal? Ich glaube, wir haben dann wirklich noch ein Institut besetzt – natürlich hatte sich eine passende Forderung gefunden. Allerdings geriet die Aktion zu einer Pflichtveranstaltung, die sich rasch und lustlos verlief«, siehe Schneider, Rebellion und Wahn, S. 137.
38 Zit. nach Siegfried, 1968, S. 69.

gerfristig rezipiert wurde. Stattdessen setzte sich ein sich immer schnelleres »Theoriekarussell«[39] in Gang, in dem immer mehr und immer neue Theoretiker, Werke, Aufsätze und Begriffe aufgenommen, gelesen, diskutiert und wieder verworfen wurden. Dazu gehörten zwar auch neue Werke der Zeit – ohne Zweifel war etwa Herbert Marcuses 1967 auf Deutsch erschienener *Eindimensionaler Mensch* von grundlegender Bedeutung –, weitaus reichhaltiger wurde neues Textmaterial aber aus Bibliotheken und Archiven geholt. Die Wiederentdeckung von Autorinnen und Autoren vor allem der Zwischenkriegszeit stellte eine besondere Faszination dar, wie wieder Reimut Reiche beschreibt:

> »Jeder, der an dieser Zeit der Wiederentdeckung einer Welt des verschütteten Denkens teilhatte, erinnert sich an das besondere, identitätsstiftende Hochgefühl einer inneren Verbundenheit mit Gedanken, die zuvor ›nie gedacht‹ waren und die doch alle schon ausformuliert vorlagen und nun aus den Exilarchiven ans Tageslicht gefördert wurden. […] [D]as erklärt auch, warum es für diese Zeit so wesentlich war, verlorene Gedanken wie verschüttete körperliche Objekte leibhaftig auszugraben; der Wert eines Gedankens schien mit der Mühe der Bergungsarbeit der Publikation zu wachsen, in dem er erschienen war.«[40]

Zu dieser Faszination trug bereits bei, auf welchen Wegen die Studenten zu ihren Büchern kamen: Sie trugen sie oft in mühevoller Kleinarbeit aus Bibliotheken und Archiven im In- und Ausland zusammen, druckten sie in ihren Kellern nach und verkauften sie an Büchertischen, linken Buchläden oder unter der Hand.[41] Werke der frühen Frankfurter Schule, von Rätekommunisten, Erziehungstheoretikern oder dissidenten Kommunisten der Zwischenkriegszeit dem Vergessen zu entreißen, förderte zwar

---

39 Gespräch des Autors mit Helmut Lethen am 01.04.2015 in Wien.
40 Reiche, Sexuelle Revolution, S. 46. Reiche stellt überdies die These auf, dass der mit Fremdwörter gespickte, umständliche und schwer zu verstehende Theoriejargon der Studentenbewegung der unbewusste Versuch gewesen sei, eine »undeutsche« Sprache zu schaffen, ein »jüdisch-intellektuelles Rotwelsch«, mit dem sich die Studierenden mit der »verfolgten und ausgerotteten jüdischen Intelligenz« identifiziert hätten, siehe ebd., S. 47.
41 Vor allem quantitative Daten zum Raubdruckwesen sind zusammengestellt bei Götz von Olenhusen, Gnirss, Handbuch. Grob gezählt entfiel etwa ein Drittel der Raubdrucke auf psychologische bzw. psychoanalytische Literatur, ein zweites Drittel auf marxistische bzw. dissidente Autorinnen und Autoren und ein weiteres Drittel auf Anarchismus, Faschismus, Philosophie, Soziologie und Pornographie, siehe ebd., S. 47.

sicher eine eher ahistorische Aneignung dieser Texte,[42] erhöhte aber noch das Gefühl der Bedeutsamkeit des eigenen Kampfs.

Die Logik der Bewegung machte ständige theoretische Neuentdeckungen dabei in gewisser Weise notwendig. Zumindest nachdem sich eine gewisse Kontinuität der linken Literaturversorgung[43] verfestigt hatte, war das Lesen neuer Literatur durchaus kompetitiv und exklusiv; als Erster oder Erste den neuen Marcuse oder den letzten Raubdruck gelesen zu haben, verschaffte Prestige, vor allem wenn man mit angemessener Beiläufigkeit aus dem Werk zitieren konnte. Da der SDS die Definitionshoheit darüber hatte, was an Neuerscheinungen relevant war, hatten diskussionsfreudige Interessierte etwa vom RCDS in diesem regelrechten Wettlauf einen strukturellen Nachteil – teils wurden ihnen zwecks argumentativem Vorsprung sogar Werke bewusst vorenthalten, wie Klaus Hartung sich erinnert.[44] War in den frühen 1960er Jahren die persönliche Aneignung von Büchern durch Exzerpieren in der Bibliothek und die daraus resultierende intensive Auseinandersetzung mit einigen wenigen Texten noch die Regel gewesen,[45] hatte die plötzliche Ausweitung an verfügbarem Lesematerial[46] sicher auch eine gewisse Überforderung durch Textmassen zur Folge. Glaubt man den Erinnerungen der Zeitgenossen, mündete der stetige Nachschub an neuer Literatur in der angespannten Atmosphäre der Bewegung dann auch in einem nahezu manischen Lesefieber:[47] Gelesen wurde nicht nur in der Bibliothek und im heimischen Studierzimmer, sondern unterwegs im Bus, auf der Wiese vor den Fakultätsgebäuden, im Café und in der Küche – Rudi Dutschkes »unförmige, mit Büchern und Broschüren stets überfüllte« und sogar auf Demonstrationen mitgeführte Aktentasche »gehörte zum Stil und Ausweis der Bewegung überhaupt«[48], schreibt Gerd Koenen.

42 Spengler, Stirnwolkenbildung, S. 14.
43 Dazu vor allem Sonnenberg, Von Marx zum Maulwurf, S. 67-163.
44 Gespräch des Autors mit Klaus Hartung am 23.05.2015 in Berlin.
45 Diesen Aspekt betont vor allem Rutschky, Ethnographie des Alltags, S. 35. Tatsächlich bestehen viele Vor- und Nachlässe in den Archiven zu großen Teilen aus Buchexzerpten.
46 Die natürlich auch mit dem Siegeszug des Taschenbuchs zusammenging, dazu vor allem Mercer, Paperback.
47 Koenen, Das rote Jahrzehnt, S. 46; Langhans, Theoria diffusa, S. 217.
48 Koenen, Das rote Jahrzehnt, S. 46. In der Erinnerung Götz Schmidts habe Dutschke 1964 die Position vertreten, man dürfe nur so viel Literatur haben, dass die Bücher noch in einen VW-Käfer passen würden – die Materialität der Bücher solle nicht die Bewegungsfreiheit behindern, siehe Gespräch des Autors mit Götz Schmidt am 20.11.2016 in Niedenstein.

Infolge des Lesens in Bewegung gewann die permanente Zirkulation von Wissen und Büchern immer größere Bedeutung. Nicht nur wurde permanent diskutiert,[49] auch das Privateigentum galt für Bücher nur eingeschränkt: Wechselseitige Enteignung durch gegenseitigen beiläufigen Bücherdiebstahl etwa bei privaten Einladungen war normal, besonders Eifrige ließen sich sogar Stempel mit der Aufschrift »Kein Privateigentum – Bücher sind zum Lesen da« anfertigen, den sie in die Bücher anderer Leute drückten.[50] Weniger aufgeladene Formen der Bücherzirkulation bezeugen sorgfältig ausgefüllte Buchbesitztabellen, in denen das wechselseitige Ausleihen von Büchern beispielsweise innerhalb einer Arbeitsgruppe organisiert wurde.[51]

Dass diese Arten der Aneignung auch einen Einfluss auf die Erscheinungsform der selbst produzierten Literatur hatten, ist offensichtlich – Georg Stanitzek und Jan-Frederik Bandel haben der Konjunktur der Formats »Broschüre« einen ganzen Aufsatz gewidmet.[52] Diese waren einfach selbst zu drucken und betonten durch ihre demonstrativ ausgestellte Anspruchslosigkeit den Gebrauchswert von Texten. Auch Raubdrucke von Klassikern erschienen teilweise in dieser Form: So wurde Siegfried Kracauers Studie *Die Angestellten* von Buch- auf Broschürenlänge gekürzt und mit einem neuen Coverdesign versehen, Walter Benjamins Manuskript *Programm eines proletarischen Kindertheaters* mit viel Weißraum neben dem eigentlichen Text so gestaltet, dass der Raubdruck zur persönlichen Aneignung des Textes durch Kommentare und Unterstreichungen einlud.[53]

Antiautoritäre Autoritäten

Auch wenn sich die rebellischen Studenten mit solchen Praktiken scheinbar antiautoritär von bildungsbürgerlicher Bibliophilie und akademischen Gepflogenheiten absetzten, bildeten sich in ihrem Milieu gleichwohl neue Formen der Distinktion und Rangordnung aus – und oftmals,

---

49 Zum Diskutieren als symbolische Praxis ausführlich Scharloth, 1968. Eine Kommunikationsgeschichte, S. 211-255; Verheyen, Diskussionslust, S. 244-298.
50 Häußermann, Berliner Milieu, S. 46.
51 Karteikarte »Bücherhilfe«. Archiv des HIS, RUD 240, 09 Handschriftliche Notizen und Materialien zur Projektgruppe 3. Welt/Metropolen.
52 Stanitzek, Bandel, Broschüren. Die wohl bedeutendsten Broschüren für die Bewegung waren vermutlich die von Bernward Vesper herausgegebenen *Voltaire-Flugschriften*, dazu vor allem Roth, Voltaire.
53 Stanitzek, Bandel, Broschüren, S. 72 f.

hier blieben die Revolutionäre *in spe* noch ganz dem ursprünglichen intellektuellen Selbstbild verhaftet, war die sichere Verwendung des entsprechenden theoretischen Jargons, die Kenntnis unbekannter Autoren und der Besitz seltener Bücher das entscheidende Distinktionsmerkmal, Zugehörigkeitszeichen und eine Reputationsinvestition. Aus den Quellen sind derlei Abgrenzungspraktiken und Distinktionsmarker nur mittelbar zu entnehmen: dass Neuankömmlinge lieber den Mund hielten, bis sie sich die relevanten Bücher »raufgeschafft«[54] hatten, dass man trotz des Nicht-Verstehens dieser Bücher in der Hoffnung weiterlas, dass sich ihr Sinn auf der letzten Seite plötzlich erschließe,[55] dass man Wissenslücken und Halbwissen nur vor den engsten Freunden zugeben konnte und SDS-Mitglieder eine gewisse Meisterschaft darin entwickelten, über Bücher zu sprechen, die sie nicht gelesen hatten,[56] dass man diejenigen Bücher, bei deren Lektüre man sich gerne beobachten lassen wollte, wie beiläufig gut sichtbar im eigenen Regal oder auf dem Cafétisch platzierte[57] – dass all diese Mikropraktiken der Selbstpositionierung und Distinktion fast ausschließlich in nachträglichen Erinnerungen thematisiert werden, lässt das Ausmaß der Anstrengung erahnen, das kollektive Selbstbild der revolutionären Intellektuellen zu erfüllen.

Die Fähigkeit, im Alltag Theoriekompetenz zu demonstrieren, stellte dabei nicht nur im Positiven ein Mittel des Reputationsgewinns dar, sondern erscheint im Rückblick ebenso stark negativ als Instrument, sich gegenseitig unter Druck zu setzen,[58] unter dem Frauen ungleich stärker litten.[59] Natürlich wurden diese Strukturen immer auch zumindest teilweise reflektiert,[60] aber die Zeit zur Reflexion wurde den Akteuren bald von der Dynamik der Ereignisse genommen: Je mehr neue und

---

54 Staadt, Jochen, Interview mit Siegward Lönnendonker. APO-Archiv, Ordner SDS-Projekt Interviews Lönnendonker, Traugott König, KD, Reiche, S. 5.
55 Schimmang, Vogel Phönix, S. 21.
56 Gespräch des Autors mit Detlef Michel am 01.08.2015 in Berlin.
57 Gespräch des Autors mit Götz Schmidt am 20.11.2016 in Niedenstein.
58 Wer hier wem Druck machte, war in der Tat nicht so einfach auszumachen: Selbst Rudi Dutschke rechtfertigte seinen häufigen Gebrauch von Fremdwörtern mit der Angst, als unwissenschaftlich abgelehnt zu werden (o. A., Revolutionär Dutschke, in: Der Spiegel, Ausgabe 51 vom 11.12.1967, S. 52-66, S. 56).
59 Exemplarisch Buhmann, Geschichte, S. 233; Fronius, Als Frau, S. 34f.
60 So schildern Karl-Heinz Lehnardt und Ludger Volmer eine Situation, in der einem Diskussionsbeobachter zwar klar war, dass der anwesende Hans-Jürgen Krahl »auf der verbal-philosophischen Ebene der Diskussion einem anderen Diskutanten unterlegen sei«, er aber davon überzeugt war, dass Krahl dennoch »recht hatte!« – obwohl Krahl selbst den Aufbau von Autorität durch das Schwingen großer Reden kritisierte, siehe Lehnardt, Volmer, Politik, S. 161.

jüngere Studierende sich vom Nimbus des SDS und der Energie der Bewegung anstecken ließen – 1968 zählte der Berliner Landesverband bereits 490 Mitglieder, mehr als doppelt so viele wie noch zwei Jahre zuvor[61] – und dadurch sowohl persönliche Kontakte als auch die Organisationsstrukturen des SDS als Grundlage der Bewegung überdehnt wurden, desto schneller bildeten sich inoffizielle Führungsfiguren. Dazu gehörten Hannes Heer in Bonn[62], Joscha Schmierer[63] in Heidelberg oder der »Rudi Dutschke von Erlangen«[64], Elmar Altvater. In Berlin war die Führungsschicht der Bewegung polyzentrischer:[65] Neben Dutschke und Rabehl, später noch Gaston Salvatore, zählten Wolfgang Lefèvre, Christian Semler und Jürgen Horlemann zu den bekanntesten Gesichtern der Bewegung.[66]

Dutschke war wie sonst nur Krahl aber deshalb überregional, ja bundesweit so bekannt, weil sein persönliches Charisma die Energie der Bewegung mit der Suggestion theoretischen Anspruchs und damit die Rhetorik der antiautoritären Emanzipation mit der offenbar doch streckenweise notwendigen Funktion einer einzelnen Führungspersönlichkeit zu vereinen vermochte. Vor allem bei ihm liegt es nahe anzunehmen, dass sein Charisma und seine Theoriedarbietung – die stark miteinander korrespondierten – unauflöslich mit der Bewegung

---

61 O.A., Zur Sonne, in: Der Spiegel vom 26.06.1968, S. 38-55, S. 50.
62 Zu Hannes Heer siehe Hodenberg, Das andere Achtundsechzig, S. 45 f.
63 Zu Joscha Schmierer Hinck, Wir waren wie Maschinen, S. 110 f.
64 Speckmann, Guido, Eine Weihnacht mit Marx. Zum Tod des einflussreichen linken Politikwissenschaftlers Elmar Altvater (1938-2018), in: Neues Deutschland vom 02.05.2018.
65 Es würde auch fehlgehen, Rudi Dutschke mit der West-Berliner Bewegung zu identifizieren: laut Hans-Dieter Kittsteiner hatte Dutschke »Narrenfreiheit und war ein echter Verrückter«, der sich keiner der klaren Fraktionen anschloss, siehe Kittsteiner, Unverzichtbare Episode, S. 41. Bedeutsamer waren wohl tatsächlich Semler, Horlemann und Lefèvre.
66 Peter Schneider hielt das Duo Dutschke und Salvatore sowie das »Männer-Triumvirat« Lefèvre, Rabehl und Semler für die wichtigsten antiautoritären Führungspersonen in Berlin (Schneider, Rebellion und Wahn, S. 144); im »Überschwang des Anfangs« meinte er in ihnen »die Großen der Französischen Revolution wiederzuerkennen«: Rudi Dutschke hätte Robespierre, Semler Marat, Lefèvre Saint-Just repräsentiert – nur Danton hätte den Berlinern gefehlt (ebd., S. 148). Dies war nicht die einzige, vermutlich nur im Rückblick ironisch gemeinte Identifikation der Akteure mit Figuren aus der linken Vergangenheit: zuvor wurden Dutschke und Rabehl oft als »ernste Parodie auf Karl Marx und Friedrich Engels« gesehen (Dutschke-Klotz, Leben, S. 51) – Bernd Rabehl wurde gelegentlich auch mit Hermann Göring verglichen (Kittsteiner, Unverzichtbare Episode, S. 41).

verbunden waren und auch nur in der Bewegung funktionierten. Gerade Dutschke betonte immer wieder auch den langwierigen Prozesscharakter revolutionärer Veränderungen: »Revolution ist nicht ein kurzer Akt, wo mal irgend etwas geschieht und dann ist alles anders. Revolution ist ein langer, komplizierter Prozeß, wo der Mensch anders werden muß.«[67] Ralf Dahrendorf hielt ihm entgegen, dass sich ein prozesshafter Revolutionsbegriff durch die Vermeidung klarer Aussagen unangreifbar gegen jede Kritik mache.[68] Damit hatte er sicherlich nicht unrecht. Den Kern der Faszination der Bewegung traf er damit aber offensichtlich nicht.

Außer Atem[69]

Die Permanenz des Wandels machte zwar genau den Reiz der Bewegung aus, drohte jedoch, die individuellen Akteure zu überfordern. Schon aus den Zeitzeugengesprächen, mehr noch aus den Quellenbeständen spricht das Gefühl permanenten Stresses.[70] Die gelesenen Theorien hätten diese innere Dauerbelastung teils noch verstärkt, vor allem die Bücher Marcuses, schreibt Jörg Bopp: Einerseits hätten sie das Selbstbewusstsein der Studenten aufgewertet, indem sie ihnen als Träger des fortgeschrittensten Bewusstseins eine entscheidende Rolle in der historischen Mission der Befreiung der Menschheit zuwiesen. Andererseits konnte man von ihnen ja auch etwas über die Beharrungskräfte der gesellschaftlichen Machtverhältnisse bis in die Individuen hinein erfahren. Die implizite Forderung, diese Widersprüche individuell auszuhalten und erst im Ideal

---

67 Zit. nach Karl, Rudi Dutschke, S. 40.
68 Ebd., S. 41.
69 Helmut Lethen schlug mir vor, ein Kapitel der Arbeit nach dem Film »Außer Atem« von Jean-Luc Godard zu benennen; die Studenten hätten sich in der Atmosphäre des Nouvelle-Vague-Klassikers über einen gehetzten Autodieb und Mörder wiedergefunden (Gespräch des Autors mit Helmut Lethen am 01.04.2015 in Wien).
70 Bei einer Umfrage des SPIEGEL unter 80 SDS-Mitgliedern gaben zahlreiche von ihnen an, wegen ihrer politischen Arbeit »keine« Freizeit zu haben, siehe o. A., Zur Sonne, in: Der Spiegel vom 26.06.1968, S. 38-55, S. 49. Zumindest Teile der Führungskreise der antiautoritären Bewegung waren auch konkret physisch permanent in Bewegung: Rudi Dutschke brauchte teilweise ein Flugzeug, um am selben Tag zwischen Demonstrationen, Archivreisen und Podiumsdiskussionen hin- und herzureisen (Chaussy, Rudi Dutschke, S. 274), aber auch andere SDS-Mitglieder fuhren in politischer Mission durch die ganze Bundesrepublik und auch ins Ausland, siehe etwa Lönnendonker, Rabehl, Staadt, Die antiautoritäre Revolte, S. 373.

eines »neuen Menschen« aufzuheben, setzte die Studenten, die erst in der Regelübertretung die Beharrungskräfte ihrer einsozialisierten Schranken erkannten, einem latenten und permanenten Selbsthass aus, so Bopp. Praktisch nicht aufhebbare Widersprüche wären dadurch nämlich in den Verantwortungsbereich des Individuums verlegt worden: »Die Theorie der Befreiung tauchte die Studentenbewegung unaufhörlich in ein Wechselbad von Ermutigung und Überforderung, von Anregung und Lähmung, von Freispruch und Verurteilung.«[71]

Die Hochkonjunktur der Psychoanalyse lässt sich so auch durch den Theoriestress erklären: Die schonungslose Analyse der eigenen unbewussten Prägungen wurde als Parallele zur schonungslosen Analyse der gesellschaftlichen Machstrukturen interpretiert. Reimut Reiche vermutet, dass der von Herbert Marcuse geprägte Begriff »Repression« vor allem deshalb zur »Einheit stiftenden Zentralkategorie« der Bewegung werden konnte, weil er eine »Vermittlung zwischen der ökonomischen Kategorie der Ausbeutung und den psychoanalytischen Begriffen im Spannungsfeld von Triebansprüchen, Bedürfnisentwicklung und Triebunterdrückung versprach, ja diese Vermittlung als eingelöste suggerierte«, und damit die schwer greifbaren marxistischen Kategorien »Ausbeutung« und »Verelendung« zeitgemäß zu aktualisieren versprach.[72] Anders als Marx, der wirklich vollends gelesen worden sei, sei Freud jedoch eher bruchstückhaft rezipiert worden,[73] wobei psychoanalytisches Vokabular offenbar primär zur gegenseitigen Zerfleischung in den gefürchteten »Psychodiskussionen« diente[74] – »Herrschaftsausübung durch Theoriebesitz«[75] schien ein stark verbreitetes Phänomen zu sein und wurde auch zeitgenössisch schon kritisiert. Schlagworte wie die »Revolutionierung der Revolutionäre« verlagerten die Verantwortung für die Revolution hingegen in das Individuum, das sich selbst auf Linie bringen musste. Peter Schneider notierte im Oktober 1967 in sein Tagebuch:

> »Ich muß unbedingt dazu kommen, wenn ich schon über mich selbst schreibe, genauer, wortwörtlicher, mitleidloser und konkreter, dadurch vielleicht menschlicher die vorgänge in meinem innern zu beschreiben. Meine selbsterziehung zum revolutionären fühlen, reagieren [ist]

---

71 Bopp, Geliebt und doch gehaßt, S. 128.
72 Reiche, Sexuelle Revolution, S. 52.
73 Ebd., S. 49.
74 Baumann, Wie alles anfing, S. 23, auch Weigelt, Konzentrationsstörungen, S. 109.
75 Gäng, Organisation, S. 17.

nur durch selbstanalyse zu schaffen. Zuviel ist in mir eingepflanzt, was sich, als wäre es meine natur, dagegen sträubt.«[76]

Vermutlich war man in der Tat besser beraten, diese Analyse an sich selbst durchzuführen, bevor andere die unterstellten unaufgearbeiteten Komplexe ausnutzten – geriet man an einen findigen Mitbewohner, der die Kunst der »Psychoanalyse der Küchenarbeit«[77] beherrschte, musste man nämlich im Zweifel den Abwasch öfter machen.

Eine solche Verlagerung der revolutionären Verantwortung nach innen baute aber natürlich eine permanente Spannung zwischen dem Anspruch der Theorie und der Möglichkeit ihrer Erfüllung auf. Die »Hermeneutik des Verdachts« (Paul Ricoeur) gegen sich selbst und andere führte zu einem permanenten Gefühl des Nie-genug-tun-Könnens und Nie-genug-Revolutionär-Seins und zu einer Entgrenzung der Reichweite von Theorie, die alle Lebensbereiche einer Überprüfung unterzog und dabei keine intrinsische Grenze anerkannte:

> »Ständig wurden Forderungen nach ›Hinterfragen‹ und ›Vermitteln‹ erhoben; begleitet von der bohrenden Frage nach dem ›politischen Stellenwert‹, dem ›gesellschaftlichen Bezug‹; dazu das Verhör, ob eine Haltung ›bürgerlich‹, ›systemkonform‹, ›angepaßt‹, ›konsumfaschistisch‹ sei. Manche Diskussion wurde zur Inquisition, durch die man die Anderen bei der Abweichung von der Theorie ertappen wollte.«[78]

Sicherlich war, anders als Jörg Bopp hier vermuten lässt, der totale Anspruch der Theorie nicht allgegenwärtig. Aber doch ließ die Herrschaft der Theorie aus heutiger Sicht seltsame Blüten treiben: Liebeskummer musste politisch gelöst werden,[79] »latente Gewalt« ließ sich auch in Skatregeln entdecken.[80] Dass das Bewusstsein der unbedingten Relevanz des eigenen Tuns und der höchsten Intensität des Augenblicks eine Überbietungslogik in Gang setzte, ist in den Tonbandaufzeichnungen vieler Versammlungen schon allein an den Publikumsreaktionen zu hören: Die Forderung nach der radikalen Lösung, nach der grundlegenderen Kritik, nach dem klareren Feindbild kam meist besser an; wer Mäßigung, Reflexion oder Kompromisse anmahnte, sah sich potentiell schnell dem Vor-

---

76 Schneider, Rebellion und Wahn, S. 233.
77 Hartung, Psychoanalyse.
78 Bopp, Geliebt und doch gehaßt, S. 132.
79 Schneider, Rebellion und Wahn, S. 121.
80 Ebd., S. 272.

wurf des »Traditionalismus«, schlimmstenfalls des »Verrats« ausgesetzt.[81] Nur wenn man diese situative Überbietungslogik, die internen Differenzen, das Gefühl, dass es jederzeit ums Ganze ging, kurz: die Logik einer Bewegung, die sich selbst in Bewegung halten musste, in die Beobachtung miteinbezieht, lässt sich die Eskalation der Rhetorik und Praxis der Studentenbewegung bis Mitte 1968 verstehen, ohne auf eindimensionale oder pathologisierende Erklärungsmuster zurückzufallen.

---

81   Zum nk-Seminar: Heidelberg, 5a. »Die meisten Gruppen wissen überhaupt nicht, worüber die Berliner reden, und klatschen halt immer nur an den radikalsten Stellen, weil das halt Spaß macht«, so ein Teilnehmer an der SDS-Delegiertenkonferenz 1968, siehe Delegiertenkonferenz des SDS in Hannover Nov. 1968 (1968). Online verfügbar unter https://av.tib.eu/media/25395, zuletzt geprüft am 18.07.2019.

5. Theorie und Praxis
Die Hochphase der Bewegung

> »Ich, ich kanns nicht mehr mitansehen: diese auf der Stelle tretende Gesellschaft oder noch besser diese korrupte, dreckige Stagnation, diese geordnete Grausamkeit. [...] Wo gibt es sie? Die endlich Revolution machen. Jetzt! Mit Konzeption! Welche Konzeption? [...] Revolution ja! Aber diesmal: TOTAL! Für jeden Ehrlichen auf der Ganzen Welt! Welches Gedankengut? Marx? Rousseau? Platon? Französische Revolution? Demokratie? Diktatur? Faschismus? Mao? Nehru? Christus? Maharishi? Teillard de Chardin? Kommunismus? Christianismus? Sozialismus? Nur ein Mann? Nur eine Gesellschaftstheorie?
> Nein! Alles verschmelzen! Integrieren!
> Differenzieren! Und schließlich alles Totalisieren!«[1]

> »Heute frage ich mich, warum wir uns damals dies Glück so selten erlaubt haben, warum ich immer so geschäftig durch die Gegend rennen und alle Termine wahrnehmen mußte. Aber ich war ja nicht die Einzige, wir alle liefen durch die Gegend, unternahmen überall neue Versuche von Veränderung, waren getrieben vom unstillbaren Hunger nach greifbarer Erfüllung unserer Hoffnungen.«[2]

Das vorangegangene Kapitel hat den Versuch unternommen, die Dynamiken der »Bewegung« von Nahem und Innen zu beobachten; das nun Folgende geht nun auf die konkrete Entwicklung der antiautoritären Bewegung zwischen 1967 und 1968 ein. Die Erschießung Benno Ohnesorgs am 2. Juni 1967 erscheint unter diesem Blickwinkel nicht als Beginn der Bewegung, als der sie manchmal interpretiert wird,[3] sondern eher als Zwischenschritt einer bereits laufenden Radikalisierung der Sprache, der Ziele und der gefühlten und realen Oppositionshaltung. Zweifellos waren die Akteure gleichzeitig Antreiber wie Getriebene der Bewegung, die ihnen bald zu entgleiten drohte – sowohl was die entfesselten Dynamiken der Aktionen wie auch die der Gedankengänge und Binnenlogiken betraf. Gleichzeitig gab es immer auch Lenk- und Bremsversuche, genauso wie auch auf dem Höhepunkt der Bewegung noch immer das Ziel bestand, die eigenen Standpunkte rational und aufklärerisch der Öffentlichkeit zu vermitteln. Rein zahlenmäßig dürften die Kräfte der

---

1 Gruppe »der sog«, Wer ...?, 19.6.1967. Archiv des HIS, SAK 130, 1, Ordner 1.
2 Buhmann, Geschichte, S. 229.
3 Beispielhaft Dutschke, 1968. Worauf wir stolz sein dürfen, S. 80 f.; Kraft, Hörsaal, S. 205.

Mäßigung, der Vermittlung und der Kompromissbereitschaft zu keinem Zeitpunkt marginal gewesen sein, aber sie bestimmten selten die Agenda und den Charakter der Bewegung.

Im Folgenden wird also die Hoch- und Endphase der Bewegung und der Bewegungslogik skizziert. Viele der hier thematisierten Ereignisse, Auseinandersetzungen, Demonstrationen und Texte sind in der Erinnerungs- und Forschungsliteratur der Studentenbewegung schon oftmals beschrieben worden. Es kann hier also nicht darum gehen, eine möglichst vollständige Beschreibung der Protestevents zu leisten. Ich konzentriere mich vielmehr auf die Entfaltung der inneren Logik einer in Bewegung gesetzten Bewegung.

Denn wie mit der Dynamik dieser Bewegung umzugehen sei, darüber schieden sich die Geister, selbst innerhalb der Antiautoritären: Während manche die Auseinandersetzungen mit der Staatsmacht suchten und eine Auflösung aller Organisationsstrukturen in die Bewegung hinein anstrebten, versuchten andere, die Bewegung durch das Setzen immer neuer Themen in Bewegung zu halten. Wieder andere versuchten, das in der Bewegung erreichte kritische Potential durch Momente der Institutionalisierung auf Dauer zu stellen. Alle aber bezogen sich letztlich auf dieselbe subjektiv empfundene Herausforderung: die Bewegung in Bewegung zu halten. Dass dieses Erregungsniveau auf Dauer aber nicht konservierbar war, wurde nach dem Vietnamkongress im Februar 1968 offensichtlich. Die Bewegung begann zu zerfallen – zum einen dadurch, dass der Zusammenhalt der verschiedenen Strömungen abnahm; zum anderen dadurch, dass sich die antiautoritäre Kritik zunehmend gegen die Wortführer der antiautoritären Bewegung selbst richtete.

Flucht nach vorn:
Die Wochen nach dem 2. Juni

Bauern fangen: Eine kurze Hochzeit der Aufklärung

Für zahlreiche Studierende, die sich bisher nur am Rande mit den Ereignissen an der FU beschäftigt oder vielleicht kurz einmal bei einer SDS-Veranstaltung vorbeigeschaut hatten, müssen die Ereignisse des 2. Juni wie ein Weckruf gewirkt haben – ein Weckruf, dem eine Initiation in die politische Arbeit folgte. Zum Schock und zur Empörung über die Tötung Ohnesorgs kam die Wut hinzu, als die Berliner Obrigkeit und Medien den Vorfall vertuschten und die Schuld den Demonstrierenden zuwiesen. Viele Studierende fühlten sich in den Tagen nach dem Schuss offenbar erstmals bewusst und eindeutig dem Kollektivsubjekt »die Studenten« zugehörig. Der 2. Juni beförderte also ein schon länger latentes Gruppenbewusstsein, das sich im Gegensatz zur Gesellschaft verstand. Jenseits ihrer politischen Ausrichtung begannen sich viele Studierende als Teil einer ohnmächtigen Minderheit zu begreifen, als von der Berliner Bevölkerung diskriminiertes Kollektiv, dem wiedergutzumachendes Unrecht zugefügt worden war.

Es muss an dieser Mischung aus Kollektiverfahrung, Betroffenheit und Unrechtsbewusstsein gelegen haben, dass viele sich reflexhaft an den studentischen Institutionen AStA und Konvent orientierten. Der als völlig einseitig empfundenen Front der Medien und Polizei sollte eine richtigere, wahrere Gegenerzählung entgegengesetzt werden. In einem Brief schilderte Inga Buhmann die Atmosphäre der hektischen Betriebsamkeit, die in den Tagen unmittelbar nach dem Schuss herrschte:

»Am Montag, nein, schon Samstagabend [also am 3. Juni], begann die eigentliche Aufklärungskampagne – Hochbetrieb im Asta – wichtig, daß sich hierbei ein großer Teil der Studenten zum ersten Mal politisch aktiv betätigte, Zettel vom Asta abholte, in die Bevölkerung trug und anfing zu argumentieren; vor die Betriebe ging, in die Schulen; Plakate malte ... und ich glaube, daß diese Aktivitäten viele aus der politischen Trägheit herausgerissen haben, richtig aufgeweckt, auch wenn dies Engagement bei vielen mehr einer kurzfristigen moralischen Entrüstung als einer wirklichen Einsicht in die Hintergründe des Geschehens entspringt.«[4]

Trotz der Betroffenheit und Trauer herrschte bei dieser Aufklärungsarbeit erkennbar der Wille, rational und fair mit der Bevölkerung zu diskutieren und den eigenen Standpunkt bestimmt, aber freundlich zu vertreten. Vermutlich war die Zeit nach dem 2. Juni ein (zeitweise) letzter Höhepunkt des Paradigmas der intellektuellen Aufklärung, zumindest quantitativ betrachtet: Nach einer Schätzung des AStA nahm in den Tagen nach dem 2. Juni mehr als die Hälfte der Berliner Studierenden an Diskussionen mit der Bevölkerung teil.[5] Wenn sie dafür in die Innenstadt oder vor die Fabriktore gingen, taten sie dies nicht als politische Einzelpersonen, sondern als Studenten, und auch die Flugblätter, die dabei mit einer Gesamtauflage von knapp 300.000 Exemplaren[6] verteilt wurden, firmierten größtenteils nicht unter dem Namen des SDS, des

---

4 Buhmann, Geschichte, S. 267 f.
5 Lönnendonker, Rabehl, Staadt, Die antiautoritäre Revolte, S. 341.
6 Ebd., S. 341.

AStA oder sonst einer Hochschulgruppe, sondern sprachen für »die Studenten«. Ein exemplarisch herausgegriffenes Exemplar zeigt schon allein durch die unstrukturierte Themenwahl – der Tod Ohnesorgs wird nur in einigen Zeilen behandelt –, dass es nicht nur um den Aufbau eines Gegenstandpunkts ging, sondern dass hier eine Minderheit glaubte, um ihre Existenzberechtigung zu kämpfen:

> »Berlinerinnen und Berliner!
> Ihr kennt uns nur durch unsere ›freie Presse‹, die dem Herrn Springer gehört und Euch für dumm verkaufen will [...]. Wir wissen, daß wir ein Privileg Euch gegenüber haben, weil wir studieren dürfen. Wir wissen deshalb aber auch, daß wir Euch gegenüber Verpflichtungen haben. [...]
> Glaubt ihr wirklich, daß wehrlose und schwache Studenten ein Blutbad anrichten können??
> Wer hat euch 1931–33 terrorisiert – bewaffnete Nazis oder unbewaffnete Sozialdemokraten und Kommunisten??
> Lasst euch nicht weiter gegen die Studenten aufhetzen!!!«[7]

Die Aufklärungsarbeit durch Flugblätter und öffentliche Diskussionen professionalisierte sich mit großer Geschwindigkeit.[8] Schon knapp eine Woche nach dem 2. Juni wurde ein interner Leitfaden für das Gespräch mit Passanten kompiliert, in den – so ist anzunehmen – zahlreiche Erfahrungen mit schlecht verlaufenen Diskussionen eingeflossen waren.[9] Vor allem aber wurde ein studentischer Untersuchungsausschuss einberufen,

---

7 An die Berliner Bevölkerung. Flugblatt, Juni 1967. APO-Archiv, Ordner 1375 Flugblätter 1.-9. Juni 1967. Hervorhebung im Original.
8 Joachim Scharloth sieht im 2. Juni einen Meilenstein in der »Professionalisierung des Diskutierens«, siehe Scharloth, 1968. Eine Kommunikationsgeschichte, S. 244.
9 »Schockieren Sie den Partner nicht gleich mit dem Hinweis, daß Sie besser informiert seien. Wer sein Gegenüber als unwissend disqualifiziert, braucht mit keiner Verständigung mehr zu rechnen. Jeder betrachtet (!) zunächst seinen Informationsausschnitt als den besten und völlig ausreichenden. Hinweis auf schlechte Informiertheit erzeugt Angst, d. h. Aggression gegen Sie« etc., siehe Empfehlungen zur Diskussion mit der Bevölkerung, 10.06.1967. APO-Archiv, Ordner 1376 Berlin FU Flugblätter 10.-20.6.67, S. 1. Ein 1967 veröffentlichter Dokumentarfilm zeigt, wie sehr die Studierenden bemüht waren, einigermaßen sachlich mit Passanten zu sprechen – ein Student mit Megafon fordert sogar immer wieder auf, bitte »rational zu diskutieren«, was auf einen gewissen Organisationsgrad der Gespräche hindeutet, siehe Hans Dieter Müller (Regie), Ruhestörung – Ereignisse in Berlin, 2. bis 12. Juni 1967 (1967). Online verfügbar unter https://av.tib.eu/media/25397, zuletzt geprüft am 27.08.2019.

der den genauen Hergang von Ohnesorgs Erschießung ermitteln sollte und Fotografien, Filmaufnahmen und Zeugenaussagen sammelte.[10] Darüber hinaus wurde ein »Komitee für Öffentlichkeitsarbeit« (auch »Komitee zur Aufklärung der Bevölkerung« genannt) gegründet, das zunächst potentiell justiziable Äußerungen in der Springer-Presse sammelte und interessierten Bürgern die Möglichkeit gab, sich studentisches Informationsmaterial zusenden zu lassen oder Studenten zur Diskussion einzuladen.[11] Sein Ziel bestand auch darin, das verfahrene Verhältnis zwischen Studenten und Bevölkerung ganz generell auf eine neue Ebene zu heben: Auch die Sichtweisen der Studenten auf den Vietnamkrieg, die Notstandsgesetze oder die Situation im Nahen Osten sollten durch das Komitee professioneller kommuniziert werden.[12] Sogar eine *Zeitung der Berliner Studenten für die Bevölkerung*[13] war geplant, und die Arbeit des Komitees wurde nach einigen Wochen nach Maßgaben aktueller Kommunikationstheorien kritisiert und neu ausgerichtet.[14]

Auch wenn einzelne SDS-Mitglieder sich an diesen Aufklärungsbemühungen führend beteiligten, zeigte sich der frisch in Bewegungsform gebrachte Berliner Verband von der plötzlichen Politisierung seiner Kommilitoninnen und Kommilitonen so überrascht wie überfordert. Den Strategen des SDS erschien das plötzliche Vertrauen in die geduldige Aufklärung als naiv, gerade nachdem der autoritäre Obrigkeitsstaat seine repressive Fratze einmal unverschleiert gezeigt hatte. Der abfällige Ton, in dem Dutschke und andere aus dem SDS über die Aufklärungsbemühungen des AStA und seinen Vorsitzenden Knut Nevermann vom SHB lästerten,[15] lässt erahnen, dass der Ansatz der Antiautoritären inzwi-

10 Kraft, Hörsaal, S. 240 f.
11 Komitee für Öffentlichkeitsarbeit, Aufruf. Archiv des IISG, Sammlung Neue Linke, Studentenbewegung, Ausserparlamentarische Opposition in Deutschland, Ordner 7; Komitee für Öffentlichkeitsarbeit, Berlinerinnen und Berliner, 20.6.1967. APO-Archiv, Ordner 1376 Berlin FU Flugblätter 10.-20.6.67.
12 Komitee für Öffentlichkeitsarbeit, Rundschreiben, 21.6.1967. APO-Archiv, Ordner 1376 Berlin FU Flugblätter 10.-20.6.67.
13 Komitee für Öffentlichkeitsarbeit, Bericht des Komitees für Öffentlichkeitsarbeit (mit Erweiterungen), 29.06.1967. APO-Archiv, Ordner 1376 Berlin FU Flugblätter 10.-20.6.67, S. 1.
14 Arbeitskreis für studentische Öffentlichkeitsarbeit, Was tun. Analyse und Aktionsmodell zur studentischen Öffentlichkeitsarbeit, Juni 1967. APO-Archiv, Ordner 1406 Hochschule FU 1967.
15 Echos dieser Abschätzigkeit fanden sich noch in einem zwei Jahre später geführten Interview mit Wolfgang Lefèvre: »Die letzten Leute, die vor 5 Tagen noch rechts gewesen waren, die gingen jetzt auf dem Kudamm Bauern fangen«, siehe Gespräch Siegward Lönnendonkers mit Wolfgang Lefèvre am 20.12.1969, S. 82.

schen stark mit Vorstellungen (männlicher) Entschlossenheit, Mut und elitärer Führung verwoben war. In dem Spott über Studierende, die beim Erscheinen der Polizei »den Schwanz einzogen«[16], oder in der abschätzigen Äußerung, dass man diejenigen, die noch an Aufklärung glaubten, ohnehin »den Nevermännern überlassen«[17] müsse, deutete sich aber auch eine gewisse Ratlosigkeit an. Der evidente Politisierungsschub der Studierenden ging aus Sicht der Antiautoritären in die falsche Richtung und drohte schnell zu verpuffen – sofern er nicht durch entschlossenes Handeln in die richtige Richtung gelenkt werden konnte.

Den ersten Versuch dazu stellte eine Erklärung des Bundesvorstands dar, die unter dem Titel *Niederlage oder Erfolg der Protestaktion* mit einer Auflage von mehr als 100.000 Exemplaren an allen westdeutschen Universitäten verteilt wurde.[18] Der Text ordnete den 2. Juni in den Kontext einer grundsätzlichen Auseinandersetzung zwischen autoritärer Obrigkeit und demokratischen Bestrebungen ein. Die Studenten seien in diesem Konflikt wegen ihrer gesellschaftlichen Position zwischen allen Stühlen an sich schon politisch: Im Spannungsfeld zwischen dem wissenschaftlichen und demokratischen Anspruch und der Realität einer der kapitalistischen Profitmaximierung verpflichteten Universität müssten sie zwangläufig zu Ausgestoßenen und Sündenböcken, in Berlin wegen der dortigen Atmosphäre gar zu »›Juden‹ des Antikommunismus«[19] werden. Reiner Protest sei daher sinnlos, vielmehr müssten die Studenten über den Bereich der Hochschule hinaus an Rückhalt in der Bevölkerung gewinnen und versuchen, »der kapitalistischen Oligarchie in Ökonomie, Öffentlichkeit und Staatsapparat selbst Machtpositionen streitig zu machen.«[20] Alle oppositionellen Bewegungen müssten dazu vereint werden, die Studenten sollten sämtliche politische und soziale Widersprüche »der Kraft ihrer Kritik«[21] unterwerfen. Sie, so die Deutung des SDS, müssten also erkennen, dass sie schon allein ihres gesellschaftlichen

---

16 Dutschke, Jeder hat sein Leben ganz zu leben, S. 41.
17 Ruhestörung, S. 49.
18 Lönnendonker, Rabehl, Staadt, Die antiautoritäre Revolte, S. 353. Der Text war von den Bundesvorsitzenden Reimut Reiche und Peter Gäng sowie dem alten Bundesvorsitzenden Helmut Schauer verfasst worden – im Nachgang des 2. Juni wurden auch viele Genossen aktiv, die sich schon aus der aktiven Arbeit zurückgezogen hatten.
19 SDS-Bundesvorstand, Niederlage oder Erfolg der Protestaktion, 1967. Archiv des HIS, HDE 672 SDS-Bundesvorstand, Aufrufe, Flugblätter, S. 2.
20 Ebd., S. 3.
21 Ebd., S. 4.

Status wegen politisches Subjekt seien, das sich einem dementsprechenden Handeln gar nicht entziehen könne.

Auf dem im Anschluss an die Beerdigung Ohnesorgs in Hannover veranstalteten Kongress »Hochschule und Demokratie – Bedingungen und Organisation des Widerstandes«, an dem mehr als 7.000 »linke« Studenten, Professoren und Assistenten von SDS bis RCDS teilnahmen,[22] konnten die Antiautoritären ihre Ansichten erstmals vor einem großen Publikum vertreten – und auch wenn ihre Argumente größtenteils für ihre drastische Rhetorik oder auch ihre andeutungsvolle Unbestimmtheit kritisiert wurden, wurde in diesem Aufeinanderprallen der Vertreter der geduldigen Aufklärung und der proaktiven »Aktion« klar, dass erstere in diesen Zeiten hoher emotionaler Erregung gewissermaßen strukturell benachteiligt waren: Jürgen Habermas' Aufruf zu Geduld, Vernunft, Diskussionsbereitschaft und Frustrationstoleranz hatte wenig Chancen gegen die Rhetorik eines Rudi Dutschke, der die weitere Entfesselung der Bewegung beschwor. Dutschke interpretierte die Entwicklung der Auseinandersetzungen an der FU als konsequente Erfolgsgeschichte einer sich zielgerichtet entfaltenden, immer selbstbewusster werdenden antiautoritären Opposition, einer permanenten Revolte, die durch das provokante Durchbrechen der etablierten Regeln Universitätsleitung und Senat an den Rand einer Krise geführt hätte. Die Ereignisse des 2. Juni waren aus diesem Blickwinkel nur die Bestätigung der Nervosität der Obrigkeit, und auf diesem Weg sei nun der logische nächste Schritt zu gehen, nämlich der zu »illegalen Aktionen in Berlin, das heißt, zu Aktionen, die die eigentlich illegalen Verbote und Anordnungen der Berliner Exekutive bewußt übertreten.«[23] In dieser »Phase der direkten Auseinandersetzung mit der etablierten Ordnung« müssten sich auch die bisherigen »festen Organisationen der Studentenschaft, wie AStA, SDS, SHD [gemeint wohl: SHB], LSD u.a.«[24] in die Bewegung hinein auflösen; stattdessen sollten »Aktionszentren«, spontan gebildete Volksräte, als bewegliche Vereinigungen von Theorie und Praxis die zukünftige Form der Bewegung darstellen. Diese könne sich – und diesen Vorwurf richtete Dutschke direkt an Habermas – nämlich nicht mehr auf den gesetzmäßigen Verlauf gesellschaftlicher Prozesse verlassen: Weil der Gegensatz von Theorie und Praxis, der die bisherige Arbeiterbewegung charakterisiert habe, von der materiellen Entwicklung überrollt und auf-

---

22 Lönnendonker, Rabehl, Staadt, Die antiautoritäre Revolte, S. 348 f. Zum Verlauf des Kongresses auch Kraft, Hörsaal, S. 250-254.
23 Lefèvre, Referat, in: Bedingungen und Organisation des Widerstandes, S. 54.
24 Dutschke, Referat, in: Bedingungen und Organisation des Widerstandes, S. 81.

gelöst worden sei, werde der Wille der Menschen, ihre eigene Geschichte bewusst zu gestalten, das entscheidende Element auf dem Weg zu einer Revolutionierung der Verhältnisse sein.²⁵

Als Kritik an der Unbestimmtheit seiner Vorschläge und seiner martialischen Rhetorik geäußert wurde, ruderte Dutschke in zahlreichen Punkten zurück: Die Aufgabe westdeutscher »Aktionszentren« solle zunächst nur die Solidarität mit den Berlinern sein, Aufklärung würde man ja ohnehin machen, mit den angekündigten »Kampfaktionen« meine man lediglich passive Sitzstreiks, und wer die fehlende demokratische Legitimation der Aktionszentren bemängele, dessen Demokratiebegriff erschöpfe sich eben in »baupolizeilichen Vorschriften, Ordnung, Sicherheit, und damit hat es sich.«²⁶ In der Dünnhäutigkeit, mit der den Fragen nach Details der antiautoritären Bewegungsrhetorik begegnet wurde,²⁷ zeigte sich zwar die Fragilität dieser selbstüberredenden Bewegungssuggestion, sobald es konkret wurde – nicht jedoch die Fragilität des Bewegungsgedankens an sich.

Die zupackende Aufstandsrhetorik überdeckte zudem nur notdürftig, dass der SDS und die Antiautoritären auf den Politisierungsschub nach dem 2. Juni kaum vorbereitet gewesen waren. In einer internen Diskussion einige Tage später herrschte daher ein eher mutloser Ton: Zwar habe sich die Studentenschaft mit Benno Ohnesorg solidarisiert, stellte Bernd Rabehl fest, aber sie würde die Schüsse immer noch nicht mit den geplanten Notstandsgesetzen zusammendenken. Man müsse den Kommilitoninnen und Kommilitonen nach wie vor die »Illusion« nehmen, in einer echten Demokratie zu leben. Eine solch weitgehende Einsicht, gab ein anderer Diskussionsteilnehmer zu bedenken, sei ohnehin nur der Minderheit der Studierenden zu vermitteln, die die größeren Zusammenhänge zwischen der Polizeigewalt und dem internationalen Bezug der Demonstration ohnehin schon begriffen hätten. Auch Rudi Dutschke war mitnichten von der in Hannover gezeigten Revolutionseuphorie getragen: die einzig realistische Perspektive für den SDS sei nach wie vor, den Kurs der letzten zwei Jahre zu halten und durch

---

25 In diesem Zusammenhang fiel das berühmte Zitat Dutschkes: »Professor Habermas, Ihr begriffsloser Objektivismus erschlägt das zu emanzipierende Subjekt«, siehe ebd., S. 78.
26 Diskussionen, S. 94.
27 An der Frage nach konkreten Bedeutungen der »Kampfmaßnahmen« entzündete sich auch Habermas' berühmt gewordener Vorwurf des »linken Faschismus«, den er Dutschkes Vorschlägen unterstellte, siehe ebd., S. 101.

theoretische Arbeit zu versuchen, das »Potential antiautoritärer Kräfte zu vergrößern.«[28]

Der 2. Juni 1967, der für den Großteil der »normalen« Studierenden als politische Initiation wirkte, bedeutete für die Strategen der antiautoritären Bewegung also primär eine Frustrationserfahrung. Unter dem Eindruck, dass sich das Zeitfenster für nachhaltige Agitation schnell zu schließen drohte, schlugen sie daher einen Weg ein, der als vom Mut der Verzweiflung genährte Flucht nach vorn zu interpretieren ist. In Dutschkes Tagebuch erscheinen die Wochen nach dem 2. Juni als Zeit höchster Intensität, in der sich die Berliner Antiautoritären, um den Schwung der Bewegung zu erhalten, von interner Kritik,[29] gemäßigten Alliierten[30] und auch von den westdeutschen Studierenden freizumachen begannen. So stimmte Dutschke einem Redner zu, der »den wirklichen Riß in der Bevölkerung« in dem zwischen »Autoritäre[n]/Antiautoritäre[n]« ausmachte, und notierte mehrere Vorschläge, um die Bewegung weiterzutreiben: Geld für Waffenkäufe des Vietcong zu sammeln, der Staatsanwaltschaft ein Ultimatum für die Freilassung des nach dem 2. Juni inhaftierten Kommunarden Fritz Teufel zu stellen, »prinzipiell illegale Demonstrationen« zu veranstalten und sich auf »Gegengewalt« vorzubereiten: »Schutztruppe – Karateausbildung – bei Knüppeleinsatz – Molotowcocktails«.[31] Bis in die Nacht hinein diskutierte Dutschke auf Versammlungen, Demonstrationen und Partys »über die Notwendigkeit der Abschaffung des Parteiensystems und ›Ersetzung‹ durch dezentralisiertes Rätesystem, das den zoon politikon ermöglicht und verwirklicht.«[32] Man darf davon ausgehen, dass die anderen Antiautoritären im Berliner SDS ebenso dachten. Ein nächster Schritt musste nun also gegangen werden – beinah egal war es, welcher es war und wohin er führte.

---

28 Alle Zitate aus der Dokumentation Hans Dieter Müller (Regie), Ruhestörung – Ereignisse in Berlin, 2. bis 12. Juni 1967 (1967). Online verfügbar unter https://av.tib.eu/media/25397, zuletzt geprüft am 27.08.2019.

29 Der Berliner SDSler Tilman Fichter hatte den von Dutschke propagierten »Aktionszentren« ebenfalls »faschistoide Elemente« unterstellt, Dutschke bescheinigte ihm darauf, »die Vielfalt der Stufen des Bewußtseins« schlicht nicht zu begreifen, siehe Dutschke, Jeder hat sein Leben ganz zu leben, S. 47.

30 Auf einer Kundgebung am folgenden Tag sprach Dutschke nach dem linken SPD-Mitglied Harry Ristock und verkündete dort, dass »die etablierten Organisationen von SPD bis Gewerkschaften für eine Demokratisierung von unten absolut untauglich geworden sind«, ebd., S. 48.

31 Ebd., S. 49.

32 Ebd., S. 51.

Machtergreifung in Pichelsdorf

Ähnlich wie in der Phase vor dem ersten Vietnamkongress 1966 legten es die Antiautoritären bei dieser willentlichen Selbstradikalisierung nicht darauf an, sich um Alliierte zu kümmern. Vielmehr schienen sie abermals besondere Energie aus der gezielten Konfrontation mit ihnen politisch Nahestehenden zu ziehen. Auf einer Gedenkveranstaltung zum Jahrestag des Arbeiteraufstands vom 17. Juni 1953 deutete Dutschke dieses Ereignis als Beginn einer antistalinistischen Rätebewegung und forderte deren Fortsetzung in Form einer »›zweite[n] Revolution‹« in der Sowjetunion, die die »wirkliche 2. Front f[ür] Vietnam«[33] darstellen könne. Auf diese Provokation der etablierten Linken reagierte Lothar Pinkall, Leiter der Gewerkschaftsschule der IG Metall in Pichelsdorf, mit einer Einladung an ausgewählte Mitglieder des Berliner SDS und des Republikanischen Clubs zu einer Diskussionsrunde, um in privater Atmosphäre einige grundsätzliche Fragen zu debattieren. In den für alle Beteiligten turbulenten Wochen nach dem 2. Juni stellte dieses Wochenendtreffen vermutlich die erste Gelegenheit dar, in einem grundsätzlich wohlwollenden, über den engeren Zirkel der Antiautoritären hinausgehenden Kreis konkrete Vorstellungen über eine mittelfristige Perspektive der gerade erste entstehenden Bewegung auszusprechen.[34]

Die Atmosphäre der Zusammenkunft muss etwas unwirklich gewirkt haben, nicht nur, weil die Planungen zur Machtübernahme in Berlin sich mit Fußballpartien und Schwimmrunden im Wannsee abwechselten.[35] Zwar sind dem Protokoll auch Meinungsverschiedenheiten zwischen den einzelnen SDS-Mitgliedern sowie immer wieder Zweifel an der Machbarkeit der Vorschläge zu entnehmen, doch in der Gesamtschau er-

---

33 Ebd., S. 53.
34 Laut Protokoll nahmen an der Diskussion neben Lothar Pinkall Rudi Dutschke, Peter Gäng, Wolfgang Lefèvre, Bernd Rabehl, Christian Semler, Urs Müller-Plantenberg, Peter Wellert und Rolf Stanzick teil, wovon die letzten drei den traditionssozialistischen Flügel des SDS bzw. den Republikanischen Club vertraten, siehe Lönnendonker, Rabehl, Staadt, Die antiautoritäre Revolte, S. 474. Das Protokoll bildet die einzig mir bekannte Originalquelle von dem Treffen. Hubertus Knabe schreibt in seinem Buch *Die unterwanderte Republik*, dass auch Dietrich Staritz an dem Treffen teilgenommen habe, der dessen Inhalt anschließend an das MfS berichtet habe. Da Jochen Staadt anhand von Archivmaterialien jedoch durchaus schlüssig zeigt, dass Staritz den Bericht wohl eher aus Gerüchten und Mußmaßungen kompiliert hatte, ohne selbst dort gewesen zu sein, fließt dieses Dokument hier nicht in die Darstellung ein, siehe Staadt, SDS und Stasi.
35 Chaussy, Rudi Dutschke, S. 263.

staunt die offenkundige Problemlosigkeit, mit der das Selbstverständnis der Berliner Antiautoritären als verfolgte Minderheit – wie schon zuvor bezeichneten sie sich völlig selbstverständlich als »Juden«[36] – mit der Vorstellung kompatibel war, dass die Stadt faktisch kurz vor der Revolution stand. In deutlichem Widerspruch zu seinem privaten Pessimismus nur wenige Wochen zuvor erklärte Rudi Dutschke, dass es »nicht mehr übermütiger Irrsinn [sei], in dieser Stadt die Machtfrage zu stellen.«[37]

In Pichelsdorf wurde quasi beschlossen, West-Berlin mittelfristig in einen von der Bundesrepublik wie der DDR unabhängigen »Freistaat« mit »Beispielcharakter« zu machen, dessen einzurichtendes Rätesystem und Gemeinwirtschaft als »ungeheures theoretisches und praktisches Moment« einer »demokratischen Gesellschaft« und damit als »Transmissionsriemen« zur weltweiten Revolution wirken sollte.[38] Auch wenn der starke Bezug auf Berlin sicherlich mit der ökonomischen und politischen Sonderstellung der Stadt zusammenhing,[39] ist anzunehmen, dass vor allem die Erfahrungen des Hannoveraner Kongresses bei den Diskutierenden präsent waren – dort war offensichtlich geworden, dass die hohe Politisierung der Berliner Studierenden kaum Vergleiche zu Westdeutschland zuließ. Die Weiterführung der Bewegung und der Sonderstatus Berlins wurden gedanklich miteinander verknüpft: Der begonnene »›Strom‹« von »westdeutsche[n] ›Revoluzzer[n]‹«[40] nach Berlin müsse noch weiter gefördert werden. Als Grundlage der künftigen Revolte sollte so ein lokales revolutionäres Milieu entstehen, das außer fluiden »Aktionskomitees«[41] keine sonstigen organisatorischen Strukturen kennen sollte.

Der SDS bildete in diesem Szenario das »provokati[ve] pol[itische] Zentrum«[42] der Bewegung, allerdings müsse die Einheit von Theorie

---

36 Dutschke, Rudi, Protokoll von Rudi, Pichelsee, 24./25.6.1967. APO-Archiv, Ordner SDS 242 BV IX Seminare 1966, S. 5.
37 Ebd., S. 3.
38 Alle Zitate aus ebd., S. 6. Die Überlegungen zum Rätesystem wurden explizit mit Bezug auf Vorbilder aus der Weimarer Republik angestellt.
39 Den Überlegungen, wie man die Bevölkerung Berlins auf die Seite der studentischen Räte ziehen könnte, muss man ein gewisses Maß an populistischer Finesse zusprechen; man müsse etwa das »Trauma von der Verlassenheit« ausnutzen, die Überalterung der Berliner Industrie und die Abhängigkeit von Westdeutschland; überdies kam die Idee eines »Volksrates« auf, in dem sich alle Elemente der Gesellschaft versammeln sollten, die sich parlamentarisch nicht repräsentiert fühlten, siehe ebd., S. 12.
40 Ebd., S. 2.
41 Ebd., S. 8.
42 Ebd., S. 8.

und Praxis durch die Abschaffung der bisherigen festen Strukturen gewährleistet werden: In beweglichen »Projektgruppen« sollte theoretische und praktische Arbeit zu einem spezifischen Thema geleistet werden, während ein »Generalrat« – vermutlich eine Vollversammlung aller Mitglieder – die Aufgabe habe, aus den Ergebnissen eine umfassende »Theorie der revolutionären Veränderung in West-Berlin« zu schmieden. Das bedeutete auch das Ende theoretischer Grundlagen- und Bildungsarbeit: Nun müsse man es schaffen, »im Besonderen das Allgemeine [zu] sehen.«[43] Organisation, Praxis und Theorie sollten vollends in der Bewegung vereinigt werden.

Die wilde Entschlossenheit, die aus solchen Sätzen spricht, verdeckt nur notdürftig, dass die Diskussionen an dem heißen Sommerwochenende sicherlich mehr einem Tasten auf gedanklich unerkundetem Terrain glichen als einer Strategiediskussion, bei der es tatsächlich um eine Machtübernahme ging. Ähnlich wie das weitaus berühmtere, im *Kursbuch* veröffentlichte »Gespräch über die Zukunft«, das Dutschke, Rabehl und Christian Semler im Oktober 1967 mit Hans Magnus Enzensberger über die möglichen Ziele der Bewegung führten,[44] sind die Pichelsdorfer Protokolle im Grunde wenig geeignet, ihnen konkrete Zielvorstellungen der antiautoritären Bewegung zu entnehmen. Vielmehr bezeugen sie, wie sehr die Bewegung auf die Unbestimmtheit ihrer Ziele angewiesen war, um als Bewegung zu funktionieren; wie schnell die Antiautoritären auf unerschlossenes Gedankengelände gerieten, wenn sie ihre Bewegungstheorie konsequent weiterdachten, und wie wenig sie dem, was man vielleicht gesunden Menschenverstand oder Realitätssinn nennen würde, dabei die Funktion einer korrigierenden Instanz zuweisen konnten, ohne sich selbst zu sabotieren.[45]

Dass Dutschke sich wenige Tage später in sein Tagebuch hineinbrüstete, er habe »[i]n der Kneipe [den] ›Machtergreifungsplan‹ ›ausge-

43 Ebd., S. 1.
44 Enzensberger, Gespräch über die Zukunft.
45 Wolfgang Lefèvre erinnerte sich knapp zwei Jahre später folgendermaßen an die Diskussionen: »Es war ungeheuer rührend, weil sich das erstemal Leute, die sich seit drei Jahren sicherlich morgens vor dem Rasierspiegel selbst schon als Sozialisten bezeichnen würden, plötzlich einmal konkret vorstellen mußten, was würde Sozialismus denn heißen? Bis hin zu der Frage: Was machen wir mit der Straßenbahn und was machen wir mit den Altersheimen? [...] Ich glaube, das geht jedem Menschen so: Man kann über Sozialismus einen ganzen Haufen wissen und auch sich vorstellen. Wenn das konkret auf einen zukommt, und am 2. Juni schien es konkret auf uns zuzukommen, dann muß man sich erst einmal über die banalsten Dinge auch ein bißchen versponnen unterhalten«, siehe Gespräch Siegward Lönnendonkers mit Wolfgang Lefèvre am 20.12.1969, S. 85.

packt'« und damit eine »Wasserstoffbombe«[46] gezündet, widerspricht dem nicht. Dutschke unterstand selbst den Gesetzen der Aufmerksamkeitsökonomie und Statuskonkurrenz, die sich im Berliner Gegenmilieu herausbildeten: Hier zirkulierten hochfliegende Pläne, fielen radikale Schlagworte und brodelten Gerüchte. In den Spekulationen über die baldige »Machtergreifung« zeigte sich vor allem eins: dass die Berliner Antiautoritären längt gedanklichen und praktischen Zugzwängen unterlagen, die ihnen verunmöglichten, zu einer konventionelleren Form politischer Praxis zurückzukehren. Nicht einmal stehenbleiben durften sie.

»Die Bewegung in Bewegung setzen«[47]: Eine Eskalationsstrategie

Aufsehenerregende Schützenhilfe für die Forderung des kompromisslosen Weitertreibens der Bewegung lieferte Herbert Marcuse, der Berlin im Juli 1967 besuchte. Es entbehrt nicht der Ironie, dass der Philosoph im Jahr zuvor noch auf Einladung der Gegner der Antiautoritären im SDS auf dem Vietnamkongress in Frankfurt gesprochen hatte und nun als Lichtgestalt der Berliner Antiautoritären wiederkam. Es hätte wohl auch kaum einen besseren Zeitpunkt für seinen Besuch geben können als den Juli 1967, in dem die Bewegung ihren Anfangsschwung zu verlieren drohte. Die Studierenden empfingen Marcuse in Berlin angeblich »wie einen Messias«[48] – die Bilder seiner überfüllten Vorlesungen im Audimax der FU sind ikonisch für die Theorieorientierung der Studentenbewegung geworden.[49] Der Philosoph aus Berkeley kam den Erwartungen vollends nach: Nicht nur, dass er den Revoltierenden in ihrer Eigenschaft als *Studenten* die Rolle einer potentiellen revolutionären Kraft zusprach,[50] er tat dies auch in der Rhetorik der existenziellen Entschlossenheit, die die Antiautoritären zu diesem Zeitpunkt pflegten. In seinen Vorlesungen bot Marcuse ihnen die »Idee einer neuen Anthropologie [...] als Existenzweise«[51] zur Deutung ihrer selbst an, in der eine politische wie

---

46 Dutschke, Jeder hat sein Leben ganz zu leben, S. 55.
47 Dutschke, Zu Protokoll, S. 20.
48 So Marcuse zu Leo Löwenthal, zit. nach Engelmann, Jan, Der Traum von der großen Verweigerung, in: taz vom 19.07.2003, S. 14.
49 Etwa bei Romano, Carlin, Occupy This: Is It Comeback Time for Herbert Marcuse? Online verfügbar unter https://www.chronicle.com/article/occupy-this-is-it-comeback-time-for-herbert-marcuse/, zuletzt geprüft am 15.02.2019.
50 Kurnitzky, Kuhn, Marcuse. Das Ende der Utopie, S. 47, 49.
51 Ebd., S. 15.

»moralisch-sexuelle Rebellion [...] gegen die herrschende Moral«[52] auf grundlegend neue Art in eine revolutionäre Existenzform zusammenflossen:

> »Die Befreiung des Bewußtseins, von der ich gesprochen habe, meint nun mehr als Diskussion. Sie meint in der Tat und muß in der erreichten Situation meinen: Demonstration. Das heißt im wörtlichen Sinne: zeigen, daß hier der ganze Mensch mitgeht und seinen Willen zum Leben anmeldet. Seinen Willen zum Leben, das heißt seinen Willen zum Leben in Frieden. Und wenn es für uns schädlich ist, Illusionen zu haben, so ist es ebenso schädlich, und vielleicht schädlicher, Defaitismus und Quietismus zu predigen, die nur dem System in die Hände spielen können. [...] Und selbst wenn wir nicht sehen, daß die Opposition hilft, müssen wir weitermachen, wenn wir noch als Menschen arbeiten und glücklich sein wollen.«[53]

Sicherlich war Marcuse einer der meistrezipierten Autoren der Antiautoritären gewesen, aber dennoch überrascht im Rückblick, wie passgenau ihnen im Juli 1967 seine Thesen entgegenkamen: In einer Situation, in der die Bewegung um ihrer Bewegungsform willen weder inhaltliche noch bündnistaktische Kompromisse eingehen konnte, bestärkte sein Appell an die politische Lebensform und die existenzielle Entschlossenheit des *Weitermachens* die Antiautoritären in der Gewissheit, noch stärker in der Bewegung aufzugehen. Auf Gedeih und Verderb weitermachen hieß jedoch auch, in bisher unerschlossenes theoretisches Gelände aufzubrechen. »Es gibt so gut wie keine Literatur, die sich eine gegengesellschaftliche Strategie zum Ziele setzt«, überschrieb der Landesverband Berlin eine vergleichsweise kurze Liste an Literaturempfehlungen: Da die Gegenwart Schauplatz einer präzedenzlosen Entfaltung der Produktivkräfte sei, könne »die hier angeführte Literatur« keine direkten Anweisungen geben, sondern »nur verstanden werden als Orientierung, welche [...] praktischen Versuche es in dieser Richtung« so gegeben habe. Angeführt wurden neben einzelnen Werken von Rosa Luxemburg, Wilhelm Reich und Antonio Gramsci vor allem zwei Texte aus dem US-amerikanischen SDS, Tom Haydens *The Politics of the »Movement«* sowie *The Politics of Radical Living* eines gewissen Peterson,[54] deren Titel allein schon suggerierten, wohin die Reise gehen sollte.

---

52 Ebd., S. 23.
53 Ebd., S. 54.
54 SDS Landesverband Berlin, Literatur. APO-Archiv, Berlin 1965-1967 Teil 2.

»DIE BEWEGUNG IN BEWEGUNG SETZEN«

Verflüssigungen

Dabei wurde dem schon vor dem 2. Juni begonnenen Abbau fester Organisationsstrukturen eine besonders hohe Bedeutung zugesprochen. Nur knapp zwei Wochen nach dem Pichelsdorfer Treffen hatte ein aus etwa zehn bis zwölf Leuten bestehender Kreis informeller Wortführer beschlossen, die Mitte Mai mit der Einrichtung eines »erweiterten Beirats« begonnene Auflösung des Berliner SDS in die »Bewegung« hinein durch weitere Umstrukturierungsmaßnahmen fortzusetzen. Die bisherigen festen Organisationsstrukturen sollten sogenannten »Projektgruppen« weichen, in denen sich die Teilnehmenden über einen längeren Zeitraum hinweg mit einem Thema theoretisch beschäftigen und gleichzeitig als »verbindliche[s] Kollektiv [...] gemeinsam verschiedene Praxisformen der Demonstration und anderer Aktionen ausprobieren«[55] sollten. Die vorgeschlagenen Themen waren dabei nicht systematisch ausgearbeitet, sondern schienen sich eher aus den persönlichen Interessen der Gruppengründer abzuleiten – behandelt werden sollten die Schwerpunkte »Revolutionäre Kunst und Marxismus«, »Verhältnis der Dritten Welt zu den Metropolen der hochindustrialisierten Länder«, »Berlinsyndrom«, »Politische Ökonomie« mit Schwerpunkt auf die Verhältnisse in Westberlin, »Rätedemokratie« und »Bürokratie«[56]; eine an der Technischen Universität gebildete Gruppe befasste sich zudem mit der Rolle der Technologie in der kapitalistischen Gesellschaft.[57] Die Verpflichtung für jedes SDS-Mitglied, an einer der Gruppen teilzunehmen – Unwilligen wurde die Suspendierung angedroht –, zeigt, dass die »Projektgruppen« mit dem Anspruch aufgeladen wurden, den SDS zu einem »von unten« gestalteten Kollektiv engagierter und egalitärer Genossen zu machen.

Die konkrete Ausformung dieser Transformation blieb jedoch im Unklaren. Dem Arbeitsplan der von Bernd Rabehl und Christian Semler organisierten, miteinander verbundenen Projektgruppen »Rätedemokra-

---

55 Der amtierende Beirat, Genossen im Graben!!!, 21.7.1967. Archiv des HIS, HBE 611, Rundschreiben des SDS LV Berlin, 1966-1969, S. 1.
56 SDS Landesverband Berlin, Rundschreiben, 18.08.1967. APO-Archiv, Ordner SDS LV 356, Rundschreiben, S. 1.
57 Gespräch Siegward Lönnendonkers mit Wolfgang Lefèvre am 20.12.1969, S. 88. Laut Wolfgang Lefèvre fand die Gruppe »Berlinsyndrom« mangels Interessenten nicht, die Gruppe »Berliner Wirtschaft« erst ab Februar 1968 statt. Der Technologie-Arbeitskreis existierte Ende 1969 noch. Überdies begründete eine SDS-Gruppe an der Kirchlichen Hochschule eine Projektgruppe »Theologie«, siehe SDS-Projektgruppe an der Kirchlichen Hochschule, Betr: Projektgruppe Theologie. APO-Archiv, Ordner SDS 353 SDS LV Berlin o. J. B II a, 1965-1967.

tie« und »Bürokratie« ist zu entnehmen, dass zunächst relevante Lektüre diskutiert werden sollte; anschließend sollten sich spezialisiertere Untergruppen etwa mit der »Theorie der Rätebewegung der Gegenwart (Kuba, Algerien, China)« oder der »Bürokratie der Stadt Berlin« beschäftigen. Sowohl der Lesestoff,[58] die Themenauswahl als auch die Arbeitsweise ähnelten daher den alten SDS-Arbeitskreisen; zumindest auf dem Papier war kaum ersichtlich, wie Theorie und Praxis in den Projektgruppen auf die ersehnte Weise vereint werden sollten. Man muss also davon ausgehen, dass diese angestrebte Einheit von Theorie und Praxis sowie von politischer und persönlicher Gemeinschaft vielmehr durch situative und performative Behauptung evoziert werden musste. Der Erfolg dieser Suggestion hing vermutlich von der Glaubwürdigkeit einzelner informeller Führungsfiguren ab. Der in dieser Hinsicht in hohem Maße begabte Rudi Dutschke formulierte für seine Projektgruppe über die »3. Welt« und ihre Beziehungen zu den Metropolen des Westens dementsprechend ganz andere Arbeitspläne: Zum »Verständnis besonderer und einzelner Problemkomplexe unserer Projektgruppe« sei die Lektüre der angeführten Literatur zwar Voraussetzung, hieß es dort, das theoretische Wissen könne jedoch nicht durch Lektüre allein erworben werden: »Direkte Aktionen gegen Marionettenkonsulate etc.« sollten anschließend »die für eine genauere Rezeption der ›revolutionären Theorie‹ konstitutive ›sinnliche Erfahrung‹ ›liefern‹.«[59] Die Projektgruppe sollte so »a) intellektuelle, b) materielle, c) physisch-körperliche« Arbeit vereinen, sogar »politische Reisen nach Cuba« wurden angedacht.

Die offensichtliche Diskrepanz der Ansätze verdeutlicht, dass der Abbau verbindlicher Strukturen und die Einrichtung der Projektgruppen den Zerfall des ohnehin schon heterogenen Berliner SDS in konkurrierende Cliquen einerseits und die Ausdifferenzierung und Festigung seiner informellen Hierarchien andererseits weiter verstärkten. Vermut-

58 Die vorgeschlagene Lektüre bestand unter anderem aus Ausschnitten aus dem *18. Brumaire,* der *Kritik der Hegelschen Rechtsphilosophie,* der *Kritik des Gothaer Programms,* aus Max Webers *Wirtschaft und Gesellschaft,* Herbert Marcuses *Industrieller Kapitalismus* und Texten von Georg Lukács, aber auch aus zeitgenössischer historischer Forschung über die Rätebewegung, siehe Semler, Christian; Rabehl, Bernd, Projektgruppen Bürokratie und Rätedemokratie, 03.08.1967. Archiv des HIS, HBE 611, Rundschreiben des SDS LV Berlin, 1966-1969.
59 Dutschke, Rudi, Notizen. Archiv des HIS, RUD 240, 09 Handschriftliche Notizen und Materialien zur Projektgruppe 3. Welt/Metropolen. Gelesen werden sollten neben dem schon länger im SDS verbreiteten Werk *Monopoly Capitalism* von Paul A. Baran und Paul Sweezy sowie Frantz Fanons *Verdammten dieser Erde* vor allem Texte von Che Guevara und Mao Tse-Tung über Guerillataktiken.

lich hatte das Sendungsbewusstsein der antiautoritären Führungsschicht zu diesem Zeitpunkt einen Höhepunkt erreicht: Im stark von inoffiziellen Hierarchien und Loyalitäten durchzogenen SDS sozialisiert, fühlten sie sich offenbar direkt berufen, durch ihre theoretischen und strategischen Kenntnisse die Bewegung der erst seit dem 2. Juni politisierten »Revoluzzer«[60] in die richtige Richtung zu lenken. Durch den Bedeutungsverlust des SDS als Zentralinstanz kam den Projektgruppen größere Bedeutung zu: »wirkliche Mafias« seien die einzelnen Gruppen im Laufe des Winters 1967 geworden, so Wolfgang Lefèvre: »Jeder kleine Gebietsfürst hatte seine Projektgruppe, die ihm als Streitmacht bei Zusammenkünften diente.«[61] Bernd Rabehl sah in den informellen Hierarchien der Projektgruppen, die trotz des egalitären Impulses letztlich auf den Organisationsfähigkeiten und politischen Interessen ihrer Gründerfiguren aufbauten, auch einen Grund für die Ausbildung eines theoretischen Niveaugefälles: »Die Mitglieder informierten sich schüchtern in der bürgerlichen Presse über die Ansichten ihrer Opinionleader und plapperten sie leutselig nach, weil die theoretische Ableitung der Strategien ihnen unklar blieb.«[62] Als Ende September 1967 die 22. SDS-Delegiertenkonferenz in Frankfurt tagte, stand der SDS also schon längst unter Hochspannung: Einerseits neigte sich tatsächlich ein immer größerer Teil der SDS-Mitglieder tendenziell den Antiautoritären zu, andererseits hatten sich diese ihrerseits bereits in verschiedene eher durch Personen als durch Inhalte zu unterscheidende Fraktionen ausdifferenziert.

Der Andrang und das mediale Interesse an der Konferenz war groß. Zu den siebzig regulären Delegierten[63], die den inzwischen etwa 2000 Mitglieder starken SDS vertraten, gesellten sich mehr als 300 Gäste (darunter Vertreter der FDJ wie des sowjetischen Studentenrates) und Medienvertreter.[64] Die allgemeine Erwartungshaltung ließ erahnen, dass

60 Dutschke, Rudi, Protokoll von Rudi, Pichelsee, 24./25.6.1967. APO-Archiv, Ordner SDS 242 BV IX Seminare 1966, S. 2.
61 Gespräch Siegward Lönnendonkers mit Wolfgang Lefèvre am 20.12.1969, S. 90.
62 Zit. nach Dutschke, 1968. Worauf wir stolz sein dürfen, S. 153.
63 Aufgrund zahlreicher neu gegründeter SDS-Gruppen war die Zahl der Delegierten ohnehin schon höher als die üblichen 50, siehe SDS-Bundesvorstand, Rundschreiben Nr. 26, 27.08.1967. APO-Archiv, Ordner XXII. DK in Frankfurt/Main 1967.
64 Lönnendonker, Rabehl, Staadt, Die antiautoritäre Revolte, S. 372. Siehe auch: o. A., Die Radikalen um den Berliner Dutschke setzen sich im SDS durch. Frankfurter Tagung endet mit Krawall, in: Die Welt vom 11.09.1967, S. 6; o. A., Zwergschule des Sozialismus? Beobachtungen auf der Konferenz des Sozialistischen Studentenbundes, in: Frankfurter Allgemeine Zeitung vom 07.09.1967, S. 23.

auf dieser Konferenz die Zukunft der Bewegung entschieden werden würde. Die Veranstaltung fand unter der Fahne der südvietnamesischen FNL statt,[65] und zu Beginn sangen die Teilnehmenden spontan die »Internationale«[66] – ohne Zweifel kalkulierte der SDS die Medienwirksamkeit seiner Veranstaltungen inzwischen ein. Dass die Mitglieder der Kommune I im Foyer chinesische Revolutionslieder abspielten und importierte maoistische Literatur verkauften,[67] trug zur angespannten Atmosphäre weiter bei.

Die verschiedenen Vorstellungen darüber, wohin der SDS steuern sollte, waren durch die Sommerpause nicht verflogen. Selbst in der verhältnismäßig kleinen Gruppe der Berliner Antiautoritären herrschte keine Einmütigkeit. Zwei Vorträge sollen an dieser Stelle exemplarisch herausgegriffen werden: einerseits der Rechenschaftsbericht der Bundesvorsitzenden, andererseits das »Organisationsreferat« von Rudi Dutschke und Hans-Jürgen Krahl. Beide Texte entstammten dem antiautoritären Lager, beide reflektierten die Entwicklung der »Bewegung«. Ihre sehr unterschiedlichen Vorstellungen, was diese »Bewegung« aber konkret bedeuten könne, ließ den einige Monate später einsetzenden Zerfall der Bewegung bereits erahnen.

Der Rechenschaftsbericht der Bundesvorsitzenden Reimut Reiche und Peter Gäng machte deutlich, wie sehr die Vorstellung einer weiterzutreibenden »Bewegung« sich inzwischen auch jenseits der Berliner Antiautoritären verbreitet hatte. Im vorangegangenen Jahr, resümierten die beiden, habe sich der SDS in einer nicht aufzuhaltenden Entwicklung von einer »traditionellen sozialistischen Organisation zur radikalen Studentenorganisation mit sozialistischer Zielsetzung«[68] gewandelt. Die Mobilisierung von Studierenden und Jugendlichen für Protestereignisse sei immer leichter gefallen, vor allem für Proteste gegen den Vietnamkrieg. Das berge jedoch eine Gefahr für die Bewegung: Gerade weil der US-amerikanische Krieg moralisch so einfach und eindeutig zu verurteilen sei, trügen die Proteste dagegen schon die »Tendenz der Rückbildung zur Revolte, zum Generationenkonflikt, zur Verweigerungs-›Revolution‹, zum departementalisierten antiautoritären Kampf«[69] in sich, die das

---

65 Lönnendonker, Rabehl, Staadt, Die antiautoritäre Revolte, S. 375.
66 Handschriftlicher Antrag auf das Absingen der »Internationale«. APO-Archiv, Ordner BV 22. DK 1967 SDS.
67 Lönnendonker, Rabehl, Staadt, Die antiautoritäre Revolte, S. 375.
68 SDS-Bundesvorstand, Rechenschaftsbericht des Bundesvorstandes auf der 22. Delegiertenkonferenz des SDS, 04.09.1967. Archiv des IISG, Sammlung Eberhard Dähne, Box 27, S. 1.
69 Ebd., S. 10.

Risiko einer »von den Jugendlichen und Studenten am feinfühligsten registrierte Tendenz der ausserparlamentarischen Opposition zur Erstarrung im System«[70] berge. Diese Gefahr, durch das Verharren auf einem Thema zu »erstarren«, müsse der SDS in den Griff bekommen, indem er Themen für die Bewegung in einer bestimmten Steigerungsreihenfolge ineinander überführe. In Reiches und Gängs Vorstellung sollte sich die »Bewegung« also für einen bestimmten Zeitraum einzelner Themen bemächtigen, sich an diesen entlang weiterentwickeln und sie dann nach einer Weile wieder verlassen, um nicht zu »erstarren«. Der SDS habe daher die Aufgabe, die Bewegung durch geschickte Themensetzung zu einer grundsätzlichen Opposition zu radikalisieren.

Rudi Dutschke und Hans-Jürgen Krahl schlugen in ihrem »Organisationsreferat« demgegenüber eine andere Richtung ein – doch auch sie konzentrierten sich zunächst auf das Problem, dass der SDS »organisatorisch paralysier[t]« zu werden drohe, weil er der »Spontaneität der Bewegung«[71] nicht gewachsen sei. Diese neue, bewegte Form der Opposition sei im Zusammenhang mit dem grundsätzlichen Wandel der ökonomischen Makrostrukturen zu verstehen: Was in der Phase des »Wirtschaftswunders« an Zugeständnissen gegenüber den Arbeitnehmern erreicht worden sei, müsse in der Phase der Angleichung der Wirtschaft an ihr objektives Potential gezwungenermaßen wieder rückgängig gemacht werden. Die Bemühungen um Rationalisierung und Konzertierung und die Zunahme an staatlichen Eingriffen seien daher nicht als beeinflussbare Entwicklung, sondern als zwangsläufiger Prozess zu interpretieren: eine krisenbedingte »Symbiose staatlicher und industrieller Bürokraten« transformiere den Staat zwingend zum »gesellschaftlichen Gesamtkapitalisten« und damit auch die »Gesellschaft zur staatlichen Gesamtkaserne.«[72] Die hierfür notwendige Gewalt übe dieses System des »Integrale[n] Etatismus [als] Vollendung des Monopolkapitalismus«[73] jedoch nicht direkt, sondern über seine Verinnerlichung durch die Beherrschten aus, was eine kurze Phase des »Scheinliberalismus und Scheinparlamentarismus«[74] erlaubt habe. Diese Verinnerlichung struktureller Gewalt habe aber insofern eine »neue Qualität von Naturwüchsigkeit des kapitalistischen Systems«[75], weil

---

70 Ebd., S. 10.
71 Krahl, Dutschke, Organisationsreferat, S. 54.
72 Ebd., S. 54.
73 Ebd., S. 56.
74 Ebd., S. 56.
75 Ebd., S. 56.

sie den »objektiven Verwertungsprozeß des Kapitals strukturell«[76] verändert habe: Mit der Entwicklung zum Monopolkapitalismus und den durch technologische Entwicklung geschaffenen Produktionszuwachs würde die Zirkulationssphäre und damit die abstrakte Arbeit sukzessive abgeschafft und das System selbst, die »Totalität des Maschinenwesens selber«[77], setze – durch totale Manipulation – die Wertmaßstäbe fest.

Dutschke und Krahl setzten hier Gedanken der Kritischen Theorie fort, vor allem Horkheimers Konzept des »autoritären Staates«. Anders als die Vordenker der Frankfurter Schule glaubten sie jedoch, gerade in der Totalität der staatlichen Manipulation einen Ausgangspunkt für eine revolutionäre Strategie finden zu können. Angesichts der »globale[n] Eindimensionalisierung aller ökonomischen und sozialen Differenzen«[78] und der Verinnerlichung struktureller Gewalt durch die Individuen sei die marxistische Kritik am »voluntaristischen Subjektivismus« des Anarchismus nämlich überholt: Die Aufklärung der Arbeiter über die abstrakte Gewalt des Systems könne nicht durch klassische politische Agitationsarbeit erfolgen, vielmehr müssten entschlossene, »revolutionäre Bewußtseinsgruppen« durch »sinnlich manifeste Aktionen« erst sich selbst, dann die »Massen« aufklären:

> »Die Agitation in der Aktion, die sinnliche Erfahrung der organisierten Einzelkämpfer in der Auseinandersetzung mit der staatlichen Exekutivgewalt bilden die mobilisierenden Faktoren in der Verbreiterung der radikalen Opposition und ermöglichen tendenziell einen Bewußtseinsprozeß für agierende Minderheiten innerhalb der passiven und leidenden Massen, denen durch sichtbar irreguläre Aktionen die abstrakte Gewalt des Systems zur sinnlichen Gewißheit werden kann.«[79]

Wenn Politik sich also auf diese Weise sowohl auf der Bewusstseinsebene der Revolutionäre wie auch der Massen abspiele, habe dies gravierende Konsequenzen für die Frage nach der Organisation der kleinen revolutionären Gruppen: Die unweigerliche Verinnerlichung der Gewalt des Systems habe nämlich zur Folge, dass klassische Organisationsstrukturen auch bei entschlossenen Revolutionären schnell in »Integration und Zynismus«[80] mündeten. Die Organisationsform der Revolte sei daher letztlich eine ständige Nicht-Institutionalisierung, eine Art Verstetigung der Bewegung in Form eines Zustands des ständigen In-Der-Schwebe-

---

76 Ebd., S. 57.
77 Ebd., S. 58.
78 Ebd., S. 58.
79 Ebd., S. 59.
80 Ebd., S. 59.

Haltens. Mit dem vielzitierten Satz »Der städtische Guerillero ist der Organisator schlechthinniger Irregularität als Destruktion des Systems der repressiven Institutionen« verschoben Dutschke und Krahl den Ort des politischen Kampfes in den unmittelbaren Lebensbereich der Mitglieder der »revolutionären Bewusstseinsgruppen«: Das »Sich-Verweigern in den eigenen Institutionsmilieus«[81] wurde damit zum urpolitischen Akt. Dass ohnehin »viele Genossinnen und Genossen [...] nicht mehr bereit« seien, »abstrakten Sozialismus, der nichts mit der eigenen Lebenstätigkeit zu tun hat, als politische Haltung zu akzeptieren«[82], sei insofern sowohl Symptom der fehlerhaften Politik wie Ausgangspunkt für den nächsten Schritt: Das »Problem der Organisation [stelle sich] als Problem revolutionärer Existenz.«[83] Der Text betonte damit die Notwendigkeit der Hingabe der ganzen Persönlichkeit, des existenziellen Schritts des Individuums hin zur revolutionären Sache – er interpretierte damit die eigene widerständige Existenz als politischen Akt.

Insbesondere wegen dieser angeblich erstmaligen öffentlichen Erwähnung der »urbanen Guerilla« ist der Vortrag von verschiedenen Seiten als »Zäsur«[84] oder »ein, wenn nicht *das* Schlüsseldokument aus der Geschichte des SDS«[85] bezeichnet worden, als »einen historischen Augenblick [repräsentierend], den als einzigartige Konstellation zu bezeichnen keinesfalls übertrieben ist.«[86] Nach der Wiederentdeckung einer Tonbandabschrift[87] wurde der Text verschiedentlich publiziert und hat daher ein für die Texte der antiautoritären Bewegung untypisch langes Nachleben. Man kann jedoch daran zweifeln, ob der Vortrag die ihm zugeschriebene Wirkung wirklich voll entfaltete. Weil er im Block mit noch drei anderen Beiträgen gehalten wurde und sein Wortlaut erst über zehn Jahre später in einer Frankfurter Studentenzeitschrift abgedruckt wurde, dürfte der Einfluss des Vortrages in Wahrheit deutlich geringer gewesen sein. Interessant ist der Text vor allem deshalb, weil sich an ihm beson-

---

81 Ebd., S. 59.
82 Ebd., S. 59.
83 Ebd., S. 59.
84 Kailitz, Worten zu den Waffen, S. 125.
85 Kraushaar, Dutschke und der bewaffnete Kampf, S. 20.
86 Kraushaar, Autoritärer Staat, S. 58.
87 Laut Bernd Rabehl wurde der Vortrag zu großen Teilen aus schriftlich festgehaltenen Stichpunkten improvisiert, ein Manuskript existierte daher nicht (Gespräch Siegward Lönnendonkers mit Bernd Rabehl am 18.12.1969, S. 101). Gerhard Bauß kolportiert gar, dass Dutschke und Krahl mit einstweiligen Verfügungen gegen die Veröffentlichung vorzugehen drohten. Bauß selbst rekonstruierte den Text einigermaßen treffend aus Protokollen und Interviews, siehe Bauß, Studentenbewegung, S. 323-328.

ders gut der von den konkreten Herausforderungen und praktischen Problemen der »Bewegung« abhängige, eklektische Mosaikcharakter der theoretischen Konzepte, Anschlüsse und Referenzen der antiautoritären »Theorie« bei gleichzeitiger Beibehaltung des dynamischen Grundimpulses des Weitermachens aufzeigen lässt. Tatsächlich waren die theoretischen Bezüge des Texts für seine Kürze vielschichtig und aktuell: Ferenc Jánossys Buch *Das Ende der Wirtschaftswunder*[88], auf das die beiden Autoren sich beriefen, war zu diesem Zeitpunkt auf Deutsch noch gar nicht veröffentlicht; Johannes Agnolis und Peter Brückners *Die Transformation der Demokratie*[89], das in eine ähnliche Kerbe der Parlamentarismuskritik schlug, war erst kurz zuvor erschienen. Das Schlagwort vom »Integralen Etatismus« zitierte Horkheimer, das »Sich-Verweigern« den kurz zuvor auf Deutsch erschienenen *Eindimensionalen Menschen* Marcuses, der später durch die RAF berüchtigt gewordene »städtische Guerillero« basierte auf Che Guevaras »Focus-Theorie«.

Doch auch wenn die im Organisationsreferat suggerierten Parallelen der Kämpfe in der »3. Welt« zu denen in der Bundesrepublik – in den Worten Dutschkes und Krahls: die »Urbanisierung ruraler Guerilla-Tätigkeit«[90] – vorher selten im großen Kreis ausgesprochen worden waren, so war doch der Inhalt des Referats im Grunde kaum neu: Die Betonung des revolutionären Willens Einzelner als Ausweg aus der angeblichen Handlungslähmung der Kritischen Theorie, die Vorstellung kleiner Gruppen, die durch entschlossenes Handeln exemplarisch aus dem Verblendungszusammenhang ausbrechen könnten, all das waren Gedankengänge, die schon zu Zeiten der Subversiven Aktion Teil des antiautoritären Theorierepertoires waren und die Dutschke so ähnlich schon 1966 im SDS vorgetragen hatte – auch wenn eine handschriftliche Notiz Dutschkes nahelegt, dass er nach dem Referat selbst vor der eigenen Courage erschrocken war: »Städtischer Guerillakampf!?! Wohin geht mein Weg?!«[91] hatte er auf seine Unterlagen gekritzelt.

Anders als bei Reiche und Gäng, denen zufolge der SDS die »Bewegung« durch gezielte Themensetzung »zu sich selbst [...] kommen«[92] lassen solle, propagierten Dutschke und Krahl eher eine durch die

88 Veröffentlicht später als Jánossy, Ende der Wirtschaftswunder.
89 Agnoli, Brückner, Transformation.
90 Krahl, Dutschke, Organisationsreferat, S. 58.
91 Dutschke, Rudi, Notizen von der Delegiertenkonferenz 1967. Archiv des HIS, RUD 240, 06.
92 SDS-Bundesvorstand, Rechenschaftsbericht des Bundesvorstandes auf der 22. Delegiertenkonferenz des SDS, 04.09.1967. Archiv des IISG, Sammlung Eberhard Dähne, Box 27, S. 13 f.

existenzielle Entschlossenheit Einzelner in Gang gesetzte »Bewegung« der Akteure selbst, die ohne Organisationstrukturen und Plan einen Bewußtseinsprozess der Vielen bewirken könne. Das Organisationsreferat erscheint insofern weniger als finales Meisterstück eines über die Zeit konstruierten antiautoritären Theoriegebäudes,[93] es zeigt vielmehr, wie sehr der Grundimpuls der Entschlossenheit und fortwährender Bewegung im Medium immer neuer theoretischer Konzepte situativ immer wieder neu reformuliert werden konnte. Zweifellos war es eine nicht geringzuschätzende intellektuelle Leistung, die »objektiven Trendlinien« Jánossys, die These Horkheimers vom »Integralen Etatismus«, Marcuses »Verweigerung«, die Focustheorie Che Guevaras und die Thesen Karl Korschs zu etwas Neuem, vom Impuls her jedoch immer Gleichbleibenden zusammenzudenken.[94] Gleichzeitig war in der Wendung, die eigene widerständige Existenz zum politischen Akt umzudeuten, die Tendenz zur Verselbstständigung der Bewegung bei gleichzeitiger Abschottung von Kritik von außen schon weit fortgeschritten: Wenn das innere Erleben, das Bewusstsein der Einzelnen, zum Erfolgskriterium politischer Aktionen wurde, entzog sich die Erfolgsbemessung außersubjektiven Faktoren[95] und erhob die Bewegung zum Selbstzweck. In der Abschlusserklärung der Delegiertenkonferenz wurde dieses Dilemma in eine Formel gegossen, die zunächst paradox anmutete: Gerade weil sich so starke Differenzen innerhalb des SDS gezeigt hätten, nötige dies den Verband zu einer Praxis, deren Erfolg sich erst in der Praxis zeigen und damit die Erarbeitung einer Theorie ermöglichen würde:

»Die wichtigsten Resolutionen [...] sind nicht mehr bloße Handlungsanweisungen, sie entwickeln vielmehr die Perspektiven aus einer grundsätzlichen theoretischen Konzeption; das wäre in gewisser Weise überflüssig, wenn wir unserer Praxis einen theoretisch wie praktisch ausreichenden theoretischen Kodes (!) zugrundelegen könnten. Das können wir nicht. Daraus erklärt sich auch das starke Gefälle zwischen den theoretischen und im engeren Sinn politischen Teilen der Resolutionen, es manifestiert sich die Spannung zwischen vorläufiger, aber

---

93 Bei Siegward Lönnendonker erscheint das Referat als »erste theoretische Vereinheitlichung des Verbandes und damit [...] [als] Beginn der Studentenrevolte«, siehe Lönnendonker, Rabehl, Staadt, Die antiautoritäre Revolte, S. 383.
94 Michael Greven bezeichnet den letzten Teil des »Organisationsreferates« als »kunstvolle[s] Musterbeispiel an Intertextualität«, siehe Greven, Systemopposition, S. 108.
95 Dutschke bezeichnete es als Ziel von gelungenen Provokationen, »Momente der Ich-Stärke« zu erzeugen, zit. nach ebd., S. 129.

notwendiger Theorie und möglicher Praxis. Aber gerade diese Spannung ist es, die uns gegenwärtig politisch weiterbringen kann, weil sie ständige theoretische Anstrengung und damit lebendiges Bewußtsein fordert. Was in den Stimmungsbildern begriffsloser bürgerlicher Meinungsfunktionäre als zerrissene politische Szene ausgemalt wird, ist in Wirklichkeit unsere Stärke.«[96]

Tatsächlich zeigte sich in den Beschlüssen der Delegiertenkonferenz, dass die Notwendigkeit zum Weitertragen der Bewegung den Teilnehmenden zu diesem Zeitpunkt wichtiger war als ihre theoretischen Differenzen – der antiautoritäre Gedanke, dass die Möglichkeit von Praxis sich in der Praxis erweise, wurde hier als offizielle SDS-Resolution formuliert. In der Tendenz hatte sich der SDS als Gesamtverband damit ohne Zweifel in die Richtung der Antiautoritären bewegt – nur waren deren Wortführer schon wieder weiter: Das in Anlehnung an die Umstrukturierung des Berliner SDS eingerichtete fünfzehnköpfige »Politkomitee«[97] für den Gesamt-SDS, das die Strukturen des Bundesvorstands ergänzen sollte, wurde von den Berlinern als »revisionistisch und traditionalistisch«[98], als schon wieder zu institutionalisiert und unbeweglich beschimpft.

»...denn sie wissen nicht, was sie tun«: Ein Tonbandmitschnitt

»Am Ende des Jahres 1967 [...] herrschte eine eigentümliche Gemengelage zwischen Aufbruchsstimmung und Ungewissheit, großen Hoffnungen und dem drängenden Gefühl, nun müsse es aber auch richtig losgehen«[99], erinnerte sich Gretchen Dutschke an die Monate nach der Delegiertenkonferenz. Diese Gemengelage an Emotionen entsprach dem Kunterbunt von Kleininitiativen und Unterprotesten der entstehenden Subkultur unter dem Banner einer außerparlamentarischen Opposition. Wie man diesem amorphen Durcheinander eine politische Richtung verleihen könnte, diskutierte im Oktober 1967 Hans Magnus Enzensberger mit Rudi Dutschke, Bernd Rabehl und Christian Semler. Dieses *Gespräch über die Zukunft* erschien im *Kursbuch* und wurde später oft zitiert – meist als Beleg, wie weit sich die Phantasien der Antiautoritären

---

96 Resolutionen und Beschlüsse der XXII. ordentlichen Delegiertenkonferenz des SDS. APO-Archiv, Ordner XXII. DK in Frankfurt/Main 1967, S. I.
97 Ebd., S. 45.
98 Giering, Springer, S. 10.
99 Dutschke, 1968. Worauf wir stolz sein dürfen, S. 100.

inzwischen von der Realität entfernt hätten.[100] Es soll hier nicht ausführlich auf die in dem Gespräch ausgebreiteten Vorstellungen über die Details der zu gründenden »Räterepublik in Westberlin« eingegangen werden. Für mich ist der Text vor allem Zeugnis der verfahrenen Situation, in die sich die Akteure zu diesem Zeitpunkt manövriert hatten – denn auf die Frage, wie denn der angestrebte »Transformationsprozeß«[101] des entstehenden Gegenmilieus in Gang zu setzen sei, schien es zu diesem Zeitpunkt keine andere Antwort als die nach der bewusstseinsmobilisierenden Kraft der Konflikte mit der Obrigkeit geben zu können:

> »[M]eine Antwort ist, daß eine solche Dynamik produziert werden kann durch die diffusen, auf die ganze Gesellschaft verteilten Gruppen, Individuen, Schichten, daß aus diesem Brei durchaus – nicht durch Selbstbewegung, sondern durch kämpferische Auseinandersetzung mit der staatlichen Exekutive – eine Basis, vergleichbar dem Ghetto, in der Gestalt von Gegenmilieu entstehen kann.«[102]

Für die Versuche der Antiautoritären, um der Selbstbewusstwerdung der Revolutionäre willen die »kämpferische Auseinandersetzung mit der staatlichen Exekutive« zu forcieren, bietet der Tonbandmitschnitt einer Veranstaltung aus dieser Zeit ein faszinierendes Beispiel. Unter dem Titel »Internationale Konterrevolution« hatte der AStA am 20. Oktober 1967 ins Audimax der FU geladen, um die Demonstration am darauffolgenden »Tag des internationalen Kriegs in Vietnam« vorzubereiten. Man debattierte insbesondere, ob dort die polizeilichen Auflagen gezielt durchbrochen werden sollten oder nicht. Dazu waren nicht nur Studierende, sondern auch sechs SPD-Politiker erschienen.[103]

Der Mitschnitt, auf dem die Reaktionen des Publikums gut hörbar sind, vermittelt heute vor allem die Zerrissenheit der Studentenschaft: Einerseits wird deutlich, wie verbreitet zu diesem Zeitpunkt das sugges-

---

100 Petersdorff, Dirk von, Das große Delirieren. Als sich Enzensberger und Dutschke, Rabehl und Semler einmal die revolutionäre Zukunft ausmalen wollten, in: Die Welt vom 20.01.2001; Betschon, Stefan, Wie die Computer zu den Menschen kamen, in: Neue Zürcher Zeitung vom 19.04.2018. »In diesem Gespräch liegen Witz und Irrwitz der Ideengeber der 68er-Bewegung in verblüffender Eintracht nebeneinander«, schreibt Schneider, Rebellion und Wahn, S. 217. Ausführlich zu dem Gespräch Nassehi, Gab es 1968?, S. 67-74.
101 Enzensberger, Gespräch über die Zukunft, S. 146.
102 Ebd., S. 156.
103 Namentlich genannt wurden Dietrich Stobbe, Erwin Beck, Harry Ristock, Gerd Löffler, Waldemar Schulze und Klaus Riebschläger, siehe Lönnendonker, Fichter, Staadt, Hochschule V, S. 49.

tive Spiel mit einer Rhetorik des Aufstands, der »Großstadtguerilla« und einer einzigen weltweiten Erhebung gegen den imperialistischen Kapitalismus bereits war – »Wir haben am eigenen Leib erfahren, was Vietnam [...] mit uns zu tun hat«, rief ein Redner in den Saal – , andererseits ist gut zu hören, dass Appelle zur Mäßigung, zur geduldigen Aufklärung und zum Kompromiss auf ebenso offene Ohren stießen, solange sie aus den Reihen der Bewegung selbst kamen und zumindest ein wenig nach strategischem Denken klangen. Genauso offensichtlich wird auch der von den Teilnehmenden antizipierte Eventcharakter dieser und ähnlicher Veranstaltungen: Streckenweise waren das Charisma, die rhetorischen Fähigkeiten und die Lagerzugehörigkeit der einzelnen Redner wichtiger als die Argumente.

Eröffnet wurde die fast vierstündige Versammlung von längeren Vorträgen, die ihre intellektuelle Seriosität schon durch den abgelesenen Vortragsstil und lange, gewundene Sätze versicherten; ein Referent entschuldigte sich sogar, das falsche Thema vorbereitet zu haben, und das Publikum lauschte dennoch ergeben. Regungen abseits von pflichtgemäßem Abschlussapplaus zeigte es erst bei dem im spöttisch-süffisanten Ton gehaltenen Beitrag des deutsch-amerikanischen Schriftstellers Reinhard Lettau, der über die Berliner »Politische Polizei« herzog. Seine »zugegeben inadäquate Rede«, in der er auch die in Zivil anwesenden Beamten als vollends minderbemittelte Grobiane darstellte,[104] wurde mit lautem Gelächter und minutenlangem Beifall belohnt, der in rhythmische »Ho-Ho-Ho Chi Minh«-Rufe überging. Die routinierte Sicherheit, mit der Lettau durch seine Beleidigungen – etwas billige – Lacher hervorrief, zeigt deutlich, wie überlegen sich die anwesenden Studenten gegenüber den vertrottelten Polizisten fühlten. Diese Selbstherrlichkeit zeigte sich auch, als sich ein klar Außenstehender das Mikrofon erkämpfen konnte und gegen den Beitrag Lettaus polemisierte: Der Berliner Rechtsanwalt Diether Prelinger warnte vor Allmachtsfantasien und dem Abdriften in die Illegalität, wurde aber nur lautstark ausgelacht. Zweifellos hatte sich zu diesem Zeitpunkt unter den Studierenden bereits ein Wir-Gefühl verbreitet, das die internen Differenzen zumindest zeitweise zu überdecken vermochte, wenn Kritik von außen kam.

Innerhalb der Bewegung wurde allerdings sehr intensiv um den Charakter der Demonstration am folgenden Tag gerungen. Ob ein Red-

---

104 Alle Zitate siehe Tonbandmitschnitt der AStA-Veranstaltung »Internationale Konterrevolution«, 20.10.1967. APO-Archiv FU Berlin Tonsammlung, Vorl. Sig. STAR 1102. Die Redebeiträge, auf die hier Bezug genommen wird, finden sich als Transkription im Anhang.

ner – lediglich eine Frau, Sigrid Fronius, verlas einen Text über Che Guevaras Tod, ansonsten äußerten sich in den folgenden Stunden nur Männer – zur »Aufklärungs«-Fraktion oder den militanten Antiautoritären gehörte, war meist schon nach wenigen Sekunden an seinem Sprachstil erkennbar. So sehr sich die Antiautoritären aber auch bemühten, die klare Verbindung zwischen dem Vietnamkrieg und den Ereignissen in Berlin herauszustellen und damit die Notwendigkeit der Eskalation betonten, stießen auch die mäßigenden Worte des SPD-Politikers Gerd Löffler auf Zustimmung: Er bekräftigte die Berechtigung und die Bedeutung der Demonstration, erinnerte die Studenten jedoch daran, dass »die Verletzung der gesetzlichen Grenzen der Meinungsäußerungsfreiheit […] nicht die Richtigkeit und Überzeugungskraft einer Demonstration« erhöhe – ein Argument, das großen Beifall nach sich zog.

Folgt man ein wenig dem Hin- und Herwogen der Debatte, wird der im Grunde zwar kontingente, situativ aber zwingende Charakter theoretischer Argumentationslinien eindrücklich klar: Denn das die Diskussion bestimmende Thema, die korrekte Interpretation des globalen Charakters des Vietnamkriegs, war keine akademische Frage, sondern von zwingender Wichtigkeit für die ganz konkrete Entscheidung, ob man am folgenden Tag die Demonstrationsauflagen beachten oder gezielt übertreten solle, was noch konkreter hieß, ob man anstatt auf einer der Fahrbahnen des Kurfürstendamms auf derer zwei laufen solle. Wenn nämlich, wie der SHB-Vorsitzende Knut Nevermann argumentierte, die Situationen in Vietnam und in West-Berlin zwar prinzipiell auf das gleiche Gewaltsystem zurückgingen, aber quantitativ (noch) nicht miteinander zu vergleichen seien, müsse die Demonstration primär einen aufklärenden Charakter haben und folglich den Auflagen gehorchen, was hieß, auf nur einer Fahrbahn des Kurfürstendamms zu demonstrieren; ging man jedoch wie die Antiautoritären davon aus, dass die Situationen in Vietnam und Westeuropa prinzipiell ähnlich und West-Berlin also vor einer Revolution stehe, könne die Demonstration erst *durch* die Durchbrechung der Auflagen als politisches Instrument wirksam werden, man solle also auf (mindestens) zwei Fahrbahnen laufen. Schließt man von den Reaktionen des Publikums auf die Zustimmung oder Ablehnung gegenüber den Rednern, kann man davon ausgehen, dass den auf der Veranstaltung vorgetragenen Argumenten tatsächlich Gehör geschenkt wurde; die Diskussion ging hin und her, bis sich Rudi Dutschke zu Wort meldete.

Dutschkes Redebeitrag ist ein repräsentatives Beispiel für den spezifischen, orts- und zeitgebundenen Charakter des bewegten Denkens der Antiautoritären. Im Grunde sagte er, nachdem die Debatte nun bereits länger als drei Stunden gedauert hatte, nichts Neues. Aber seine *Performance* riss das Publikum zu Beifallsstürmen hin, die kaum nachvollziehbar sind, wenn man die Rede bloß liest. Dutschkes Sprachduktus, die verschachtelten Sätze, die eher suggestiv als inhaltlich wirkten, die eklektischen Quellen, aus denen sich seine Argumente speisten, das spontane Eingehen auf Zwischenrufe und Reaktionen des Publikums und sein vorwärtstreibender Sprach- und Betonungsrhythmus machen es auch ohne Videoaufnahme leicht vorstellbar, dass Dutschke beim Sprechen den Willen zur Einheit von Theorie und Praxis und zur Einheit von persönlicher und politischer Arbeit unmittelbar *verkörperte*. Noch entscheidender: auf dem Mitschnitt entsteht der deutliche Eindruck, dass das Publikum auf das Ereignis einer Dutschke-Wortergreifung bereits begierig hingefiebert hatte. Der Versammlungsleiter kündigte lakonisch »Dutschke« an, und sofort setzte Beifall ein; Dutschke sagte: »Meine Damen und Herren, besonders Genosse Löffler« – und die Menge johlte und brüllte. Das Publikum war sichtlich bereit, jedem einzelnen Satz Dutschkes den Status eines agitatorischen Meisterwerks zuzusprechen. Dutschke war sicherlich ein begabter Redner, der kein Manuskript brauchte, sondern in spontanen Antworten auf Zwischenrufe reagieren, mit scharfen Kommentare andere Redner abkanzeln und immer wieder seine geistige Beweglichkeit und sein immenses Wissen über Geschichte und Theorie der Arbeiterbewegung (und gelegentlich auch Selbstironie) beweisen konnte. Die begeisterten Reaktionen des Publikums – und auch die Vehemenz, mit der Zwischenrufende unter anderem mit »Sieg Heil«-Sprechchören niedergebrüllt wurden – waren aber mindestens so sehr notwendige Voraussetzung wie Ergebnis der mitreißenden Rhetorik Dutschkes. Die Figur des charismatischen Redners Dutschke wurde erst im kommunikativen Wechselspiel mit dem aktiven Publikum hergestellt.

Das Publikum erschien während einer Rede Dutschkes somit nicht als Menge von Zuhörenden, sondern wurde selbst zum Akteur – was, geplant oder nicht, im Grunde genau der antiautoritären Strategie der Bewusstmachung und Vergemeinschaftung in Aktionen entsprach, die Dutschke in seinen Reden immer wieder forderte. Dass auch Zuhörer, die politisch ganz anders zu verorten waren, von Dutschkes Reden fasziniert waren,[105] lag vermutlich an genau diesem Gefühl der unmittel-

---

105 Der Historiker Karl Dietrich Erdmann habe Dutschke begeistert mit dem »jungen Luther« verglichen, siehe Maier, Als Professor, S. 87. Dutschke selbst notierte stolz in sein Tagebuch, dass ein Freiburger Professor ihm wegen des »äußert kritisch diskutierende[n] und hervorragend zuhörende[m] Auditorium« ein »»riesiges«« Kompliment gemacht habe, siehe Dutschke, Jeder hat sein Leben ganz zu leben, S. 57.

bar erfahrenen, gefühlten Plausibilität des Gesagten, *während* es gesagt wurde – wozu auch gehört, dass die Plausibilität des Gesagten *nach* der Rede oft schon wieder verpufft war.

Dutschke sprach sich im Audimax selbstredend für eine kämpferische Demonstration aus, die nach außen – durch Aufklärung der Bevölkerung – gleichermaßen wie nach innen – durch einen »Lernprozess auf der Straße – aufklärend wirken sollte. Seine Argumente wirken wie eine Zusammenfassung der antiautoritären Theorie zu diesem Zeitpunkt:

»Die theoretische Begründung der Notwendigkeit der Durchbrechung der Auflagen sollte eigentlich auch noch ausgesprochen werden. Eine wurde gesagt: wir können kein Feigenblatt abgeben für eine Demokratie, die schon abgeschafft ist. Ein zweites, wichtiges Moment hat gerade etwas zu tun mit dem Prozess der subjektiven Tätigkeit in der Demonstration. Wir dürfen morgen nicht als eine geschlossene, amorphe, gelangweilte, aber doch mit Schuldgefühlen geplagte Masse unseren Weg absolvieren. Worauf es ankommt, ist, dass wir morgen in der Durchbrechung der Regeln die uns von der anderen Seite gesetzt werden, die nicht unsere eigenen sind, Agitation und systematische Aufklärung in den Nebenstraßen, auf dem Nebengleis durchführen, Aufklärung über die Situation, den BVG-Schaffnern, den Autofahrern die Flugblätter in die Autos hineinstecken, das muss getan werden, wir werden nicht prügeln, wir haben nie angefangen zu prügeln, das hat immer die andere Seite getan, wir werden nicht so dumm sein (Applaus), aber, und das sollte den Vertretern der Politischen Polizei auch hier heute Abend deutlich gesagt werden: Wenn es zu Übergriffen der Polizei kommt, wir werden es nicht zulassen, dass aus unseren eigenen Reihen Kommilitonen abgeschleppt werden (Langer Applaus). [...] Darum müssen wir uns auf morgen so vorbereiten, dass wir nicht Objekt sind wie am 2. Juni, sondern Subjekte, die tätig sind, aufklären, sich zurückziehen, wo es notwendig ist, sich in Bewegung setzen, wenn es möglich ist, und so unseren Lernprozess auf der Straße absolvieren (Langer Beifall).«

»Viel Rennen«

In der Tat war der folgende Tag kämpferisch: An die Demonstration mit circa 7000 Teilnehmenden schlossen sich abends gewalttätige Auseinandersetzungen zwischen der Polizei und etwa 1.500 Demonstrierenden an.[106]

---

106 Lönnendonker, Fichter, Staadt, Hochschule V, S. 49.

Dennoch sprach Rudi Dutschke von einer »taktische[n] ›Niederlage‹« auf der Demonstration und mahnte »tiefe Selbstkritik« an: Die polizeiliche Reaktion auf die Übertretung der Demonstrationsauflagen sei zu weich, die Aufklärung der Massen unzureichend, die »taktischen Initiativgruppen [...] zu schwach [...] [und] zu kurzfristig konstituiert« gewesen.[107]

Diese Kritikpunkte waren insofern bezeichnend für die Art der Wahrnehmung, die bei den Antiautoritären inzwischen vorherrschte, als die Vorschläge für ihre Behebung nicht anders als *mehr* und *weiter* lauten konnten: Wenn die Aktionsgruppen sich als zu schwach erwiesen hatten, mussten sie beim nächsten Mal eben stärker sein, wenn die Massen sich nicht aufklären lassen wollten, müsse die Aufklärung beim nächsten Mal eben direkter sein, und wenn die Polizei nicht hart genug reagiert hätte, dann müsse bei der nächsten Demonstration eben gröber provoziert werden. Auch wenn man die verschiedenen Strömungen im inzwischen auf 2.500 Mitglieder angewachsenen SDS[108] differenziert betrachten muss und im Berliner Landesverband nicht alle der Rhetorik der Eskalation zustimmten: Ein Teil der Genossen war im Winter 1967 tatsächlich kurz davor, allein aus dieser Logik der Eskalation heraus den Schritt hin zu illegalen Aktionen zu machen. Man sollte den Grund für diese Entwicklung aber nicht in einem besonders radikalen Fanatismus der Genossen suchen. Zwar wirkten die aufgeheizte Atmosphäre in Berlin, die Suggestion einer internationalen antiimperialistischen Bewegung kurz vor dem Losschlagen, das Gefühl von Freundschaft und Kameradschaft in kleinen Gruppen und die planlos erscheinende Politik von Berliner Senat und Polizeiführung sicherlich verstärkend, aber im Kern war die Radikalisierung vieler Antiautoritärer schlicht in den Zugzwängen jenes Denkens angelegt, wie es zum Beispiel im »Organisationsreferat« ausgeführt worden war: Solange nicht das – wie auch immer definierte – revolutionäre Endziel erreicht war, müsse jeder Appell an die Konsolidierung des bisher Erreichten dieses Erreichte wieder verloren geben, weil jede Form der Etablierung, jede Verstetigung der Bewegung (etwa in Organisationsstrukturen) in einem kleinbürgerliche Machtstrukturen reproduzierenden Apparat enden würde. Konsequent zu Ende gedacht, stellte dieses Argument jeden Appell an Reflektion oder Mäßigung unter den Verdacht des Defätismus, der Manipulation oder gar des Verrats, auf jeden Fall aber musste es als Ausdruck mangelnd entwickelten Bewusst-

---

107 Dutschke, Vom Antisemitismus zum Antikommunismus, S. 82 f.
108 Von Herbst 1966 bis Ende 1967 hatte der SDS seine Mitgliederzahl von 1200 auf 2500 Mitglieder mehr als verdoppelt und war damit der größte politische Studentenverband der Bundesrepublik, siehe Ahlberg, Konzeption, S. 20.

»DIE BEWEGUNG IN BEWEGUNG SETZEN«

seins erscheinen – und das galt auch für jeden Versuch, die Bewegung zu steuern oder zu führen.

Rudi Dutschke spielte sicher eine besondere Rolle während dieser Prozesse: Aus seinem Tagebuch geht hervor, dass er seine politische Tätigkeit als ein existenzielles Ringen von historischem Ausmaß verstand – eine politische Diskussion mit einem Freund beschrieb er beispielsweise als manichäisches Ringen von »Licht« und »Nacht«.[109] Doch der überschießende revolutionäre Drang des engagiertesten Teils der Bewegung lässt sich nicht mit der herausgehobenen Rolle Dutschkes erklären. Vielmehr war dieser nur der sichtbarste Akteur eines Netzwerks an Personen, denen die baldige revolutionäre Erschütterung der Stadt als ein plausibles Szenario für die nähere Zukunft erschien. Dieses Netzwerk war aber schon längst nicht mehr identisch mit dem engeren Kreis der Berliner Antiautoritären oder des SDS – von diesen entfremdeten sich Dutschke und seine meist jüngeren[110] Genossinnen und Genossen zunehmend. Das lag auch daran, dass diese inzwischen explizit über illegale Aktionen nachdachten: Auf einer Rede in Bremen deutete Dutschke Sabotageaktionen gegen dort liegende Schiffe mit Bestimmung Vietnam an,[111] vor dem Prozess gegen Fritz Teufel erwähnte er anspielungsreich den Brand des Wiener Justizpalast von 1926, als dort »politische Terrorprozesse«[112] stattgefunden hätten. Auf der darauffolgenden Demonstration durchbrach die Gruppe um Dutschke die Absperrungen vor dem Gerichtsgebäude und drang in die Sperrzone ein[113] – »Wir stellen uns mit unseren unbewaffneten Leibern, mit unserem ausgebildeten Verstand den unmenschlichsten Teilen der Maschinerie entgegen«[114], hatten er und Gaston Salvatore kurz zuvor im Vorwort der von ihnen übersetzten Schrift

---

109 Dutschke, Jeder hat sein Leben ganz zu leben, S. 60.
110 Schon Mitte Juli schien Dutschke die »Jungen« als eine Art persönliche Hausmacht zu betrachten; so notierte er etwa, dass bei bei Delegiertenwahlen im Landesverband einige »Etablierte« nicht für ihn gestimmt hätten und die »Jungen« das ausgeglichen hätten, siehe ebd., S. 58. Vermutlich fanden sich die »15-20« Vollzeitrevolutionäre, die Dutschke im Gespräch mit Günter Gaus erwähnte, vor allem in diesem Kreis, siehe Dutschke, Zu Protokoll, S. 18.
111 Terhoeven, Herbst, S. 104.
112 Rabehl, Feindblick.
113 Ausführlich dazu Chaussy, Rudi Dutschke, S. 277. Ulrich Chaussy betont, dass Dutschke in dieser Zeit stark unter dem Einfluss Konrad Borns alias »Dr. Mabuse« stand, ein Mitglied der verbotenen KPD, der ausführliche Vorschläge zu Aufbau von Rätesystemen und Kampforganisationen sowie Vorschläge zur Eskalation von Demonstrationen ausgearbeitet und mit Rudi Dutschke geteilt hätte.
114 Dutschke, Salvatore, Vorwort, S. 3.

Schaffen wir zwei, drei, viele Vietnam von Che Guevara geschrieben. Gegen Jahresende 1967 wurden schon Pläne für »Untergrundeinheiten«, »Sichere Wohnungen« und »›schnelle‹ Autos (mit auswechselbaren Nummern)« ausgetüftelt.[115] Offenbar wurde bei diesen Treffen gelegentlich auch das »Angstproblem«[116] diskutiert, was darauf hindeutet, dass die Mitgliedschaft in einer solchen Gruppe mit hohen psychischen Belastungen einherging – Peter Schneider verfolgte die »Spannung zwischen [seiner] öffentlichen Rolle und [seinen] inneren Zuständen« jedenfalls bis tief in die Nacht, wie er seinem Tagebuch anvertraute:

> »Ich muß versuchen, diese angst genauer zu beschreiben, sonst erwürgt sie mich. Es sind zustände permanenter explosion und blockierung, spannungen, die mich aufrecht im bett sitzen lassen, und gleichzeitig kann ich ihnen keinen namen geben. unmöglich, durch irgendeine vorstellung ruhe zu erlangen.«[117]

Besonders belastend war für Schneider, dass er dieses Gefühl der permanenten inneren Anspannung seinen Genossen gegenüber nicht thematisieren konnte – der Lösungsvorschlag zur Überwindung von Angstzuständen lautete nämlich »kontinuierliche Arbeit«[118]. Das war nur folgerichtig: Die Notwendigkeit des vollständigen Aufgehens der Revolutionäre in der Bewegung ließ ein Eingehen auf individuelle Befindlichkeiten nicht zu, da dies nur in der Reproduktion kleinbürgerlicher Herrschaftsstrukturen geendet hätte. Stattdessen galt es, ständig in Bewegung zu bleiben, wie das Protokoll einer Besprechung unfreiwillig auf den Punkt brachte – als Strategie für die bevorstehende Demonstration empfahl das Papier: »Viel Rennen«.

Die Welle bricht

Im Januar 1968 war zum vorerst letzten Mal versucht worden, das Dilemma der auf Dauer kaum zu haltenden, für das antiautoritäre Selbstverständnis jedoch konstitutiven Spannung zwischen Theorie und Praxis

---

115 Dutschke, Rudi, Notizen zur Vorbereitung auf Demonstrationen. Archiv des HIS, RUD 240, 04 Notizen von R. Dutschke zu Strategie und Taktik revolutionärer Demonstrationen.
116 Ebd.
117 Schneider, Rebellion und Wahn, S. 243.
118 Dutschke, Rudi, Notizen zur Vorbereitung auf Demonstrationen. Archiv des HIS, RUD 240, 04 Notizen von R. Dutschke zu Strategie und Taktik revolutionärer Demonstrationen.

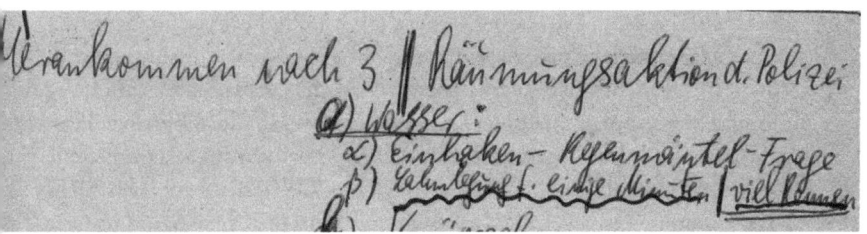

Taktik für die Demonstration: »Viel Rennen«[119]

auf die bisherige Art zu lösen, nämlich dadurch, dass man es sich fest vornahm. Weil die Mitte 1967 beschlossenen »Projektgruppen«, die die festen Strukturen des Berliner SDS ablösen sollten, sich innerhalb weniger Monate in ihren Spezialthemen verkämpft hatten, wurde mit der »Projektgruppe Strategie« eine Art Meta-Projektgruppe eingerichtet, die »eben in jenem ›Mittelfeld‹ zwischen abstrakter theoretischer und konkreter praktischer Arbeit arbeiten [sollte], so dass die Theorie wieder von unmittelbarer Relevanz für die Praxis wird und der ständigen Korrektur durch sie unterliegt«.[120] Es ist unklar, ob die Gruppe überhaupt ihre Arbeit aufnahm, denn vermutlich hatte ihre Gründer auch langsam das Gefühl beschlichen, einem Wiederholungszwang zu unterliegen: Immer wieder scheiterte in den Augen der Beteiligten der Versuch, die Einheit von Theorie und Praxis institutionell zu verstetigen, immer wieder schienen praxislose Theorie und theorielose Praxis auseinanderzufallen und auf neue Weise zusammengefügt werden zu müssen.

Es überrascht daher kaum, dass die Eskalationsstrategie des Kreises um Dutschke in den Augen vieler anderer Antiautoritärer schon länger unter das Verdikt des ziellosen Aktionismus ohne langfristige politische Strategie gefallen war. Auch wenn solche Differenzen selten nach außen kommuniziert wurden, waren erste Anzeichen dafür früh sichtbar: Schon Anfang November hatte Wolfgang Lefèvre darauf hingewiesen, dass die Institutionalisierung von Grenzüberschreitungen die Bewegung staatlichen *agents provocateurs* hilflos ausliefere: das »»Durchbrechen der Spielregeln« dürfe »so wenig ehernes Gesetz wie die ›Spielregeln‹ selbst«[121] sein. Nach der Demonstration anlässlich des Prozesses gegen

---

119 Dutschke, Rudi; Salvatore, Gaston, Notizen für Demonstration am Justizpalast am 26.11.1967. Archiv des HIS, RUD 240, 06 Notizen von Dutschke zur Arbeit im Sozialistischen Deutschen Studentenbund SDS Berlin und Bundesverband.
120 SDS Landesverband Berlin, Rundbrief, Januar 1968. APO-Archiv, Ordner SDS 361 SDS 1968-1973.
121 Zit. nach Lönnendonker, Fichter, Staadt, Hochschule V, S. 53.

Fritz Teufel am 27. November (jene, die Dutschke und seine Genossen mit »Viel Rennen« eskalieren wollten) wurde die Kritik zunehmend prononcierter. »Nicht mehr auszustehen« seien »die permanenten durchweg moralischen Appelle an die Genossen«, sich über die objektive Perspektivlosigkeit der Situation durch Aktionismus hinwegzusetzen, ohne die Situation analytisch zu erfassen: »In einer Periode, in der wir nicht siegen koennen, ist zwar die Kluft zwischen dem niedrigen Stand unserer praktischen Bewegung und der abstrakten Theorie des Spaetkapitalismus zwangslaeufig sehr gross, aber nicht notwendigerweise in dem Masse wie zur Zeit«[122], gifteten Mitglieder der Projektgruppen »3. Welt« und »Marxistische Staatstheorie«.

Die Kritik, dass der individuelle Studierende in seiner Lebenswelt durch den moralischen Appell an seine revolutionäre Entschlossenheit auf Dauer überfordert würde, war bestimmt zutreffend. In der geäußerten Form eröffnete sie zu diesem Zeitpunkt nun aber eine konzeptuelle Kluft innerhalb des engen Kreises der Antiautoritären, die kaum mehr zu überbrücken war: Während der Kreis um Dutschke versuchte, seine Reihen durch mit der Illegalität spielenden Aktionen zu schließen, klang in der Kritik daran die Einsicht in die Notwendigkeit irgendeiner Form von geregelter Organisation an, um die Masse der seit dem 2. Juni zum SDS gestoßenen Teilzeitrevolutionäre einzubinden. Anfang Dezember 1967 diskutierte der SDS ein Papier, das zwar analytisch in wichtigen Punkten dem »Organisationsreferat« folgte – etwa der Theorie von der »Diktatur der kapitalistischen Bürokratien«, die das revolutionäre Potential ökonomischer Krisen dämpfe und daher dem »voluntaristische[n] Impetus«[123] der Revolutionäre entscheidende Bedeutung zusprach –, Dutschke (und Krahl) aber vorwarf, mit dem Fokus auf Bewusstseinsänderungen »gesamtgesellschaftlich relativ irrelevante Gruppen«[124] wie Studenten, Schüler oder Liberale zu überschätzen. Es sei hingegen notwendig, eine Organisationsform zu finden, die in Form und Inhalt variabel genug sei, »alle potentiell revolutionären Gruppen (von Schülern bis Arbeitern) zu erfassen«[125] und dennoch den politischen Kampf führen zu können; eine Taktik, die »nicht nur die Revo-

---

122 Protokoll der Diskussion der Projektgruppen Dritte Welt/marx. Staatstheorie am 3.12 über die Demonstration vom 27.11 in Moabit. APO-Archiv, Ordner SDS 363 Berlin Doppel II und Manuskripte.
123 Gäng, Peter; Lefèvre, Wolfgang, Thesen: Verhältnis von Staat, Gesellschaft, Bürokratie, Manipulation; Behandlung dieses Verhältnisses im SDS; Relevanz abstrakter Aussagen für die Praxis des SDS. APO-Archiv, Ordner Rundbriefe, Presseerklärungen, Hinweise auf Veranstaltungen […] 1964-1968, S. 2.
124 Ebd., S. 3.
125 Ebd., S. 3.

lution sondern auch den Thermidor antizipiere«[126], würde die tatsächliche Revolution gefährden. Hier wurden Umrisse einer genuin antiautoritären Kritik an einer eskalativen Weiterführung der auf revolutionäre Entschlossenheit gründenden Bewegung sichtbar.

Diese Diskrepanz unter den Berliner Antiautoritären wurde spätestens auf einer außerordentlichen Delegiertenkonferenz des SDS offensichtlich, die Ende März in Frankfurt stattfand. Sie war einberufen worden,[127] um die Position des SDS zu den eineinhalb Jahre später stattfindenden Bundestagswahlen zu klären – vor allem deshalb, weil der 1967 gegründete »Initiativausschuss für die Wiederzulassung der KPD« die Wiedergründung einer dezidiert kommunistischen Partei denkbar gemacht hatte. Unterstützung fanden diese vor allem von der traditionell marxistisch orientierten Marburger Gruppe; die Überführung des SDS in Parteistrukturen stand also als Möglichkeit im Raum. Die Frage nach dem Verhältnis der Bewegung zum parlamentarischen System stand damit auf der Tagungsordnung und fungierte somit umso stärker als Wasserscheide, an der sich innerhalb des SDS Tendenzen zu Spaltungen konkretisierten.

Rudi Dutschke selbst nahm zwar nicht an der Konferenz teil, über ihn sprachen aber alle, weil er sich mit einer Homestory des Magazins *Capital*[128] bei Teilen des SDS unmöglich gemacht hatte. Der Auftritt der Berliner Antiautoritären hatte daher insofern besonderes Gewicht, weil sie – wenn auch vielleicht nicht die gleiche – Distanz sowohl zur medialen Omnipräsenz von Dutschkes überschießendem Revolutionspathos wie zu den am parlamentarischen Weg orientierten Traditionssozialisten halten mussten. Erstmals mussten sie dafür eine gewissermaßen genuin antiautoritäre Alternative zur Parteigründung und damit also ein überzeugendes Konzept für eine Verstetigung antiautoritärer Mobilisierung und Politikkonzepte vorlegen.[129]

126 Ebd., S. 3. Die Metapher des »Thermidor« – die den Sturz Robespierres bezeichnet – ist insofern mehrdeutig, als auch Lenin die Niederschlagung des Kronstäder Matrosenaufstandes mit dem Satz »Wir machen selbst Thermidor!« kommentierte; auch der Beginn der Alleinherrschaft Stalins wurde mit diesem Begriff bezeichnet, siehe Bollinger, Oktoberrevolution, S. 124 f. Es bleibt also offen, ob damit allgemein das notwendige Ende der Bewegung als politischer Organisationsform gemeint war, oder der Bewegung ein zwangsläufiger Umschlag in die Terrorherrschaft unterstellt werden sollte.
127 SDS-Bundesvorstand, Rundschreiben 9/1967-8, 04.02.1968. APO-Archiv, Ordner a. o. DK in Frankfurt/Main 1968, S. 1.
128 Chaussy, Rudi Dutschke, S. 326 f.
129 Alexander Mitscherlich, der den Kongress für den SPIEGEL zusammenfasste, beschrieb die Studierenden, die tradierte sozialistische Konzepte kritisierten und um einen wirklich neuen Standpunkt rangen, als »von den [politischen]

Und letztlich konnten sie diesen Anspruch – noch – nicht erfüllen; entschieden waren sie lediglich in ihrer Ablehnung gegenüber jeder Form von institutioneller Politik. Wolfgang Lefèvre und Peter Gäng begründeten dies ironischerweise genau mit den in den vergangenen Monaten gemachten Erfahrungen: Die antiautoritäre und damit anti-institutionelle Bewegung der Studenten, Schüler und Lehrlinge habe sich zwar enorm entwickelt, aber letztlich erst dann zu sich gefunden, als sich der Verdacht der Bevormundung nicht nur gegen die klassischen Autoritäten, sondern gegen den SDS selbst gerichtet habe. Die Annahme, man könne aus den sozialen Umständen der Rebellierenden deren objektive Interessen ableiten und vertreten, gehe solange fehl, wie man die selbstbestätigende Funktion der Rebellion selbst unterschätze; diese würde sich auch in der Zukunft gegen alle Formen von Organisationen oder Institutionen richten, sofern diese nicht aus der Rebellion selbst hervorgegangen seien.[130] Anstelle also auf Chancen parlamentarischer Mitbestimmungsmöglichkeiten zu setzen, müsse man die »Massen« darin unterstützen, die gesellschaftlichen Widersprüche in ihren Lebensbereichen zu erkennen und sich zu wehren – durch Mietstreiks etwa, oder durch Übernahme von Betrieben, die stillgelegt werden sollten, durch die Arbeiter. Solche Kampagnen vorzubereiten, sei die dringendste Aufgabe der außerparlamentarischen Opposition, denn erst die »selbsttätige Lösung von Widersprüchen« durch die »betroffenen Massen« verschaffe diesen ein Bewusstsein für die Bedingungen, unter denen »Wahlakte« dann tatsächlich »Souveränitätsakte«[131] wären.

Ein Kompromiss wurde nicht gefunden, und die Delegiertenkonferenz wurde im Anschluss als »weitgehend enttäuschendes Ereignis«[132] abgebucht. Die Antiautoritären hatten ein gewichtiges Problem: Wenn eine Eskalation, ja noch nicht einmal eine Führung der als immer selbstständiger wahrgenommenen *Bewegung* genauso wenig möglich war wie die Gründung einer Partei – was war dann überhaupt möglich?

Vätern im Stich Gelassene«, siehe Mitscherlich, Alexander, Vaterlose Gesellen, in: Der Spiegel vom 08.04.1968, S. 81-84, S. 84.
130 Auch viele Arbeiter würden über ein »sehr richtiges antiparlamentarisches und weitgehend sogar anti-institutionelles Bewusstsein« verfügen, »das sich unter anderem in dem vielgehörten Spruch äussert ›die oben machen sowieso, was sie wollen‹«, siehe Gäng, Peter; Lefèvre, Wolfgang, Referat Gäng/Lefèvre Teil Gäng. APO-Archiv, Ordner a. o. DK in Frankfurt/Main 1968, S. 1-2.
131 Gäng, Peter; Lefèvre, Wolfgang, DK-Referat III. APO-Archiv, Ordner a. o. DK in Frankfurt/Main 1968, S. 2-3.
132 SDS-Bundesvorstand, Rundschreiben 10/67-68, 08.04.1968. APO-Archiv, Ordner a. o. DK in Frankfurt/Main 1968, S. 1.

Berliner Winter

Mit dieser schwierigen Lage beschäftigte sich Wolfgang Lefèvre in einem Artikel in der *neuen kritik*. Der vermutlich im März 1968 verfasste[133] Text ist aufschlussreich, weil er die Entwicklung der Bewegung seit dem 2. Juni unter dem Gesichtspunkt des antiautoritären Leitgedankens der produktiven Einheit von Theorie und Praxis betrachtete und in seinen Schlussfolgerungen die Entwicklungen der folgenden Jahre – den Aufbau von strikteren Organisationen, die Hinwendung zu den Arbeitern – zwar vollzog, diesen Gedanken jedoch nahezu vollständig aus den Prämissen des eigenen Bewegungsdenkens heraus und ohne eine emphatisch inszenierte Rückkehr zu einem orthodoxen Marxismus entwickelte.

Lefèvre diagnostizierte zunächst »Stagnationserscheinungen [der Bewegung] [...], die Resultat ihrer strategischen Konzeptionslosigkeit«[134] seien. Die bisherigen Erfolge in Berlin seien eher der Ungeschicklichkeit und Dünnhäutigkeit der Obrigkeit zuzurechnen gewesen als einer planvollen Eskalation der Konflikte, damit könne man aber in der Zukunft nicht mehr rechnen. Nun räche es sich, dass es der bisherigen Praxis der Antiautoritären jenseits der bewusstseinsbildenden Wirkung auf die Beteiligten schlicht an politischem Eigenwert gemangelt habe. Die Antiautoritären hätten somit den Prozess ihrer eigenen Bewusstseinswerdung mit tatsächlicher politischer Arbeit verwechselt. Bewusstseinsbildung durch Provokation unterliege jedoch einem Wiederholungszwang, der das Moment der Neuartigkeit einbüße: Das »Zwangsverhalten [...], die ›Verwandlung sublimer in manifeste Gewalt‹ mindestens alle 14 Tage einmal *erleben* zu müssen«[135], mache durch die Notwendigkeit der aktiven Suche nach Provokationsanlässen die Provokation selbst berechen- und damit kontrollierbar.

Die Forderung nach den Konsequenzen aus dieser durchaus hellsichtigen Diagnose bedeutete einen klaren Bruch mit der Vorstellung einer Theorie und Praxis permanent in Spannung haltenden Bewegung. Lefèvre zeigte sich hoffnungsvoll: Bei einer internen Manöverkritik sei die Notwendigkeit sowohl einer Transformation als auch einer »organisatorische[n] Wendung«[136] der Bewegung erkannt worden: Um einer Absorption der Bewegung in das System zu entgehen, sei anstelle einer immer weiteren quantitativen Intensivierung der Bewegung nun

---

133 Dae, Kampf, S. 232.
134 Lefèvre, Winter, S. 46.
135 Ebd., S. 52. Hervorhebung im Original.
136 Ebd., S. 58 f.

eine »qualitative Eskalation« vonnöten – und zwar durch ein »Wiederaufflackern der Klassenkämpfe in der Produktionssphäre«.[137]

Auch wenn die antiautoritäre Studentenbewegung zu diesem Zeitpunkt sowohl von der Intensität der Auseinandersetzungen, dem Grad an Öffentlichkeit wie der Zahl ihrer Anhänger noch lange nicht auf ihrem Höhepunkt angekommen war, bedeutete dieser Gedankengang den Anfang vom Ende des antiautoritären Bewegungsdenkens. Die aus der Bewegungslogik abgeleitete Forderung nach einer »qualitativen Eskalation« der Revolte in die Produktionssphäre hinein nahm die Entwicklung der folgenden zwei Jahre gedanklich vorweg – die unter diesem Gesichtspunkt mehr als konsequente Fortführung denn als der plötzliche Bruch erscheinen, als der sie oftmals interpretiert worden ist.

Einmal Tragödie, einmal Farce:
»Die antiautoritäre Revolte im SDS«

Die These, dass die Bewegung als charakteristische Ausdrucksform des Anspruchs der Einheit von Theorie und Praxis Mitte 1968 im Grunde nicht mehr existierte, steht im Kontrast zu ihrer offenkundigen, quantitativen Erweiterung und rhetorischen Radikalisierung. Verständlich wird diese Entwicklung erst, wenn man die Positionierung der Alterskohorten der Bewegung berücksichtigt. Ähnlich wie die Auseinandersetzung zwischen den sich formierenden Antiautoritären und den politisch noch vor dem Unvereinbarkeitsbeschluss Sozialisierten einige Jahre zuvor im Gestus des Generationenkonflikts ausgetragen worden war, wirkte die zunehmend offensichtlich werdende Kluft zwischen den Wortführern der Berliner Antiautoritären und dem Gros der jüngeren Demonstrations- und Arbeitskreisteilnehmenden verstärkend auf die Ausbildung wechselseitiger Zuschreibungen: Nun begannen die Jüngeren ihrerseits, den antiautoritären Autoritäten Theoriefixiertheit, Zauderei und mangelnde Konsequenz vorzuwerfen.

Das lag vor allem an unterschiedlichen Erfahrungshorizonten. Ältere Antiautoritäre wie Bernd Rabehl, Wolfgang Lefèvre und Christian Semler standen 1968 nach mehreren Jahren Studium und politischer Tätigkeit meist kurz vor ihrem Universitätsabschluss und verfügten sowohl über mehr oder weniger fundierte Theoriekenntnis wie auch Erfahrungen mit politischen Verhandlungen in universitären Gremien oder mit Vertretern der Obrigkeit. Ihnen gegenüber stand eine wachsende Menge

---

137 Ebd., S. 53.

größtenteils jüngerer Studierender, die von den älteren SDS-Mitgliedern Orientierung, ja Führung erwarteten – eine Rolle, die diese zunächst gerne akzeptiert hatten. Bald nach dem 2. Juni hatte sich aber gezeigt, dass die Älteren von dem Druck, erscheinen zu müssen, als wüssten sie, was zu tun sei, zunehmend überfordert waren – und dass die Jüngeren sich offenbar schnell an ein gewisses politisches Erregungsniveau gewöhnt hatten, hinter das sie nicht zurückfallen wollten.

Als nach dem Vietnamkongress im Februar 1968, spätestens aber nach dem Sternmarsch auf Bonn die Ratlosigkeit über den nächsten Schritt offensichtlich und die Kräfte der SDS-Wortführer erschöpft waren, musste dies den Jüngeren vielleicht nicht wie Verrat, aber doch wie Defätismus erscheinen. Zweifellos waren ihre kollektiven Erlebnisse und Erzählungen andere: Der hohe Schärfegrad der politischen Auseinandersetzungen, die Erfahrungen der gemeinsamen politischen Arbeit und die Ausbildung einer Subkultur, die das Teilhaben an der Bewegung von der unmittelbaren politischen Arbeit sicher auch ein Stück abgekoppelt hatte, führte ab Mitte 1968 zu einem veritablen Generationenkonflikt innerhalb des SDS. Die Kritik an Autorität und Führungsanspruch, die die Bewegungsveteranen soeben noch gegen ihre Vorgänger im SDS gerichtet hatten, wandte sich nun gegen sie selbst – die Vehemenz, mit der jüngere Genossen »Theorie als repressives Instrument der Herrschaftsausübung [...] zerstören«[138] wollten, erinnert stark an die Auseinandersetzungen zu Beginn der 1960er Jahre. Nicht ganz zu unrecht interpretierte Bernd Rabehl die »Juni-Gefallenen«[139] – wie die Bewegungsveteranen die erst nach dem 2. Juni zum SDS Gestoßenen spöttisch bezeichneten – als »antiautoritäre Revolte im SDS«.

Der Ende 1968 auf 435 Mitglieder angewachsene Berliner SDS[140] war mit dem Verband von zwei Jahren zuvor nicht mehr zu vergleichen. Mehr als 4.000 Menschen drängten sich am 13. Mai 1968 im Audimax der Freien Universität, um Herbert Marcuse von den Rebellionen der französischen Jugendlichen berichten zu hören; zweifellos erkannten sich die Zuhörenden in seinen Ausführungen wieder, wenn der Philosoph

---

138 Claussen, Kritik falschen Bewußtseins, S. 10.
139 Gespräch Siegward Lönnendonkers mit Bernd Rabehl am 18.12.1969, S. 106. Freilich ist hier noch eine weitere Interpretation des Radikalismus der jüngeren Genossen denkbar: viele der Jungen wollten sich durch besondere Radikalität in den Augen der älteren Bewegungsprominenz bewähren, weil sie es mit ihnen theoretisch nicht aufnehmen konnten, wie ein Reporter des *Tagesspiegel* mußmaßte, zit. nach Hinck, Wir waren wie Maschinen, S. 211 f.
140 Hackelberg, Heinz, Rundbrief an den Berliner SDS. APO-Archiv, Berlin 1965-1967 Teil 1.

die Geschehnisse in Paris als »nicht nur eine akademische Opposition« interpretierte, sondern als

> »eine Opposition gegen die Gesellschaft als Ganzes, gegen die Moral dieser Gesellschaft, gegen den Reichtum dieser Gesellschaft, gegen die Dummheit dieser Gesellschaft, gegen die Brutalität dieser Gesellschaft. Was hier aktiv wird, sind, glaube ich, Menschen mit einer anderen Triebstruktur, mit anderen Bedürfnissen, mit anderen Gesten, mit einer anderen Sprache. Sie sind auch die Negation des Systems, und in ihnen kündigt sich das an, was ich wagen würde, eine biologische Basis des Sozialismus zu nennen, eine Basis, die nicht nur im Bewusstsein liegt, sondern die den ganzen Menschen, selbst seinen Körper ergreift, und bis in die somatische Expression dieses Körpers reicht.«[141]

Offenbar war die Bewegung zu diesem Zeitpunkt so sehr zu einem selbstreferentiellen Milieu geworden, so sehr Umfeld und Quelle eines Selbstverständnisses, dass es den versammelten Studierenden trotz verhaltener Lacher durchaus angemessen erschien, wenn Marcuse allein ihrem Denken, Fühlen und ihrer Körperhaltung den Status der absoluten Negation des Systems, einer Opposition gegen die gesamte Gesellschaft zuschrieb. Trotz solcher Bauchpinselei brach im Verlauf der Diskussion aber schnell Unmut aus; den Ausführungen Marcuses, so die Kritik vieler Anwesender, waren keine konkreten Vorschläge für die nächsten Schritte zu entnehmen. Der weitere Verlauf des Abends wirkte wie eine lustlose Reinszenierung der Jahre zuvor: Ein Teil der Anwesenden forderte den Abbruch der Theoriediskussion und eine sofortige Rektoratsbesetzung, andere eine Kampfdemonstration vor dem Maison du France, ein Teil verbat sich derartigen Aktionismus und wollte mit Herbert Marcuse diskutieren, andere verwiesen wiederum auf die Dringlichkeit, gegen die Notstandsgesetze vorzugehen, ein Diskutant bezeichnete es als »repressive Aktion«, dass er nach seiner fulminanten Marcuse-Generalkritik zu etwas mehr Bescheidenheit aufgefordert worden war, und währenddessen montierte die Kommune I das hölzerne FU-Wappen an der Rückwand des Audimax ab und verbrannte es im Garten.

Vergleicht man die auf dem Mitschnitt greifbare chaotische Debattenatmosphäre nach dem Vortrag Marcuses mit der seiner Ansprache vom Vorjahr, ist die sich in hektischer Betriebsamkeit entladende Ratlosigkeit der Masse der Studierenden evident. Der Berliner SDS hatte

---

141 Tonbandmitschnitt des Vortrags von Herbert Marcuse »Geschichte, Transzendenz und sozialer Wandel«, 13.05.1968. APO-Archiv FU Berlin Tonsammlung, STAR-Signatur 1128.

seine Führungsrolle vielleicht nicht eingebüßt, stellte aber per se keine theoretische Autorität mehr da. In der hitzigen Atmosphäre der Versammlung wollte sich kaum jemand noch einer disziplinierenden Diskussionsleitung beugen, geschweige denn einer selbsternannten Führung folgen. Ein Konsens zwischen den einzelnen Strömungen, Fraktionen und Gesinnungsgruppen schien immer unrealistischer.

Man könnte die Flugbahn der *Bewegung* durchaus noch weiter verfolgen, als es hier geschehen soll, doch ihr Zenit war auf dieser Versammlung ganz offensichtlich überschritten – zumindest in Bezug auf ihre Fähigkeit, ganz unterschiedliche Anliegen, Gruppen und Motivationen mit der Suggestion einer alle internen Widersprüche in der Zukunft aufhebenden Bewegung zusammenzubringen. Auf der Versammlung war eine Sehnsucht nach Eindeutigkeit, Planbarkeit und Klarheit spürbar, die die folgenden Monate prägen sollte. Das Zusammengehörigkeitsgefühl der Bewegung, die ihre utopische Qualität immer auch aus einer suggerierten Zusammengehörigkeit von Inhalten und Personen gezogen hatte, drohte damit zu schwinden. Zwar waren in der Theorie der Kampf gegen den Krieg in Vietnam, gegen Sexualtabus und um eine Hochschulreform noch immer miteinander verbunden, in der Praxis aber fand mit der Ausdifferenzierung der Bewegung auch eine Spezialisierung und ein Rückzug auf den eigenen Lebensraum als politischen Kampfort statt.

Die *Bewegung* als kollektiver Akteur, als Handlungsmodus und vor allem als imaginäre Einheit von Theorie und Praxis und individuellen und politischen Problemstellungen war mit dieser Entwicklung zu Ende. Die Fackel der Forderung nach einer über Theorie hinausgehende Praxis nahmen andere auf. Im RAF-Pamphlet *Das Konzept Stadtguerilla* aus dem Jahr 1971 ist die entsprechende Semantik quasi unverändert erhalten: »Die Rote Armee Fraktion redet vom Primat der Praxis. Ob es richtig ist, den bewaffneten Widerstand jetzt zu organisieren, hängt davon ab, ob es möglich ist, ist nur praktisch zu ermitteln.«[142]

---

142 Rote Armee Fraktion, Das Konzept Stadtguerilla (1971). Online verfügbar unter https://socialhistoryportal.org/sites/default/files/raf/0019710501_7.pdf, zuletzt geprüft am 10.10.2021, S. 10.

6. Hartes Denken
Marxismus als unbewegte Theorie

»Wir wollen nicht lesen, was gerade aktuell erscheint. Das sind meist Schreibtischprodukte ›linker‹ Professoren. [...] Wir wollen wissen, was richtig und falsch ist. Das lernen wir, wenn wir die Genossen studieren, die in den letzten 150 Jahren die proletarische Revolution *erfolgreich* geführt haben: MARX, ENGELS, LENIN, STALIN, MAO Tse-Tung. Dann kann uns auch kein ›linker‹ Akademiker etwas vormachen. [...] Zuerst müssen wir uns völlig klar machen, warum wir lesen, nach welcher Methode wir unser Studium organisieren, warum wir Karate *und* Mao studieren müssen.«[1]

»Der Spaß hat aufgehört.«[2]

Der Glaube an die baldige Revolution hatte im Herbst 1968 bei vielen Revolutionären bereits zu bröckeln begonnen. »Irgend etwas riß«[3], beschrieb Ulrich Enzensberger den schwer greifbaren Umschwung, Gerd Koenen meint lakonisch, der »hypertroph aufgeschwollene[...] Bewegungs-Ballon des SDS«[4] sei geplatzt. Dem »Winter des Mißvergnügens«[5] 1968/1969 folgte ein »tote[r] Sommer«[6], an dessen Ende Rudi Dutschke bereits den »›Verwesungsprozeß‹ der revolutionären Substanz«[7] in West-Berlin zu riechen meinte. »Sprüche über den Desolatenzustanddesverbandes (!)«[8] waren schon im Mai 1968 so geläufig geworden, dass sie in einer SDS-Veranstaltungseinladung ironisch als gewöhnlicher Programmpunkt angekündigt wurden. In einem der tatsächlichen Auflösung des Verbandes zuvorkommenden »Nachruf auf den SDS« stellte der Hamburger Jens Litten 1969 schließlich fest, dass die Revolution »verpaßt« worden sei.[9]

Das dem revolutionären Rausch folgende Katergefühl, eine historische Chance vertan zu haben, wurde zunächst mit Gewalt kompensiert. »Un-

1 »Alle reden von Schulung ...«, S. 634.
2 Meinhof, Vom Protest zum Widerstand.
3 Enzensberger, Ulrich, Jahre der Kommune I, S. 284.
4 Koenen, Das rote Jahrzehnt, S. 123.
5 Ebd., S. 140.
6 Heider, Keine Ruhe nach dem Sturm, S. 93.
7 Dutschke, Jeder hat sein Leben ganz zu leben, S. 113.
8 Welter; Wilsdorf; SDS Landesverband Berlin, Rundbrief, 17.5.1968. APO-Archiv, Ordner SDS 361 SDS 1968-1973.
9 Litten, Verpaßte Revolution.

ser Kampf auf der Straße hat eine neue Ebene der Militanz erreicht«, rief Christian Semler nach der vielbeschriebenen »Schlacht am Tegeler Weg« seinen von Tränengas gezeichneten Genossinnen und Genossen zu – ein Satz, den viele meiner Zeitzeugen als Zäsur bezeichneten: Während einige im Zurückweichen der Staatsmacht einen strategischen Erfolg der Revolte sehen wollten, spürten andere eine erste Ahnung, dass man sich in eine Sackgasse verrenne. Die momentane Ziel- und Adressatlosigkeit des eigenen Protests wurde in jedem Fall aber immer offensichtlicher. Große Teile der ehemaligen Bewegung zogen sich in den folgenden Jahren ins subkulturelle Privatleben zurück. Andere, für die die Revolution noch am Horizont lag, verarbeiteten die politische Frustration auf andere Weise: Sie legten ein »Haschisch- oder Theoriesemester«[10] ein, gingen zur Gruppentherapie[11] oder kämpften einfach weiter gegen Polizei und Hochschulleitung. Bei manchen führte die politische Ratlosigkeit sogar zu persönlichen Krisen, die in einer Reihe von Selbstmorden ihren erschütterndsten Ausdruck fanden.[12]

Diese »Phase der Depression«[13] lag einerseits daran, dass die Bewegung gemessen an vielen ihrer Ziele 1968 schon gescheitert war:[14] Die Notstandsgesetze waren im Mai 1968 verabschiedet, der Springer-Konzern nicht zerschlagen worden, die US-amerikanische Regierung hatte sich von den westdeutschen Studentenprotesten gegen den Vietnamkrieg nur mäßig beeindrucken lassen, und der Pariser Mai und der Prager Frühling waren nicht in einem Sommer der Revolution gemündet. Was objektiv nach Scheitern klang, stellte sich subjektiv aber ganz anders dar: Der Zustrom an potentiellen Genossinnen und Genossen blieb ungebrochen, die Medienpräsenz war hoch wie nie und viele andere politische Studentenverbände, sogar einige Burschenschaften, waren auf den Kurs des SDS eingeschwenkt.[15] Die Zahl der teils hastig edierten, teils profund recherchierten Bücher mit dem Tenor »Was wollen die Studenten?« bzw. »Was entgegnen wir den gar nicht mal so dummen Argumenten der

---

10 Knöss/Faure, Zur Situation in Marburg, S. 9.
11 Insbesondere bei dem umstrittenen Psychoanalytiker Günter Ammon, der seine Berliner Praxis ironischerweise im gleichen Haus wie das SDS-Zentrum hatte. Zwischen Hochphase und Scheitern der Bewegung lag für manchen enttäuschten Antiautoritären also lediglich ein Treppengeschoß, vgl. Schneider, Rebellion und Wahn, S. 249.
12 Gespräch des Autors mit Götz Schmidt am 20.11.2016 in Niedenstein; Gespräch des Autors mit Klaus Hartung am 19.01.2016 in Berlin.
13 Claussen, Kritik falschen Bewußtseins, S. 9.
14 Kraushaar, Denkmodelle, S. 24.
15 O. A., Zur Sonne, in: Der Spiegel vom 26.06.1968, S. 38-55, S. 39.

Studenten?« füllten ganze Büchertische.[16] Spätestens mit dem Attentat auf Rudi Dutschke und den darauffolgenden »Osterunruhen« begann die Rebellion in der Selbstwahrnehmung der Bewegung auch auf andere gesellschaftliche Gruppen überzugreifen.

Dieses Missverhältnis zwischen Erwartung und Realität führte einerseits zu offen diskutierter Ratlosigkeit über den nächsten Schritt, äußerte sich andererseits aber auch in einem immer verbissenerem Beharren auf die schon etablierten Protestpraktiken. Insbesondere die medienwirksamen Institutsbesetzungen, Sit- und Go-ins erreichten 1968 einen Höhepunkt: Die Fixierung auf Grenzüberschreitungen, Konfrontationen und symbolische Aneignungen universitärer Räume, zu Beginn der antiautoritären Bewegung noch wichtige Elemente des Auslotens und Demonstrierens von Handlungsspielräumen einer politischen Minderheit, hatte sich in einem Maße verselbstständigt, dass Jürgen Habermas anmahnte, »den virtuellen Vorgang einer Universitätsbesetzung [nicht] mit einer faktischen Machtergreifung« zu verwechseln.[17] Dass diese Selbstverständlichkeit ausgesprochen werden musste, deutet darauf hin, dass sich im Tumult der Besetzungen und Kämpfe Mittel und Zweck zu überlagern begannen und sich zudem ein Freund-Feind-Denken breitgemacht hatte, dass auf theoretische Reflexion verzichten zu können glaubte.

Steckengeblieben: Krisenerzählungen der Bewegung

Die »Krise der außerparlamentarischen Opposition«[18], die Horst Mahler in einem Vortrag Mitte Juni feststellte, bestand also vor allem aus dem Widerspruch zwischen revolutionärem Potential und tatsächlicher Wirkungslosigkeit: Dass es »[ü]berall Revolutionäre, nirgends die Revolution«[19] gäbe, sei nur schwer zu erklären. Indes: Dass es eben auch ohne Revolution »überall Revolutionäre« gab, und zwar nicht we-

---

16 Eine in keinster Weise vollständige Liste, die aber einen kleinen Einblick in die Vielfalt an interessierten, erklärenden, interpretierenden und abwehrenden Werken gibt: Hermann, Revolte; Mager, Spinnarke, Was wollen die Studenten; Kuhn, Rebellion; Ryschkowsky, Die linke Linke; Schlaffke, Studentische Linke; Oelinger, Die neue Linke; Schönbohm, Thesen; Weiss, Die Neue Linke.
17 O. A., Zur Sonne, in: Der Spiegel vom 26.06.1968, S. 38-55, S. 39.
18 Mahler, Horst, Die »Krise« der Außerparlamentarischen Opposition im Sommer 1968 – und wie man sie überwindet (1968). Online verfügbar unter http://www.glasnost.de/hist/apo/68mahler.html, zuletzt aktualisiert am 05.09.2017.
19 Welter; Wilsdorf; SDS Landesverband Berlin, Rundbrief, 17.5.1968. APO-Archiv, Ordner SDS 361 SDS 1968-1973.

nige, machte nur deutlicher, dass die Eigendynamik der Bewegung dazu geführt hatte, dass sie ihre Existenz gar nicht mehr begründen musste. Sichtbar wurde dies etwa an einer zunehmenden Selbstreferentialität: Wo in der Hochphase der Bewegung noch ein markiges »Venceremos!«, »Patria o Muerte«, einfach nur »Revolution!« und etwas später »Rot Front!« oder eine ähnliche Floskel aus dem Sprachschatz linker Bewegungen viele Flugblätter abgeschlossen hatte, konnte es im März 1968 auch mal »Irgend 'n sozialistisches Ritual«[20] sein, und wo Aufrufe zu Demonstrationen einige Monate zuvor noch umfangreich argumentativ unterfüttert wurden, konnte man den Lesenden nun auch spontan die »Notwendigkeit« zur Teilnahme an Aktionen mitteilen, »ohne es jetzt politisch zu begründen« – stattdessen wurde in Aussicht gestellt, danach die »schönen Plakate« mitnehmen und daheim »aufs Klo hängen« zu dürfen.[21] Der Protest war hier schon zur WG-Requisite geworden[22] – was aber auch bedeutete, dass schon allein der Selbsterhaltungstrieb zum Weitermachen motivierte.

Die antiautoritäre Bewegung krankte damit an zwei miteinander verbundenen Problemen: Einerseits war sie mit ihrer etablierten Praxis der Provokation und der andauernden Mobilisierung an eine natürliche Grenze gestoßen. Andererseits drohte sie insofern Opfer ihres eigenen Erfolgs zu werden, als der von ihr suggerierte Lebensstil auch ohne direkte politische Betätigung funktionierte.[23] In jedem Fall machte sich Mitte 1968 *Frustration* breit – der psychoanalytische Begriff wurde zum Modewort. Eine schwer begründbare, aber offen sichtbare Kluft zwischen Wollen und Können erzeugte eine merkwürdige Stimmung, die sich auf einer Delegiertenkonferenz Ende 1968 in lustlosem Unsinn entlud:

20 SDS Landesverband Berlin; Schlotterer, Rundbrief mit Terminerinnerung, 7.3.1968. APO-Archiv, Ordner SDS 361 SDS 1968-1973.
21 Flugblatt, 15.1.1969. APO-Archiv, Ordner SDS 361 SDS 1968-1973.
22 Dazu etwa Weinhauer, Westberliner Underground. Zum sich später »verfestig[enden]« linksalternativen Milieu ausführlich Reichardt, Authentizität, hier S. 18.
23 Und das weit über das linke Milieu hinaus. Das Entsetzen, das sich bei den theoretischen Führungsfiguren der antiautoritären Bewegung angesichts der umstandslosen Aneignung revolutionärer Semantik etwa durch die Werbung (»Revolution unter dem Anzug«, »Protest: 5-Tage-Woche für ihren Anzug«) einstellte, ist leicht vorzustellen. Die Forderung, »diesen anfälligen Publikumsgeschmack in politisches Bewußtsein zu übersetzen«, wirkte in diesem Kontext so hilflos wie reflexhaft, vgl. Blanke, Dutschkismus, S. 43. Siehe auch Siegfried, 1968, S. 148 f.

»Oben an der Decke kollidierten Seifenblasen mit Papierflugzeugen. Unten klimperte ein schnauzbärtiger Pianist die Internationale im Rumba-Rhythmus. Dazwischen, von der Galerie herab, rieselten hektographierte Flugblätter mit blaßblauer Aufschrift: ›Fffffruuustrationnnnnnnn. Es ist fuern Arsch ... Dieses ist ein SDS-Kongreß‹«.[24]

Für diejenigen, die die Bewegung als politische und – nach wie vor – als Theorie und Praxis vereinende erhalten wollten, stellte sich die Situation also im engeren Sinne krisenhaft dar: Es mussten unter Bedingungen der Erwartungsunsicherheit möglichst schnell Entscheidungen getroffen werden, von denen Wohl oder Wehe der Bewegung abhingen.[25] Und in dieser Situation nun »passierte etwas Eigentümliches«[26], wie Michael Greven formulierte: In einer Situation, in der Forderungen der Rebellierenden durchaus Aufmerksamkeit fanden[27] und die Zeichen im Großen und Ganzen durchaus auf eine Liberalisierung und Modernisie-

---

24 O.A., Fffffruuustrationnnnnnnn, in: Der Spiegel vom 25.11.1968, S. 56, S. 56. Durch die Sitzreihen wurden derweil schon Flugblätter mit einem Mao-Porträt und der Aufforderung zur Gründung einer marxistisch-leninistischen Kaderpartei gereicht, siehe Koenen, Das rote Jahrzehnt, S. 145.
25 So zumindest definiert Reinhart Koselleck eine »Krise«, siehe Koselleck, Begriffsgeschichten, S. 205.
26 Greven, Systemopposition, S. 31.
27 So wurde im schließlich im Juni 1969 verabschiedeten neuen Berliner Hochschulgesetz zwar die vorher teilweise eine Funktion der politisches Repräsentation der linken Studierenden ausübenden Organe der verfassten Studierendenschaft, also AStA und Konvent, abgeschafft, den Studierenden dafür jedoch mit einer annähernden Drittelparität weit umfassendere Partizipationsrechte in der akademischen Selbstverwaltung eingeräumt als bisher – darunter Einflussnahme auf die Besetzung des Universitätspräsidenten, was an der FU Ende 1969 die Wahl des damals 31-jährigen und noch nicht promovierten Soziologen Rolf Kreibich zur Folge hatte. Dieser hatte angekündigt, im Falle seiner Wahl keine Polizeiaktionen auf dem Campus mehr zuzulassen. Zum Berliner Hochschulgesetz insbesondere Wehrs, Nikolai, Die Revanche der Professoren, in: Der Tagesspiegel vom 22.06.2014; Wehrs, Protest, S. 62. Folgt man Umfragen von Allensbach, Emnid und dem Lehrstuhl des Mannheimer Politikwissenschaftlers Rudolf Wildenmann, teilten 48% der zu diesem Zeitpunkt 280.000 an den bundesdeutschen Hochschulen Studierenden die Kritik des SDS am parlamentarischen System, 60% betrachteten die Hochschulreform und die Demokratisierung der Gesellschaft als notwendig. Eine Emnid-Umfrage unter knapp 2100 Jugendlichen zwischen 15 und 25 Jahren ergab, dass 67% der Befragten die Protestdemonstrationen unterstützen, 58% selbst demonstrieren gehen wollten und immerhin 23% sich bei Gewalt durch die Polizei zu Gegengewalt bereit erklärten, siehe Aly, Kampf, S. 81.

rung der Politik und des Zeitgeists standen[28], radikalisierten sich Teile der Bewegung in eine weitaus ernstere Ablehnung von Universität und Gesellschaft hinein. Manche Antiautoritäre wickelten dabei noch die grundlegensten Elemente ab, die ihre Bewegung ausgemacht hatten: Die Toleranz für inhaltliche Mehrdeutigkeiten wurde von einem erbitterten Machtkampf verschiedener Kleinfraktionen abgelöst; die (angeblich) hierarchiefreien und spontan arbeitenden Gruppen wurden in rigide Organisationskonzepte gepresst; schließlich verhärtete sich der Habitus der lässigen und beweglichen Intellektuellen streckenweise bis hin zu einer Verherrlichung männlicher Härte und Gewalttätigkeit. Nicht zuletzt waren auch die Tage der fluiden, auf konkrete Anlässe hin gelesenen und rekombinierten Theorie gezählt: 1968 setzte eine breite Lesebewegung hin zu den Klassikern der kommunistischen Arbeiterbewegung ein, die nicht mehr als Inspiration, sondern als Handlungsanweisung gelesen wurden. Mit diesem »Absprung [...] zu einer Ideologie«[29] ging eine meist entschiedene Distanzierung von der eigenen revolutionären Rolle einher: Nun richtete sich alle Aufmerksamkeit auf die Arbeiterklasse, deren Bedeutung verleugnet zu haben sich die ehemaligen Studenten nun gegenseitig vorwarfen.

Für sich genommen wären diese Entwicklungen noch als Kuriosum oder biographischer Bruch zu interpretieren, in der Zusammenschau aber weisen sie auf eine grundsätzliche Verschiebung im Koordinatensystem der Akteure hin. Erklärungsbedürftig erscheint diese vor allem, weil sie in der Erinnerungs- und Abrechnungsliteratur fast ausschließlich als Geschichte von Niedergang und Zerfall, von Nachgeborenen oftmals auch mit pathologisierendem Unterton erzählt wird.[30] Im Folgenden

28 Als Indiz dafür kann man die explodierenden Mitgliederzahlen der SPD werten: Von 1969 bis 1972 traten ihr rund 300.000 neue Mitglieder bei, davon zwei Drittel unter 35 Jahre alt, siehe Koenen, Das rote Jahrzehnt, S. 203.
29 Mosler, Was wir wollten, S. 58. Bei Mosler ist diese Formulierung tatsächlich nicht sarkastisch gemeint: vielmehr bedauert der porträtierte Politologiestudent angeblich diejenigen, die den »Absprung« nicht rechtzeitig geschafft hätten.
30 Stephan Marks sieht in der Etablierung der »studentischen Politik« (im Gegensatz zur »Bewegung«) das Auseinandertreten von Denken und Erfahrung, siehe Marks, Studentenseele, S. 10; Götz Eisenberg und Wolfgang Thiel interpretieren die »Fluchtversuche« der Bewegung als »Verfall«, die K-Gruppen als »Ersatzpraxis«, siehe Eisenberg, Thiel, Fluchtversuche, S. 1; die Formulierung von der »schlechten Aufhebung« verwenden unter anderen auch Karl-Heinz Lehnardt und Ludger Volmer, siehe Lehnardt, Volmer, Politik, S. 217. Ulrich Enzensberger diagnostizierte sich als Mitglied der KPD/ML rückblickend »galoppierende Zerebralsklerose«, siehe Enzensberger, Ulrich, Jahre der Kommune I, S. 379, Georg Stanitzek und Jan-Frederik Bendel finden den Umschwung der Bewe-

soll im Gegensatz dazu eine Erklärung versucht werden, die gerade auf den Tatbestand abzielt, dass für die hier behandelten Akteure Kurzhaarschnitt, autoritäres Organisationskonzept und ein verbindlicher Klassikerkanon wie selbstverständlich zusammenzugehören schienen. Zurückführen lässt sich dies, so die These, auf das implizite Wissen der Akteure über die *Bewegung*.

Manche Metaphern entwickeln nämlich Eigendynamiken. Die *Bewegung* als Paradigma der Theorie, der Praxis und des Habitus der Revolte gehört sicher dazu. Das Selbstverständnis der Bewegung als ebensolche: als *Bewegung*, stellt diese vor ein auf den ersten Blick banales Grundproblem: Da eine Bewegung nur *in* der Bewegung existieren kann, muss sie sich ständig bewegen – sie ist also gezwungen, sich im Kern gleichbleibend immer wieder zu ändern. Wenn sie sich dabei nicht im Kreis bewegen will, ist sie auf ein lineares Zeitverständnis festgelegt, das Ziele am Horizont braucht, aber mit dem Erreichen jedes dieser Ziele schon das nächste im Blick haben muss.[31] Es entsteht daher ein Problem für die Akteure, wenn sich ihre Bewegung in Relation zu ihrem Umfeld nicht mehr bewegen kann. Die Wortwahl der Krisendiagnosen der antiautoritären Akteure ist in diesem Zusammenhang bemerkenswert: Die Bewegung endete nicht etwa oder hatte Schwierigkeiten mit der Mobilisierung, vielmehr blieb sie stecken,[32] stockte[33] oder stagnierte[34].

Für eine sich permanent an Intensität steigernde *Bewegung* bleiben daher letztlich zwei Entwicklungsmöglichkeiten, die man in Anlehnung an die Faschismusforschung als »Radikalisierung [in die Selbstzerstörung] oder Entropie«[35] beschreiben könnte. Beide Entwicklungen sind nicht erstrebenswert, und die Akteure sollten daher daran interessiert sein, rechtzeitig eine dritte Möglichkeit zu ergreifen: nämlich die Bewegung rechtzeitig auf eine höhere Stufe zu transformieren. In diesem Zusammenhang gewinnt das Gegenteil von Bewegung an Kontur – negativ ge-

gung auch 2015 »noch heute skandalös und rätselhaft«, siehe Stanitzek, Bandel, Broschüren, S. 73. Für das pathologisierende Narrativ paradigmatisch Gunnar Hinck, der 1969 eine »autoritäre[…] Wende« diagnostiziert, siehe Hinck, Wir waren wie Maschinen, S. 104. Differenzierter Benicke, Von Adorno zu Mao. Sehr ausführlich Gringmuth, Proletarische Wende.

31 In diese Richtung argumentiert auch Böckelmann, Bewegung, S. 218-222. Auch Kraushaar, Denkmodelle, S. 25. Dazu auch Luhmann, Protest.
32 Olles, Zur Strategiediskussion.
33 Lefèvre, Winter, S. 50.
34 Ebd., S. 46.
35 Paxton, Anatomie, S. 218. In Bezug auf die antiautoritäre Bewegung könnte man die RAF und das alternative Milieu als diese beiden Entwicklungsmöglichkeiten deuten.

wendet der Stillstand, positiv gewendet die Härte, die Festigkeit im Sinne einer Verlässlichkeit, die die aus der Vereinigung von Theorie und Praxis resultierende Bewegungsenergie in geordnete und klare Bahnen lenken kann. Die Feststellung einer Krise mit daraus folgender Forderung nach einer qualitativen und gezielten Transformation der antiautoritären Bewegung wurde daher ab 1968 immer wieder formuliert: »Vom Protest zum Widerstand«[36] zum Beispiel, oder: »[D]er kapitalistische Staat selbst hämmert uns die Notwendigkeit ein, die antiautoritäre Rebellion zur sozialistischen Bewegung umzuschmelzen«.[37]

Aus dem Blickwinkel, dass den Akteuren eine *Verfestigung* ihrer *Bewegung* subjektiv notwendig erschien, lassen sich verschiedene Entwicklungen ab etwa 1968 auf einen gemeinsamen Nenner bringen: der plötzliche Ruf nach verbindlicher Arbeit und stabilen Organisationsformen, der Abschied vom beweglichen Denken und der Rekurs auf einen festen Kanon von Klassikern, Körperideale der Kampfbereitschaft und geradlinigen Härte und die Abwehr von Verletzlichkeit und Weiblichkeit. All diesen Tendenzen war gemein, dass sie implizit auf das Wissen Bezug nahmen, das gewissen Theorie-, Organisations- und Praxisformen die Eigenschaft der Beweglichkeit, anderen die der Festigkeit oder Härte zusprach (auch wenn es hierzu natürlich keine objektiven Gründe gab) – und damit den Versuch darstellte, die Essenz und Energie der *Bewegung* durch *Verfestigung* zu erhalten.[38]

Die Akteure des »harten Kerns«[39] der Bewegung hätten ihre Problemlage 1969 selbst bestimmt anders formuliert, doch diese Überlegungen helfen, die implizite Logik der Umbrüche der antiautoritären Bewegung

---

36 Meinhof, Vom Protest zum Widerstand.
37 Hemmer, Freiräume, S. 5.
38 Ohne Zweifel hat diese Gegenüberstellung von »Bewegung« und »Härte« Parallelen zur »Wärme« bzw. »Kälte«, mit denen die Akteure des linksalternativen Milieus ihren Lebensraum beschrieben (siehe Reichardt, Authentizität, S. 189-200 bzw. Lethen, Verhaltenslehren für die Kältemetapher in der Weimarer Republik). Stellt man die K-Gruppen dem zeitgleich entstehenden alternativen Milieu gegenüber, waren erstere im Vergleich zur »Nestwärme« der linksalternativen WG-Küchen zweifelsohne »kalt«. Trotz dieser Ähnlichkeit halte ich die »Härte« in diesem speziellen Fall aber für treffender: Zum einen lässt sich der Begriff direkt auf die »Bewegung« beziehen, zum anderen findet sich die Kältemetapher in der Rhetorik der Akteure deutlich seltener als die »harte« Politik, die »festen« Strukturen, die »Geradlinigkeit« der Kader und die »Verhärtung« der Seelen.
39 Das Konzept des »harten Kerns« findet sich zu dieser Zeit in vielen Dokumenten, etwa in Zerschlagt die Hausordnung!!!!!!, 30.1.1969. APO-Archiv, Ordner Rote Zellen 1535 1968-1971; Hartung, Überlegungen, S. 97. Ihm gegenüber stand

sichtbar zu machen. Das folgende Kapitel zeigt, dass den verschiedenen Zerfallsprodukten der Studentenbewegung eine Grundlage gemeinsam war, nämlich die Vorstellung einer notwendigen Transformation der vorherigen *Bewegung* in Form einer *Verhärtung* oder *Verfestigung*.

Karate *und* Mao

Die Eskalation der gewaltsamen Auseinandersetzungen mit der Polizei veränderte den Habitus der Antiautoritären. Zunächst antimilitärisch ausgerichtet[40] hatten die Prügeleien auf Demonstrationen doch noch etwas spielerisches gehabt: Titel wie »Misslungene Proben des akademischen Proletariats für den aufgeschobenen Aufstand«, wenn es um »Keilereien«[41] mit der Polizei ging, zeugten von einem eher lustvollen Event-Charakter. Zweifellos wurden dabei auch traditionelle Männlichkeiten reproduziert: Die ersten Polizeiprügel dienten als Initiationserlebnis in die maskulin codierte Gemeinschaft und wurden nach der Demo in der Kneipe ausgiebig begossen.[42]

Provokationen in Serie unterliegen jedoch fast zwangsläufig einer internen Steigerungslogik[43] – was in diesem Zusammenhang bedeutet, dass die emotionale Besetzung der Auseinandersetzungen kaum auf dem Niveau des spielerischen Wettkampfs und der sportlichen Fairness bleiben konnte. Mit zunehmender körperlicher Intensität, den ersten geworfenen Steinen, dem ersten erlittenen Gummiknüppelschlag begann der jungenhafte Übermut langsam, aber stetig Gefühlen des Hasses, der Wut und des Freund-Feind-Denkens zu weichen.[44] Der theoretische Über-

    der verächtlich so bezeichnete »Flugsand« (zit. nach Siegfried, 1968, S. 233) in der Peripherie der Bewegung.

40 So propagierte der SDS die Verweigerung des Wehrdienstes, Disziplin und Drill wurden als Ausdruck des autoritären Charakters abgelehnt, siehe Pilzweger, Männlichkeit, S. 293.

41 Bluem, Misslungene Proben, S. 25. Der Erlebnisfaktor solcher Demonstrationen tritt auch eindeutig aus dem Tagebuch Rudi Dutschkes hervor, etwa bei Dutschke, Jeder hat sein Leben ganz zu leben, S. 23.

42 Pilzweger, Männlichkeit, S. 303.

43 Paris, Stachel, S. 60 f.

44 Peter Schneider schrieb in dieser Zeit in sein Tagebuch: »Es ist aber so, daß man schuldig wird, wenn man nicht haßt. Da wir alles, ausnahmslos alles ablehnen müssen, was der kapitalismus hervorgebracht hat, da es buchstäblich kein auto, keine apfelsine, kein riesenkaufhaus gibt, an dem nicht das blut totgeschlagener seelen klebte, müssen wir uns ständig wehren. ›Auch der haß gegen die niedrigkeit verzerrt die züge.‹ Brecht hatte zu seiner zeit noch ein prinzipiell intaktes

bau trug dazu sicher noch bei: Wenn das Gegenüber nicht länger nur ein stumpfsinniger Polizist oder ein reaktionärer Professor war, sondern der Repräsentant der weltweiten Konterrevolution, war eine Eskalation der Situation deutlich wahrscheinlicher. Spätestens 1969 hatte sich daher – zumindest in Teilen der Bewegung – eine Rhetorik des Kampfes ausgebildet, die sicher kritisiert und reflektiert wurde, hinter die aber offenbar nur schwer zurückgegangen werden konnte. Anfang des Jahres veröffentlichte der SDS Berlin beispielsweise einen Aktionsaufruf gegen die »Grüne Woche« (eine Ausstellung für Landwirtschaft und Ernährung), dessen Duktus kaum anders als militärisch schneidend genannt werden kann:

> »Die Genossen müssen sich vor der Aktion zu einer Gruppe verabreden [...], als Einzelne in die Ausstellung einsickern und sich auf ein verabredetes Zeichen blitzschnell zu der vorher festgelegten Gruppe formieren, um dann schnell und wirksam zuzuschlagen. [...] Genossen! Wenn jemand über uns herfällt und die Umstände für einen Kampf günstig sind, wird unsre (!) Partei unbedingt zur Selbstverteidigung schreiten und den Angreifer entschlossen, gründlich, restlos und vollständig vernichten (man darf sich nicht leichtfertig auf einen Kampf einlassen; wenn man den Kampf aufnimmt, dann muss er zum Sieg führen) [...]. UNSERE SCHWIERIGKEITEN KÖNNEN ÜBERWUNDEN WERDEN, DENN WIR SIND NEUAUFSTREBENDE KRÄFTE MIT EINER STRAHLENDEN ZUKUNFT«.[45]

Die Lust auf kämpferische Demonstrationen gegen Polizei und Staat wurde sicherlich nicht vom Gros der SDS-Mitglieder geteilt, aber die Militanz hinterließ Spuren bei der Bewegung: Kampfkompetenz galt nun als mindestens genauso wichtig wie rationale Analyse. Der US-amerikanische Beobachter Alex Gross bemerkte bei seinen Berliner Freunden eine zunehmend »metallische«[46] Note: Denn wer glaubte, an der vordersten Kampflinie eines Bürgerkriegs zu stehen, bei dem schrieb sich das Selbstverständnis des politischen Frontkämpfers (die männliche

---

milieu, das sich in dem klaffenden Widerspruch zwischen arbeiterklasse und bourgeoisie entwickeln konnte. Wir haben nur unseren haß und eine unausrottbare vorstellung von einer menschlichen zukunft«, Schneider, Rebellion und Wahn, S. 262.
45 SDS Landesverband Berlin, Flugblatt der »Ad-Hoc-Gruppe Rote Woche«, 21.1.1969. APO-Archiv, Ordner SDS 361 SDS 1968-1973.
46 Gross, The untold sixties, S. 262.

Formulierung ist kein Zufall) aktiv in den Körper ein.[47] »Bald würden die jungenhaften Gesichter mit den langen Haaren hart werden. Dann mußte das Haar runter. Geeignete Lederjacken ließen sich auch finden«, beschrieb Lutz von Werder sich und seine Freunde um 1968.[48] Haare und Lederjacken können hier als durchaus repräsentativ für einen Wandel der Körpersemiotik der Studentenbewegung ab 1968 gelten. Die Antiautoritären hatten sich zwar als ungezwungen und nachlässig inszeniert und damit vom braven und konventionellen Stil der Studienstiftungsstipendiaten abgesetzt, der im SDS der frühen Sechziger Jahre vorherrschte. Die Grenzen des Erlaubten wurden jedoch lange nicht so weit überschritten, wie es die visuelle Präsenz der Mitglieder der Kommune I vielleicht glauben machte: Ein, zwei Zentimeter über die Norm herausgewachsene Haare, offene Hemdkrägen, Rollkragenpullover und lustlos gebundene Krawatten waren in der Breite noch kurz vor 1968 das Äußerste an modischer Rebellion gegen das vorherrschende Ideal gepflegter, konventioneller Männlichkeit; visuelle Zeichen der politischen Gesinnung beschränkten sich lange auf Buttons und Plaketten.[49] Erst zögerlich etablierte sich bei Männern wie Frauen ein lässiger Kleidungsstil, der, dem »zackigen« Körperideal der abgelehnten Gesellschaft entgegengesetzt, »Lockerheit, Natürlichkeit und Individualität«[50] ausstrahlen sollte. Unrasierte respektive ungeschminkte Gesichter sowie die Aufhebung der Trennung zwischen Alltags-, Freizeit- und Ausgehkleidung demonstrierten Auflehnung gegen die tägliche Anpassung des Körpers an gesellschaftliche Zwänge,[51] lange Haare (bei Männern) setzten sich vom Ideal soldatischer Männlichkeit ab.[52]

47 Der Partisanengestus wurde streckenweise sogar als »ein Stück fantastisch nachgeholte Weltkriegserfahrung« interpretiert, siehe Pilzweger, Männlichkeit, S. 300.
48 Werder, Schwarze Landschaft, S. 103.
49 Schneider, Rebellion und Wahn, S. 119. Die erste Plakette wurde 1967 im Zuge der Anti-Springer-Kampagne hergestellt, siehe Grob, Kleidungsverhalten, S. 272.
50 Reichardt, Authentizität, S. 635.
51 Grob, Kleidungsverhalten, S. 238.
52 Das »lässige« Körperbild hatte in der Bundesrepublik schon ab den fünfziger Jahren begonnen, das »zackige« abzulösen. Kaspar Maase weist jedoch auf zwei Besonderheiten hin, die die Rückabwicklung des »lässigen« Habitus in Teilen der Studentenbewegung nach 1968 in anderem Licht erscheinen lassen, nämlich zum einen die unschwer einleuchtende Verbindung des »zackigen« Körperideals mit der Figur des (deutschen) »Soldaten« als männlichem Leitbild, zum anderen die (latente) Codierung der »Lässigkeit« mit dem kulturellen Einfluss der USA, vor allem den selbstbewussten, »lässigen« GIs, die trotz fehlender Zackigkeit den deutschen Soldaten überlegen gewesen waren (siehe Maase, Lässig, S. 86, 94).

Aber auch soldatische Ästhetik faszinierte die Antiautoritären durchaus – und sei es nur, weil die um 1968 aufkommenden Armeeparkas gut gegen die Wasserwerfer der Polizei schützten.[53] Zu extrem verbilligten Preisen aus Beständen der US Army bezogen, bildeten sie, zusammen mit den (vermutlich seltener getragenen) Mao-Jacken, den am deutlichsten militärisch anmutenden Teil einer sich seit etwa 1967 herausbildenden Demonstrationskleidung, die in Berlin noch durch 1.000 Bauarbeiterhelme ergänzt wurde – eine Spende des Brecht-Ensembles der DDR.[54] Auch wenn diese Aufrüstung immer von kritischen Stimmen begleitet war, wurde der Habitus der Äußerlichkeiten konsumkritisch vernachlässigender Intellektueller durch eine Ästhetik der militanten Konfrontationsbereitschaft zu einer Art »Räuberzivil«[55] ergänzt. Das Changieren zwischen unkonventioneller Lässigkeit und militanter Disziplin, das die Körpersemiotik der Bewegung auszeichnete, wies schon ihre bekannteste und stiltechnisch tausendfach nachgeahmte Ikone auf: Das 1960 geschossene, berühmte Bild Che Guevaras illustriert gerade durch die Gleichzeitigkeit von wallendem Männerhaar und militärischer Uniform die Ambivalenz von *Bewegung* und *Härte*, die die politischen Studenten ab 1968 charakterisierte – mit Tendenz zum Soldatischen.

In kaum etwas äußert sich die hier skizzierte »Verhärtung« des Habitus der Rebellen so plastisch wie im Umgang mit der männlichen Haarpracht. Zunächst als sichtbarer Ausweis der Distanz zur Mehrheitsgesellschaft mitgeführt und damit den ständigen Anwürfen von Passanten und Eltern ausgesetzt, mussten die stolzen Mähnenträger zur Kenntnis nehmen, wie ihre Provokation zur Mode wurde: Das Musical *Hair*, Ende 1968 in Deutschland uraufgeführt, wurde von linker Seite heftig kritisiert, weil es kapitalistische Bedürfnisse befriedigte und dem langen Haar sein subversives Potential raubte.[56] Die Haare mussten also weg –

Daher zwei Hypothesen: Ohne hier die These von '68 als nationalrevolutionäre Bewegung wiederholen zu wollen, könnte die Wiederkehr des »Zackigen« zum einen auch eine unwillkürliche Abwendung vom US-amerikanischen Einfluss gewesen sein. Zum anderen stellte die Idealisierung des Guerilleros, mehr aber noch des »harten« Proletariers einen Ersatz für die Figur des Soldaten dar, den als Vorbild zu nehmen dann doch nicht gegangen wäre. Dazu passt, dass SDS-Kader ab 1968 zumindest in Frankfurt damit begannen, alte Offiziersmäntel aus dem Trödelladen zu tragen (Grob, Kleidungsverhalten, S. 270).
53 Zum Parka ausführlich Reichardt, Authentizität, S. 632.
54 Grob, Kleidungsverhalten, S. 276-278.
55 Behmel, 1968, S. 45. Albrecht Behmel zieht diese Traditionslinie der Kombination militärischer und ziviler Kleidungsstücke bis zum Kleidungsstil der Landsknechte des Dreißigjährigen Kriegs.
56 Zentralrat der umherschweifenden Haschrebellen, Hair.

was in Zeitzeugengesprächen oft als biographischer Wendepunkt erzählt wird. Wie ein *rite de passage* wirkt eine Szene auf der ersten Reise einiger »Umherschweifender Haschrebellen« nach Jordanien, die sich Ende 1969 in einem Trainingscamp der palästinensischen Fatah militärisch ausbilden ließen. Auf einem Grenzübertritt auf dem Weg dorthin wollten die Beamten die Deutschen nur mit kurzen Haaren einreisen lassen: Der Haarschnitt bedeutete also die Trennung von der pazifistischen Vergangenheit und den Schritt in den Terrorismus.[57] Auch im entstehenden Milieu der maoistischen Kleinparteien wurden im Bemühen, sich vom antiautoritären Intellektuellen zum ernsthaften Sozialisten zu wandeln, scharfe Scheitel gezogen, Lederjacken[58], Krawatten und Anzüge gekauft, lockere Beziehungen verstetigt, aus genossenschaftlich geteilten Wohnungen ausgezogen[59] und statt den weichgespülten Beatles die angeblich proletarischeren, weil härteren Rolling Stones gehört.

Auch wenn die antiautoritäre Bewegung schon zuvor zweifellos von sexistischen Strukturen geprägt war – die spätestens durch die Rebellion des Aktionsrats zur Befreiung der Frauen auf der Delegiertenkonferenz 1968 thematisiert wurden –, wurde Männlichkeit nun noch demonstrativer als bisher ausgestellt und mit erfolgreicher politischer Arbeit konnotiert. Wenig subtil zeigte sich dies etwa in der graphisch detailverliebt ausgeführten Darstellung des alten, »liberalen AStA« der Uni Freiburg als nicht erigierter Penis, der nach der Wahl wieder »straff & stramm« stehe[60], oder einem Graffiti an der Decke eines Club Voltaire: »Ohne Erektion keine Revolution – ohne Revolution keine Erektion!«[61].

57 Reimann, Zwischen Machismo und Coolness, S. 239 f.
58 Die Lederjacke war ein Kleidungsstück mit multiplen Assoziationen, die jedoch alle die hier ausgeführte These der Verhärtung bedienen: Neben der Aura maskuliner Kampfbereitschaft und Unangepasstheit wurden Lederjacken in dieser Phase dezidiert auch gekauft, um »wirklich völlig ununterscheidbar von Taxifahrern« zu sein und sich damit unerkannt in der Welt normaler Leute bewegen zu können (Grob, Kleidungsverhalten, S. 286). Revolutionäre sollten sich schließlich im Volk wie Fische im Wasser bewegen können.
59 Siepmann, Sonnenfinsternis, S. 338. In diesem Text wird ein Fall der Ablehnung antiautoritärer Umgangsformen geschildert, der bis zum Punkt der Unglaubwürdigkeit extrem erscheint: Jürgen Horlemann, ein Gründer der KPD-AO, weigert sich nach Gründung der Partei plötzlich, seinen alten Freund Bahman Nirumand wie bisher zu duzen und spricht ihn konsequent mit »Herr Dr. Nirumand« an.
60 Freiburg: Sommersemester, S. 35.
61 Raulff, Wiedersehen mit den Siebzigern, S. 24. Das berühmte Flugblatt des Aktionsrat zur Befreiung der Frauen mit der Forderung »Befreit die sozialistischen Eminenzen von ihren bürgerlichen Schwänzen!« und dem »Rechenschafts-

Auch die Verbindung zwischen Sexualität und politischer Arbeit war schon früher Teil des Selbstverständnisses und der Selbstdarstellung der antiautoritären Bewegung gewesen,[62] mit der Verhärtung der Fronten scheint die Identifikation derber männlicher Sexualität mit kämpferischer Virilität aber ihren Höhepunkt erreicht zu haben.[63] Als Selbststilisierung im Sinne von »potente Jugend gegen kraftlos-kastriertes Establishment« wurde sie strategisch beleidigend nach außen hin vertreten, wie in einem Flugblatt gegen Folkmar Koenigs, Inhaber des Lehrstuhls für Handelsrecht an der TU Berlin:

> »Wir finden es DUFTE, wenn sich Professorenfrauen endlich der autoritären frustrierenden KNUTE ihres alten verkalkten Profs. entledigen und mit Studenten bumsen [...]. Dies ist ein emanzipatorischer ›AKT‹. [...] Darum Folkmar, schlagen wir im Geiste des Prinzips der Arbeitsteilung folgendes vor: [...] schreite heute vor der Vollversammlung, eventuell mit einer Leihschere des Senators für Wissenschaft und Kunst zur öffentlichen SELBSTKASTRATION«.[64]

Streckenweise hatte das gewalttätige Potenzgeprahle auch eine dezidiert antiintellektuelle Stoßrichtung, wenn Libido und Freizügigkeit gekoppelt mit befreiender Gewalt als etwas spezifisch Proletarisch-Maskulines präsentiert wurden.[65] Der unmännliche Körper des theoretisierenden Intellektuellen fiel damit unter den Verdacht der Weichheit und des Drückebergertums, durchaus auch mit homophoben Untertönen, wie Massimo Perinelli in Bezug auf die Zeitschrift *agit 883* herausgearbeitet hat.[66]

---

    bericht«, auf dem eine Frau stolz die abgeschnittenen Glieder der führenden SDS-Genossen präsentiert, wird so nochmals verständlicher, siehe o. A., Die rosa Zeiten sind vorbei. Peter Brügge über die Frauen im SDS, in: Der Spiegel vom 25.11.1968, S. 60-61.
62 Reimann, Zwischen Machismo und Coolness, S. 241f. Dazu detailliert Micheler, Sexualitätsdiskurs.
63 Perinelli, Lust, S. 97.
64 Ad-hoc-Gruppe »Sexualer Notstand im Akademischen Senat«, Geschlechtsakt Stalingrad Großkonzern, 2.12.1968. APO-Archiv, Ordner Rote Zellen 1535 1968-1971.
65 Balz, Militanz, S. 132. Ein sich als solcher stark inszenierender »echter« Proletarier wie »Bommi« Baumann nahm diese Projektionen natürlich dankbar an; in seiner Autobiographie stilisierte er sich als Gegenbild zum gewalt- und sexualitätsgehemmten, angepassten Studenten, nämlich zum gewaltaffinen und promisken Macher- und Machotypen, siehe Baumann, Wie alles anfing, S. 19-21.
66 Perinelli, Lust, S. 92.

Das neue Niveau der Militanz trat auch in der graphischen Ausgestaltung der internen Publikationen hervor. Das Ende 1968 als verbandsinternes Kommunikationsmedium gegründete *sds-info* beispielsweise, zunächst mit neutralem Deckblatt herausgegeben, zierte ab der zehnten Ausgabe eine geballte Faust, die dem Betrachter – als Synthese der enthaltenen Ideologie? – frontal ins Gesicht sprang.[67] Doch auch andere Zeit- und Flugschriften, prominent die *agit 883*, zierten zahllose Zeichnungen und Karikaturen kräftig austeilender sozialistischer Krieger und fliehender Polizisten. Die extremsten Ausprägungen dieser Variante der Verhärtung bildeten natürlich die terroristischen Gruppen: Während die Mitglieder der »Bewegung 2. Juni« mit schwarzen Hüten und Ledermänteln, Stiefeln und schwarz-roten Halstüchern die knallharten Straßencowboys gaben,[68] kritisierte die RAF einen solchen Stilwillen aus der Haltung professioneller Kälte heraus: »Das macht Spaß. Das darf es nicht. Dieser Job, den wir machen, ist ernsthaft. Das darf keinen Spaß machen.«[69]

Einen Wendepunkt in der Interpretation der Bedeutung von Gewalt stellte dabei die »Schlacht am Tegeler Weg« dar – Klaus Hartung bezeichnet sie als »Ende von '68«[70]. Die Demonstration hatten die Antiautoritären »gewonnen« – weit mehr als hundert verletzte Polizisten, ein eroberte Wasserwerfer und einige errichtete Barrikaden zeugten davon.[71] Christian Semler jubelte auf dem anschließenden Teach-in von einer »neuen Stufe der Militanz«, ein anderer Redner wurde sogar noch deutlicher: Die Unterlegenheit der Studenten gegenüber der Polizei mache für die kommenden Auseinandersetzungen einen »Einbruch in die ziemlich ungeschützte, noch anonyme ›Privatsphäre‹ der Justizagenten mittels kleiner ›Terror‹-Gruppen« notwendig.[72]

In der Interpretation Andreas Pettenkofers kommt der Aufarbeitung dieses Erfolgs eine Schlüsselstellung in der Entwicklung der antiautori-

---

67 SDS-Bundesvorstand, SDS-Info 10, 02.04.1969. APO-Archiv, Ordner SDS 423 Info. Schon früher wurden auch im *SDS-info* beispielsweise Bücher mit einer graphischen Gestaltung angepriesen, bei der ihr Titel aus einem Gewehr »geschossen« kam, siehe etwa Werbung für Reimut Reiches »5 Thesen und eine Schlussfolgerung zur DKP«.
68 Baumann, Wie alles anfing, S. 82.
69 Aust, Baader, S. 198.
70 Hartung, Klaus, Der Tag, an dem die Bewegung siegte, in: Der Tagesspiegel vom 04.11.2008.
71 Koenen, Das rote Jahrzehnt, S. 139.
72 Redebeitrag auf dem Teach-in nach der Schlacht am Tegeler Weg, 4.11.1968. APO-Archiv, Ordner SDS 313a B III 67-69.

tären Bewegung zu. Auf der 23. (und letzten) Delegiertenkonferenz des SDS, die kurz danach stattfand, überraschte Christian Semler das Publikum mit einer Deutung der Ereignisse als *qualitativer* Wendepunkt der Bewegung: Der entscheidende Faktor für den eigenen Sieg sei nämlich nicht das gesteigerte Ausmaß an Militanz gewesen, sondern das planvolle und entschlossene Standhalten gegen die Zerstreuungsversuche der Polizei. Die Demonstrierenden hätten nach einem brutalen Tränengas- und Reiterangriff diszipliniert dem Fluchtimpuls widerstanden, sich wieder gesammelt und der Polizei »geschlossen« ein einstündiges »Gefecht« geliefert. In diesen Ansätzen, so argumentierte Semler, zeige sich ein qualitativer Entwicklungssprung der Bewegung, der nicht mehr zurückzunehmen sei. Der Erfolg beruhe darauf, dass sich die eigenen Kräfte entgegen dem Selbstverständnis der antiautoritären Bewegung *organisiert* hätten:

> »Ich glaube, die eigentliche Militanz ist darin zu sehen, daß die Demonstration in verschiedenen Etappen eine Organisation verriet und eine relative Ordnung, wie sie bisherige Demonstrationen nicht verraten haben [...]. [E]s müßte eigentlich für uns alle klar sein, daß es keine Fortsetzung einer solchen Demonstration gibt, linear gewissermaßen, daß wir es auch nicht in erster Linie als 'nen existenzialistischen Befreiungsakt betrachten müssen, sondern daß wir es in erster Linie unter planerischen und organisatorischen Gesichtspunkten betrachten müssen.«[73]

Als entscheidend deutet Pettenkofer hier die Deutung der selbst ausgeübten Gewalt als »Ordnungserfahrung«[74]: Im Gegensatz zum Steinewerfen als »existenzialistischen Befreiungsakt« wurde gerade die Selbstkontrolle, das planvolle Vorgehen, das Reihen-Schließen, der *Verzicht* auf impulsives, spontanes, auch lustvoll erlebtes gewaltsames Handeln als Militanz interpretiert.

Der Grund für die Disziplin, argumentierte Semler weiter, sei in der Zusammensetzung der Demonstration zu finden: Erstmals hätten neben Studierenden auch Lehrlinge und junge Arbeiter teilgenommen. Die Beobachtung, dass unter jungen Arbeitern nach den dem Dutschke-Attentat folgenden Ausschreitungen die Sympathie für die Studentenproteste gewachsen sei,[75] wurde so zum Argument für mehr Männlichkeit und Gewalt als Kommunikationsmedium zwischen den Klassen:[76] Indem

---

73 Django und die Tradition, S. 176.
74 Pettenkofer, Entstehung der grünen Politik, S. 101.
75 Blanke, Dutschkismus, S. 35; Buhmann, Geschichte, S. 315.
76 Teilweise versuchte man, die Arbeiter direkt bei der (männlichen) Ehre zu packen, indem man sie als vor Autoritäten kuschende Feiglinge und die Studieren-

die Akademiker mannhaft zurückschlugen, hätten sie den Respekt der Arbeiter gewonnen, die zwar die theoretische Sprache nie verstanden hätten, die aber

> »im Produktionsbereich die Erfahrung der unmittelbaren Gewalt machen, die Gewalt zwar selber nicht zur Gegenwehr einsetzen, dieses Verhalten aber bei anderen akzeptieren. Entsprechend der psychoanalytischen Theorie der Identifikation mit dem Aggressor sei es denkbar, dass die Arbeiter, die zuvor auf der Seite der siegreichen Polizei standen, sich nun mit den ›siegreichen‹ Studenten identifizieren (und so ihre Identität fänden).«[77]

Die ab 1968 hitzig geführte »Organisationsdebatte« fungierte insofern weniger als Gegenbewegung zur Semantik der Militanz, sondern vielmehr als ihre Ergänzung. Die Vorstellung der großen Organisation, die die Energie der Bewegung auf eine höhere Ebene transformieren würde, kam nun zur vollen Blüte. Eine solche Vorstellung von »Organisation« hatte nur noch wenig mit dem kaum ein Jahr zuvor gehaltenen »Organisationsreferat« zu tun. Die damals imaginierte Verflüssigung des SDS hin zur »Organisation als Problem revolutionärer Existenz«[78] trat nun eher als Bedrohung auf – aus Christian Semlers Klage über den »fortlaufenden Partikularisierungs- und Auflösungsprozeß«[79] der Bewegung sprach die kaum verhohlene Panik, dass der revolutionäre Impuls seinen Protagonisten durch die Finger zu gleiten drohe.

Die Gründung einer Organisation sollte dabei zunächst den unübersichtlichen Wildwuchs der verschiedenen, dezentral arbeitenden Gruppen einhegen, indem man diese besser untereinander vernetzen wollte.[80]

    den als kraftstrotzende Kämpfer präsentierte: »Ihr spült die Wut hinunter – wir schmeißen Steine. [...] Ihr sitzt vor der Glotze – wir gehen auf die Straße. [...] Ihr steckt ein – wir stecken an. [...] Ihr weicht zurück – wir packen zu. Ihr habt kein Recht uns zu kritisieren, bloß weil wir uns nichts gefallen lassen«, siehe AN DIE VEREHRTEN HERRN ARBEITER (SOZIALPARTNER)! APO-Archiv, Ordner SDS 353 SDS LV Berlin o. J. B II a, 1965-1967.
77 Basisgruppe DWM, Von der Theorie zur Praxis, S. 8. Dass dieser Gedankengang auch auf die eigene Identität bezogen wurde, legt die Erinnerung eines Beteiligten nahe, der noch einige Tage später vorbeigehenden Polizisten »denk an die 137 [bei der Auseinandersetzung verletzten] Kollegen« zurief: »da kam der Macho raus, jetzt sind wir mal die Stärkeren. [...] so schnell hat sich das im Geist verfestigt« (Kasper, Barbara; Schuster, Lothar, Schlacht am Tegeler Weg. Dokumentarfilm, NDR 1988).
78 Krahl, Dutschke, Organisationsreferat, S. 59.
79 Django und die Tradition, S. 211.
80 Exemplarisch SDS Landesverband Berlin, Strategie und Organisation.

Der SDS als »dauernder Motor«[81] dieser Vernetzung sollte verhindern, dass die einzelnen Gruppen in reformistisches Klein-Klein abglitten, was eine »permanente Kulturrevolution im SDS selbst«[82] erfordere – die *Organisation* als »latente Rebellion«[83] sollte den Bewegungsimpuls sozusagen auf Dauer stellen. Spätestens um 1969 war das größte Problem für die ehemaligen antiautoritären Leitfiguren jedoch nicht mehr Vernetzung, sondern die Angst, dass die Bewegung aus mangelnder Disziplin der jüngeren Mitglieder in subkultureller Beliebigkeit versanden würde; dem »Wucherungsprozeß jener linken Subkultur, die einen Teil der Halbpolitisierten für die Entsagungen, die im anti-autoritären Kampf zu erbringen wären, kurzfristige und unmittelbare Scheinbefriedigungen anbietet«,[84] sei deshalb durch Organisation Einhalt zu gebieten, so der letzte SDS-Bundesvorstand.

Tatsächlich ist die Frustration, mit der zunehmend verzweifelt mehr Konsequenz und Zuverlässigkeit in der politischen Arbeit eingefordert wurde, förmlich mit Händen zu greifen: »Konkrete verbindliche Konzepte« für Organisationsstrukturen sollten den »unverbindlichen und geschwätzigen Charakter«[85] bisheriger Versammlungen beenden.[86] In einer Situation, in der die Bewegung an ihrem eigenen *Laissez-faire*-Stil, an den Auswirkungen ihrer eigenen Existenz- und Arbeitsweise zu scheitern drohte, klang der Ruf nach *Organisation* daher zunächst eher wie ein Ruf nach Sekundärtugenden und »revolutionärer Disziplin«[87]. Es dauerte folglich nicht lang, bis das praktische Problem der Einbindung von subkulturellen »Halbpolitisierten« in eine verbindliche politische Organisation sich zu einer Art Grundsatzkritik an der antiautoritären Bewegung auswuchs. Der SDS-Landesverband Berlin verkündete:

»Allgemeine Organisationsfeindlichkeit, Verdrängung der Machtfrage, Geringschätzung der Theorie als Waffe im Klassenkampf, Fetischisie-

---

81 SDS Landesverband Berlin, Rechenschaftsbericht, 20.10.1968. APO-Archiv, Ordner SDS 353 SDS LV Berlin o. J. B II a, 1965-1967, S. 10.
82 Ebd., S. 10.
83 Ebd., S. 9.
84 Behnken, Geulen, Knapp, Wolff, Revolutionäre Disziplin, S. 18.
85 SDS Landesverband Berlin, Flugblatt, Oktober 1968. APO-Archiv, Ordner SDS 353 SDS LV Berlin o. J. B II a, 1965-1967.
86 Die von einem antiautoritären Standpunkt aus geübte Kritik an der Einführung vermeintlich autoritärer Maßnahmen war relativ niedrigschwellig; schon die Einführung »›demokratischer Spielregeln‹ z. B. bei Diskussionen« konnte als solche aufgefasst werden (vgl. Mitglied des umherschweifenden Rebellenhaufens der ehemaligen Wieland-Kommune, Kritik, S. 2).
87 Behnken, Geulen, Knapp, Wolff, Revolutionäre Disziplin.

rung der Revolution, Unterschätzung der Organisierung der Konterrevolution sind, verkürzt, die schädlichen Seiten, die die Bewegung zu überwinden sich anschickt [...]. Das Fehlen aber von verbindlichen politischen Entscheidungen und Stellungnahmen trieb die meisten Genossen zu der richtigen Einsicht, die Atomisierung der Linken müsse auf einer höheren Ebene organisatorisch aufgehoben werden.«[88]

Der Feldherrenton, in dem diese Strategie ausgegeben wurde, mutet in seiner künstlich wirkenden Radikalität fast komisch an: Der »Aufbau der zweiten Front in den Apparaten der kapitalistischen Gesellschaft« sollte in »Hauptquartieren« organisiert werden, Kader würden »offensiv [...] Brennpunkte der Universität angreifen.«[89] Der Flirt mit der Vorstellung einer straff geführten Kaderorganisation war also schon weit gediehen. Auch wenn zu keinem Zeitpunkt alle, die sich dem Milieu zugehörig fühlten, von den zentralistischen und autoritären Organisationskonzepten der späteren K-Gruppen überzeugt waren, kann man deren Entstehung nur kurze Zeit später als von einer inneren Eskalationslogik getrieben begreifen. Sich diesem Trend zu entziehen war offenbar nicht leicht: Je stärker die einzelnen Fraktionen auseinanderdrifteten, indem sie sich in ihrer politischen Arbeitsnische einrichteten, und je größer die Bedrohung der wachsenden linken Subkultur erschien, die alle politischen Energien zu verschlucken drohte, desto größer wurden die in die *Organisation* hineinprojizierten Hoffnungen, durch Einheit und Disziplin wieder Handlungsmacht herzustellen, desto autoritärer wurde der Ton, und desto attraktiver wurde die Verlockung einer »harten«, straffen Organisation, die den Klassenkampf aufzunehmen gelobte.

Auf die Verästelungen der Organisationsfrage wird noch einzugehen sein, es soll an dieser Stelle nur festgehalten werden, dass der Begriff der Organisation dem Militanzdiskurs nicht etwa entgegengerichtet war, sondern diesen ergänzte. Beides, der bewusste Schritt zur disziplinierten Gewalt und die Rhetorik des knochentrocken durchgeplanten Vorgehens, versprachen der Bewegung Effizienz und Struktur. Lange genug habe man sich durch den Verzicht auf Autorität selbst eingeschränkt: »Die antiautoritäre Phase unserer Bewegung«, forderte ein oft zitierter Artikel im Jargon der expliziten Härte, sei zu »liquidieren.«[90]

---

88 SDS Landesverband Berlin, Rundbrief, 20.3.1969. APO-Archiv, Ordner 357 Berlin SDS Rektoratsbesetzung, Hefter SDS Berlin SS 68 ff.
89 Redaktionskollektiv AStA/FU, Organisation und Schulung von Kadern. in: SDS Info Nr. 13/14, S. 23-27, 10.5.1969. APO-Archiv, Sammlung Lefèvre, Hefter SDS Dokumente 8, S. 26.
90 Kramer, Die antiautoritäre Phase.

Die sich in dieser Zeit wandelnde Rezeption Mao Tse-Tungs und des chinesischen Kommunismus muss man also auch vor dem Hintergrund dieser subjektiven Problemlage interpretieren: als Aufnahme einer ästhetischen Vorlage, die die sich auf dem Papier eher zögerlich überlappenden Begriffswelten »Proletariat«, »Jugend«, »Männlichkeit«, »Sexualität«, »Militanz«, »Gewalt«, »Organisation« und »Disziplin« nahezu nahtlos miteinander verband. Auch vor 1968 sprach man über Mao und die »Mao-Bibel«[91], allerdings wurde der Große Vorsitzende eher als Mischung aus Bürgerschreck, Idol einer Jugendbewegung, General eines erfolgreichen Partisanenkriegs, »gedichteschreibender chinesischer Weiser«[92], Modeikone[93] oder »Anti-Autorität«[94] rezipiert – und auch das meist eher ironisch, wie Reimut Reiche 1967 kritisierte:

> »Noch vor einem halben Jahr hätte es niemand gewagt, auf einer SDS-Versammlung sich auf Mao mit einem Zitat[95] zu berufen, heute geschieht es ständig, aber unter affektiertem Gelächter des Lesenden und der Hörenden«.

Reiche warnte davor, Mao-Zitate lediglich als »Abzeichen«[96] zu benutzen, stattdessen müsse man

> »lernen, ihn richtig zu lesen: aus der Revolution der Dritten Welt zu lernen. Die Werke Mao Tse-Tungs sind unerschöpflich reich; er ist ganz gewiß der größte Theoretiker und der größte Revolutionär seit Lenin. Wir müssen seine Aufsätze ganz lesen.«[97]

---

91 Siehe auch Sepp, Schwenken.
92 Kittsteiner, Karl Marx, S. 228.
93 O. A., Bluse und Bibel, in: Der Spiegel vom 24.07.1967, S. 86-87.
94 Diehl, Konjunktur von Mao-Images, S. 189.
95 Georg Stanitzek und Jan-Frederik Bandel betonen, dass die Mao-Rezeption zunächst vor allem über die vom Pekinger »Verlag für fremdsprachige Literatur« produzierten Broschüren verlief, die oftmals nur wenige Seiten stark waren und deren Inhalt durch die Kontextlosigkeit und die oft seltsamen Übersetzungen quasi nicht zu greifen war. Sätze wie »Wenn man einen Ort oder eine Frage gründlich kennengelernt hat, wird man späterhin beim Studium eines anderen Ortes oder einer anderen Frage leicht Aufschluß finden« (aus *Gegen die Buchgläubigkeit*) seien laut Stanitzek und Bandel »zwar von erlesener Einfachheit, aber ihr Sinn entzieht sich. Dem ins Deutsche übersetzten Text fehlt in seiner tautologischen Dezidiertheit jeder plausible Addressat; er ist in einer Weise dekontextualisiert, dass auch einige wenige kommentierende Endnoten dies nicht zu kompensieren vermögen«, siehe Stanitzek, Bandel, Broschüren, S. 75.
96 Reiche, Worte des Vorsitzenden, S. 9.
97 Ebd., S. 10.

Denen, die dieser Empfehlung folgten, bot der chinesische Kommunismus tatsächlich ein Reservoir an ästhetischen Versatzstücken, aus dem reichlich geschöpft wurde. Chinesische Tuschezeichnungen oder Mao-Porträts zierten Wände von Wohngemeinschaften,[98] der auffordernde Infinitiv[99] prägte den Befehlston von Demonstrationsaufrufen, Positionspapieren und Flugblättern (und tut dies in Teilen der Linken bis heute): »DEN PROZESS DER IDEOLOGISCHEN VEREINHEITLICHUNG IN DER ROTZEG VORANTREIBEN!«[100] – die Überschrift eines Papiers der Roten Zelle Germanistik sei hier nur als besonders schneidiges Beispiel zitiert.

Als Modell einer geglückten, originär jugendlichen, marxistisch-leninistischen Revolution jenseits der Negativfolien Sowjetunion und DDR rezipiert, reicherte der Maoismus den Diskurs der Disziplinierung und der Militanz mit einem Hang zur Uniformierung und einem (durch die schrägen Übersetzungen an Pathos noch gesteigerten) Vokabular des revolutionären Heroismus an: »Uneingeschränkte Treue« und sogar »ihr Leben« für den »allumfassenden Sieg«[101] zu geben, gelobten die Genossinnen und Genossen einer im August 1968 erstmalig auftretenden Roten Garde.[102] Auch wenn dem Großteil der noch Antiautoritären das noch lächerlich schien: Der Raum der ästhetischen Äußerungsmöglichkeiten in Bezug auf revolutionäre, disziplinierte Gewalttätigkeit wurde so stückchenweise erweitert.

98 Siepmann, Sonnenfinsternis, S. 338.
99 So bezeichne ich die bis heute im linken Milieu verbreitete, schlagwortartige Nutzung des Infinitivs als Imperativ (»Die Rote Armee aufbauen!«, »Nazis boxen!«, »Castor schottern«, »Kapitalismus zerschlagen«). Ihre Wurzel liegt vermutlich in der holprigen Übersetzung von Maos Schriften aus dem Chinesischen, wo der Infinitiv, je nach Kontext, eben auch als Imperativ fungiert.
100 Rote Zelle Germanistik, DEN PROZESS DER IDEOLOGISCHEN VEREINHEITLICHUNG IN DER ROTZEG VORANTREIBEN!, 15.10.1970. APO-Archiv, Ordner Rote Zellen 1542, Rotzeg 1970-1971.
101 O. A., Hung-Wei-Bing, in: Der Spiegel, Ausgabe 37 vom 08.09.1969, S. 68-71, S. 71.
102 Zu den Roten Garden siehe vor allem Jacoby, Mascha, The Transformation of the West German Red Guards in the Late 1960s (2016). Online verfügbar unter http://theasiadialogue.com/2016/10/04/the-transformation-of-the-west-german-red-guards-in-the-late-1960s/, zuletzt aktualisiert am 21.10.2018. Die Organisation fungierte später als Jugendorganisation der KPD/ML.

»Wer jetzt noch theoretisiert, gehört nicht mehr zu uns«

Die Theorie und die Theoriepraktiken, die sich in der antiautoritären Bewegung bis dahin ausgebildet hatten, konnten von dieser Entwicklung nicht unberührt bleiben. Wie herausgearbeitet wurde, hatte Theorie in der Studentenbewegung hauptsächlich im Modus der *Bewegung* existiert. Die Rotationsgeschwindigkeit des »Theoriekarussells«[103] war auf lange Sicht aber nicht zu halten – die fast manische Theorieproduktion hatte vielmehr dazu beigetragen, dass der antiautoritäre Theoriejargon zum Gespött wurde. Eine in der *konkret* erschienene Karikatur versammelte zum Beispiel die prominentesten Figuren der antiautoritären Szene im Stile von Leonardo da Vincis *Abendmahl* um einen Tisch, mittig Che Guevara in Christuspose.

»Alle anderen reden wieder vom Wetter, sie immer noch nicht«:
Gastmahl im Republikanischen Club zu Westberlin von Peter Homann

Der begleitende Text referierte im Stil eines Reporters die jeweilige Lieblingstheorie der Abgebildeten:

»Alle anderen reden wieder vom Wetter, sie immer noch nicht. Ganz links Wolfgang Lefèvre, er mag nicht recht teilnehmen am Gespräch, denkt an seine Doktorarbeit, die Beine hat er übereinandergeschlagen,

---

103 Gespräch des Autors mit Helmut Lethen am 01.04.2015 in Wien.

ist im Aufbruch. Man weiß es nicht recht: Will er austreten aus der Bewegung oder nur auf die Toilette? [...] Bernd Rabehl zeigt gerade mit ausgebreiteten Armen die Länge seines von ihm im letzten Jahr gebastelten Transmissionsriemens, durch den die Revolution aus Lateinamerika den Kampf in der Metropole Berlin antreiben soll. [...]. Christian Semler, Berliner Aktionist, macht gerade den Vorschlag des Abends: nicht Wasser zu Wein, sondern Brot zu Stein. Und dann das System mit abgestufter Gewaltanwendung angreifen. Hans-Jürgen Krahl aus Frankfurt [...], ihm fehlt der Dornkaat, er erläutert seine Lukacs-Gedenkschrift. Mao neben ihm versteht dieses Parteichinesisch nicht, er sucht verzweifelt auf dem Tisch die Birne, die er zerbeißen, verändern will, um zu wissen, wie sie schmeckt. Sie saßen alle lange und wollen sich im nächsten Jahr am gleichen Tag noch länger sehen.«[104]

Das hier gezeichnete Bild von Theorie als spleenigem Hobby oder persönlichem Distinktionsmerkmal mehr oder weniger sympathischer studentischer Möchtegernrevolutionäre zeigt, dass der Begriff »Theorie« im Augenblick der Krise seinen suggestiven Klang zu verlieren drohte. »Wir müssen den Staatsorganen unsere Faust in die Schnauze schlagen [...]. Wer jetzt noch theoretisiert, gehört nicht zu uns«[105], bellte ein Berliner Delegierter auf der SDS-Delegiertenkonferenz Ende 1968 in den Saal und brachte damit eine offenbar zunehmend artikulierbare Position auf den Punkt: Wo die Dinge offen auf der Hand liegen, brauche man Theorie als Sehhilfe für verzärtelte Intellektuelle nicht mehr, dann sei die Stunde der harten Kerle gekommen. Gegen die überkomplexe Theoriesprache schlaffer Intellektueller wurde in einer neuen Variation der Härtesemantik immer öfter die (harte) *Wirklichkeit* ins Feld geführt, die für diejenigen, die tatsächlich von den gesellschaftlichen Umständen betroffen seien, offen auf der Hand liege. Auch die sich formierende Frauenbewegung schlug in diese Kerbe: Wer »[E]rfahrungen [gemacht habe] [...], die ja zum Teil so grauenhaft sind, dass man da gar nicht lange irgendetwas theoretisch zu begründen braucht«[106], brauche eben keine

---

104 Homann, Gastmahl, S. 42. Der Satz »Alle anderen reden wieder vom Wetter, sie immer noch nicht« bezieht sich auf das berühmte SDS-Plakat mit den Köpfen von Marx, Engels und Lenin, unter dem der von einem Bahn-Werbeplakat übernommene Spruch »Alle reden vom Wetter. Wir nicht« prangt. Zur Geschichte dieses Plakats siehe Schmidt, Wetter.
105 O. A., Fffffruuustrationnnnnnnn, in: Der Spiegel vom 25.11.1968, S. 56.
106 Beitrag zur organisationsdebatte des aktionsrates zur befreiung der frauen. APO-Archiv, APO-Archiv FU Berlin, Ordner 357 Berlin SDS Rektoratsbesetzung, Hefter SDS Berlin SS 68 ff.

»WER JETZT NOCH THEORETISIERT, GEHÖRT NICHT MEHR ZU UNS«

Theorie als Gehhilfe zur Praxis: »Wir kämpfen, weil wir müssen, nicht, weil wir Marx gelesen haben.«[107] Durch die Wendung, Theorie nur so lange als nötig zu erachten, wie die »objektive« Wahrheit »verschleiert« dalag, wurde das Konzept Theorie nun weit grundlegender angegriffen als in der Kritik an einem abgehobenen theoretischen Jargon[108] – und führte zu der Frage, ob die Notwendigkeit von »Theorie« nicht nur eine besondere Schwäche der akademischen Sozialisation war. Die bisherige Selbstverortung als revolutionäre Intellektuelle war damit von einer stolzen Eigenzuschreibung zum Problem auf dem Weg in eine wahrhaft revolutionäre Politik geworden.

Das Argument dieses Kapitels ist also, dass mit der Krise der Bewegung um 1968 auch deren »Theorie« in eine (Legitimations-)Krise geriet – und dass die zu diesem Zeitpunkt forcierte Aneignung des »Marxismus« als große, gegen die antiautoritäre »Theorie« gerichtete Geste inszeniert war. Diese Geste war vor allem von der Hoffnung getragen, sich durch einen entschlossenen Bruch mit der eigenen Vergangenheit sowohl Deutungshoheit über die eigene Geschichte wie eine Perspektive auf einen klaren nächsten Schritt zu verschaffen: »Das Studium der Klassiker im Verband reorganisieren!«, forderten Ende 1968 Bernd Rabehl und Peter Neitzke, die mit der Kritik der bisherigen Bewegung und ihrer Theorie eine Vision für die Zukunft der Bewegung verbanden: Weil die Kämpfe der Studierenden bisher nur in ihrer eigenen Lebenswelt, der Universität, stattgefunden hätten, konnten sie nie über den Tellerrand ihrer schichtspezifischen Sozialisation blicken. Das wäre jedoch nötig gewesen, um über den Status einer »linksbürgerliche[n] Emanzipationsbewegung« hinauszugehen – der nächste Schritt müsse also für den SDS sein, »die Geschichte der theoretischen Auseinandersetzungen im Kommunismus als seine eigene […] verstehen« zu lernen und dafür verbindliche Schulungen in den marxistischen Klassikern zu organisieren.[109]

---

107 Kampf der Frauenbefreiungsfront in den Metropolen.
108 Das äußerte sich auch darin, dass in einem dezidiert antiintellektuellen Gestus Argumente der Gegenseite gar nicht mehr angehört wurden, womit für liberal eingestellte Hochschullehrerinnen und Hochschullehrer die Grenze der Toleranz erreicht war: so wurde in einem Seminar die Lektüre Thomas Hobbes' verweigert, weil man ja wisse, dass er ein Faschist sei, siehe Wehrs, Protest, S. 118.
109 Rabehl, Bernd; Neitzke, Peter, Das Studium der Klassiker im Verband reorganisieren!, 1968. APO-Archiv, Ordner SDS 364 SDS Berlin Doppel I.

Was leistete der Marxismus?

Betrachtet man die Abwendung von der antiautoritären Theorie und die Zuwendung zum Marxismus, die um 1968 ein großer Teil der Bewegung zumindest teilweise mitmachte, ausschließlich als Dogmatisierungsprozess, mit dem sich eine bunte Bewegung selbst die Luft abdrückte,[110] oder als »Suche nach der extremsten Gegenposition«[111], mit der die kommunistische Sektenkonkurrenz der 1970er Jahre ihren unheilvollen Anfang nahm, gerät schnell aus dem Blick, dass dieser Marxismus (und in noch höherem Maße der Maoismus) den orientierungslosen Rebellen in der konkreten Situation der strauchelnden Bewegung sehr viel anbot. Zweifellos gehörte dazu, dass eine disziplinierte Lektüre der »Klassiker« Marx, Engels, Lenin und Mao, später auch Stalin, den ehemaligen Antiautoritären ein konkretes Modell für Praxis und Organisation zur Verfügung stellte und der Bezug auf einen Kanon an Urtexten damit die Spirale des sich immer schneller häutenden und selbst erneuernden Theoriediskurses stoppte, in der uferlose Mengen an Schriften produziert, gelesen und wieder fallengelassen worden waren. »[W]ie ein Sauerstoffstrom« hätte die Lektüre der »Klassiker« gegenüber den »ziellos kreisenden, im eigenen Jargon erstickenden« Debatten im SDS gewirkt, formulierte Gerd Koenen.[112]

Vielleicht noch wichtiger aber: Der Griff zu den blauen, braunen und gelben Bänden fungierte auch als identitätsbildender Akt, als Finden der eigenen theoretischen Wurzeln – die Antiautoritären konnten damit die Bewegung auf eine Weise abschließen und aufheben, die nicht hinter das bisherige Niveau zurückfiel. Der Marxismus bot ihnen die Möglichkeit, seine eigene Entdeckung als notwendigen Teil ihrer eigenen Geschichte zu erzählen: Er klärte über den gesellschaftlichen und historischen Standort der Bewegung und ihr Verhältnis zum »Proletariat« auf, verlieh epistemologische Sicherheit und gab ein Vokabular an die Hand, mit

---

110 »zuerst bunt mit Marx, dann grau mit Marx«, beschrieb Christoph Henning dieses Interpretationsmuster, siehe Henning, Attraktion, S. 71.
111 So formuliert es Klaus Wagenbach, zit. nach Siegfried, 1968, S. 236.
112 Koenen, Das rote Jahrzehnt, S. 189. Götz Schmidt, der später der KPD-AO beitrat, beschrieb in unserem Gespräch seine Reaktion auf die Lektüre Lenins: »Intellektuell« habe er die Texte »verachtet«, ihnen aber gleichzeitig eine ungeheure Plausibilität zugesprochen – die Klarheit der Analyse und ihre Anwendbarkeit auf die aktuelle Situation sei offenkundig gewesen (Gespräch des Autors mit Götz Schmidt am 20.11.2016 in Niedenstein).

dem die eigene Vergangenheit als moralische und kleinbürgerliche Entrüstungsbewegung erklärt und damit abgeschlossen werden konnte.[113]

Die Hinwendung zu den »Klassikern« bedeutete also nicht nur eine Erweiterung des Lektürepensums, sondern war mit größeren Hoffnungen aufgeladen. Marx und Engels, Lenin und Mao waren ja auch früher schon gelesen worden, wenn auch etwas selektiver.[114] Der nun einsetzende Ehrgeiz aber, statt nur den »Frühschriften« »alles«[115] von Marx, statt nur der »Mao-Bibel« Maos Texte »ganz lesen«[116] zu wollen, zeigte eine neue Qualität der Lektüremotivation: Eine solche Lesebewegung von der Anthologie zur Gesamtausgabe, vom Seichten ins Tiefe, lud die Praktik des Klassiker-Lesens und damit auch das Gelesene von vornherein mit einer Gravitas des Realen auf. Lesen war vielleicht nicht mehr so fieberhaft und aufregend wie zuvor, konnte gelegentlich auch mal langweilig sein, versprach aber dafür, wirklich nachhaltige Früchte zu tragen.

»[I]ch [hatte] von diesem Rund-um-die-Uhr-Wirbeln genug. Ich wollte morgens zu Hause bleiben, ein Buch lesen, nachdenken und in die Tiefe gehen. Ich erinnere mich an ganz euphorische Momente am Schreibtisch, als ich Marx las, Freud und später Mao-Tse-Tung. Zusammenhänge – vorher unklar und nebulös – waren mit einem Mal deutlich zu erkennen, als wäre ich kurzsichtig gewesen und kriegte nun eine Brille.«[117]

Lag die Faszination des Marxismus also vielleicht auch in seiner Anmutung als *festes, tiefes* oder *hartes* Gedankengebäude[118] – positiv dem be-

---

113 So Kadritzke, Produktive Illusionen, S. 267.
114 Und vor allem, worauf Hans Dieter Kittsteiner hinweist, las man Marx vor 1968 deshalb, um die theoretischen Bezüge der Kritischen Theorie besser zu verstehen, siehe Kittsteiner, Karl Marx, S. 219.
115 Ebd., S. 229.
116 Reiche, Worte des Vorsitzenden, S. 10.
117 Fronius, Als Frau, S. 32.
118 Die assoziative Verbindung des Marxismus bzw. Kommunismus mit »Härte« ist natürlich älter – als repräsentatives Beispiel ist einer der berühmtesten Romane des Sozialistischen Realismus zu nennen: Ostrowski, Wie der Stahl gehärtet wurde. Auch in der Rhetorik der Akteure sind diese Metaphern häufig: »Als ich anfing, verstand ich mich als Marxist. [...] ›Politik machen‹ hieß für mich Arschbacken zusammenkneifen und harte Politik ›vertreten‹«, so ein späterer Sponti 1977, zit. nach Reichardt, Authentizität, S. 120. Zur Ästhetik des Marxismus in der Bewegung siehe auch Sepp, Fugacious Marxisms. Eine Spur, die hier nicht weiterverfolgt werden soll, ist die zu dieser Zeit beginnende Aufnahme von harter Lektüre ganz anderer Art durch einige (ehemalige) Antiautoritäre. Helmut Lethen beschreibt etwa im Nachhinein »auffällige

wegten Denken der Antiautoritären entgegengesetzt? Die Eigenschaften, die dem Marxismus und den Marxistinnen und Marxisten seitens der Antiautoritären zugeschrieben wurden, waren jedenfalls alle im Wortfeld der Nicht-Bewegung, der Ordnung, Verlässlichkeit und ruhigen Klarheit angesiedelt – Attribute, von denen sich die Antiautoritären zuvor entsetzt abgewandt hatten, die in der Krise der Bewegung aber eine gewisse Anziehungskraft entfalteten. Die Hoffnung, dass sich durch die Klassiker nicht nur die Bewegung, sondern auch die Bewegten transformieren könnten, mündete streckenweise in regelrechten Konversionserzählungen, bei denen die Wendung zum Marxismus als einschneidendes Erlebnis erzählt wurde, das mit der Phase linker Gefühlsduselei endgültig aufgeräumt habe – sichtbar etwa in dem stark stilisierten Lebenslauf einer jungen Lehrerin, die einer der später gegründeten kommunistischen Kleinparteien beitrat. Die Schilderung ihres politischen Werdegangs von der Basisarbeit an der Universität, von Brecht-Lektüre und Basisgruppenarbeit kulminierte in einem persönlichen Konversionserlebnis, nach dem nichts mehr so sein konnte, wie es einmal zuvor war:

> »Marx – den lernte ich erst mit 21 kennen; ich verstand auch bald, warum. Hatte man erst mal angefangen, gab es nur noch: weglegen oder weiterlesen und handeln.
> Erst ›Von der Menschwerdung des Affen‹, dann ›Lohn, Preis und Profit‹ und schon im nächsten Semester ›Das Kapital‹.
> Es gibt kein Buch, das einschneidender wirkte.
> Diese Worte – über 100 Jahre alt –, sie stießen in brillianter Schärfe auf eine Realität, wie ich sie jetzt und heute erlebte, zerteilten die Wirklichkeit in faszinierender Logik in Erscheinung und Wesen und enthüllten einen Kern, den ich millionenfach bestätigt fand: Das kapitalistische Profitsystem – nicht als Worthülse, sondern der empirischen Prüfung standhaltende Gesetzmäßigkeit, der sich kein denkender Mensch ernsthaft verschließen kann.
> So kam zu dem unbestimmten Gefühl, daß irgend etwas faul ist, zu dem Haß auf den Lügendreck der Massenmedien, zu dem Ekel vor Leucht-

Korrespondenzen« zwischen der Sprache Carl Schmitts und seinen eigenen für die KPD-AO verfassten Artikeln (Lethen, Handorakel, S. 112). Auch Joschka Fischer berichtet ebenfalls von dieser Lektüre: »Sowohl Ernst Jünger als auch Carl Schmitt galten bereits während der Studentenrevolte im SDS als eine Art intellektueller Geheimtip, umgeben von der Aura des intellektuell Obszönen. Denn es waren Faschisten, zweifellos, und dennoch las man sie mit großem Interesse. Je militanter sich die Revolte gestaltete, je mehr der ›Kämpfer‹, der ›Fighter‹ in den Vordergrund trat, desto sinnfälliger wurden die Parallelen«, siehe Fischer, Kampf, S. 15.

reklame und Werbemillionen bei Elend und Hunger [...] kam eine Theorie, die unsentimental, wissenschaftlich und nachvollziehbar ist, die aufdeckt und schonungslos erklärt [...], klar den einzig gangbaren Weg aufzeigt, jedem einen Platz zuweist und die Schritte zur Lösung.«[119]

Natürlich hatte es bereits vor 1968 individuelle Annäherungen an den Marxismus gegeben. Sie gingen der späteren kollektiven Aufnahme des Klassikerstudiums zwar zeitlich voraus, wiesen aber ähnliche Narrative der Selbsterziehung auf. In den Tagebucheinträgen Inga Buhmanns kann man einem langen inneren Abwendungsprozess von den damals zirkulierenden Theorien hin zum Marxismus nachzeichnen, für den sie sich jedoch erst qualifizieren musste – eine marxistische Selbstverhärtung in der einsamen Studierstube. Ende 1965 gestand sie sich selbstzweifelnd ein, noch zu sehr alten Denkmustern verfallen zu sein:

»Wieviel stärker neigst du doch noch zum Existentialismus als zum Marxismus! Es ist an der Zeit, daß du den Existentialismus zum ersten Mal gründlich studierst, ohne an der Oberfläche zu schwimmen. Erst dann wirst du innerlich für den Marxismus offen sein. Bedenk, wie sehr du noch alles auf deine Person beziehst, wie du das gesellschaftliche Gefüge aus deinem Denken ausklammerst! So stellst du dir in unregelmäßigen Abständen immer wieder die gleichen Fragen, stehst vor den gleichen Problemen: wie soll ich leben, mich verhalten.«[120]

Das anschließende Ringen mit sich selbst um den ernsthaften Schritt zu einer harten, verlässlichen Theorie abseits von kulturkritischen Phrasen verstand Buhmann als langwierige Arbeit. Ungefähr zwei Jahre später schrieb sie an ihre Schwester:

»Absage an die Frankfurter Schule, mit deren Sprache ich nur noch wenig anfangen kann. Stattdessen nüchterne Grundlagenforschung, Funktionsmodelle [...] und damit schüttele ich zumindest in puncto Wissenschaft meinen letzten idealistischen-religiösen Rest ab. [...] Es ist nur die Suche nach verifizierbaren Gesetzmäßigkeiten. [...] [I]ch konnte auf die alte Weise nicht mehr weiterdenken, die Begriffe entglitten mir, sie waren inhaltslos geworden, so wie eines Tages das Wort Gott für mich inhaltslos geworden war [...]. Vielleicht hat es auch sonst Auswirkungen, vielleicht wird dadurch mein Verhältnis zur Kunst/Sexualität nüchterner, weniger religiös/kultisch.«[121]

---

119 Basten, Verfassungsfeindin, S. 9.
120 Buhmann, Geschichte, S. 189.
121 Ebd., S. 262.

Deutlich tritt hier hervor, wie die Abwendung von der Kritischen Theorie und die Hinwendung zum Marxismus nicht auf einen Wandel des Weltbildes beschränkt bleiben konnte, sondern Konsequenzen für das Privatleben, den Arbeitsstil und den persönlichen Geschmack haben musste – die Nüchternheit in theoretischen Angelegenheiten sollte sich auf alle Lebensbereiche übertragen. All ihre »lyrischen Momente, alle Poesie und Phantasie« seien einem »rigorosen Marxismus gewichen«[122], meinte ihr damaliger Lebensgefährte, der über Buhmanns Transformation einigermaßen entsetzt war – ihre »intellektuellen, ›harten Spinnereien‹«[123] seien für ihn nicht zu ertragen, notierte sie lakonisch in ihr Tagebuch. In Teilen der Frauenbewegung herrschte eine ähnliche Angst, nur umgekehrt:

> »Genossinnen verhärteten bei dem Versuch, sich allein durch Akkumulation von Wissen gegenüber den Männern zu behaupten und vergessen bei ihren intellektuellen Schlachten, daß gerade sie die Aufgabe hätten, im Interesse der Revolution zu verhindern, daß sich die kaputten Genossen mit ihren Theorien gegenseitig totschlagen«.[124]

Lesen lernen

Marx, so die Hoffnung, verändere also den Menschen. Mit der Verhärtung des Charakters und dem Verzicht auf überflüssige Beschäftigung mit den eigenen Befindlichkeiten und kulturellen Ablenkungen ging implizit die Disziplinierung des Körpers einher. Der marxistische Bildungsprozess verschränkte sich mit dem Habitus der körperlichen und ästhetischen Verhärtung, der in der Phase des Auseinanderfallens der Studentenbewegung als Ausweis der Beständigkeit und Ernsthaftigkeit nötig erschien. Zu diesem Habitus gehörte auch, dass die »Klassiker« – auch wenn die Quellen dazu spärlich sind und sich meist auf Erinnerungen beschränken – offenbar auf deutlich andere Weise gelesen wurden, als es die Studierenden von der atemlosen, ubiquitären Theorielektüre in der antiautoritären Bewegung gewohnt waren. Die Klassiker las man nicht irgendwo und irgendwie, vielmehr wurde ihr harter und gravitätischer Charakter erst im Zusammenspiel von Lese- und Schreibpraktiken

---

122 Ebd., S. 272.
123 Ebd., S. 273.
124 Kampf der Frauenbefreiungsfront in den Metropolen, S. 6.

»WER JETZT NOCH THEORETISIERT, GEHÖRT NICHT MEHR ZU UNS«

und einem impliziten, ja inkorporiertem Wissen über ihre Wirkmächtigkeit hervorgebracht.¹²⁵ Marx, Lenin und Mao wurden also – im Gegensatz zu Adorno – eher nicht im Freibad, Café oder Bus gelesen, sondern daheim am Schreibtisch, mit Lineal und Blei-, lieber noch mit unterschiedlichen Farbstiften.¹²⁶ Es ist nicht weit hergeholt, den Ursprung dieser Praktik des strukturierenden Lesens im gymnasialen Lateinunterricht zu vermuten – jedenfalls sezierte sie die Texte von vornherein in funktionale Einheiten und verlieh ihnen dadurch eine wissenschaftliche Grundplausibilität. Auch wenn schon allein praktische Gründe (der durchschnittliche MEW-Band übertraf die meisten Raubdrucke, schmalen Suhrkampbändchen oder Voltaire-Flugschriften an Format und Gewicht bei Weitem) gegen eine Fortführung des antiautoritären Lesens in Bewegung sprachen, kann man davon ausgehen, dass es auch als dem Ernst des Stoffes unangemessen empfunden worden wäre. Die Klassiker erzwangen folglich eine veränderte Körperlichkeit des Lesens, wie sich Sybille Lewitscharoff erinnert:

> »[I]ch habe Marx niemals hingefläzt aufs Sofa gelesen, sondern wie zur Schau, wie auf einer Bühne. Selbst wenn ich allein im Zimmer war, vertiefte ich mich ins Kapital und wendete dessen Seiten mit einer Andacht, als würde mir eine Hundertschaft toter Kommunisten über die Schulter schauen.«¹²⁷

Die den Texten als angemessen empfundene Lesehaltung scheint die der stummen Zwiesprache mit dem Werk gewesen zu sein, bei der man lernte, aus den kanonisierten Urtexten anwendbares und festes Wissen herzustellen. In seinem autobiographischen Roman *Der schöne Vogel Phönix* erzählt Jochen Schimmang eine Episode aus der Zeit, die von seiner »tägliche[n] Arbeit am *Kapital*«¹²⁸ geprägt war. Bei einer Unterhaltung mit einem befreundeten Schulungsgruppenleiter erwähnte jener, dass

---

125 Das hatte sicher auch damit zu tun, dass das *Kapital* oder Lenins Schriften meist doch deutlich schwieriger zu lesen und zu verstehen waren als etwa die beliebten Werke von Marcuse. Bini Adamczak schreibt über einen Lenin-Text: »Lenins Text ist dermaßen zäh, dass es die von ihm beschworene Disziplin braucht, um ihn zu lesen«, was die Verflochtenheit von Lesepraktiken und Text gut illustriert, siehe Adamczak, Beziehungsweise, S. 190.
126 Timm, Freund, S. 157; Mosler, Was wir wollten, S. 43.
127 Lewitscharoff, Sybille, So superverfolgt und supergeheim. Schwatzschwatz, meistens ernst, selten witzig: Wie es um 1970 wirklich war, in: Süddeutsche Zeitung vom 10./11.01. 2009, S. 12.
128 Schimmang, Vogel Phönix, S. 135.

in der letzten Sitzung eine Frage nach dem Profitcharakter von Mieten aufgekommen sei, bei der er sich überfordert gefühlt habe. Dies stachelte den Ehrgeiz des Erzählers an:

> »Einen Tag lang zog ich mich in mein Zimmer zurück und durchwühlte die Klassiker auf Aussagen zu diesem Problem, bis ich im dritten Band des *Kapitals* die entscheidenden Antworten fand. Dann ging ich hinüber [...] und sagte nicht ohne Triumph, aber dabei sehr verhalten: ›Ich kann's dir jetzt erklären‹.«[129]

Die Selbstbeschreibung des Protagonisten als »Mönch mit der Lederjacke«[130] hätte es gar nicht gebraucht, um in diesem Gestus der ernsten Lektüre der Urtexte im kargen Gelehrtenzimmerchen Assoziationen mit christlichen bzw. mönchischen Lektürepraktiken zu wecken – Parallelen, die auch zeitgenössisch schon gezogen wurden,[131] oft jedoch einen diffamierenden Beigeschmack hatten.[132] Dass sich diese impliziten Bezugnahmen, bewusst oder unbewusst, eindrucksvoll verselbstständigen konnten, zeigen Episoden wie eine in einer Klosterkirche gefeierte »Marx-Messe« mit »revolutionärem Gebet« und pantomimischer Darstellung der kommenden Revolution.[133] Eine Schulklasse setzte 1969 beim Frühstück im Skilager sogar eine laute Verlesung von Mao-Sprüchen als »Tageslosung«[134] durch – ähnlich der Mönchsregel des Hl. Benedikt, nach der bei den Mahlzeiten Texte vorgelesen werden sollten.

Auch wenn es nur im Einzelfall gelingen mag, eine kontinuierliche Linie von in der Jugend eingeübten Praktiken des Bibel- (oder auch: Gedichte-)Lesens zu einer sakral anmutenden Marx-Lektüre zu ziehen, kann man durchaus die These aufstellen, dass die körperlich als gravitätisch und dem Alltag enthoben dargestellte Art des Lesens zusammen mit

129 Ebd., S. 136.
130 Ebd., S. 127.
131 Gespräch Siegward Lönnendonkers mit Wolfgang Lefèvre am 20.12.1969, S. 74; Michel, Maos, S. 258. Zu Parallelen zwischen kommunistischen und christlichen Praktiken vor allem in Bezug auf die Beichte siehe Riegel, Konfessionsrituale; Hahn, Kapp, Selbstthematisierung. Eine Interpretation der religiösen Motive bei den K-Gruppen, die nicht auf die Sozialisation ihrer Akteure abzielt, habe ich an anderer Stelle vorgelegt, siehe Sepp, Reformation der Revolution.
132 Zeitgenössisch etwa in dem oft zitierten Titel des Bands Scheuch, Wiedertäufer. Auch Hinck, Wir waren wie Maschinen, S. 114.
133 Werder, Schwarze Landschaft, S. 118.
134 Kulke, Ulli, Das Credo eines Diktators umgarnte die Welt, in: Die Welt vom 29.12.2015.

der von vornherein präsenten *Erwartung* der Tiefe der Texte die Rezeption von deren Inhalten von vornherein beeinflusste. Es wäre aber sicher zu kurz gedacht, die sakrale Inszenierung der Klassiker-Lektüre mit einer Sozialisation im religiösen Umfeld zu begründen – auch wenn es ein Indiz sein mag, dass sich die Führungscliquen der späteren K-Gruppen überdurchschnittlich aus in katholisch oder calvinistisch geprägten, süddeutschen Kleinstädten Sozialisierten, im Falle der KPD-AO sogar aus Schulfreunden zusammensetzten.[135] Man kann aber durchaus argumentieren, dass die Praktik des *Lesens bedeutender Urtexte* auch ohne bewusste Bezugnahmen auf ihre historischen Wurzeln funktionierte – zumal sie institutionalisiert und kollektiv eingeübt wurde.

Zu einer der wichtigsten Rezeptionsformen theoretischer Literatur neben dem Einzelstudium wurde nämlich die *Schulung*. Natürlich hatte es schon zuvor Lese-, Diskussions- und Arbeitskreise gegeben, die in der Praxis letztlich einem eher autoritären Schema folgten, der Anspruch der nun aufkommenden Klassikerschulungen ging jedoch weiter – wie später noch ausgeführt wird, verstanden einige Gruppen die kollektive Klassikerschulung sogar als die einzige den Studenten zukommende Form der politischen Praxis. Das Bedürfnis nach einer Kanonisierung des theoretischen Wissens war weitverbreitet; um 1969 hatten sich wohl mehr oder weniger unabhängig voneinander Schulungsgruppen im SDS oder im *Republikanischen Club*, aber auch »von unten« her gebildet. Die meisten dieser Gruppen experimentierten mit verschiedenen Formen der kollektiven Lektüre, auch wenn diese natürlich zum Großteil universitären Lehrpraktiken oder den Arbeitskreisen des SDS entstammten. Dazu wurden neben Referaten, Vorträgen und Diskussionen verschiedene didaktische Techniken ausprobiert, die von der Anfertigung von Schautafeln zur Darstellung komplexer Argumentationsgänge bis hin zur Anfertigung »gruppendynamischer Protokolle«[136] reichten.

Mal mehr, mal weniger dominant war dabei die Hoffnung zu erkennen, dass »die Erarbeitung systematischen Wissens des Marxismus-Leninismus im Kollektiv«[137] mehr bewirken müsse als bloß schnöde Wissensaneignung. Durch die Selbstdarstellung der Schulungskreise zog sich der Anspruch, dass die konzentrierte kollektive Arbeit auch die Arbeitenden selbst verändere: In der Auseinandersetzung mit den Urtexten

---

135 Gespräch des Autors mit Klaus Hartung am 19.01.2016 in Berlin; Gespräch des Autors mit Detlef Michel am 01.08.2015 in Berlin; Kühn, Stalins Enkel, Maos Söhne, S. 75; Neitzke, Wir waren Freunde, S. 191.
136 SDS, Schulungsprogramm, 1969. Archiv des HIS, HDE 651 SDS-BV Diskussionspapiere zu Organisation und Strategie des SDS, S. 2.
137 Erfahrungsbericht der Marxistischen Schulungsgemeinschaft.

der Bewegung sollten nicht nur kleinbürgerliche Intellektuelle zu anständigen Sozialisten werden, die Vereinheitlichung des Wissensstands durch kollektives Klassikerstudium sollte auch die auf Theorievorsprüngen basierende, inoffizielle Machtstellung einzelner Wortführer beenden – die Abwesenheit von »Mentoren« wurde dezidiert »begrüßt«[138], hielt ein Erfahrungsbericht fest.

Die organisierten Formen der kollektiven Klassikerlektüre waren also auch als Kurs in Selbstdisziplinierung und -formung angelegt, in denen sich verwöhnte Studenten theoretisch und habituell *verhärten* sollten. Als Kontrastfolie zur negativen Selbstwahrnehmung als kleinbürgerliche, ziellos politisch herumwerkelnde Akademiker erschien in den Quellen immer deutlicher der idealtypische »Proletarier«, an dem man sich zu orientieren habe. Vorannahmen und Romantisierungen »des Ernstes, der Strenge, der ununterbrochen verantwortungsbewußten Haltung«[139] bestimmten die Vorstellungen der Studierenden über die Industriearbeiterschaft, die nun marxistisch korrekt anstelle der studentischen Avantgarde als das revolutionäre Subjekt neu bestimmt worden war. Eine zeitgenössische Parodie überzeichnete dieses Bild:

»Der Proletarier kommt immer von der Schicht nach Hause. An seinen Händen klebt Arbeit. Sie fallen schwer, oder sie ballen sich zur Faust. Dann hat der Proletarier stumme Wut. Der Proletarier spricht eine Kunstsprache, die er meist aufrührerisch im Chor murmelt. Zu seiner Frau sagt der Proletarier ›Frau‹. In seiner Familie schlägt das Schicksal zu, dann kann der Proletarier nicht mehr beten.«[140]

In der idealtypischen Figur des Proletariers und seiner Frau – Letztere gerne »abgehärmt […] mit Nelke im Knopfloch«[141] – fanden die steckengebliebenen Antiautoritären als Negation ihrer Selbst nahezu alle Attribute, die einen Ausweg aus der Krise der Bewegung versprachen: ein maskuliner Habitus der Härte, gerechter Zorn auf die Verhältnisse und ein klarer Blick auf die Realität, der kleinbürgerliche Wahrneh-

---

138 Ebd. Die Selbstschulung als Kritik an der autoritären Struktur des SDS wurde insbesondere von den ab Mitte 1969 in Erscheinung tretenden *ML-Gruppen* betont, auf die später ausführlich eingegangen wird.
139 Schimmang, Vogel Phönix, S. 134.
140 Ludwig, Michel, Geschichte, S. 75. In das seit der Uraufführung immer wieder aktualisierte Stück, das als Aufarbeitung von »68« und den Nachfolgen angelegt ist, sind Sketche aus dem »Reichskabarett«, dem Vorgänger des GRIPS-Theaters aus den 60er Jahren, eingearbeitet. Der zitierte Text von Volker Ludwig und Dieter Kursawe stammt aus dem Jahr 1969.
141 Enzensberger, Ulrich, Jahre der Kommune I, S. 288.

mungshilfen wie Theorie, Diskussionen und Kunst obsolet machte. Der Proletarier hatte ein klares Verständnis der gesellschaftlichen Antagonismen mitsamt Handlungsanweisungen, Geschichtsbewusstsein und Tradition, und damit auch einen klaren Plan für die Zukunft, kurz: er hatte Handlungsfähigkeit durch Eindeutigkeit. Eine Verteidigung der in der Weimarer Republik massenweise produzierten und gelesenen »proletarischen Arbeiterromane« argumentierte etwa, dass diese von den Bildungsbürgern zu Unrecht wegen ihrer vorhersehbaren Geschichten, eindimensionalen Figuren und ihres offenkundigen Propagandacharakters belächelt und vernachlässigt worden seien: Gerade in der Arroganz gegenüber dem Plakativen zeige sich die kleinbürgerliche Unfähigkeit der Intellektuellen zur Wahrnehmung der Wirklichkeit.[142] Ideologiekritisch falsches Bewusstsein enthüllen zu wollen, sei eine Allüre der Akademiker, »echte« Arbeiter wüssten schließlich ganz genau, was Sache sei: »Nur in Unkenntnis der Geschichte der Arbeiterbewegung der letzten 150 Jahre konnte der ›Manipulator‹ als das unschlagbare Subjekt der Geschichte erscheinen, von dem die Intellektuellen phantasieren.«[143] Das wies den Studenten eine klare Position zu: Die Arbeiter bräuchten nicht Aufklärung über ihre Situation, sondern konkrete Hilfe dabei, ihre historische Mission zu erfüllen.

Klarheit vor Einheit: Das Ende der Mehrdeutigkeit

Es muss an dieser Stelle betont werden, dass die hier verwendete begriffliche Trennung zwischen *Marxismus* und *Theorie* eine analytische Hilfskonstruktion ist, die in den Quellen so prominent nicht erscheint. Dennoch hatte der neu entdeckte Marxismus Konsequenzen auf die soziale Dynamik der ehemaligen Bewegung, und zwar insbesondere in Gestalt einer rapide sinkenden Toleranz für Ambivalenzen. In Zeiten, in denen Sprache, Mode und andere Bestandteile des studentenbewegten Habitus sich weit in den Mainstream und sogar in das Lager des politischen Gegners eingeschlichen hatten und man sich deshalb nicht mehr ohne Weiteres als dem gleichen Milieu zugehörig erkennen konnte, diente der gemeinsame Urtext zunächst einmal als neues Zugehörigkeitszeichen: Wenn auf einmal nicht mehr alles, was nach Theorie klang, auch wirk-

---

142 Lethen, Literaturwissenschaft, S. 27. Zur Rezeption der Arbeiterromane in den Siebziger Jahren kritisch Rohrwasser, Mädel.
143 Lethen, Literaturwissenschaft, S. 26.

lich Theorie war, musste Theorie zwangsläufig enger definiert und auf eine allgemein akzeptierte Grundlage gestellt werden.

Dies führte zwar einerseits zu einer Schärfung der Begriffe, jedoch andererseits zu einem Zwang zur Eindeutigkeit und zum Bekenntnis. Ein Merkmal der antiautoritären Bewegung war ja gerade ihr Pluralismus in Theoriefragen gewesen – verschiedene Theorien konnten koexistieren, solange sie in die gleiche Richtung zielten, den gleichen Klang hatten oder Teil der gleichen (Denk-)Bewegung waren. Demgegenüber wurde nun auf die »Klassiker« ein stärkerer Absolutheitsanspruch projiziert – und damit auch auf die Lesenden zurückgeworfen, deren Toleranz gegenüber Ambivalenzen und Mehrdeutigkeiten rapide sank. Ein in dieser Hinsicht bemerkenswertes Detail ist die in den Quellen ab 1968 steil ansteigende Verwendung des Begriffspaars »richtig« und »falsch«[144] (im Sinne von »richtiger« und »falscher« Auslegungen der »Klassiker«), die vor allem in Auseinandersetzungen von sich theoretisch nahestehenden und deshalb umso heftiger bekämpfenden Grüppchen vorkam: Gönnerhaft gestand man sich gegenseitig einige »richtige« Herleitungen zu, um sodann die »falschen« umso genüsslicher aufzuzählen und in einer zunehmend aggressiven Sprache niederzumachen.[145]

Rüdiger Minow wies mich in unserem Gespräch darauf hin, dass die genauso hastig zusammengelesenen wie mit Verve vertretenen Positionen zum Stand der Produktivkräfte oder zur korrekten Organisationsform von Bündnispartnern des Proletariats auch deshalb so divergierten, weil sie nicht etwa einer systematischen Lektüre der Klassiker entsprangen, aus der man sich, verschiedene Argumente abwägend, einen Standpunkt erarbeitet hätte. Vielmehr vertraten verschiedene Wortführer theoretische Ansätze, die sie aus streckenweise eher zufälligen Gründen kennengelernt hatten, dann jedoch verbissen verteidigten – so habe Christian Semler einmal eine Seminararbeit über die Bolschewisierung der KPD in den 1920er Jahren geschrieben, ein Konzept, das er später bei der

---

144 »Wir wollen nicht lesen, was gerade aktuell erscheint. [...] Wir wollen wissen, was richtig und falsch ist. Das lernen wir, wenn wir die Genossen studieren, die in den letzten 150 Jahren die proletarische Revolution erfolgreich geführt haben«, siehe »Alle reden von Schulung ...«, S. 634.
145 Vorbild dafür war ein vermutlich von Karl Liebknecht verfasster *Spartakusbrief* von 1916: »Nicht ›Einheit‹, sondern Klarheit über alles. Keine milde Duldsamkeit [...], sondern ätzende Kritik bis in die letzte Faser, peinliche Abrechnung auf Heller und Pfennig. Durch unerbittliche Aufdeckung und Austragung der Differenzen zur prinzipiellen und taktischen Einmütigkeit und damit zur Aktionsfähigkeit und damit zur Einheit, so geht der Weg«, siehe Spartakusbriefe, S. 112.

KPD-AO umzusetzen versuchte; Sigrid Fronius sei hingegen mit dem Werk Rosa Luxemburgs vertraut gewesen, auf das sich die später von ihr mitgegründete PL/PI maßgeblich stützte. Insofern waren die Sollbruchstellen innerhalb der Bewegung nicht nur zwischen Binnengenerationen, informellen Cliquen, Fachbereichen, Städten oder sonstigen Untergruppierungen merkbar, sondern waren schon in der Expertenkultur des SDS der frühen 1960er Jahre angelegt gewesen.

Zu diesen divergierenden Ansätze gesellte sich ein Gefühl der Dringlichkeit, das dem Krisenbewusstsein entsprang. Kompromisse erschienen nun als Schwäche, was Toleranz gegenüber internen Widersprüchen, die das Einheitsgefühl der Bewegung über inhaltliche Divergenzen hinweg sichergestellt hatte, geradezu verbot. Stattdessen wurden theoretische Positionen nun vollends mit ihren Vertretern identifiziert; Freundschaften und Wohngemeinschaften zerbrachen über marginalen theoretischen Differenzen. Klaus Hartung beschreibt, wie nach seiner grundsätzlichen Kritik an einem Organisationskonzept der Basisgruppen große Teile seines Freundeskreises begannen, die Straßenseite zu wechseln, wenn sie ihn sahen.[146] Karl Heinz Bohrer wurde bei einem Abendessen mitgeteilt, dass man ihn »[e]igentlich umlegen [müsse], später, sorry«[147]. Selbst Horst Mahler, der zu diesem Zeitpunkt schon auf dem Weg in den Untergrund war, beklagte die »hasserfüllte Atmosphäre«, in der sich die Genossen »verbal gegenseitig um[brächten]«[148]. Es galt sogar als anstößig, Freude und Spaß an der politischen Arbeit zu haben: Der US-amerikanische Protestsänger Phil Ochs wurde beispielsweise bei einem Konzert in Berlin hart dafür kritisiert, auch einige wenige nicht-politische Songs gespielt zu haben.[149]

Spätestens gegen Ende 1969 war der Druck, theoretische Ambivalenzen aufzugeben und sich in einer der zahlreichen, wenn auch allesamt *harten* marxistischen Strömungen zu verorten, zu groß geworden, als dass man sich ihm noch entziehen konnte. »Im Sommer 1969 oder 1970 sind die Genossen in Urlaub gefahren, sind zurückgekommen und vom Anarchisten zum Marxisten-Leninisten oder vom Pazifisten zum Anhänger des bewaffneten Kampfes geworden«, berichtet ein Zeitzeuge.[150] Ob

---

146 Hartung, Überlegungen, S. 97.
147 Bohrer, Sechs Szenen, S. 410.
148 Zit. nach Dutschke, 1968. Worauf wir stolz sein dürfen, S. 181. Stephan Marks führt die Hingabe, mit der sich die Genossinnen und Genossen mit ihrer jeweiligen Gruppe identifizierten, unter anderem auf die deutsche Vereinstradition zurück, siehe Marks, Studentenseele, S. 70.
149 Gross, The untold sixties, S. 263.
150 Staadt, Referat, S. 309-310.

man in diesem Prozess »Trotzkist, Leninist, Stalinist, Maoist, DKPist, Castrist, Anarchist, Syndikalist«[151] wurde, war im Einzelfall sicher eher von lebensweltlichen Zufällen bestimmt als von theoretischen Abwägungen: Der Akt der Entscheidung war dabei letztlich bedeutender als das, *wofür* man sich entschied. Denen, die keinen rechtzeitigen »Absprung […] zu einer Ideologie«[152] geschafft hatten, blieb im besten Falle Mitleid.

151 Koenen, Das rote Jahrzehnt, S. 260-261.
152 Mosler, Was wir wollten, S. 58.

7. Praxis gegen Theorie
Kumulative Radikalisierungen

»Eine andere Erklärung der Krise meint, der SDS sei in ›der Bewegung‹ aufgegangen, wobei der unbestimmte Begriff ›Bewegung‹ insinuieren soll, daß diese auf etwas Bestimmtes hinauswill, daß man schon gar nicht mehr zu benennen habe, so sehr sei es der ›Bewegung‹ immanent. Was in der Theorie noch nicht recht gelang und in der Praxis vorerst auf sich warten läßt, die Vermittlung zwischen konkreten Interessen der Studenten und Arbeiter, wird durch Sprachmanipulation als Problem aus der Welt geschafft. In der unbestimmten Bewegung wird als gelöst vorausgesetzt, was als ungelöstes Problem der ganzen Organisationsdebatte zugrundeliegt.«[1]

»Wir bereiten seit kürzester Zeit die Revolution vor, haben aber noch große Schwierigkeiten, Beteiligung ca. fünf bis zehn Leute.«[2]

Das vorherige Kapitel interpretierte die Entwicklung von Teilen der Bewegung nach 1968 als Versuch, die Probleme der *Bewegung* durch *Verfestigung* dieser Bewegung zu lösen. In dieser idealtypischen Darstellung mit ihrem Fokus auf das implizite Wissen der Akteure geriet zunächst aus dem Blick, dass diese Entwicklung weder zwangsläufig noch widerspruchsfrei war – und zudem, dass sie sich aus ganz anderen Akteurskonstellationen herleitete als noch in den Jahren zuvor. Denn das Bewusstsein, in einer Krise zu stecken, die nur mit entschiedenem Handeln zu lösen sei, hatte zu Fraktionen geführt, aus denen zahlreiche neue Strömungen, Gruppen und Organisationen erwuchsen – Akteure, die sich auf andere Art und Weise aufeinander bezogen als sie es noch im Rahmen der Vorstellung einer gemeinsamen Bewegung getan hatten.

Im folgenden Kapitel wird die These der *Verfestigung* der *Bewegung* daher nicht nur konkreter ausgeführt, sondern vor allem als maßgeblich von den internen Konflikten innerhalb der zerfallenden Bewegung vorangetrieben dargestellt. Das gilt vor allem für die Auseinandersetzung um die Rolle der Intellektuellen im Klassenkampf: Der Konflikt zwischen der Roten Zelle Germanistik und den ML-Gruppen wirkt wie ein Lehrbuchbeispiel für eine Radikalisierung, die durch wechselseitige Übertrumpfung angetrieben wurde. Er kulminierte 1969 in der Gründung der ersten der genuin aus der antiautoritären Bewegung entstandenen

---

1 Schmierer, Organisationsfrage, S. 13.
2 Vorstellung der »Arbeitsgruppe Siemensstadt«, zit. nach Buhmann, Geschichte, S. 320.

»K-Gruppen«. Mit ihren autoritären Strukturen und ihrer marxistischen Orthodoxie bildeten diese den definitiven Gegenpol zur antiautoritären Bewegung – und damit den Schlusspunkt der *Verhärtung*.

»Den Kampf zweier Linien führen« – Rote Zellen und ML-Bewegung

Revolutionäre Berufspraxis ...

In der zweiten Hälfte des Jahres 1968 war die Lage an den Berliner Hochschulen unübersichtlich geworden. Nach dem Auslaufen der großen Kampagnen gegen die Notstandsgesetze und den Vietnamkrieg hatte sich der größte Teil der Rebellen wieder an die Universitäten zurückgezogen, aber deutlich dezentraler verteilt als zuvor: Unter dem Schlagwort »Verlagerung der Rebellion an der Hochschule in die Institute«[3] begannen zahllose fach-, fakultäts-, instituts- oder anlassbezogene Gruppen die politische Arbeit in ihrem universitären Nahbereich. Dieser Trend setzte bereits im Mai 1968 ein, als eine »ad-hoc-Gruppe Notstand der Germanistik« anlässlich der dritten Lesung der Notstandsgesetze das Germanische Seminar der FU besetzt hatte. In ihrer Begründung wurde eine »qualitative Veränderung unserer politischen Praxis« eingefordert, die aus der Reflexion über die Spezifität der eigenen gesellschaftlichen Stellung resultieren sollte:

»Die Einsicht in die Notwendigkeit des Widerstandes verlangt von uns, mit unserer bisherigen politischen Praxis zu brechen. Wir haben uns den Luxus erlaubt, zu glauben, wir könnten uns pluralistisch zu uns selbst verhalten, wir könnten gleichzeitig studieren und demonstrieren [...]. Aber solange unsere politische Praxis für uns keine Realität am Arbeitsplatz hat, solange sie als die abstrakte Negation des Fachstudiums verstanden wird, solange hat sie überhaupt keine Realität [...]. Wir stehen nicht vor der Alternative Widerstand oder Wissenschaft, sondern vor der Notwendigkeit, die Wissenschaft als kontinuierlichen Widerstand gegen die Notstandsgesellschaft zu organisieren.«[4]

Die argumentative Verschiebung, die in dem Text aufschien, erscheint vielleicht subtil; sie war aber äußerst wirkungsvoll. Eine Bewegung, de-

---

3 Arbeitspapier der Germanisten, Teil 1, S. 8.
4 Ad hoc-Gruppe Notstand der Germanistik, Am 29. Mai ist die dritte Lesung der Notstandsgesetze. Wir besetzen am 27. Mai das Germanische Seminar, Mai 1968. APO-Archiv, Ordner 1383 FU Flugblätter April 1968 (Dutschke Attentat), S. 2.

ren Teil ein Individuum qua Entschluss werden konnte, kam in dem Text schon gar nicht mehr vor. Stattdessen boten die Autoren des Textes ihren Kommilitoninnen und Kommilitonen eine politische Problemstellung und damit gleichzeitig eine Perspektive auf Oppositionsarbeit an, die auf ihrer spezifischen gesellschaftlichen Stellung basierte. Klaus Hartung, der den Text gemeinsam mit Helmut Lethen verfasst und an alle Germanistikstudierenden der FU geschickt hatte, betonte die Überzeugungskraft dieses Appells: Zu einer Vollversammlung seien auch Kommilitonen erschienen, die schon lange nicht mehr politisch interessiert gewesen waren. Für sie stellte das entscheidende Element dar, dass sie spezifisch als Germanisten angesprochen worden waren – Hartung erinnerte sich an »richtige Konversionen, der Reihe nach.«[5] Im Gegensatz zu den Studierenden der Politikwissenschaft, die zur gleichen Zeit in einer Vollversammlung des Otto-Suhr-Instituts gemeinsam mit den Lehrenden eine neue Satzung beschlossen, sperrten die Germanistinnen und Germanisten ihre Professoren von vornherein aus: Es ging ihnen nicht mehr um den Austausch von Argumenten auf Augenhöhe, sondern sie wollten »die Produktionsmittel des Germanischen Seminars [...] übernehmen.«[6]

Die Institutsbesetzung wurde durch harte Prügeleien mit der Polizei und rechtsgerichteten Kommilitonen zu einem Gemeinschaftserlebnis,[7] das offenbar eine andere Form der politischen Betätigung denkbar machte. Für die politische Praxis der folgenden Monate war sie formbildend: Die vereinende Bewegung wurde zumindest an der Universität sukzessive durch dezentrale anlassbezogene oder nach Fachgebieten gegründete sogenannte »ad-hoc-Gruppen«[8] abgelöst – zu einem Zeitpunkt, an dem die Bewegung eigentlich schon erstarrt war, schien Rudi Dutschkes Vorstellung einer vollkommenen Auflösung aller offiziellen Organi-

5 Gespräch des Autors mit Klaus Hartung am 23.05.2015 in Berlin.
6 Fichter, Lönnendonker, Kleine Geschichte, S. 185.
7 Dieter Kunzelmanns und Rainer Langhans' Betätigung als DJs des aus dem Institut sendenden »Radio Rosa Luxemburg« fügte dem ganzen sicher noch einen lebensweltlich befriedigenden Aspekt hinzu, siehe ebd., S. 185. Klaus Hartung betonte in unserem Gespräch, dass die Gemeinschaftserfahrung der Besetzung unter den Germanisten seiner Ansicht nach auch einen Beitrag zur späteren Gründung der KPD-AO geleistet hätte, deren Impuls vornehmlich aus diesem Kreis kam.
8 Die ad-hoc-Gruppen bildeten sich an fast allen Fakultäten bzw. für fast alle Fächer, zu bestimmten Anlässen (ad-hoc-Gruppe CDU-Parteitag, ad-hoc-Gruppe »Verjagt den [Prof. Otto] Mohr«), es gab auch eindeutig satirisch gemeinte Gruppen (ad-hoc-Gruppe »Sexualer (!) Notstand im Akademischen Senat«, ad-hoc-Gruppe »I'm the greatest«), die vermutlich nur als Kürzel zur Zeichnung eines Flugblattes existierten.

sationsstrukturen in spontan gebildete Gruppen mit hohem Erregungsniveau auf einmal greifbar. Der weitestgehend »in die antiautoritäre Bewegung aufgelöst[e]«[9] SDS hatte seine Stellung als vorantreibendes und organisatorisches Zentrum der Bewegung damit weitgehend aufgegeben. Stattdessen sammelte sich ein Gutteil der einst dort Engagierten – zeitweise bis zu 200 Leute[10] – im Internationalen Nachrichten- und Forschungsinstitut. Dieses INFI, mit den übriggebliebenen Geldern des Vietnamkongresses gegründet, sollte nominell ein Ort der Vernetzung internationaler revolutionärer Bewegungen sein,[11] ähnelte jedoch schnell eher einem Mini-SDS – wie dieser hatte es keine feste Struktur, sondern setzte sich aus insgesamt zehn Arbeitskreisen bzw. »Projektgruppen« zusammen, deren »gemeinsame Arbeit [...] in einer allgemeinen Imperialismustheorie kulminieren« sollte.[12] Nach dem Attentat auf Rudi Dutschke sammelten sich dort immer mehr einstige Führungspersönlichkeiten des SDS, insbesondere eine Gruppe um Jürgen Horlemann, Wolfgang Schwiedrzik, Christian Semler und Peter Neitzke, die sich im Laufe des Jahres 1969 in die schwelende Organisationsdebatte einschaltete.

Dabei ging es noch immer um die Frage nach dem Verhältnis von Theorie und Praxis, nur dass die »Altgenossen«[13], als die die ehemaligen antiautoritären Führungspersönlichkeiten inzwischen galten, nun die Theorie verteidigten, Geduld predigten und Organisationsstrukturen forderten. Schon im Juni 1968 hatten Christian Semler und Peter Neitzke davor gewarnt, dass die autonom vor sich hin arbeitenden Gruppen an der Universität mit ihrer »Ideologie der Selbstbestimmung [...] das

---

9 SDS-Bundesvorstand, Rechenschaftsbericht des Bundesvorstandes zur XXIII. ordentlichen Delegiertenkonferenz des SDS, 12.-15.09.1968. APO-Archiv, Ordner XXIII. DK in Frankfurt/Main 1968, S. 1.
10 Gespräch Siegward Lönnendonkers mit Jürgen Horlemann am 29.12.1969, S. 48.
11 Zu den internationalen Verbindungen des INFI siehe Klimke, The other alliance, S. 96-97.
12 INFI, Information, Mai 1968. APO-Archiv, Ordner SDS 361 SDS 1968-1973, S. 2. Die Themen der Arbeitskreise wirkten – wie schon die vorherigen »Projektgruppen« – so, als ob sie stark von speziellen Interessen Einzelner bestimmt wurden. Teilweise lassen sie sich nur mit Mühe mit dem eigentlichen Institutszweck der Vernetzung revolutionärer Bewegungen in Einklang bringen: sie reichten von »Bewußtsein und Gesellschaft bei Naturwissenschaftlern« über die »Militarisierung der Gesellschaft (Science Fiction)« bis zur »Kulturimperialismus via ›arts‹«.
13 Schmidt, Betriebsarbeit und Organisationsfrage, S. 101.

kleinbürgerliche Bewusstsein der Studenten« widerspiegelten.[14] Der Führungsanspruch des INFI begründete sich damit, dass er versprach, durch eine »Festigung marxistisch-leninistischer Positionen im antiautoritären Lager«[15] gegen den »Provinzialismus«[16] der verschiedenen sozialistischen Gruppierungen vorzugehen.

Der erste konkrete Schritt sollte die Gründung einer »Sozialistischen Massenorganisation« (SoMaO) sein, deren Modalitäten ab Mitte 1969 diskutiert wurden. Die Überlegungen offenbarten die prekäre Balance, die die ehemaligen Antiautoritären – die wichtigste Rolle dabei spielte Christian Semler[17] – zu halten versuchten. Einerseits zeigte sich in den detailverliebt gezeichneten Organigrammen der Einfluss stramm marxistisch-leninistischer Rhetorik: Neben »Zentralen Kommissionen«, etwa für »Staatliche Repression« oder »Agitation und Propaganda« sollte ein »Sekretariat für Schulung« und ein »Politbüro« die inhaltliche Richtung der Organisation vorgeben,[18] während ein »Agitprop-Kollektiv« die Organisationsgründung musikalisch untermalen sollte.[19] Auf der anderen Seite war der Wille, das Erbe der antiautoritären Bewegung auch in den Aufbau der »einheitlichen proletarischen Organisation [...] für den Klassenkampf«[20] hinüberzuretten, durchaus erkennbar – die Pluralität der arbeitenden Gruppen sollte jedenfalls erkennbar bewahrt bleiben. Dass der vergleichsweise dezentrale Organisationsvorschlag nach nur kurzer Zeit zwischen den Querelen der sich immer heftiger anfeindenden Fraktionen zerrieben und nur einige Monate später selbst von seinen einstigen Vordenkern als »opportunistisch«[21] abgetan wurde, sagt viel über die internen Fliehkräfte aus, die die einst vereinte Bewegung im Laufe des Jahres 1969 zersplittern ließen.

14 Neitzke, Peter; Semler, Christian, Strategische SDS-Gruppe an der FU, 24.06.1968. APO-Archiv, Ordner SDS 353 SDS LV Berlin o. J. B II a, 1965-1967, S. 1.
15 Dreßen, Plogstedt, Rott, Vorwort, S. 11.
16 Ebd., S. 10.
17 Koenen, Das rote Jahrzehnt, S. 140.
18 Entwurf eines Organisationsstatus (!). Mit Organisationsskizze. APO-Archiv, Ordner SDS 364 SDS Berlin Doppel I.
19 Agitprop-Kollektiv zur Vorbereitung der soz. Massenorganisation, Flugblatt Kampagnenkollektiv ausländische Arbeiter, 27.06.1969. Archiv des IISG, Sammlung Neue Linke, Studentenbewegung, Ausserparlamentarische Opposition in Deutschland, Ordner 5.
20 Entwurf eines Organisationsstatus (!). Mit Organisationsskizze. APO-Archiv, Ordner SDS 364 SDS Berlin Doppel I., S. 1.
21 Beirat der ROTEN PRESSE KORRESPONDENZ, Kampf gegen die schwarze Linie, S. 2.

Währenddessen war – ebenfalls aus dem Umfeld des ehemaligen SDS – ein anderer Organisationsvorschlag gereift, der viel stärker an den Gruppen an den Hochschulen ansetzte. Der Anlass war lebensnah, denn zum Ende der Revolte hin war die bisher abstrakt diskutierte Frage nach der Stellung der Wissenschaft im kapitalistischen System ganz konkret zur Frage nach der Stellung der zukünftigen Wissenschaftler auf dem Arbeitsmarkt geworden – während der Gedanke an einen regulären Studienabschluss in der Hochphase der Bewegung den meisten Revolutionären noch ferngelegen hatte, wurde mit dem mittelfristigen Ausbleiben der Revolution die Frage der politischen Betätigung im Berufsleben eine drängendere. In der ad-hoc-Gruppe Germanistik, in der besonders heftige Auseinandersetzungen und die Besetzung des Instituts einen harten Kern an Aktivisten und eine hohe Zahl an Sympathisierenden geschaffen hatten,[22] wurde die Diskussion besonders intensiv geführt; da die meisten Studierenden eine Karriere als Deutschlehrer anstrebten, rückte die Arbeit an Schulen und die potentielle Unterstützung der Schülerrebellion ins Zentrum der Aufmerksamkeit.

Auch weil viele der Studierenden die Befürchtung hegten, in der politischen Kleinarbeit am Institut längerfristig zu Reformisten gezähmt zu werden, wurde die Diskussion dieser Frage als qualitativer Bruch mit der bisherigen Praxis inszeniert. Mit dem Slogan »Von der Kritischen Wissenschaft zum Klassenkampf«[23] wurde zur »Revolutionierung der Berufspraxis« aufgerufen: Anstatt ideologiekritische Seminare zu veranstalten und damit letztlich immer wissenschaftsimmanente Kritik an der Germanistik zu leisten, so die Argumentation, gelte es nun, das revolutionäre Potential in den konkreten Berufsfeldern der Germanisten auszuloten, also vor allem im gymnasialen Deutschunterricht. Während zunächst notgedrungen im Ungefähren bleiben musste, was das für die tatsächliche Berufspraxis bedeuten könnte (die Pläne gingen nicht wesentlich weiter, als Schüler und Lehrende in einem »revolutionären Sprachunterricht« gemeinsam Pläne zur Zerschlagung der »Schule als Unterdrückungsinstitut« entwickeln zu lassen[24]), eröffnete es ganz konkret neue Vorgehensweisen an den Universitäten: Mit kollektiven Klausurvorbereitungen, abgesichert durch »organisiertes Mogeln und Abschreiben«[25], sollte den formalen Schein- und Prüfungsanforderungen des Grundstudiums und Staatsexamens Genüge getan und die da-

22 Fichter, Lönnendonker, Kleine Geschichte, 185.
23 Arbeitspapier der Germanisten, Teil 1, S. 8.
24 Arbeitspapier der Germanisten, Teil 2, S. 6.
25 Ebd., S. 7.

durch gesparten sieben Semester auf die selbstorganisierte Vorbereitung der revolutionären Berufspraxis verwendet werden.

Die ersten Erfahrungen mit der Revolutionierung des Deutschunterrichts waren jedoch ernüchternd – die Referendare, die von den Berliner Gymnasien zurückkehrten, berichteten durch die Bank vom Scheitern der Agitationsversuche und dem Desinteresse der Schülerinnen und Schüler. Ihre Schlussfolgerungen, dass ähnlich wie an den Universitäten auch der Kampf an den Schulen langfristig wirkungslos sein werde, solange man nicht »fest auf der Basis einer marxistisch-leninistischen Ideologie organisiert«[26] sei, entsprach der um sich greifenden Deutung: Die bisherige Praxis der Agitation sei zwar nicht falsch, müsse aber verstetigt und organisiert werden, um den Impuls der Rebellion nicht versanden zu lassen.

Im Juni 1969 gründete sich also die Rote Zelle Germanistik. Als »sozialistischer, marxistischer Kampfverband« – und vermutlich erste Organisation der Studentenbewegung, die einen Mitgliedsbeitrag verlangte – sah sie ihre Aufgabe primär darin, »die wissenschaftliche Produktivkraft im Dienste der sozialistischen Bewegung aus[zu]beuten« und »die Vorbereitung revolutionärer Berufspraxis unter dem Motto ›Erlernt euren Beruf im Klassenkampf‹ [zu] organisieren.«[27] Trotz des betont kämpferischen Vokabulars waren die Kontinuitäten zur antiautoritären Bewegung und ihren Protestpraktiken offensichtlich – sei es in der Kritik, die spätkapitalistische Universität okkupiere die Phantasie und absorbiere Energie,[28] sei es in der Idee von Provokation als Aufklärung oder aber im bewusst gewählten Akronym ROTZEG, in dem noch die »rotzfreche« Attitüde der Studentenrevolte nachklang.[29] Im Vergleich zu den in den folgenden Monaten gegründeten Organisationen hielt sich die ROTZEG mit der Kritik an der antiautoritären Bewegung und der entstehenden Subkultur daher weitgehend zurück, denn letztlich stellte sie vor allem den Versuch der Rettung und Verstärkung des revolutionären Impulses durch eine Professionalisierung des Arbeitsstils dar: »Die Rote Zelle als Organisation [...] soll uns helfen, unsere bürgerliche Neigung zu Liberalismus und Individualismus zu bekämpfen.«[30] Die Gründung der Roten Zelle

---

26 Praktikum der Germanisten, S. 7.
27 Statuten der roten Zelle (Germanistik) (Grundeinheit der Massenorganisation). Archiv des HIS, Ordner FU Berlin ROTZEG, Juni 1969-Juni 1970, S. 1.
28 Ebd., S. 1.
29 »Bei der Abkürzung war der Rotz inbegriffen, rotzfrech oder so« – Gespräch des Autors mit Helmut Lethen am 01.04.2015 in Wien.
30 Rotzeg, Rote Zelle Germanistik gegründet, S. 3.

Germanistik war insofern vor allem eine performativ vorgetragene Behauptung der Selbstdisziplinierung.

...oder berufsrevolutionäre Praxis?

Das Konzept der Roten Zellen wurde an zahlreichen Fakultäten aufgenommen und adaptiert – 1971 gab es an den Berliner Hochschulen inklusive Abspaltungen weit mehr als dreißig dieser Gruppen[31] –, stieß aber auch auf Widerspruch. Die vielleicht entschiedenste Kritik am hauptsächlich von den Germanisten vertretenen Ansatz der »revolutionären Berufsperspektive« wurde von einer Gruppierung geübt, die sich vor allem aus Studierenden der wirtschafts- und sozialwissenschaftlichen sowie der juristischen Fakultät rekrutierte. Dort hatte sich eine sehr aktive und selbstbewusste ad-hoc-Gruppe gebildet, die nach dem Streik im Wintersemester 1968/69 an der Debatte über das weitere Vorgehen zu zerfallen drohte[32] – auch weil für Jura- und Betriebswirtschaftsstudierende die Aussicht einer »revolutionären Berufsperspektive« deutlich schwieriger vorzustellen war.[33] Der harte Kern dieser Gruppe formierte sich als »Kommunistische Fraktion« (später WISO-ML genannt), die forderte, die Organisation im Hochschulbereich zugunsten der Arbeit im Proletariat zurückzustellen: Aufgabe der revolutionären Intelligenz müsse es sein, in den Betrieben Theorieschulungen auch zum Wiederaufbau »proletarischen Klassenbewußtseins und eine[r] genuine[n] Arbeiterkultur«[34] anzubieten.

Nun war ein solcher Vorschlag keineswegs ungewöhnlich. Formuliert wurde er aber als grundsätzliche Abrechnung mit der Studentenbewegung und deren Wortführern. Diese hätten ihr »Monopol der Theorie«[35] nicht aufgeben wollen, wie es ihre Aufgabe gewesen wäre. Ihre theoretischen Kenntnisse hätten vielmehr als Herrschaftswissen zur Aufrecht-

---

31 Benke, Strategie und Taktik der Roten Zellen, S. 167. Rote Zellen gründeten sich teilweise auch außerhalb der Universitäten – so gab es etwa eine Rote Zelle Post bei der Bundespost, siehe Bericht der Roten Zelle Post (RotzPo).
32 Kröger, Organisatorische Situation, S. 57.
33 Kommunistische Fraktion der Wiso-ad-hoc-Gruppe, Thesen zur Fraktionierung innerhalb der WISO Ad-hoc-Gruppe, 1969. APO-Archiv, Ordner 1278 c Basisgruppen Info 25, S. 1.
34 Beitrag der kommunistischen Fraktion zur Organisationsfrage, 07.06.1969. Archiv des IISG, Sammlung Neue Linke, Studentenbewegung, Ausserparlamentarische Opposition in Deutschland, Ordner 27, S. 4. Auch Kommunistische Fraktion, Misere.
35 WISO-ML, Wie soll man sich schulen, S. 4.

erhaltung ihrer Führungsposition gedient, der Vorschlag der ROTZEG diene also vor allem dazu, die alten Abhängigkeiten aufrecht zu erhalten. Der Überbaupolitik der intellektuellen Germanisten setzten die kommunistischen Wirtschafts- und Sozialwissenschaftler also zunächst die Forderung nach *Selbstschulung* entgegen – sowohl als theoretische Ausbildung für den Klassenkampf als auch zur Vorbereitung für die anschließende revolutionäre Schulung der Arbeiterklasse. Die eigenständige Theorielektüre stellte sich als Akt der Selbstermächtigung dar: Die »Klassiker« im Kollektiv selbst zu lesen, wurde als Emanzipation von den bis dahin führenden Genossen der Studentenbewegung aufgefasst und formulierte einen Anspruch auf ungefiltertes und unvermitteltes theoretisches Wissen.

Die neu gegründeten Schulungskollektive luden ihre Arbeit aber noch mit einer weit umfangreicheren Bedeutung auf, nämlich mit der Vorstellung, dass die Lesenden durch die Lektüre der Klassiker zielgerichtete Arbeit an sich selbst leisten könnten. Durch das Einüben konsequenter Lese- und Schulungsdisziplin sollte mit der den Studierenden eigenen Laxheit aufgeräumt werden, die die bisherige politische Arbeit erschwert hatte (ein Anspruch, den auch die Roten Zellen schon drängend formuliert hatten; offenbar stellte die andauernde Unpünktlichkeit ein massives Problem dar). Statt oberflächlicher Textkenntnis sollte harte Arbeit ein echtes, tiefgehendes Textverständnis ermöglichen, das aus Akademikern disziplinierte Kommunisten machen würde: »Zunächst war es ungeheuer schwierig«, so ein Bericht von den ersten Schulungen,

»die notwendige Disziplin (pünktliches Erscheinen usw.) zu erreichen. Das wird ein besonderes Problem bei Studentenzirkeln sein, das wir dadurch gelöst haben, daß wir mit den einzelnen Genossen die Gründe ihres Fernbleibens diskutiert und dadurch Selbstkritik provoziert haben. Vielleicht ist es in intellektuellen Kreisen notwendig, anfangs die kurze Schrift ›Gegen den Liberalismus‹ von Mao Tse Tung zu lesen [...]. Eine der Schwierigkeiten mit den Texten, die gerade bei Studenten auftaucht, liegt darin, daß einige Genossen meinen, die Texte [seien] ›erledigt‹, wenn man sie kurz durchliest und ihren Inhalt referiert. *Es geht aber um gründliches Studieren dergestalt, daß die Theorien ›in den Köpfen der Menschen Wurzeln schlagen‹.*«[36]

Die Kritik der ML-Gruppen an dem Organisationskonzept der ROTZEG beschränkte sich somit nicht auf das Konzept der »revolutionären Berufsperspektive«, sondern inszenierte eine grundsätzliche Abrechnung

36 Ebd., S. 5. Hervorhebung im Original.

mit den ehemaligen Wortführern der antiautoritären Bewegung. Im selbstsicheren Ton derer, die die »Klassiker« frisch durchgearbeitet hatten, argumentierten die ML-Gruppen, dass die Studentenrevolte weder Zufall noch Ergebnis gezielter politischer Arbeit gewesen sei, sondern sich die Unruhen zwangsläufig aus »objektiven Tatsachen im Prozeß der Kapitalverwertung Westdeutschlands«[37] ergeben hätten. Der Fokus auf die Kämpfe an den Universitäten sei daher fehl am Platz; die Revolution würde schließlich vom Proletariat und dessen Partei vollzogen werden, und diese könnte nicht von Intellektuellen gegründet werden. Die Pläne der Germanisten, ihren Teil für die Revolution an den Universitäten und Schulen zu leisten, wurden damit als Klassenkampf nach Feierabend abgetan – das Konzept der revolutionären Arbeit im Beruf sei lediglich Vorwand, die eigene privilegierte Stellung an den Universitäten nicht aufgeben zu wollen. Die Wirtschafts- und Sozialwissenschaftler fanden also völlig unangemessen, das mit der ROTZEG eine Organisation von Studenten für Studenten gegründet worden war, die aufgrund der »kadermäßigen« Aufnahmeregeln für Mitglieder »Ähnlichkeit mit einer bolschewistischen Partei«[38] habe – allenfalls sei eine Art »Studentengewerkschaft«[39] an den Universitäten denkbar, aber die eigentliche politische Arbeit müsse an der Basis der Gesellschaft getan werden. Die Pflicht des wahren Marxisten-Leninisten sei es daher, »seine Existenz als Kleinbürger aufzugeben, seine Klasse zu verlassen«[40]: Intellektuelle sollten statt revolutionär in ihrem Beruf berufsrevolutionär im Betrieb arbeiten – vor allem eben durch Schulung.

Eine solche radikale, antiakademische Haltung wirkte in der sich nach Orientierung sehnenden West-Berliner Linken offensichtlich spontan glaubwürdig. Um die WISO-ML sammelten sich in der zweiten Jahreshälfte 1969 mehrere ähnliche Gruppen, die unter dem Namen Marxisten-Leninisten bzw. »die ML« zusammengefasst wurden. In den nächsten Monaten wurden sie zu einer der einflussreichsten Strömungen innerhalb der zersplitterten linken Szene Westberlins. Dennoch verzichteten sie zunächst auf eine feste Organisationsstruktur, sondern sammelten sich entweder in kleineren Zirkeln (WISO-ML, sozialistisches arbeiterkollektiv druck und papier [ml], Marxistisch-Leninistische Hochschulgruppe Germanistik), als Fraktion innerhalb bestehender (Basis-)Gruppen oder

37 WISO-ad-hoc-Gruppe, Marxistisch-leninistisches Studienkollektiv WISO, Organisation, S. 11.
38 Ebd., S. 12.
39 Ebd., S. 13.
40 Die marxistisch-leninistischen Gruppen an der FU, Revolutionäre Berufspraxis, S. 6.

als Abspaltungen anderer Kollektive (was ihnen prompt den Vorwurf der »parasitären«[41] Rekrutierungspraxis einbrachte) – so spaltete sich vom Aktionsrat zur Befreiung der Frauen das Proletarierinnenzentrum-ML ab.[42]

ROTZEG gegen ML – Blaupause zukünftiger Konflikte

Die Auseinandersetzung zwischen den ML-Gruppen und der ROTZEG bzw. den Konzepten »revolutionäre Berufspraxis« und »berufsrevolutionäre Praxis«[43] sollte zur wohl wichtigsten Triebfeder der Entwicklungen des Jahres 1969 werden[44] – und schon allein die erkennbare Freude an dem Wortspiel lässt erahnen, wie stark sich die beiden Gruppen über die Gegnerschaft zueinander definierten.

Auf der inhaltlichen Ebene war das keine zwangsläufige Entwicklung gewesen, obwohl die Positionen sicher nicht einfach zu vereinen waren. Die Frage nach den Gründen für die Heftigkeit des Konflikts bleibt unbeantwortet, solange man nicht die Trägergruppen der beiden Parteien berücksichtigt – denn aus den Differenzen über Taktikfragen entstanden vor allem deshalb erbittert sich befehdende Fraktionen, weil sie an bestehende generationelle Konfliktlinien der Bewegung anschlossen. Die Mitglieder der ML-Gruppen waren nicht nur wahrnehmbar jünger als die der ROTZEG,[45] sondern hatten auch deutlich weniger Berliner Bewegungsprominenz in ihren Reihen. Ihren Aufstand gegen jene deuteten sie als von den Urtexten der Bewegung unterfütterte, radikale Kritik an der zahnlos gewordenen Bewegungselite. Immer wieder wurde eine wachsende Kluft zwischen Führungsschicht und Masse der Bewegung kriti-

---

41 Beirat der ROTEN PRESSE KORRESPONDENZ, Kampf gegen die schwarze Linie, S. 3.
42 Proletarierinnen-Zentrum (PROZ-ML).
43 Die marxistisch-leninistischen Gruppen an der FU, Revolutionäre Berufspraxis.
44 Angesichts der Vielgestaltigkeit der West-Berliner Linken zu dieser Zeit gab es natürlich weit mehr als diese beiden Organisationsvorschläge; auch bei den Politikwissenschaften am Otto-Suhr-Institut oder bei den Soziologen wurden eigene Konzepte ausgetüftelt, die dem Detailreichtum der hier beschriebenen in nichts nachstanden. Die Rote Zelle Germanistik und die ML-Gruppen werden im Folgenden deshalb untersucht, weil sie die hauptsächlichen Zurechnungsadressen in der internen Kommunikation bildeten – der Konflikt zwischen den Roten Zellen und der ML-Bewegung bildete sozusagen die Blaupause für ähnliche Konflikte.
45 Kröger, Organisatorische Situation, S. 57.

siert[46] – in einem Brief wurden die ML-Gruppen explizit als »Rebellion der ›Basis‹ gegen die einstigen Koryphäen der ›Bewegung‹« bezeichnet.[47] Sicher ist eine Erklärung des Konflikts zwischen ML und ROTZEG als innerlinker Generationenkonflikt zu eindimensional, aber die (mehr oder weniger implizite) Anwendung dieser Schablone durch die Akteure selbst stellte beiden Seiten ein Repertoire an Deutungsmustern der eigenen und der anderen Position bereit, das die Polarisierung vorantrieb und die gegenseitigen Zuschreibungen in vorhersehbare Bahnen lenkte. In den Augen der ML-Gruppen zogen die alten SDS-Granden als »Rotzeg-Häuptlinge«[48] und »geheimes ZK«[49] im Hintergrund die Strippen für eine Aufrechterhaltung ihrer Machtposition,[50] weil sie aus Furcht vor der Preisgabe ihrer universitären Privilegien nicht bereit waren, die notwendigen Einschnitte in ihrem bürgerlichen Lebenslauf zu ertragen. Die ROTZEG lederte hingegen (tatsächlich etwas altväterlich) zurück, dass die ML-Gruppen die Geschichte der Arbeiterbewegung offensichtlich nicht ordentlich studiert hätten und aus Mangel an strategischem Weitblick in hektischen Aktionismus zu verfallen drohten: Mit der Vorstellung berufsrevolutionärer Arbeit im Betrieb würde von der Uni frustrierten Studierenden eine Perspektive politischer Arbeit vorgegaukelt, die letztlich nur in der Subkultur enden könne.[51]

Die Konfliktkonstellation zwischen Theorie und Praxis bzw. sich wechselseitig als solche entwerfenden Theoretikern und Praktikern ähnelte damit dem etablierten Drehbuch, das schon zu Beginn der 1960er Jahre im SDS, bei SPUR und der Subversiven Aktion durchgespielt worden war. Die Debatten sind an dieser Stelle daher nicht so sehr von Interesse wie die Wirkung, die diese Konstellation auf die Entwicklung der Antagonisten hatte. Zwar setzten sich beide Gruppen von der »Theorie« der antiautoritären Bewegung ab und verstanden sich als marxistisch-leninistisch. Doch die ROTZEG (und mit ihr zahlreiche Führungsper-

---

46 Beispielsweise Selbstdarstellung des SAKO (P), 1969. APO-Archiv, Ordner 1318 Handakte Semler RPK-Konferenz, S. 1.
47 Brief eines IKD-Funktionärs an ein Mitglied der GIM, zit. nach: Schröder, Jürgen, Marxisten-Leninisten Westberlin. Online verfügbar unter https://www.mao-projekt.de/BRD/BER/RC/Marxisten-Leninisten_Westberlin.shtml, zuletzt geprüft am 05.04.2018.
48 Zit. nach Beirat der ROTEN PRESSE KORRESPONDENZ, Kampf gegen die schwarze Linie, S. 1.
49 Schmidt, Betriebsarbeit und Organisationsfrage, S. 101.
50 WISO-ad-hoc-Gruppe, Marxistisch-leninistisches Studienkollektiv WISO, Organisation, S. 11.
51 Rotzeg, Antwort der ROTZEG auf die Vorschläge der WI-So-ML-Fraktion, S. 2-4.

sönlichkeiten des Westberliner SDS) schlossen mit ihrem Konzept der »revolutionären Berufsperspektive« in vielerlei Hinsicht an die antiautoritäre Bewegung an. Die ML-Gruppen positionierten sich demgegenüber als konsequent, marxistisch, praktisch und anti-antiautoritär: Der »Überbaurebellion« der Roten Zellen gegenüber inszenierten sie sich mit ihren Betriebsschulungen, ihrem Vokabular, ihrem antiakademischen Habitus und ihrer demonstrativen, wenn auch noch vorsichtigen Stalin-Lektüre[52] folglich als konsequente Anwender der marxistischen Theorie. Der Höhepunkt ihres hemdsärmeligen Gestus dürfte die Gründung des Sozialistischen Zentrums gewesen sein, unter dessen Dach ein wahrhaft »proletarisches Milieu« herangezüchtet werden sollte, mit Schulungsräumen, Bibliothek, Kino, proletarischer Autowerkstatt und Kneipe.[53]

Dieses demonstrative Ernstnehmen der Klassiker als intellektuelle Notwehr gegenüber den älteren SDSlern, bei denen das Spiel mit Insignien des Maoismus und der historischen Arbeiterbewegung vor 1968 sicher auch ironisch und provokant gemeint war, muss bei Letzteren ein diffuses Zauberlehrling-Gefühl ausgelöst haben. Zumindest setzte es sie in Sachen Klassiker unter Nachholdruck: Schon im Oktober betonte die ROTZEG auch ihre »Erziehungsfunktion«, »jedes Mitglied zu einem guten Marxisten-Leninisten zu machen«[54]. Noch aber lehnten beide Strömungen, trotz zunehmend orthodoxer Rhetorik, die Gründung einer leninistischen Kaderpartei ab,[55] obwohl diese Vorstellung oft den Hintergrund für Organisationskonzepte bildete – vielmehr war es zu diesem Zeitpunkt ein probater Vorwurf an die jeweils andere Seite, eine solche verfrüht gründen zu wollen. Dass die rivalisierenden Protagonisten sich

---

52 Die ML-Gruppen lasen Stalins Schrift über den Leninismus von 1924, was jedoch explizit erläutert und mit Hinweis auf das Entstehungsjahr des Textes entschuldigt wurde (WISO-ML, Wie soll man sich schulen, S. 4). Noch stellte ein Stalinzitat einen Tabubruch dar.
53 Sozialistisches Zentrum in Westberlin, S. 2; Marxistisch-leninistische Fraktion der Arbeiterkonferenz; PROZ-ML; sozialistisches arbeiterkollektiv druck und papier (ml) et al., Die marxistisch-leninistische Organisation in Angriff nehmen! Archiv der Sozialen Demokratie Bonn, Vorlass Manfred Scharrer, Ordner 29, S. 5.
54 Rotzeg, Antwort der ROTZEG auf die Vorschläge der WI-So-ML-Fraktion, S. 3.
55 Aus einem Sitzungsprotokoll vom November 1969 geht hervor, dass die ML-Gruppen ihr Schulungsprogramm dezidiert nicht veröffentlichten, weil das den Eindruck einer festgefügten Organisationsgründung impliziert hätte, siehe Ein ML-Dokument aus der Trickkiste von 883, S. 4. Auch die ROTZEG wehrte sich mit hohem theoretischen Aufwand gegen den Vorwurf, eine kaderähnliche Organisation zu sein.

nur wenige Zeit später vermutlich selbst überraschten, indem sie selbst genau das taten, was sie kurz zuvor ihren Konkurrenten unterstellt hatten zu planen, macht deutlich, wie sehr die Akteure den Entwicklungsdynamiken dieser Konstellationen ausgeliefert waren.

Die RPK-Konferenz

Eine der letzten das zerfallende Milieu vereinenden Klammern bildete die *Rote Presse Korrespondenz*, die mit einer Auflage von 10.000 Exemplaren und durch Artikelnachdrucke in lokalen linken Zeitungen auch in Westdeutschland eine hohe Breitenwirkung hatte. Anfang 1969 aus der sich rapide ausdifferenzierenden Bewegung heraus gegründet, war ihre Veröffentlichungspolitik prinzipiell pluralistisch: Eine neutrale Redaktion und ein verschiedene Strömungen repräsentierender Beirat verliehen der RPK den Charakter eines Publikationsmediums für Positionsblätter und Diskussionsbeiträge unterschiedlicher Gruppierungen. Diese Konzeption wurde jedoch zunehmend kritisch gesehen. Vielleicht weckte auch der Reichtum an Adresskarteien, Druckmaschinen und die Hoheit über die Büchertische vor den Unis Begehrlichkeiten.[56]

Die zunehmenden Auseinandersetzungen zwischen den herausgebenden Gruppen führten jedenfalls zu dem Entschluss, in einer Arbeitskonferenz die zukünftige Ausrichtung der Zeitung zu diskutieren. Damit verbunden sollte eine gemeinsame Grundlage für Organisations- und Schulungsformen gefunden werden.[57] Obgleich eher technischer Natur – offiziell sollte über die Zusammensetzung des Beirats der Zeitung entschieden werden –, wurde die Konferenz daher von vornherein als entscheidender Punkt für die Entwicklung des linken Milieus wahrgenommen: Entweder schafften es die Fraktionen, sich auf eine gemeinsame Vorgehensweise zu einigen, oder aber die Westberliner Linke würde vollends in sich befehdende Splittergruppen zerfallen.

Noch während der Vorbereitungen eskalierte der Streit zwischen den verschiedenen Gruppen jedoch auf eine Weise, die die künftige Entwicklung schon erahnen ließ. Den Auslöser bildete ein Artikel, der Mitte November 1969 von den kurz zuvor in die Redaktion aufgenommenen ML-Gruppen eingereicht wurde und in dem sie, offenbar auf dem Höhepunkt ihres Selbstbewusstseins, die Gründung einer »Übergangsorganisation« ankündigten. Der von der ROTZEG dominierte Beirat der RPK

---

56 Scharrer, Suche, S. 47.
57 Tagung des Beirats der RPK.

weigerte sich daraufhin, den Text vor der Konferenz zu veröffentlichen; er stelle keinen Diskussionsbeitrag zur Organisationsfrage dar, so die Begründung, sondern bereits »die Bekanntgabe der Gründung einer parteiähnlichen Organisation.«[58] Auch wenn eine solche grundsätzlich für notwendig gehalten werde, sei es doch unsolidarisch, bereits vor der Zusammenkunft aller Strömungen Fakten zu schaffen. Mit der Begründung, es drohe eine Usurpation der RPK durch die ML-Gruppen,[59] besetzte die von der ROTZEG dominierte Mehrheitsfraktion des Beirats die Redaktionsräume, setzte die bisherige Redaktion ab, tauschte die Türschlösser aus und bemächtigte sich der Abonnentenkartei. Eine kleine Gruppe von Genossen machte sich daran, ein Positionspapier gegen den Artikel der ML-Gruppen zu erarbeiten. Als sich jene über dieses »zynisch machtpolitisch[e]«[60] Benehmen beklagten, antwortete die ROTZEG mit einer eskalativen Umdeutung des Konflikts:

> »Anstatt [...] sich zu ihrem Führungsanspruch zu bekennen und zugleich zuzugeben, daß die Kräftekonstellationen innerhalb der linken Bewegung falsch eingeschätzt wurden, lassen die ›ML‹-Gruppen einfach alle marxistisch-leninistischen Prinzipien fallen, und beklagen sich mit liberalen, antiautoritären und bestenfalls radikaldemokratischen Argumenten bei den Studenten darüber, daß ›Machtpolitik‹ betrieben wurde«.[61]

Der Ton der Auseinandersetzung war damit gesetzt.

In der Tat sollte die RPK-Konferenz, die unter Ausschluss der Öffentlichkeit am 5. und 6. Dezember 1969 in der Architekturfakultät der TU Berlin stattfand, zu einem entscheidenden Punkt in der Entwicklung der ehedem antiautoritären Bewegung werden. Mit knapp vierzig stimmberechtigten und etwa zwanzig beobachtenden Gruppen, zusammengenommen circa 200 Teilnehmenden, war der Großteil der »nichtrevisionistischen« Linken Westberlins repräsentiert, was der Versammlung den

---

58 Gegen »Links«-Opportunismus und Sektierertum, S. 1.
59 Einige der Akteure zeigten sich später davon überzeugt, dass der Verfassungsschutz in Gestalt des Spitzels Peter Urbach an dieser Auseinandersetzung verschärfend mitgewirkt hatte, siehe APO, Gewerkschaft, Partei: Diskussion mit Matthias Beltz et.al, S. 122;127.
60 Marxisten-Leninisten Westberlins, Den Kampf zweier Linien führen. Erklärung der Redaktion der Roten Presse Korrespondenz zum Putsch der Rotzeg (Rote Zelle Germanistik), 28.11.1969. Archiv der Sozialen Demokratie Bonn, Vorlass Manfred Scharrer, Ordner 29, S. 2.
61 Beirat der ROTEN PRESSE KORRESPONDENZ, Kampf gegen die schwarze Linie, S. 1.

Charakter des ersten »Reorganisationsversuchs der gesamten Berliner Bewegung«[62] nach dem faktischen Ende des SDS verlieh.[63] Das verlieh der Konferenz einen für die Teilnehmenden nur schwer durchschaubaren Charakter. Zwar war allen Beteiligten klar, dass die Debatten nicht nur inhaltlich geführt werden würden, sondern auch Arena eines Machtkampfes konkurrierender Fraktionen waren. Die Konturen dieser Fraktionen waren aber kaum klar wahrnehmbar. Obwohl die Auseinandersetzung zwischen ROTZEG und ML-Gruppen vom größten Teil des Milieus mit Interesse rezipiert worden war, war dieses weit zersplitterter und inkohärenter, als dass sich die an der Konferenz Teilnehmenden klar einer der beiden Strömungen zuordnen ließen: Nicht nur benannten sich verschiedene Gruppen andauernd um, spalteten, verbündeten und trennten sich,[64] auch wechselten einzelne Mitglieder mehrmals zwischen verschiedenen Gruppen hin und her.

Da inhaltlich weitgehend Konsens über die Notwendigkeit irgendeiner Form von Organisation der gesamten »nichtrevisionistischen« Linken herrschte – oder zumindest diejenigen, die das nicht wollten, keinen Standpunkt formulieren konnten, der der »Organisation« entgegengesetzt war –, unterschieden sich die vorab zirkulierenden Positionspapiere inhaltlich nur graduell. Vor allem schien es darum zu gehen, wie viel Organisation die Bewegung vertragen würde. Die ML-Gruppen standen mit dem Schlagwort »Die marxistisch-leninistische Organisation in Angriff nehmen!« für eine (verhältnismäßig) straffe Organisation und eine antiakademische Semantik der Praxis; da die Zeit für den Aufbau einer revolutionären Partei der Arbeiterklasse aber noch nicht reif sei und diese ohnehin nicht von Studenten gegründet werden könne, solle vorerst eine »Übergangsorganisation« ins Leben gerufen werden, die »schon auf die künftige Kaderpartei hinsteuern«[65] solle. Die ROTZEG hingegen hatte ihre Haltung zur Organisationsfrage noch nicht bekannt gegeben.

62 SDS-Bundesvorstand, Arbeitskonferenz der RPK, S. 1.
63 Sogar der *Spiegel* berichtete über die Tagung: o. A., Klassiker abklopfen, in: Der Spiegel vom 15.12.1969, S. 44.
64 So wurde etwa die Rote Zelle Mathematik dafür kritisiert, dass sie gleich dreimal zwischen der Linie der ROTZEG und der ML hin- und hergewechselt hatte, siehe ad-hoc-Gruppe Biologie (FU), Unterordnung unter den proletarischen Bereich-Unterstützungsfunktion, 6.12.1969. APO-Archiv, Ordner 1318 Handakte Semler RPK-Konferenz.
65 Marxistisch-leninistische Fraktion der Arbeiterkonferenz; PROZ-ML; sozialistisches arbeiterkollektiv druck und papier (ml) et al., Die marxistisch-leninistische Organisation in Angriff nehmen! Archiv der Sozialen Demokratie Bonn, Vorlass Manfred Scharrer, Ordner 29, S. 2.

DIE RPK-KONFERENZ

Grundsätzlich wurde von ihr als etablierter Gegnerin der ML-Gruppen aber erwartet, dass sie deren Gründungspläne als verfrühten Aktionismus geißeln würde.

Zudem hatte sich ein neuer Akteur zu den hauptsächlichen Antagonisten gesellt, der ebenfalls einige Bewegungsprominente in seinen Reihen hatte: die sogenannten »Harzer Gruppen«, deren Kern eine Projektgruppe Elektroindustrie (PEI) bildete.[66] Diese bestand aus Studierenden, die sich ab Anfang 1969 auf eigene Faust bei Bosch und Siemens als Hilfsarbeiter anstellen lassen hatten, um die Lebenswelt der dort Arbeitenden kennenzulernen und Möglichkeiten studentischer Agitation auszuloten.[67] Einige gelungene Aktionen (ein geglückter Protest gegen mangelnde Klimatisierung in den Werkshallen) verliehen dem Ansatz gewisse Plausibilität; die Harzer Gruppen wucherten folglich reichlich mit dem Pfund der authentischen Erfahrung aus der Welt der Arbeiter. Ihr auf einer Konferenz im Harz erarbeitetes »Harzer Papier« schlug folglich eine von diesen Erfahrungen ausgehende Strategie zur Betriebsarbeit vor: Studierende sollten vorübergehend selbst in die Betriebe gehen und dort als revolutionäre Starthelfer agitieren, indem sie vorhandene Konflikte politisierten und eskalierten. Gegenüber den ML-Gruppen setzten sich die Harzer Gruppen durch die These ab, dass Klassikerschulungen von Arbeitern im Dogmatismus erstarren würden, wenn ihre Inhalte nicht in der sinnlich erfassbaren Lebenswelt der Arbeiter ansetzen würden. In den sich entfaltenden Kämpfen würde sich die Arbeiterklasse tendenziell ihre eigenen Organisationsformen schaffen, bei denen sich Studierende nicht zu sehr einmischen sollten. Konkretere Vorstellungen zum Aufbau einer Organisation wurden daher nicht skizziert.

Innerhalb dieser Bereiche siedelten sich die anderen Gruppen an. Die Handakten der Beteiligten erlauben einen Einblick, wie im Vorfeld Differenzen und Gemeinsamkeiten reguliert wurden: In Christian Semlers Exemplar eines Papiers der Projektgruppe Elektroindustrie beispielsweise sind in dem Satz »eine Hilfsorganisation zur Bildung einer späteren proletarischen Partei« die Worte »eine Hilfsorganisation zur Bildung einer späteren« blau und gewellt, die Worte »proletarischen Partei« hingegen rot und gerade unterstrichen und mit einem Ausrufezeichen am Rande versehen[68] – als ob die Unterschiede und Gemeinsamkeiten zwischen

---

66 Ein für die Konferenz erfundener Name, den sich die Betriebsgruppe Bosch/Siemens aus Geheimhaltungsgründen gegeben hatte und der bis Mitte 1970 beibehalten wurde.
67 Ein Erfahrungsbericht über diese Phase bietet Schneider, Frauen.
68 Anhang zum Papier der Projektgruppe Elektroindustrie. APO-Archiv, Ordner 1318 Handakte Semler RPK-Konferenz.

den Positionen auf der Ebene der Satzfragmente zu verorten gewesen wären. Naheliegender noch ist die Interpretation, dass die Unterschiede auf dieser Ebene gesucht wurden, weil sie gefunden werden *mussten*. Tatsächlich verlief die Konferenz für beinahe alle Teilnehmenden überraschend, was an einem taktisch klugen Coup der Gruppe um die ROTZEG lag.[69] Diese hatte in der kurzen Zeit zwischen dem Eklat um den Ausschluss der ML-Gruppen aus der RPK – der, wie erwähnt, mit dem Vorwurf begründet wurde, die ML habe einfach auf eigene Faust und völlig verfrüht die Gründung einer »Übergangsorganisation« angekündigt – und der Konferenz ein Positionspapier zur Organisationsfrage verfasst, in dem die Ansätze der Marxisten-Leninisten weniger kritisiert als übertrumpft wurden: Unter dem Titel *Die erste Etappe des Aufbaus der Kommunistischen Partei des Proletariats – Thesen* kündigten die ehemaligen Wortführer[70] der antiautoritären Bewegung die Gründung einer leninistischen Kaderpartei an. Die Zeit sei gekommen, so lasen die überrumpelten Genossen, dass die Arbeiterklasse sich

»ein Instrument schafft, das als höchste Form der Klassenorganisation des Proletariats, als das Sammelbecken der besten Elemente der Arbeiterklasse, als die beste Schule zur Heranbildung von Führern und als die einzige Organisation, die auf Grund von Erfahrung und Autorität die Leitung des Kampfs des Proletariats führen kann. Nur die Partei ist dieses Instrument in den Händen der Arbeiterklasse, [...] nur sie ist das Bollwerk gegen die wuchernde Ideologie des Kleinbürgertums, nur sie wird die Umerziehung der kleinbürgerlichen Schichten in die Hände nehmen.«[71]

Der knapp zwanzigseitige Text war nichts anderes als eine Abrechnung mit der ML-Bewegung. Schon kurz zuvor hatten die in der ROTZEG versammelten ehemaligen SDS-Wortführer die Schulungsversuche der

69 Allgemein zu Verlauf und Bewertung der RPK-Konferenz: Schubert, Zur Geschichte der westberliner Basisgruppen, S. 28-31; SDS-Bundesvorstand, Arbeitskonferenz der RPK; Hinck, Wir waren wie Maschinen, S. 140-144; Arbeitskonferenz (RPK).

70 Die RPK nennt als Autoren des Textes namentlich Christian Semler, Peter Neitzke, Klaus Hartung, Willi Jasper, Jürgen Horlemann und Christian Heinrich, siehe Bericht über die Arbeitskonferenz der RPK, S. 2. Außer Klaus Hartung gehörten alle später zu den Gründungsmitgliedern der KPD-AO.

71 Die erste Etappe des Aufbaus der Kommunistischen Partei des Proletariats. Thesen. Im Auftrag des provisorischen Beirats und der provisorischen Redaktion der Roten Presse Korrespondenz für die Arbeitskonferenz der RPK am 6./7. Dezember 1969 vorgelegt. APO-Archiv, Ordner 1318 Handakte Semler RPK-Konferenz, S. 5.

ML-Gruppen in einem Ton abgekanzelt, den man nur als gönnerhaft bezeichnen kann: Sie gestanden ihnen nämlich zwar immerhin zu, »auf die Dringlichkeit des Studiums des Marxismus-Leninismus hingewiesen zu haben«[72], drehten den Spieß mit einer ostentativ ausgestellten Klassiker-Belesenheit aber um und warfen den ML-Gruppen vor, mit ihrem halbgaren Schulungskonzept in die Falle des Dogmatismus zu tappen: »Wer die Bewegung mit Sätzen der Klassiker überschwemmt, muß sich darüber im klaren sein, daß die theoretischen Einsichten der Klassiker ihre universelle Bedeutung nur im Zusammenhang mit unserer eigenen revolutionären Praxis entfalten können«[73], ätzten sie ihren jüngeren Gegenspielern entgegen. Es muss ein gewisses Maß an Chuzpe erfordert haben, die ML-Gruppen quasi auf ihrem eigenen Spielfeld schlagen zu wollen, indem man ihre Selbstinterpretation »junge Praktiker (ML) gegen kraftlose Intellektuelle (ROTZEG)« in »echte Praktiker (Thesenverfasser) gegen unwissende Dogmatiker (ML)« umdeutete. Das Rad neu erfinden mussten die ehemaligen antiautoritären Führer allerdings nicht, denn erneut wurde hier der Gestus der Aufhebung des lähmenden Widerspruches zwischen Theorie und Praxis ins Feld geführt, der konstitutiv für das Selbstverständnis der antiautoritären Bewegung gewesen war. Im Grunde wandten sie sich mit genau den Vorwürfen der praxislosen Orthodoxie gegen ihre Nachfolger, die sie schon gegen ihre Vorgänger erhoben hatten – und machten die Verbindung von Theorie und Praxis damit wiederum zur Grundlage eines Neuanfangs, nur unter gänzlich anderen Vorzeichen: Wo es Mitte der 1960er Jahre die Bewegung entschlossener Revolutionäre gewesen war, die Theorie und Praxis vereinen sollte, war es nun die Partei, die klare, eindeutige Theorie in ebenso klare, eindeutige Praxis umzusetzen versprach.

Diese Wendung überrumpelte die Anwesenden völlig. Der Funktionärston, in dem die Thesengruppe das »politische Bekenntnis zum Marxismus-Leninismus« und die Ersetzung der »lockere[n] Assoziation von einzelnen durch die disziplinierte Form der Organisation«[74] forderte, stellte einen derartigen Einschnitt dar, dass der beobachtend teilnehmende SDS-Bundesvorstand den Eindruck gewann, »daß die Verfasser

72 Beirat der ROTEN PRESSE KORRESPONDENZ, Kampf gegen die schwarze Linie, S. 4.
73 Die erste Etappe des Aufbaus der Kommunistischen Partei des Proletariats. Thesen. Im Auftrag des provisorischen Beirats und der provisorischen Redaktion der Roten Presse Korrespondenz für die Arbeitskonferenz der RPK am 6./7. Dezember 1969 vorgelegt. APO-Archiv, Ordner 1318 Handakte Semler RPK-Konferenz, S. 1.
74 Ebd., S. 5 f.

PRAXIS GEGEN THEORIE

[...] der Thesen sich selbst nicht ernst nehmen konnten.«[75] Bezeichnenderweise kritisierte er aber gleichzeitig, dass die Thesengruppe »nicht hinreichend deutlich machen [konnte], was sie nun eigentlich von der ML unterscheidet«[76]. Mehr oder weniger spontane Allianzen quer über die inhaltlichen Differenzen hinweg – die Gruppe der Thesenverfasser verbündete sich mit den personell teilidentischen Harzer Gruppen gegen die ML-Gruppen – führten zu einer zusätzlichen »Verundeutlichung des Konflikts, zu taktischen Absicherungen, die die theoretische Diskussion immer wieder durchkreuzten«[77], wie in der RPK resümiert wurde.

Mit diesem Willen zum Streit bei gleichzeitiger Unklarheit, worin sich die Fraktionen überhaupt inhaltlich unterschieden, ähnelte die Situation durchaus der im SDS nach der »Plakataktion« – zugespitzt gesagt, hatten die Thesenverfasser hier künstlich eine Konfrontation vom Zaun gebrochen, um erst durch Abgrenzung einen eigenen Standpunkt aufzubauen. Die Auseinandersetzungen im Vorfeld der RPK-Konferenz waren schon vorher als »vom Berufsregisseur inszeniertes Kasperletheater«[78] kritisiert worden – der federführend beteiligte Wolfgang Schwiedrzik war in der Tat vom Fach.[79] Und in der Tat muss der Präsentation des Thesenpapiers und den Diskussionen auf der Konferenz etwas von einer großen Inszenierung angehaftet haben – eine Inszenierung, die durch das Aufreißen von inhaltlich im Grunde nicht notwendigen Konflikten Fakten schuf, um die endlosen Diskussionen zu beenden.

Auch wenn keine der Fraktionen die Mehrheit der Anwesenden überzeugen konnte und schlussendlich der Beschluss gefasst wurde, die RPK in der Zukunft paritätisch zu führen, bedeutete dies das Ende der Versuche, die West-Berliner Linke zu vereinen. Das Bekenntnis zu irgendeiner Form marxistisch-leninistischer Organisation war zwar unbestimmt, aber weit verbreitet,[80] eine organisationsskeptische, Ambivalenzen zulassende Position Ende 1969 offenbar kaum mehr formulierbar; zumindest

75 SDS-Bundesvorstand, Arbeitskonferenz der RPK, S. 5.
76 Ebd., S. 3.
77 Bericht über die Arbeitskonferenz der RPK, S. 33.
78 Marxisten-Leninisten Westberlins, Den Kampf zweier Linien führen. Erklärung der Redaktion der Roten Presse Korrespondenz zum Putsch der Rotzeg (Rote Zelle Germanistik), 28.11.1969. Archiv der Sozialen Demokratie Bonn, Vorlass Manfred Scharrer, Ordner 29, S. 3.
79 Wolfgang Schwiedrzik, Gründungsmitglied der KPD-AO, hatte schon in der antiautoritären Bewegung eine wichtige Rolle gespielt und mit Peter Stein 1968 in den Münchener Kammerspielen eine aufsehenerregende Inszenierung von Peter Weiss' Stück »Viet Nam Diskurs« erarbeitet, bei der am Ende zu Spenden für den Ankauf von Waffen für den Vietcong aufgerufen worden war.
80 Karuscheit, Geschichte der ML-Bewegung, S. 42.

hätte sie der performativen Selbstsicherheit der diversen Parteiinitiativen kaum mehr etwas ähnlich Entschiedenes entgegensetzen können. Nach dem Scheitern des letzten Versuchs, die Westberliner Linke zu vereinen, schien die Zukunft den Organisationen zu gehören, die Theorie und Praxis nicht in der Zukunft oder einem flüchtigen Moment der Gegenwart, sondern planvoll, nachhaltig und im Hier und Jetzt zu vereinen versprachen.

8. Ins schwarze Loch
PL/PI und KPD-AO

»Hat sich denn an der inneren Gesetzmäßigkeit der kapitalistischen Produktionsweise irgendetwas verändert? Hat sich am Widerspruch zwischen Lohnarbeit und Kapital, in seinem gesellschaftlichen Ausdruck zwischen gesellschaftlicher Produktion und privater Aneignung, irgendetwas Einschneidendes geändert? Ist der Staatsapparat nicht mehr das gemeinsame Instrument der Kapitale gegen die Arbeiterklasse? Hat der Imperialismus sein menschenfeindliches, räuberisches Gesicht verändert oder ist er nicht vielmehr der brutalste Ausdruck des Kapitalismus, der die Völker mit Hunger, Krieg und Elend überzieht? [...] Die Rede von den ›veränderten gesellschaftlichen Verhältnissen‹ wird zur Leerform der materialistischen Analyse, büßt ihre Beweiskraft ein, wenn das begriffliche Instrumentarium der Kritik der Politischen Ökonomie zum Selbstzweck verkommt. Eine ›Theorie‹, die aber bloß noch in ihre philologischen Bestandteile zerlegt werden kann und nichts mehr taugt als Instrument der revolutionären Partei; eine ›Theorie‹, die sich ihres schöpferischen Elements begibt; eine ›Theorie‹, die sich im Regelkreis der Wissenschaftsdebatten bewegt; eine solche ›Theorie‹ hat mit dem Marxismus nichts mehr gemein.«[1]

»Die Unsicherheit, in der wir uns befinden, muss mehr hereinkommen.«[2]

Nachdem die Hoffnung auf eine Vereinigung der zersplitterten Szene Westberlins unter dem Banner einer einzigen Organisation dahin war, setzte sich der Prozess der Fragmentierung der Bewegung weiter fort. In den folgenden Jahren entstand eine oft in sich zerstrittene linke Subkultur mit einer Vielzahl von Hochschulgruppen, Lesezirkeln, Zeitschriftengründungen, Kleinverlagen, Theorie-, Terror- und Therapiegruppen, feministischen und homosexuellen Bewegungen, die das »rote Jahrzehnt« (Gerd Koenen) in der Bundesrepublik prägen sollte. Im Fokus des abschließenden Kapitels steht jedoch eine spezifische Akteursgruppe, nämlich die, die die Goffman'sche Frage *what to do next?* Ende 1969 als *Was tun?* übersetzte.

---

1 KPD-Aufbauorganisation, Schicksal, S. 5.
2 Fronius, Sigrid, Diskussionsprotokoll Demokratischer Zentralismus Generaldebatte. APO-Archiv, Sammlung Sigrid Fronius Ordner SDS-Ende PEI PL/PI, S. 6.

Nach der RPK-Konferenz, verstärkt noch durch die Auflösung des SDS im März 1970,[3] wurden mehrere marxistisch-leninistische Organisationen aus dem Boden gestampft. In einem regelrechten »Gründungsfieber«[4] gesellten sich (ohne Anspruch auf Vollständigkeit) zu der bereits 1968 gegründeten Deutschen Kommunistischen Partei (DKP) (bzw. in West-Berlin der an der DDR orientierten Sozialistischen Einheitspartei Westberlin [SEW]) und der maoistischen Kommunistischen Partei Deutschlands/Marxisten-Leninisten (KPD/ML)[5] innerhalb weniger Jahre: der Kommunistische Bund/Marxisten-Leninisten (aus den Berliner ML-Gruppen hervorgegangen, nicht zu verwechseln mit den viel bedeutenderen und etwas später gegründeten Organisationen Kommunistischer Bund [KB][6] und Kommunistischer Bund Westdeutschland [KBW][7]), die Kommunistische Partei Deutschlands–Aufbauorganisation (KPD-AO – von den Verfassern des »Thesenpapiers« gegründet), die trotzkistische Gruppe Internationale Marxisten (GIM)[8] und die spontaneistische Proletarische Linke/Parteiinitiative (PL/PI – nicht zu verwechseln mit der kurz danach gegründeten Proletarischen Front). Der Wildwuchs an Unter-, Basis- und Hochschulgruppierungen wurde durch die Parteigründungen nicht beendet, sondern eher noch verstärkt, indem sich beispielsweise die Roten Zellen mit unterschiedlichen Organisationen verbündeten und deren Konflikte an den Universitäten reproduzierten.

Auch wenn ihre politische Wirksamkeit begrenzt und ihr Anteil am linken Milieu insgesamt überschaubar war,[9] haben die oftmals spöttisch als »K-Gruppen« bezeichneten maoistischen Kaderparteien[10] einen festen Platz im Narrativ von »68«: Mehr noch als der Terrorismus gelten

3   Zu der aus Berlin schon niemand mehr angereist war, siehe Fichter, Lönnendonker, Kleine Geschichte, S. 196.
4   Gegen den Gründungsopportunismus, S. 1. Vor allem beschwerte sich die KPD/ML darüber, dass sich die neuen Parteien gegründet hatten, ohne dem einen »aktiven ideologischen Kampf mit der KPD/ML« vorausgehen zu lassen.
5   Die sich bald darauf in eine ZK-Linie, eine Bolschewik-Linie und eine Neue Einheit aufspaltete, die auch noch unter unterschiedlichen Namen firmierten.
6   Zum KB siehe Steffen, Geschichten vom Trüffelschwein.
7   Zum KBW vor allem Koenen, Das rote Jahrzehnt.
8   Gellrich, GIM.
9   1975 zählte das Bundesamt für Verfassungsschutz 64 maoistische Gruppierungen mit ca. 15.000 Mitgliedern. Die DKP und ihr Umfeld kamen auf etwa 119.000 Mitglieder, siehe Siegfried, 1968, S. 237 f. Schätzungen des Verfassungsschutzes, die Helmut Lethen zitiert, gehen von ca. 60.000 Personen im Einflussbereich der maoistischen Parteien aus, siehe Lethen, Handorakel, S. 15.
10 Im Folgenden geht es, wo nicht anders vermerkt, vor allem um die maoistisch orientierten Kaderparteien, die sich ab 1968 gründeten. Auch wenn der Begriff

sie als »schwarze Löcher«[11] und autoritäre Sekten, geleitet von ideologisch verbohrten Betonköpfen. Ganze Lebensläufe seien ihnen zum Opfer gefallen; die K-Gruppe stand für die »verlorene Ehre der APO«.[12] Ohne Zweifel erscheint die Welt der K-Gruppen auf den ersten Blick tatsächlich wie der maximale Gegensatz zum bunten »68«:[13] Der »demokratische Zentralismus« und der elitäre Habitus der Kader war das Kontra zum antiautoritären Anspruch. Aufnahmerituale und Hierarchien, Verbissenheit und stumpfe Humorlosigkeit der K-Gruppen ließen vergessen, dass die antiautoritäre Bewegung nur wenige Jahre zuvor auch von Frohsinn, Ironie und Mehrdeutigkeit charakterisiert war. Für diejenigen, die die antiliberalen und autoritären Elemente der antiautoritären Rebellion betonen, wirken die K-Gruppen mit ihrer von außen kaum mehr nachzuvollziehenden ideologischen Entwicklung bis hin zu nationalistischen und antisemitischen Inhalten als Bestätigung ihrer Kritik an »68« ganz allgemein.[14]

der »K-Gruppen« kein Quellenbegriff ist, wird er hier der Einfachheit halber beibehalten.

11 Gerd Koenen stellt seinen ganzen Band und sein Nachdenken über das Erinnern unter die Metapher des »schwarzen Lochs«, ein Begriff, der in seiner Austrittserklärung aus dem KBW prominent erschien, siehe Koenen, Das rote Jahrzehnt, S. 13. Der Ausdruck schien einen Nerv getroffen zu haben, zumindest erschienen zahlreiche Rezensionen seines Buches in Bezug auf diesen Titel.

12 Zusammen mit der linken Gewalt der Siebziger Jahre, siehe Bölsche, Jochen, Die verlorene Ehre der Apo, in: Der Spiegel vom 29.01.2001. Entsprechende Narrative ehemaliger Maoisten bezeichnet Quinn Slobodian treffend als »Mea culpa Maoism« (Slobodian, Meanings of Western Maoism, S. 69).

13 »[Z]uerst bunt mit Marx, dann grau mit Marx, dann wieder bunt – ohne Marx«, skizziert Christoph Henning ein derart einfaches Bild der Zeit (Henning, Attraktion, S. 71). Sarkastisch dazu Semler, Wiedergänge, S. 133. In diesen Interpretationsrahmen einordnen lassen sich beispielsweise Kühn, Stalins Enkel, Maos Söhne; Hinck, Wir waren wie Maschinen.

14 Dieser Gedankengang wurde in letztlich jedem meiner Zeitzeugengespräche angesprochen; die Haltung meiner Gesprächspartner korrespondierte dabei meist trefflich mit ihren heutigen politischen Standpunkten. Exemplarisch eine aktuelle Debatte, die sich an Willi Jaspers Autobiographie »Der gläserne Sarg« entzündete: Posener, Alan, Orwells Schafe (2018). Online verfügbar unter https://starke-meinungen.de/blog/2018/07/04/orwells-schafe/, zuletzt geprüft am 14.01.2019. Gunnar Hinck erklärt Christian Semlers staatsfeindliche Haltung im Übrigen als Rache für die deutsche Niederlage, die er stellvertretend für seinen Vater ausgeführt habe, siehe Hinck, Wir waren wie Maschinen, S. 147. Von den Schwierigkeiten solch weitreichender Psychologisierungen einmal abgesehen, greift diese Erklärung auch nicht für viele der in der Bundesrepublik aktiven Maoistinnen und Maoisten, die in der bisherigen Literatur kaum behan-

Obwohl hier abschließend zwei ausgewählte K-Gruppen betrachtet werden, soll aber nicht in diese Kerbe geschlagen werden. Vielmehr soll die zunächst nur schwer nachvollziehbare Tatsache, warum sich den Akteuren die Gründung einer autoritären Kaderpartei in ihrer konkreten historischen Situation offenbar als plausibelste Handlungsoption darstellte, genauer untersucht werden. Die im abschließenden Kapitel ausgeführte Argumentation soll also keine detailreiche Geschichte dieser Organisationen ersetzen.[15] Stattdessen soll ein Blick auf die Dynamiken hinter der Gründung und den ersten Weichenstellungen der Entwicklung der ausgewählten Parteien sowie auf die Subjektivierungsformen ihrer Mitglieder geworfen werden.

Ich gehe folglich davon aus, dass die Entstehungs- und Entwicklungsdynamiken der maoistischen Kleinstparteien erst dann verständlich werden, wenn man sie als praktische Konsequenz des Scheiterns des Prinzips der permanenten Bewegung interpretiert. Der Reiz des sich nach 1968 hastig angeeigneten Marxismus lag ja gerade darin, dass er die Ziellosigkeit und das Chaos der Bewegung durch inhaltliche Eindeutigkeit und klare Handlungsanweisungen zu beenden versprach. Diese Stabilisierung durch Dogmatisierung hatte allerdings Folgen – insbesondere für die Toleranz von Ambivalenzen, Zwischentönen und Widersprüchen: Weil man die »Klassiker« ja genau deswegen las, weil in ihnen stand – zu stehen hatte –, was nun zu tun sei und wie man es tun müsse, fasste man Abweichungen als Delegitimation der eigenen Standpunkte auf. Anders als während der antiautoritären Bewegung, deren vorwärtstreibende Energie sich wesentlich aus gemeinsamen Abgrenzungen von Akteuren außerhalb der Bewegung gespeist hatte, sahen sich die Akteure also nun in einer Situation wieder, in der mehrere Gruppierungen in einer fast permanenten Konkurrenzsituation untrennbar aufeinander bezogen waren.[16]

delt werden: die nicht-deutschen und nicht-weißen. Hierzu etwa Spreen, Signal strength.
15 Einen Überblick bieten Langguth, Protestbewegung; Benicke, Die K-Gruppen; Kühn, Stalins Enkel, Maos Söhne.
16 In seiner Studie zur »Entstehung der grünen Politik« hat Andreas Pettenkofer den Feldbegriff Pierre Bourdieus mit Elementen von Max Webers und Emile Durkheims Religionssoziologie zu einem Modell des »Protestfelds« kombiniert. Dieses konstituiert sich aus einer Konstellation aufeinander bezogener Akteure, die nicht trotz, sondern gerade wegen gemeinsamer Werte miteinander konkurrieren, siehe Pettenkofer, Entstehung der grünen Politik, S. 22-29, speziell zu den ML-Organisationen ebd., S. 99ff., ausführlich Pettenkofer, Radikaler Protest, S. 180-208, 249-269. Die Stärke des Ansatzes liegt vor allem darin, dass er ein Verständnis der organisatorischen und theoretischen Entwicklung, der

Dies beeinflusste ihren Stil, ihre theoretische Entwicklung und politische Praxis immens. Denn wo sich die antiautoritäre Bewegung, auch noch in der Phase ihrer Zersplitterung, immer doch tendenziell als eine Einheit begreifen konnte, bei der eine einigermaßen klare Bestimmung möglich war, wer gegen wen kämpfte, hatten die Akteure sich nun in einem multipolaren Raum zu verorten: Nicht nur mussten sie klären, gegen wen sie eigentlich kämpften, sondern auch, warum sie mit anderen Mitteln und Inhalten operierten als andere Akteure auf der gleichen Seite.[17] Das führte nicht nur zu schärfer konturierter Theorie, sondern auch zu einer stärkeren Trennung zwischen Organisations-Innen und -Außen: Wo bei den Teach-Ins der antiautoritären Bewegung noch jeder mitmachen konnte, konnte bei den K-Gruppen niemand einfach so mitreden.

Dass der Status quo miteinander konkurrierender Avantgarden der Arbeiterklasse, die sich in Form von Zeitungsverteilern vor den Fabriktoren gegenseitig auf den Füßen standen, den Zeitgenossen und vor allem der Zielgruppe der Arbeiter dabei zumindest merkwürdig erscheinen musste, war den Mitgliedern dieser Avantgarden auch durchaus klar. Eine geregelte Form des Abgrenzungsmanagements war daher umso nötiger. Eine solche war etwa das Publikationsgenre *Plattform*, das ab 1970 Hochkon-

> Praxis und des Selbstverständnisses der Organisationen nicht aus ihrer intrinsisch ideologischen Veranlagung oder aber der bewussten Steuerung ableitet, sondern diese Faktoren primär aus dem permanenten Aufeinander-bezogen-Sein (das man freilich auch erst empirisch nachweisen muss) und damit aus der Position der einzelnen Akteure in Relation zu den anderen Akteuren des Feldes heraus erklärt. Der Rückgriff auf die Religionssoziologie bringt aber m. E. einige starke Vorannahmen mit, die sich in der Darstellung niederschlagen; so werden die Entwicklungen und Konflikte sowohl innerhalb als auch außerhalb der Organisationen zu großen Teilen auf innere Zweifel der Individuen an ihrer persönlichen Ernsthaftigkeit oder auf kühl manipulierende Parteispitzen zurückgeführt – was das Bild der K-Gruppen als quasireligiöse Politsekten reproduziert. Die Sektenkonkurrenz und die häufigen Spaltungen erscheinen hier nahezu naturgesetzlich, im besten Falle noch als historisches Zitat. Im Folgenden sollen hingegen die Kontingenz und die Eigendynamiken der Situation der plötzlichen Multipolarität betont werden, die neue und gänzlich ungewohnte Binnenrationalitäten notwendig machten.
>
> 17 Im Zuge der Auflösung der KPD-AO äußerte ein ehemaliger Funktionär den Verdacht, dass die K-Gruppen nicht nur innerhalb ihres engen Feldes aufeinander bezogen waren, sondern auch, dass sie in ihrer Gänze als identitätsstiftende Negativfolie für das gesamte linke Milieu fungierten: »Nach dem Verschwinden der KPD fehlt sicherlich einem Gutteil dieser Genossen ein wichtiger ›Negativ-Punkt‹, der für ihr eigene Politikverständnis nicht unwichtig war und daher heute eher Unsicherheit als Rechthaber-Gefühle aufkommen läßt«, siehe Schlögel, Jasper, Ziesemer, Partei kaputt, S. 77.

junktur hatte: Fast alle Organisationen gaben solche Broschüren heraus, die eine Mischung aus Manifest und Programm darstellten. Neben Gründungserzählungen, »Einschätzungen« der weltpolitischen Lage, den theoretischen Leitlinien, den Praxisvorstellungen und der geplanten Struktur der gegründeten Organisation enthielten diese Texte meist Passagen expliziter oder impliziter Abgrenzung von der Konkurrenz, deren reflexartige Einwände gegen den eigenen Ansatz und Erwiderungen darauf. Wie zahlreiche Entwürfe belegen, wurden die Plattformen mit akribischer Sorgfalt verfasst, denn für die Organisationen waren sie in vielerlei Hinsicht verbindlich: Einerseits besetzten sie Themen und Begriffe und positionierten sich damit innerhalb des Feldes, andererseits waren sie nun bis zu einem gewissen Grade festgelegt – Positionsanpassungen waren nun mit höherem Argumentationsaufwand verbunden. Die meisten dieser Texte stehen daher nicht für sich, sondern müssen aus ihrem konkreten Verwendungskontext heraus verstanden werden, als von ihrem Umfeld abhängige, relationale Positionierungen also. Und diese Relationalität herrschte eben auch auf der Konsumentenseite: Organisationswillige Politisierte sichteten das Angebot an revolutionären Parteien vergleichend.[18] Der Kampf um Macht, Mitglieder, Prestige und Aufmerksamkeit innerhalb des Feldes der Linken wurde positiv als Wettlauf um das beste Angebot unter verschiedenen Anbietern aufgefasst, zwischen denen sich die Konsumenten bzw. die Mitglieder der Arbeiterbewegung entscheiden sollten. Explizit zu Vergleichszwecken edierte Zusammenstellungen von Gründungstexten verschiedener Organisationen glichen damit revolutionären Warenkatalogen.[19]

Der Kontakt der Organisationen untereinander ging daher über die Publikation von Plattformen und den Austausch von Beleidigungen deutlich hinaus. Es trifft keineswegs zu, dass sich die K-Gruppen von Beginn an abschlossen, die Organisationen standen vielmehr in stän-

18 In dem Band *Wir warn die stärkste der Partein* ... wird beispielsweise berichtet, wie ein ehedem antiautoritäres und nun am Marxismus interessiertes Mitglied der Schülerbewegung aus der süddeutschen Provinz im Urlaub 1970 nach Berlin fuhr und dort hintereinander die Nummern aller ihm bekannten revolutionären Organisationen wählte. Da in den Sommerferien nur bei der KPD-AO das Büro besetzt war, schloss er sich dieser an, siehe Partein …, S. 91; ebd., S. 23. Ein anderer Interessierter kaufte sich die »Zentralorgane« aller relevanten Parteien, um sich einen Überblick zu verschaffen; ausschlaggebend waren, wie er berichtet, eher Layout und Stil der Publikationen als ein synoptischer Inhaltsvergleich zwischen ihnen, siehe ebd., S. 23. Seine Entscheidung für die KPD habe eher an einer mit der Partei sympathisierenden Studentin gelegen, mit der wiederum er entschieden sympathisierte.
19 Die Partei aufbauen; auch Pulte, Die Neue Linke.

digem Kontakt zueinander. Die Plattformen, Stellungnahmen, Reden, Flugblätter und »Parolen« der Konkurrenz wurden umgehend gelesen, mit ausführlichen Belegzitaten kritisiert und Präzisierungen eingefordert[20] – und wenn diese dann tatsächlich kamen, stellten sie oft eine noch radikalere Version des ursprünglichen Standpunktes dar. Manche Gruppen entsandten auch diplomatische Beobachter zu Sitzungen anderer Gruppen, stellten Bündnisüberlegungen an und führten dementsprechende Verhandlungen. Das Verhältnis der Organisationen untereinander musste nämlich nicht unbedingt immer feindlich sein: Zu bestimmten Anlässen, vor allem zu Demonstrationen zum 1. Mai, konnte man sich durchaus zusammenschließen und auf den gemeinsamen Gegner besinnen, solange die Unterschiede zwischen den Organisationen noch sichtbar blieben.

Denn natürlich übertrafen die Gemeinsamkeiten der Organisationen ihre Unterschiede bei Weitem. Sprachformen wie der maoistische Infinitiv (siehe Kapitel 6) fanden sich mehr oder weniger stark bei allen Gruppen, ihre internen Probleme wurden mit ähnlichen, historischen Deutungsmustern belegt (»Abweichlertum« nach links oder rechts, »Versöhnlertum«, »Zurückweichlertum« oder »Nachtrabpolitik«) und auch die Vorwürfe und Verdikte, mit denen die Konkurrenz bedacht wurde, waren oftmals ähnlich (etwa, den ökonomischen und politischen Kampf zu sehr zu trennen – oder aber im Gegenteil zu stark zusammenzudenken). In ihrem autobiographischen Roman *Rote Fahnen, Rote Lippen* schreibt Marianne Brentzel, dass der Distinktionswillen sich selbst beim Singen der »Internationale« Bahn brach: Ihre KPD-AO sei stolz darauf gewesen, während des gesamten Liedes die Faust emporzurecken, während die anderen Organisationen dies nur beim Refrain getan hätten.[21] Ganz bildhaft entsteht hier der Eindruck, dass das Management der Abgrenzungen untereinander mindestens so viel Energie verbrauchte wie die eigentliche politische Arbeit.

In diesem Kontext der plötzlichen Konkurrenzsituation hatte die in Kapitel 6 skizzierte Vorstellung eines harten, unbeweglichen und verlässlichen Marxismus gravierende Konsequenzen – in Situationen des Zweifels wurde der marxistisch härteren und konsequenteren Position per se mehr Plausibilität und weniger Begründungsbedarf zugesprochen als den anderen. Ein Abweichen vom Streben nach marxistischer Konsequenz

---

20 Diese Praktik stand ja, wie Andreas Pettenkofer bemerkt, durchaus in einer Tradition: Auch Karl Marx übte ungeheuer ausführliche Kritik an den Texten konkurrierender Strömungen, etwa ehemaliger Junghegelianer, siehe Pettenkofer, Entstehung der grünen Politik, S. 113.
21 Brentzel, Rote Fahnen, S. 196.

und Autorität war vielleicht nicht unmöglich, stand aber von vornherein unter dem Verdacht der Unentschlossenheit, Feigheit oder Drückebergerei. Die Tendenz zur Radikalisierung und Selbstabschließung, die man den »K-Gruppen« unterstellen kann, wäre in diesem Erklärungsmuster nicht intrinsisch in deren Programm oder Stil zu verorten, sondern viel eher in der Dynamik des Sich-gegenseitig-Übertreffens in Bezug auf marxistische Härte und Konsequenz.

Man kann die Funktionsweise dieser Überbietungslogik durchaus mit dem Modell der Kumulativen Radikalisierung vergleichen, das Hans Mommsen im Hinblick auf die Entwicklung der nationalsozialistischen Vernichtungspolitik entwickelt hat. Mommsen betonte die fragmentierte, selten auf Dauer gestellte und kaum zentral koordinierte Vielköpfigkeit des NS-Herrschaftsapparates, die die einzelnen Akteure in einen Modus der ständigen Rivalität versetzte.[22] Der faschistische Habitus des »Unbedingten«[23] führte in diesen Konkurrenzsituationen zu situativen Überbietungswettkämpfen, in denen sich sowohl einzelne Faschisten als auch die faschistischen Regime untereinander gegenseitig hochschaukelten.[24]

Mit dieser Beobachtung sollen keinesfalls angebliche Parallelen zwischen »33« und »68« skandalisiert werden, wie sie etwa Götz Aly auszumachen meinte.[25] Der Radikalisierungsprozess kleiner Teile der antiautoritären Bewegung lief auch viel gebrochener, zögerlicher und weniger konsequent ab als der der faschistischen Bewegungen, sicher auch, weil ein beständiger Teil des linken Habitus der hier betrachteten Akteure doch ihre Fähigkeit zur Selbstreflektion, zum Nachdenken und Sich-Zügeln war. Auch wäre ohne das 1968/69 vorherrschende Gefühl einer umfassenden Krise der Bewegung diese Entwicklung wohl deutlich anders verlaufen. Schon allein die Tatsache, dass sich ja schließlich nur ein kleiner – wenn auch bedeutender – Teil der antiautoritären Bewegung den K-Gruppen anschloss, zeigt, dass in den Akteuren und in jeder Situation immer auch mehrere Handlungslogiken miteinander wetteiferten;

22 Mommsen, Cumulative radicalisation, S. 82. Auch: Mommsen, Nationalsozialismus.
23 Wildt, Generation.
24 Hierzu auch Reichardt, Radikalisierung, S. 78 ff. Noch naheliegender als bei den K-Gruppen ist eine Anwendung des Modells der Kumulativen Radikalisierung vermutlich bei den linksterroristischen Gruppen der Siebziger Jahre: Auch bei ihnen herrschte sicherlich ein gewisser Konkurrenzdruck, in den Gisela Diewald-Kerkmann einen Einblick bietet, siehe Diewald-Kerkmann, RAF. Hierzu auch Gedig, Lernerfahrungen.
25 Aly, Kampf.

und auch zeitgenössisch wurde über den plötzlichen und forcierten Wandel von Vorzeigeintellektuellen zu Darstellern proletarischer Kader viel Spott und Hohn ausgegossen.[26] Viele Zeitzeugen betonen überdies die Offenheit der damaligen Situation – ob man sich einer, und dann welcher Gruppe genau anschloss, welche Theorie man überzeugender fand, welcher Praxisansatz am plausibelsten schien, war im Einzelfall sicher mehr das Ergebnis zufälliger Gegebenheiten, von Freundschaften oder einzelnen charismatischen Wortführern als das Resultat sorgfältiger Theorievergleiche.[27] Aber der sanfte Zwang von Pfadabhängigkeiten erscheint dennoch evident: Obwohl im Nachhinein viele Zeitzeugen schon immer immun gegen totalitäre Tendenzen gewesen sein wollen, kann man durchaus annehmen, dass für den Teil der antiautoritären Bewegung, der den Anspruch auf revolutionäre Politik nicht aufgegeben hatte, der Weg in eine maoistische Kleinpartei zumindest eine präsente Option war, zu der man sich auf irgendeine Weise verhalten musste – und sei es durch wütende Abgrenzung.

Der Begriff der Kumulativen Radikalisierung ist also vor allem insofern aufschlussreich, als er zum einen keine direkte Kausalverbindung zwischen »Ideologie« und »Praxis« fordern muss – bzw. die Wirkmächtigkeit von Begriffen eher in der situativen Schlagkraft »fixe[r] Ideen«[28] verortet – und zum anderen keinen Widerspruch zwischen der prinzipiellen Offenheit einer Situation und der Tendenz zu einer bestimmten Entwicklung sieht. Die Rivalität und damit die Radikalisierung bestimmter Teile der zerfallenen antiautoritären Bewegung waren so gesehen nicht zwingend, aber folgerichtig. Vielleicht ist das »schwarze Loch« insofern tatsächlich eine passende Metapher für die K-Gruppen, wenn auch auf eine etwas andere Art als von Gerd Koenen verwendet: Unbemerkt hatten die Akteure sich auf eine vorhersehbare Bahn begeben, die lange hätte verlassen werden können – bis der Sog in die dunkle Tiefe irgendwann zu stark war.

*　*　*

26 Exemplarisch siehe I. Z.U.K. Initiativkomitee zur Unterstützung des Komitees, Seien wir unseren Kadern dankbar. APO-Archiv, Sammlung Neue Linke, Studentenbewegung, Ausserparlamentarische Opposition in Deutschland, Ordner 27.
27 Hinck, Wir waren wie Maschinen, S. 209; Koenen, Das rote Jahrzehnt, S. 260-261.
28 Mommsen, Nationalsozialismus, S. 65.

Allein die Anzahl der um 1970 entstandenen Gruppen macht eine erschöpfende Behandlung des ganzen Feldes unmöglich.[29] Meine Überlegungen möchte ich daher exemplarisch anhand von zwei Fällen empirisch unterfüttern: Es geht um die Proletarische Linke/Parteiinitiative (PL/PI), die aus der Projektgruppe Elektroindustrie bzw. den Harzer Gruppen hervorging, und die Kommunistische Partei Deutschlands/Aufbauorganisation (KPD-AO), die maßgeblich von den Verfassern des auf der RPK-Konferenz präsentierten »Thesenpapiers« gegründet wurde. Diese beiden Gruppen sind vor allem im Hinblick auf ihre wechselseitigen Dynamiken interessant: Sie entstanden nahezu zeitgleich und aus einem ähnlichen personellen Zusammenhang, beide verdankten ihre Gründung zu wesentlichen Teilen der Dynamik der RPK-Konferenz, auf der sie sich gemeinsam gegen die ML-Gruppen positionierten, und bei beiden waren maßgebliche Führungsfiguren oder prominente Mitglieder bereits in der antiautoritären Studentenrevolte aktiv und bekannt gewesen.[30] Später war die Aufmerksamkeit der beiden Organisationen stetig aufeinander gerichtet – zu großen Teilen definierten sie sich durch Abgrenzung gegen die andere. Während sich die KPD-AO wegen ihres Avantgardeanspruchs allerdings schnell aller möglichen Anfeindungen erwehren musste, blieb sie für die PL/PI nach wie vor Hauptgegner und Faszinosum zugleich. Nicht zuletzt erscheint die Konstellation PL/PI gegen KPD-AO dadurch auch als die Westberliner Variante des westdeutschen Konfliktes der Spontis und der K-Gruppen, auch wenn er diesem zeitlich etwas vorausging (und die PL/PI sich selbst nicht als Spontis sahen).

Im Hinblick auf die leitende Fragestellung dieser Arbeit aber ist das gewichtigste Argument, dass das Verständnis von Theorie und ihres Stellenwerts eine, wenn nicht die entscheidende Differenz zwischen den beiden Organisationen war. Die KPD-AO hielt in Berlin wohl am entschiedensten die Parole marxistischer Eindeutigkeit und Konsequenz

29 Einen eher enzyklopädischen Überblick über viele dieser Organisationen bietet etwa Langguth, Protestbewegung.
30 Etwa Christian Semler, Peter Neitzke und Jürgen Horlemann bei der KPD-AO, Sigrid Fronius, Wolfgang Lefèvre oder Udo Knapp bei der PL/PI. Gerade der KPD-AO wurden die Kontinuitäten zur Studentenbewegung immer wieder vorgehalten. Ein Beispiel dafür, wie uneindeutig die Gruppenzugehörigkeit in der Anfangsphase sein konnte, ist der Schriftsteller Peter Schneider: Freundschaftlich mit den KPD-AO-Gründern verbunden, schrieb er mit einem Mitglied der ML-Gruppen das einflussreiche Papier »Die Klassenanalyse unter Führung der marxistisch-leninistischen Organisation in Angriff nehmen!«, schloss sich jedoch schließlich der PL/PI an.

in Theorie und Praxis hoch: der Marxismus-Leninismus war für sie Handlungsanweisung und Handlungsverpflichtung, mit der sich die Partei – in alter antiautoritärer Tradition – sowohl von theorieloser »Handwerkelei«[31] wie der »Degeneration des Marxismus als Gegenstand bloß theoretischer Beschäftigung«[32] absetzte. Das »theoretische Rüstzeug«, mit dem ausgestattet die PL/PI in die Fabriken aufbrach, war hingegen eher »leicht«[33]: Neue theoretische Erkenntnisse aus der Praxis selbst zu gewinnen, war ein Kernbestandteil ihres Ansatzes. Unter anderen Umständen hätten diese beiden Pole eine produktive Auseinandersetzung eingehen können – in der aufgeladenen Konkurrenz der Organisationen untereinander aber war der Ansatz der PL/PI von vornherein zum Scheitern verurteilt.

Der Verlauf dieser Auseinandersetzung um den Status theoretischen Wissens – die auch innerhalb der Organisationen ausgekämpft wurde – illustriert die Allgegenwärtigkeit des Zwangs zur Selbstverhärtung, den die Akteure auf sich lasten spürten. Das Verhältnis zwischen KPD-AO und PL/PI geht nämlich nicht in der Erzählung zweier sich gegenseitig zur Eskalation hochschaukelnden Rivalen auf. Vielmehr ist die Geschichte der PL/PI die eines raschen Scheiterns, und zwar des Scheiterns an einem Anspruch, den sie sich von der Konkurrenz diktieren ließ. Sie schaffte es letztlich nicht, ihre eigene Vorstellung von Theorie und Praxis vor dem Erfolgsdruck, den sie durch ihre Rivalin zu spüren meinte, abzuschirmen. Indem sie dem Druck jedoch nachgab und versuchte, ihre eigene Theorie und Praxis gleichsam zu verhärten, untergrub sie ihre ursprüngliche Legitimation.

Aber auch angesichts dieses Machtkampfs mit eindeutiger Gewinnerseite wäre eine Interpretation der KPD-AO als zynische Pokerspielerin der Macht, wie sie etwa Gunnar Hinck vornimmt,[34] zu eindimensional. Es ist zweifellos nicht falsch, dass die KPD-AO-Gründer vor und während der RPK-Konferenz taktisch klug und wenig solidarisch mit den ehemaligen Genossen die Interessen ihrer kommenden Organisation durchsetzten.[35] Eine moralische Schuldzuweisung blendet aber aus, wie

31 KPD-AO, Die Stellung der KPD-Aufbauorganisation zur Studentenbewegung. APO-Archiv, Ordner 472 KPD Intern Berlin 1970-1971, S. 3.
32 KPD-Aufbauorganisation, Schicksal, S. 2.
33 Plattform der PL/PI. APO-Archiv, Sammlung Sigrid Fronius Ordner SDS-Ende PEI PL/PI, S. 5.
34 Hinck, Wir waren wie Maschinen, S. 144.
35 Das ging soweit, dass die Gruppe um die Germanisten in einer Nacht-und-Nebel-Aktion mit einem LKW die von Giangiacomo Feltrinelli gestiftete Bibliothek des INFI stahl, siehe Jasper, Sarg, S. 67.

sehr man sich die Akteure als Getriebene ihrer eigenen Dynamiken vorstellen muss. Anstatt die willentliche Selbsttransformation antiautoritärer Intellektueller zu maoistischen Kadern als Auslebung autoritärer Phantasien zu pathologisieren, gilt es vielmehr zu verstehen, warum der Versuch, sich durch die Gründungen autoritärer Parteien in einem existenziellen Schritt selbst an den Haaren aus dem Sumpf zu ziehen, angesichts des Gefühls, dass alle bisherigen Erfolge einem durch die Finger rinnen würden, eine plausible Handlungsoption war.

Projektgruppe Elektroindustrie – Proletarische Linke/Parteiinitiative

»Unser theoretisches Rüstzeug war leicht ...«[36]: Die »Projektgruppe Elektroindustrie«

Der im »Harzer Papier« skizzierte Praxisansatz der Projektgruppe Elektroindustrie (PEI) war vor allem durch das konturiert, wogegen er sich abgrenzte: Gegenüber den an den Hochschulen arbeitenden Gruppen oder gegenüber denen, die aus den Schriften der Klassiker heraus eine zentral geführte Organisation zu gründen planten, positionierte sich die PEI als Verfechterin der handfesten Basisarbeit in den Betrieben. Um gegen den theoretischen Anspruch der Konkurrenz bestehen zu können, wurde dieses Vorhaben mit einem Minimum an Theorie unterfüttert, mit dem vor allem nachgewiesen sollte, dass man nicht mehr davon brauchte: Maos Diktum »Durch die Praxis die Wahrheit entdecken und in der Praxis die Wahrheit bestätigen und weiterentwickeln von der sinnlichen Erkenntnis ausgehen und diese aktiv zu rationaler Erkenntnis fortentwickeln« leitete das »Harzer Papier« ein. Gefordert wurde ein dialektisches Verhältnis von Theorie und Praxis, das sich sowohl gegen die Avantgardestellung der Intellektuellen als auch gegen den endgültigen Bruch mit der antiautoritären Bewegung wandte. Ein Fehler dieser sei allerdings gewesen, dass sie den Weg der theoretischen Erkenntnis verkehrt herum gegangen sei: Sie hätte sich Theorie aus Büchern angelesen, ohne zuvor die »begriffliche Erkenntnis [...] aus der sinnlichen Erfahrung des Hauptwiderspruchs«[37] abzuleiten.

36 Plattform der PL/PI. APO-Archiv, Sammlung Sigrid Fronius Ordner SDS-Ende PEI PL/PI, S. 5.
37 Projektgruppe Elektroindustrie, »Harzer Papier«. APO-Archiv, Box Proletarische Linke/Parteiinitiative(PL/PI) 1971, Signatur 970-971 Ordner 971 PL/PI 1971 Nr. 2, S. 3.

Die grundsätzliche Gültigkeit der »Klassiker« wurde damit zwar nicht angezweifelt, aber die Besonderheit der eigenen historischen Situation betont: Aufgrund fehlenden Wissens übereinander könnten Studenten und Arbeiter nicht einfach so zusammenarbeiten. Folglich schlug die PEI vor, Studenten in die Betriebe zu schicken, wo sie am Band ihre kleinbürgerliche Sozialisation hinter sich lassen sollten. Erst dann könnten sie die Spannungen und Widersprüche, mit denen die Arbeiter in ihrer Lebenswelt konfrontiert seien, tatsächlich wahrnehmen. Durch agitatorische Zuspitzungen von vorhandenen Betriebskonflikten durch die Studenten sollten die Arbeiter wiederum die verdeckte Frontlinie zwischen ihnen und der Betriebsleitung sinnlich wahrnehmen lernen, ihr Klassenbewusstsein so wiederentdecken und damit, auf lange Sicht, die Revolution einläuten. Die agitatorische »Untersuchungsarbeit« im Betrieb avancierte somit zum Kernbegriff des Praxiskonzepts der PEI.

Die Feststellung, dass die revolutionären Studenten über die Realität der Arbeiter im Betrieb nicht genug wüssten, um sie argumentativ von der Notwendigkeit des Klassenkampfs zu überzeugen, erscheint – nicht nur im Rückblick – wie eine Binsenweisheit. Als Formulierung einer politischen Praxis stellte sie aber eine Provokation gegenüber denen dar, die den Weg zum Klassenkampf schon genau zu kennen behaupteten. Vermutlich stellte es insofern eine Art Trotzreaktion dar, dass die Theorie, mit denen die PEI ihre Mitglieder zu schulen begann, eine dezidiert praxisorientierte war: Der auf vierzehn Tage konzipierte »Lehrgang«, der vor dem Betriebseinsatz zu absolvieren war, ähnelte eher einem Grundkurs in Betriebswirtschaftslehre. Neben der Situation der Westberliner Wirtschaft standen Konzernanalysen, das Lesen von Geschäftsberichten, eine Einführung in Arbeitsbewertungs- und Arbeitsorganisationssysteme oder Gewerkschaftspolitik auf dem Programm[38] – die Schriften der Klassiker wurden von der PEI eher dann zitiert, wenn es darum ging, den anderen Linken ihre »Buchgläubigkeit«[39] vorzuwerfen.

Das Vorbild für die geplante »Untersuchungsarbeit« der PEI dürften dabei vor allem die Erfahrungen der italienischen Unione Dei Communisti Italiani (Marxisti-Leninisti)[40] gewesen sein, die ähnliche Un-

---

38 Ebd., S. 46.
39 Mao Tse-Tung, Gegen die Buchgläubigkeit.
40 Diese maoistisch orientierte Organisation zerfiel schon Ende 1969 nach einer kurzen Wachstumsphase; mit ihrer schwerfälligen Organisationsstruktur, ihrem Führerkult, ihrer »puritanischen Verteidigung der Familie und einem ›normalen‹ Sexualverhalten« hatte sie in der kurzen Zeit ihrer Existenz jedoch ausreichend »Faszination und Grauen unter anderen Linken« ausgelöst, siehe Wright, Himmel, S. 138. Damit ähnelte sie im Grunde mehr der KPD-AO – ein Indiz

tersuchungen bei Bauern und Arbeitern im ländlichen Raum Italiens angestellt hatte. In einem vielgelesenen Aufsatz versuchte der der PEI nahestehende Peter Schneider gemeinsam mit W. Bubenzer die dabei entwickelten Methoden und Begriffe auf die Situation in West-Berliner Großbetrieben zu übertragen: Ziel der Untersuchungsarbeit sei es nicht nur, belastbare Informationen über Arbeitsabläufe, Arbeiterschaft und Betriebsklima zu gewinnen, bereits der Akt der Fragestellung solle schon agitierend wirken und Konflikte zwischen Belegschaft und Fabrikleitung anheizen.[41]

Die Attraktivität des Konzepts der »Untersuchung« lag insofern vermutlich vor allem darin, dass es eine konkret umsetzbare und kleinteilig organisierbare Form der Einheit von Theorie und Praxis suggerierte, die sich qualitativ und theoretisch von der Praxisform der ML-Parteien unterschied. Tatsächlich wirkte diese Aussicht offenbar belebend, und die PEI entwickelte schnell eine hektische Betriebsamkeit: Lehrgänge wurden absolviert, Studenten an die Bänder geschickt und mehr oder minder erfolgreich mit den Kolleginnen und Kollegen diskutiert.

Vor allem aber wurden Berichte über alle diese Aktivitäten geschrieben – diese sollten wiederum die Basis für eine anwendbare revolutionäre Theorie liefern. Exemplarisch sei hier ein ausführlicher »Bericht über die Einordnung meiner Kollegen« zitiert, den ein gewisser Jochen aufgrund seiner Erfahrungen in mehreren Großbetrieben angefertigt hatte. Er stellte darin eine Typologie der häufigsten Arbeitercharaktere (nämlich der *Schwätzer,* der *Wühler,* der *Fummler,* der *Bastler* und der *Ich-mache-meine-Arbeit-Malocher*) auf, die der zielgruppengerechten Agitation dienen sollte: So könne man etwa beim sich für unersetzlich haltenden »Schwätzer« am besten ansetzen, wenn man ihm den geleugneten Warencharakter seiner Arbeitskraft vor Augen führe.[42] Da die Untersuchungen nicht auf historische Traditionslinien zurückgreifen sollten, ersann die

---

dafür, wie flüchtig und teilweise auch austauschbar die theoretischen Bezüge in dieser Orientierungsphase waren.
41 Die Klassenanalyse unter Führung der marxistisch-leninistischen Organisation in Angriff nehmen! APO-Archiv, Ordner 971 PL/PI 1971 Nr. 2, S. 19. Nicht nur, aber auch durch den Bezug auf die italienischen Genossen stellten die Praxisvorstellungen der PEI damit eine frühe Westberliner Variante des »Operaismus« dar, eine seit den frühen 1960er Jahren bedeutende Strömung in der italienischen Linken. Zum Operaismus und seiner Vorbildfunktion für die westdeutsche Linke siehe Arps, Frühschicht, S. 45-49; allgemeiner Wright, Himmel. Zu Theorieimporten aus Italien ausführlich Terhoeven, Herbst, S. 129-240.
42 Jochen, Bericht über die Einordnung meiner Kollegen. APO-Archiv, Sammlung Sigrid Fronius Ordner SDS-Ende PEI PL/PI, S. 7.

PEI ein eigenes, sich mit jedem neuen Untersuchungsgegenstand ständig verfeinerndes Analysevokabular, was in einer zunehmenden Bürokratisierung der Untersuchungsarbeit mündete.[43] Dies und die schiere Uferlosigkeit der gesammelten und nur noch schwer systematisierbaren Daten mögen mitursächlich dafür gewesen sein, dass im Laufe der ersten Jahreshälfte 1970 in der PEI immer öfter eine klarere Konzeptualisierung und Organisation der eigenen Arbeit eingefordert wurde. Noch stärker traf die PEI aber der Vorwurf, die theoretischen Klassiker geringzuschätzen – denn dieser wurde zwar von den anderen Organisationen gegen sie erhoben (und, wie Protokolle zeigen, intern intensiv diskutiert[44]), aber insgeheim von vielen Mitgliedern geteilt. Schon Ende Januar 1970 las man daher – vermutlich heimlich – gemeinsam Lenins *Was tun?*.[45] »Wir sind zunächst erschrocken«, heißt es in einem Lesebericht, »wenn wir vom kampf [Lenins] gegen den spontaneismus hören. spontaneität wird auch in inserer (!) vorstellung verknüpft mit phantasiereichtum, entfaltung in der aktion, selbstbefreiung.«[46] Auch wenn man sich anschließend in die Interpretation rettete, dass Lenin die Spontaneität eigentlich nicht bekämpfen, sondern weiterentwickeln wollte, sprach das Gefühl, von den Klassikern gleichsam bei einer Dummheit erwischt worden zu sein, aus jeder Zeile des Lektüreberichts; der Vorwurf der »Handwerkelei« und der mangelnden Fundierung durch die Klassiker stand nun so präsent im Raum, dass man ihn nicht mehr ignorieren konnte.

Im Wege stand dieser Selbstkritik jedoch die Gründung der KPD-AO im Februar 1970. Die faktische Konkurrenzsituation zwang die PEI trotz ihrer Selbstzweifel schnell zu einer Betonung der Differenzen zwischen den Organisationen, die sich nach wie vor auf der Unterscheidung Theorie – Praxis bezog und in dem die PEI nach wie vor entschieden die Seite der Praxis für sich reklamieren musste. Obwohl man sich der Wirkmacht

---

43 »[D]ie [B]ezeichung ›Werkgruppe‹ muss durch ›Abteilungsgruppe‹ abgelöst werden. Werkgruppe kann erst der Zusammenschluss von Abteilungsgruppen genannt werden. Eine [G]ruppe, die sich aus Kollegen des gleichen Werkes zusammensetzt, die aber überall verstreut arbeiten, wollen wir Arbeitergruppe nennen«, siehe Projektgruppe Elektroindustrie, Bestimmung der Abteilungsgruppe. APO-Archiv, Sammlung Sigrid Fronius Ordner SDS-Ende PEI PL/PI, S. 1.
44 Über die Voraussetzungen und Ziele der Untersuchungsarbeit, S. 1. Aus den Quellen geht hervor, wie genau die PEI die an ihr geübte Kritik las.
45 Protokoll der PEI-Sitzung vom 31.1 [1970]. APO-Archiv, Sammlung Sigrid Fronius Ordner SDS-Ende PEI PL/PI.
46 Zum verhältnis von spontaneität und organisation. APO-Archiv, Sammlung Sigrid Fronius Ordner SDS-Ende PEI PL/PI, S. 1.

dieses Zugzwangs durchaus bewusst war – intern wurde kritisiert, man habe sich in diese Dichotomie »gegenseitig hineingestossen«[47] –, befand sich die PEI nun in einer Zwickmühle: Die Konkurrenz zur KPD-AO zwang sie, auf ihrem eigenen Ansatz der Praxis zu beharren und diesen gleichzeitig theoretisch zu untermauern – in einer Sprache allerdings, die bei der Konkurrenz anschlussfähig war. Ein 1971 veröffentlichter, eindeutig boshafter Text eines ehemaligen Mitglieds zeichnete das Verhältnis der PEI-Genossen zur Theorie als ein profund unentspanntes:

»Wenn Genosse B. über den Befreiungskampf des vietnamesischen Volkes sprach, schien er wie zur Bildsäule erstarrt, sein Gesicht rührte sich kaum und er blickte weit, weit über die Köpfe derer hinweg, zu denen er sprach. […] Genossin I. sprach so leise und schüchtern, daß man sie kaum verstand; immer, bevor sie einen neuen Satz anfing, schaute sie scheu zu unserem Cheftheoretiker auf und hielt die Hand vor den Mund, als ob sie lieber doch nichts sagen wolle. […] Bei jedem Fachwort der marxistischen Terminologie, das Genossin G. benutzte, kam ein merkwürdiges Zucken in ihre Augen, als ob sich jedes ihrer Aha-Erlebnisse bei der Lektüre der Klassiker im Aufzucken ihrer Augen verselbstständigt hätte. […] Genosse E. geriet regelmäßig ins Stottern, wenn er sich ›theoretisch‹ artikulieren sollte, als sei ihm die linke Inquisition auf den Fersen. Man hatte das Gefühl, daß das, worüber er sprach, vielmehr die rigide Art, in der er sprach, ihm selbst so wenig Spaß machte, daß er sich unbewußt dauernd dagegen sträubte.«[48]

Der maliziöse Charakter dieser Schilderung ist offensichtlich, aber dennoch wird deutlich, dass dem Verfasser offenbar das bestimmende Element des Auftretens der PEI-Mitglieder eine unter dem dünnen marxistischen Panzer merkbare Unsicherheit war – vor allem im Vergleich zur Konkurrenz: von der felsenfesten Gewissheit, mit der sich etwa die Genossinnen und Genossen der KPD-AO als Avantgardisten der Arbeiterklasse präsentierten, waren die Mitglieder der PEI trotz oder gerade wegen ihrer selbstverordneten theoretischen Aufholjagd offenbar weit entfernt.

---

47 Projektgruppe Elektroindustrie, kritik am harzer papier. Undatiertes Typoskript. APO-Archiv, Sammlung Sigrid Fronius Ordner SDS-Ende PEI PL/PI, S. 6.
48 Schneider, Dogmatismus, S. 75.

Neustart als Kaderpartei:
Die »Proletarische Linke/Parteiinitiative«

Nach einem halben Jahr Betriebsarbeit war die PEI also hochgradig verunsichert – vor allem wegen der Befürchtung, gegenüber den disziplinierten Kaderorganisationen früher oder später zwangsläufig ins Hintertreffen zu geraten. Zerrissen zwischen den Mühen der Betriebsarbeit und dem von innen wie außen kommenden Organisations- und Theoriezwang drehten sich die Diskussionen bald kaum mehr darum, *ob* man sich der Neuerfindung als Kaderorganisation entziehen könne, sondern vielmehr darum, wie viel des eigenen Ansatzes man dabei noch in die neue Struktur hinüberretten könne. Offenbar war die Vorstellung, dass die revolutionäre Organisation der Arbeiter sich mittelfristig aus vereinzelten Auseinandersetzungen in verschiedenen Betrieben ergeben würde, in einem Umfeld, das aus der Kommunistischen Partei Deutschlands/Aufbauorganisation, mehreren Versionen einer Kommunistischen Partei Deutschlands/Marxisten Leninisten und den Marxisten-Leninisten Westberlins bestand, schlicht nicht mehr artikulierbar. In einem Kraftakt gab sich die PEI Mitte 1970 also nun nicht nur eine hierarchisch aufgebaute Organisationsstruktur mit einem zentralen »Leitenden Gremium«, sondern auch einen markigen neuen Namen: Proletarische Linke/Parteiinitiative.[49]

In den Debatten um diesen Namen konnte man gleichwohl erahnen, dass um das Ausmaß der Selbstverhärtung, die der Wandel einer Projektgruppe Elektroindustrie zu einer Proletarischen Linken/Parteiinitiative bedeutete, intensiv gerungen wurde. Der von der antiautoritären Bewegung stammende Unterstrom an Lockerheit und Spaß an der politischen Arbeit war offenbar noch nicht ganz trockengelegt: Vorgeschlagen wurden zwar vor allem martialisch-proletarische Namen wie »Die Rebellen«, »Bund der Kommunisten«[50], »Gruppe Septemberstreiks«, »Gruppe Arbeiterkampf« oder »Gruppe Roter Westen«; auf der Liste standen aber auch Anregungen wie »Gruppe: Kann Liebe Sünde sein«, »Obelix, Asterix, Idefix, Troubadix« und »A&O Asterix und Obe-

---

49 Inwieweit der Name eine direkte Anlehnung an die 1968 gegründete, französische »Gauche prolétarienne« war, ist aus den Quellen nicht zu ermitteln.
50 Wie beliebig die Namenswahl war, wird daran ersichtlich, dass die direkte Konkurrenzorganisation KPD/AO ebenfalls beinahe Bund der Kommunisten geheißen hätte (Scharrer, Suche, S. 50). Der Name nimmt die Tradition des Bund der Kommunisten auf, der 1847 in London als Bund der Gerechten gegründet und unter dem Einfluss von Marx und Engels umbenannt wurde.

lix« – Letzteres vermutlich ein spöttischer Seitenhieb auf die KPD-AO.[51] Man kann in solchen etwas verzweifelt anmutenden Verweisen auf das Erbe der antiautoritären Bewegung Versuche sehen, der unausweichlich scheinenden *Verhärtung* der PEI zumindest symbolisch etwas entgegenzusetzen. Tatsächlich wurde die Sorge vor der Gefahr der Bürokratisierung und der Verselbstständigung des Parteiapparates der zu gründenden Organisation deutlich artikuliert; ein Genosse wollte sogar im Gegensatz zur Konkurrenz die eigenen Schwächen deutlich nach außen kehren: »Die Unsicherheit, in der wir uns befinden«, forderte er, »muss mehr hereinkommen.«[52]

In der Ende Juni 1970 veröffentlichten »Plattform« der PL/PI war von diesem Impuls allerdings nicht viel zu merken: Der Eintritt wurde als existenzieller Schritt in einen neuen Lebensabschnitt interpretiert. Das beinhaltete eine strenge Mitgliederauswahl mit einer extensiven Vorbereitungsphase – Voraussetzung für die »Kooptation« waren drei Monate Betriebsarbeit und die Teilnahme an einem Schulungskurs. Akademikerinnen und Akademiker mussten Entscheidungen über Studien- und Berufswahl sogar weitgehend an *die Organisation* (so die konsequent angewandte Eigenbezeichnung) delegieren.[53] Als Nachzüglerin im Organisationswettlauf zeigte die PL/PI überdies eine gewisse Freude am Aus-dem-Boden-Stampfen einer umfassend geplanten internen Organisationsstruktur. Unter dem Motto »Den Apparat aufbauen« verordnete sich *die Organisation* in militärisch anmutendem Sprachduktus rigide Arbeitsdisziplin:

»Die bisherige arbeit hat es gezeigt und die weitere wird es erst recht zeigen, dass an keinem einzigen frontabschnitt richtig gekämpft werden kann, wenn ein leistungsfähiger apparat nicht aufgebaut wird. Gehen wir davon aus, dass zur zeit unsere wichtigsten frontabschnitte sind der Betrieb, das Wohnviertel bzw. der Stadtteil, die hochschule bzw. andere Institutionen so brauchen die in diesen berciehn (!) arbeitenden kader einen apparat der sich aus folgenden büros zusammensetzt

Büro für Agitation und propaganda

---

51 Typoskript über Namensdiskussion. APO-Archiv, Sammlung Sigrid Fronius Ordner SDS-Ende PEI PL/PI.
52 Fronius, Sigrid, Diskussionsprotokoll Demokratischer Zentralismus Generaldebatte. APO-Archiv, Sammlung Sigrid Fronius Ordner SDS-Ende PEI PL/PI, S. 6.
53 Plattform der PL/PI. APO-Archiv, Sammlung Sigrid Fronius Ordner SDS-Ende PEI PL/PI, S. 11 f.

Büro für theoretische arbeit und schulung
Büro für Internationales
Büro für Nationales
Büro für Militärisches
Büro für Finanzen.«[54]

Vom Aktivist zum Kader: Überarbeitung eines Manuskripts der PEI[55]

In der Semantik der straffen Organisation und entschlossenen Kampfbereitschaft unterschieden sich die Spontaneisten der PL/PI nun kaum noch von ihrem Angstgegner KPD-AO, im Gegenteil: Einzelne Betriebszellen der PEI hatten bereits im Mai 1970 begonnen, achtwöchige Schulungen mit Mao- und Stalinlektüre vorzubereiten oder Vorschläge zur Einrichtung von »Mao-Tse-Tung-Klubs« für die politische Freizeitgestaltung der Arbeiter auszuarbeiten. Angeboten werden sollte eine Kritik-

---

54 Den Apparat aufbauen. APO-Archiv, Sammlung Sigrid Fronius Ordner SDS-Ende PEI PL/PI, S. 1. Das vielsagend missverständlich benannte »Büro für Militärisches«, das eher die Funktion eines Materialwarts innehaben sollte, fehlt in der veröffentlichten Fassung der »Plattform«. Die Formulierung »Den Apparat aufbauen« ist auch deshalb bezeichnend, weil die RAF nahezu zeitgleich das Pamphlet »Die Rote Armee aufbauen!« veröffentlichte.
55 Die nächsten aufgaben der PEI. APO-Archiv, Sammlung Sigrid Fronius Ordner SDS-Ende PEI PL/PI.

und-Selbstkritik-Ecke, ein Judoraum, eine Marx-Leseecke, gemeinsames politisches Basteln sowie sportliche Betätigung in »Leninklubs«.[56]

Theorie (hausgemacht)

Auf die organisatorischen und ideologischen Entwicklungen, die die PL/PI in der kurzen Zeit von ihrer Gründung im Juni 1970 bis zu ihrer Auflösung im September 1971 durchmachte, wird im Folgenden nur noch kursorisch eingegangen. Erfolglos war die frischgebackene *Organisation* nicht: In etwa 15 Berliner Großbetrieben wurden Betriebsgruppen gegründet und Betriebszeitungen herausgegeben, es wurden Schulungen und Demonstrationen mit bis zu 10.000 Teilnehmenden veranstaltet. Um die PL/PI bildete sich eine Szene, die mehr zusammenhielt als nur die Betriebsarbeit: Mitglieder und Sympathisierende wohnten zusammen in WGs, verbrachten ihre Freizeit und sogar ihren Urlaub miteinander und konnten in den Betrieben durchaus vereinzelte Erfolge erzielen.[57] Dennoch: Die Geschichte der PL/PI ist die eines schnellen Scheiterns. Nicht einmal eineinhalb Jahre hielt die Organisation zusammen – zu stark waren die Zugzwänge ihres Umfelds. Skizziert werden sollen diese im Folgenden anhand der Position der PL/PI zur Hochschulpolitik.

Das Thema war insofern heikel, als es der PL/PI eigentlich fremd war. Als PEI noch auf den Bereich der Betriebe festgelegt, hatte die Organisation den Hochschulbereich immer ausgeklammert; als PL/PI war sie jedoch nun gezwungen, eine eigenständige »Linie« zur politischen Arbeit an den Hochschulen (und in den Stadtteilen, und zur Gewerkschaftsfrage etc.) zu entwickeln, die sich möglichst von der anderer Organisationen unterschied. Natürlich konnte sich diese »Linie« nur innerhalb eines engen Korridors konstituieren: Keine Kaderparteien kam umhin, das Verhältnis zwischen Intelligenz und Proletariat daraufhin festzulegen, dass letzterem im Klassenkampf die Führung zukomme. Die

---

56 Schaltwerkzelle, Intensive Schulung (Vorbereitung auf die Betriebsarbeit). Online verfügbar unter https://www.mao-projekt.de/BRD/BER/IGM/Berlin_Siemens_Schaltwerk_in_Spandau.shtml, zuletzt geprüft am 23.10.2018; Werkzelle Wernerwerk I, Zur Neubestimmung und Umstrukturierung der PEI. APO-Archiv, Sammlung Sigrid Fronius Ordner SDS-Ende PEI PL/PI, S. 6.
57 Die Auflösung der Proletarischen Linken (Parteiinitiative). Broschüre, Dezember 1971. APO-Archiv, Box PL/PI 968-968 1970-1971, S. 43; »Dem Zerfall der APO was entgegensetzen …« (2009). Teil II des Interviews mit Genossen der RZ. Online verfügbar unter https://www.wildcat-www.de/wildcat/85/w85_interview-RZ_2.htm, zuletzt aktualisiert am 07.04.2018.

PL/PI konnte zwar zur Legitimation der Betriebsarbeit durchaus den Standpunkt einnehmen, dass zwischen Studenten und Arbeitern kein völlig unüberbrückbarer Identitätsunterschied bestehe – aber damit legte sie sich auf eine bestimmte Argumentationsrichtung fest: Wenn Studierende nicht prinzipiell unfähig seien, an der Seite des Proletariats zu kämpfen, so die PL/PI, sei die Strategie der Arbeitsteilung, wie sie etwa die KPD-AO vertrat – Intelligenz macht Theorie und unterstützt damit das Proletariat –, lediglich ein Vorwand, die eigene privilegierte Stellung nicht aufgeben zu müssen:

> »Mit der Forderung nach Aufhebung der Trennung von Hand- und Kopfarbeit in der sozialistischen Kampffront stellt die PL also der sozialistischen Intelligenz die einfache Frage: Seid ihr nur dann zu einem Kampf mit dem Proletariat bereit, wenn ihr dabei die Rolle des Chefideologen, des professionellen Analytikers, des Lehrer, kurz: die des Theoretikers spielen dürft – oder reicht der Anspruch, den ihr als Sozialisten an euch selbst stellt, so weit, daß ihr euch […] auch an der Dreckarbeit der Revolution beteiligt?«[58]

Damit hatte sich die PL/PI im Grunde schon die Möglichkeit verbaut, tatsächliche Arbeit an den Hochschulen zu leisten – die Vorstellung, analog zu den Konflikten in den Betrieben auch an den Universitäten Agitationserfolge durch kämpferische Aktionen gegen die Universitätsleitung leisten zu können, mündete letztlich nur in einer entmenschlichenden Rhetorik gegenüber einzelnen Professoren (»Rattenjagd«, »Schweine«[59]) und teilweise auch physischer Gewalt. Den von der KPD-AO und einigen Roten Zellen veranstalteten, inhaltlich anspruchsvollen Seminaren des »Sozialistischen Studiums« hatte die PL/PI nichts entgegenzusetzen, was in ihren Augen aber auch nicht nötig war: Es gelte nämlich ohnehin, »das Theorieprivileg der Intelligenz abzuschaffen und die proletarischen Massen zu ihren eigenen Theoretikern zu machen.«[60]

---

58 PL/PI, Thesen zu einigen Punkten der Hochschulresolution. APO-Archiv, Ordner 971 PL/PI 1971 Nr. 1, S. 6. In dem Text wird die Hochschulresolution der PL/PI insofern verschärft, als es auch der Perspektive einer »revolutionären Berufsperspektive«, die im Umfeld der Roten Zellen diskutiert wurde, eine Absage erteilt: »[W]asch mich, aber mach mich nicht naß! Der gegenwärtige Erfolg der SEW, DKP und AO unter der Intelligenz beruht genau auf dieser opportunistischen Bündnispolitik: sie sagen der Intelligenz: Ihr braucht eure Lebenspraxis nicht zu ändern, um Sozialisten zu sein; es genügt vollkommen, wenn ihr euch ein Parteibuch von uns in den Nachttisch legen laßt« (ebd., S. 7).
59 Jagt die Schweine raus.
60 Hochschulresolution der PL/PI, S. 3.

Der theoretischen Dominanz der Konkurrenz musste die PL/PI damit ihre aus der eigenen Praxis heraus erarbeitete und damit authentisch proletarische Theorie entgegenhalten. Dazu musste sie ihr ureigenes Konzept der »Untersuchungen« überarbeiten, um die darin gewonnenen Kenntnisse zur »Theorie« zu adeln. Das verlangte zunächst nach einer verbindlicheren Organisation des Prozesses der Theorieschaffung. Das Rohmaterial stellten klar strukturierte Arbeitsberichte dar, die die Genossen und Genossinnen wöchentlich über ihre Erfahrungen im Betrieb, im Stadtteil oder der Hochschule anfertigen sollten. Die vorgegebene Struktur der Berichte sollte dabei nicht nur ihre Weiterverarbeitung erleichtern, sondern auch die »revolutionäre Selbstdisziplin« der Genossen steigern, indem sie gezwungen wurden, ihre »Erfahrungen in einen systematischen Zusammenhang zu bringen.«[61] Die fertigen Berichte sollten gemeinsam gelesen und anschließend diskutiert werden; die Autorinnen oder Autoren wurden mit Ratschlägen für berichtete Probleme versehen, die Berichte nach oben weitergereicht. Dort sollten sie zentral ausgewertet und weiterverwendet werden, zum Beispiel als Anregung für weitergehende Untersuchungen größerer Themenkomplexe, als Schulungsmaterial, Diskussionsanregung oder Veröffentlichung im internen Zirkular. Der größte Wert wurde dabei auf die »Vereinheitlichung der Theoriebildung«[62] und damit auf eine Form der systematisierten Kommunikation gelegt, die die Verallgemeinerung der Erkenntnisse sicherstellen sollte: »kein Genosse der PL/PI ist in einem gesellschaftlichen Bereich Individuum. Daraus folgt, daß alle Erfahrungen ›individueller Art‹ Erfahrungen der Organisation sind und in die Organisation einfliessen müssen«[63] – so eine Direktive. Die Genossen sollten also nicht einfach drauflos diskutieren, denn das würde bloß zu einem »Rückfall in den schlechteren Teil der antiautoritären Phase«[64] führen. Nicht nur für Berichte, sondern auch für größere Forschungsprojekte zu Einzelthemen wurden daher strenge Regeln aufgestellt, mit denen die Verarbeitung von Erfahrung zu Theorie transparent und nachvollziehbar gestaltet werden sollte – Zwischenberichte, Literaturlisten und dergleichen. Zudem sollte das »Büro für Theorie und Schulung« in einem ebenso geregelten Prozess »zu strategisch relevanten Fragen theoretisch fundierte programmatische

---

61 Demokratischer Zentralismus als Arbeitsmethode. APO-Archiv, Ordner PL/PI 972 Studienreform 1970, S. 2.
62 Ebd., S. 6.
63 Ebd., S. 2.
64 Ebd., S. 1.

Erklärungen«[65] erarbeiten – etwa zum anzustrebenden Verhältnis zu den Gewerkschaften oder zu den nächsten Wahlen zum Abgeordnetenhaus. Verschiedene Manuskripte befassten sich aber auch mit über die einschlägigen Probleme hinausgehenden Themen, etwa dem zunehmenden Drogenkonsum unter Arbeiterjugendlichen.[66] Theorie stellte sich hier als durch einen geregelten intellektuellen Verarbeitungsprozess verallgemeinertes Einzelwissen dar.

Diese reißbretthaft ausgefeilte und demonstrativ transparente Planung der kollektiven Wissensproduktion geschah nicht um ihrer selbst willen. Vielmehr war die damit einhergehende Semantik konsequenter Disziplin notwendig, um den Produkten dieses Prozesses die Form von Evidenz zu verleihen, die sie in den Augen der PL/PI als *Theorie* qualifizierte – und die damit der Konkurrenz entgegengesetzt werden konnte. Mit dem Gütesiegel der Empirie *und* der Klassiker ausgestattet, so das Kalkül, könne das Endprodukt die sich ausschließlich aus den Klassikern speisende Theorie der Konkurrenz ausstechen – und genau so wurde das Vorgehen von dieser Konkurrenz auch aufgefasst, wie ein giftiger Kommentar einer (der KPD-AO nahestehenden) Roten Zelle zeigt:

»Die PL stellt einen empirischen Erkenntnisbegriff auf, wonach die Theorie der proletarischen Revolution erst aus den Erfahrungen der zukünftigen Klassenkämpfe abzuleiten sei. Damit verkennt sie die überragende Bedeutung der Theorie des Marxismus-Leninismus. Genosse Stalin sagte: ›Die Theorie ist die Erfahrung der Arbeiterbewegung aller Länder, in ihrer allgemeinen Form genommen‹ [...]. Die Theorie weist also auch den jetzigen Revolutionen den Weg, daher muß sie nicht neu erstellt werden.«[67]

Die Selbstsicherheit, die aus solch einer Position sprach, verhinderte jeden Vermittlungsversuch zwischen den sich immer definierter herausbildenden Polen »Klassiker« gegen »Erfahrung« und »Organisation von oben« gegen »Eskalation von Betriebskonflikten von unten«. In der Auseinandersetzung mit der nicht primär in den Betrieben arbeitenden Konkurrenz war die PL/PI letztlich gezwungen, umso fleißiger mit dem Pfund ihrer vorgeblich authentischen Erfahrungen aus der Welt der Arbeiter zu wuchern, um der unangefochtenen theoretischen Dominanz etwa der KPD-AO etwas

65 PL/PI, Die Aufgaben des Büros für Theorie und Schulung. APO-Archiv, Ordner PL/PI 972 Studienreform 1970, S. 5.
66 Typoskript über Drogenkonsum. APO-Archiv, Ordner 971 PL/PI 1971 Nr. 1.
67 Rote Zelle Romanistik-Propagandaausschuß; Zentrales Sympathisantenschulungsleiterkollektiv, Zur Einschätzung der PL/PI. APO-Archiv, Ordner Rote Zellen 1541 1969-1971, S. 4.

PROJEKTGRUPPE ELEKTROINDUSTRIE

entgegensetzen zu können. Die PL/PI musste sich also umso angestrengter bemühen, die Verankerung ihrer Kader in den Betrieben zu beweisen. Die Anlässe, die Kollegen zu Aktionen oder Streik aufzuwiegeln, wurden offenbar immer beliebiger: So wurde gegen die Erhöhung der Kuchenpreise in der Betriebskantine von Daimler-Benz polemisiert oder ein PL/PI-eigener Bierverkauf vor den Werkstoren organisiert.[68] Auch »einfallsreiche Aktionen« wie das Abspielen von Ton-Steine-Scherben-Liedern in den Werkshallen oder das Tragen von Baskenmützen (aus Solidarität mit den Basken) wurden propagiert (aber auch bemerkt, dass der Genosse dadurch als »Politclown« angesehen werde[69]). Im *Klassenkampf*, der Zeitung der PL/PI in den Betrieben, häuften sich Meldungen über stinkende Toiletten oder kaputte Getränkeautomaten in den Werkshallen; vermittelt werden sollte: »hier […] schreiben Kollegen wie Du und ich, da wird wirklich ›Arbeitersprache‹ benutzt, da wird kein Blatt vor dem Mund genommen«[70]. Dass die Agitationsversuche dabei immer plumper und fahriger, der politische Hintergrund bis hin zur »Preisgabe der kommunistischen Prinzipien«[71] dabei immer beliebiger wurde, wurde allerdings auch intern immer lauter kritisiert.

Trotz der großspurig vorgetragenen Selbstsicherheit über ihre angebliche Verankerung in den Betrieben schaffte es die PL/PI nämlich kaum mehr, zwischen ihren beiden eigenen Ansprüchen zu vermitteln: ihr Alleinstellungsmerkmal, theoretische Eigenständigkeit zuzulassen, ja die Erarbeitung einer eigenen Theorie zum Ausgangspunkt ihres Ansatzes zu machen, war auf Dauer mit der Behauptung klarer Vorstellungen und Pläne, die ihr ihr beanspruchter Status als Kaderpartei aufzwang, nicht vereinbar. Zerrissen zwischen diesen beiden Ambitionen, schien die PL/PI vielen Mitgliedern keine klare Linie mehr zu verfolgen. Auf der Suche nach einer geradlinigeren Alternative orientierten sie sich immer mehr an den Konkurrenzorganisationen – vor allem eben an der KPD-AO.[72]

---

68 Runter mit den Kantinenpreisen!, S. 1; Berichte aus den Betrieben, S. 5.
69 Von Betriebs- zu Abteilungsgruppen, S. 2.
70 Die Auflösung der Proletarischen Linken (Parteiinitiative). Broschüre, Dezember 1971. APO-Archiv, Box PL/PI 968-968 1970-1971, S. 54.
71 Systematische Untersuchung über die Zellen- und Agitproparbeit der PL/PI in den Westberliner Grossbetrieben. APO-Archiv, Box PL/PI 974 Auflösung 1971, S. 16.
72 Zu diesen gehörte etwa Karl Schlögel, der vor seinem Beitritt zur KPD-AO Mitglied der PL/PI war und die Anziehungskraft ersterer ausführlicher beschriebt, siehe Schlögel, Jasper, Ziesemer, Partei kaputt, S. 17.

Disziplinierte Selbstzerstörung

Ende 1970 waren diese Spannungen nicht mehr zu ignorieren. Auch zu ersten Austritten war es schon gekommen. Dabei hatte sicher auch eine Rolle gespielt, dass viele Mitglieder sich der PL/PI ja vor allem deshalb angeschlossen hatten, weil sie sich eine nicht-dogmatische Alternative zur KPD-AO versprachen.[73] Als das leitende Gremium Mitte 1971 autoritär ein neues Programm durchsetzte, brach offener Aufruhr aus, dessen Heftigkeit die Zerrüttung und das Misstrauen zwischen den einzelnen Büros, Gremien, Redaktionen und Führungspersönlichkeiten offen zutage treten ließ.[74] Die Debatten um eine Restrukturierung der Organisation versanken schnell im Chaos, den Grund brachte ein Genosse klar auf den Punkt: die eigentlich wichtige Frage sei nicht die nach einer besseren Organisation oder einer klareren Linie, sondern »warum [...] die Organisation ein so lahmarschiger Haufen«[75] geworden sei. Immer weniger Mitglieder glaubten an die Möglichkeit einer Reform der PL/PI; immer mehr Genossinnen und Genossen erschien der harte, selbstgewisse Ansatz der Konkurrenz als einzig zukunftsweisende Option.[76]

Gegen diesen Gestus der entschlossenen Selbstabschaffung hatte die Haltung konstruktiver Selbstkritik keine Chance. Auf einer »Organisationskonferenz« im September 1971 verabschiedete die PL/PI eine Resolution, die nicht nur ihre Auflösung als Organisation, sondern vielmehr die Ausrottung ihrer ideologischen Grundlagen zum Ziel hatte. Nach einer Auflistung aller Fehler des Ansatzes und der Arbeit der PL/PI wurde ein ganzes Maßnahmenpaket beschlossen, mit dem sichergestellt werden sollte, dass sich die Irrwege der PL/PI nicht wiederholten:

> »Diese Konsequenzen ziehen bedeutet,
> 1. Es wird eine Broschüre erstellt, in der genauestens die Ursachen der Fehler der PL/PI bloßgelegt [...] werden, um die ideologischen Grundlagen der PL/PI zu zerstören. [...].

---

73 PL/PI, Erklärung der Genossen (geschwärzt) und (geschwärzt) vom 25.2.1971. APO-Archiv, Ordner 971 PL/PI 1971 Nr. 1 (dicker), S. 9.
74 Proletarische Linke, Legen wir die Wurzeln der Fehler in den eigenen Reihen bloss, 15.5.1971 (?). APO-Archiv, Ordner 971 PL/PI 1971 Nr. 1 (dicker), S. 5; Kampf Kritik Umgestaltung.
75 Protokoll: Plenum über die Bündnislinie, 12.6.[1971]. APO-Archiv, Ordner PL/PI 972 Studienreform 1970, S. 2.
76 Sigrid Fronius, die zum Gründerkreis der PL/PI gehörte, beschreibt diese Entwicklung innerhalb des Feldes als nahezu unausweichlich, fast pathologisch: »Wir anderen, die Spontis, machten eine Weile weiter wie bisher, doch die Ideen der AOler und MLer infizierten auch uns« (Fronius, Als Frau, S. 34).

2. daß die PL/PI als Organisation aufzulösen ist, da dieser Schritt allein die Gewähr bietet, daß die PL/PI nicht weiterhin durch ihre falsche Agitprop und ihre aktionistische Handwerkelei Schaden anrichtet
3. daß aus der PL/PI keine neue Organisation hervorgeht, weil dieser Schritt die Wiederholung des gleichen voluntaristischen Vorgehens wäre, mit dem die PEI in die PL/PI umgewandelt wurde: ohne die Erfahrungen der Geschichte der Arbeiterbewegung aufgearbeitet zu haben; ohne einen blassen Dunst vom Wissenschaftlichen Sozialismus […] zu haben; ohne sich mit bestehenden Organisationen, die den Anspruch erheben, die Kommunistische Partei Deutschlands aufzubauen, beschäftigt zu haben […] Die Genossen, die künftig in einer kommunistischen Organisation arbeiten wollen, müssen sich aktiv an dem Selbstkritikprozeß […] beteiligen. Es muß alles dafür getan werden, daß nicht die Genossen, ohne ihre Fehler gründlich kritisiert, ja überhaupt eingesehen zu haben, sich einer marxistisch-leninistischen Organisation anschließen und die Fehler der PL/PI dadurch fortpflanzen.«[77]

Die Broschüre zur Selbstkritik erschien im Dezember 1971 und erfüllte den Anspruch einer Generalabrechnung aus »dogmatischer« Sicht vollends. Die Perspektive des Autorenkollektivs, das seine Konversion zum orthodoxen Marxismus-Leninismus durch besondere Linientreue unter Beweis stellen musste,[78] machte die geübte Kritik an der Praxis der PL/PI streckenweise vorhersehbar: »[Z]usammengestoppelte«[79] Theorie, Distanzierung von der Geschichte der revolutionären Arbeiterbewegung, nicht aufgearbeitetes Erbe der antiautoritären Bewegung, ungenügende Trennung von Intelligenz und Proletariat, fehlende langfristige Perspektive des Klassenkampfs und so weiter seien nicht entschuldbare Kardinalfehler, das Gesamtkonzept von Anfang an das einer »besseren Basisgruppe«[80] gewesen. In dieser Abrechnung tritt die Selbstsicherheit deutlich hervor, mit der die Autoren aus dem sicheren Hafen eines gefestigten Weltbildes heraus die Versuche der PL/PI verurteilten, bis zu einem bestimmten Grad Unsicherheit und Spontaneität zuzulassen; in der Broschüre scheint es jedenfalls nicht, als hätte die PL/PI bedauerlicherweise auf das falsche Pferd gesetzt und sei damit gescheitert, sondern

77 Resolutionsvorlage für die Organisationskonferenz am 19.9.1971. APO-Archiv, Box PL/PI 974 Auflösung 1971, S. 2.
78 Die Auflösung der Proletarischen Linken (Parteiinitiative). Broschüre, Dezember 1971. APO-Archiv, Box PL/PI 968-968 1970-1971, S. 108.
79 Ebd.
80 Ebd., S. 9.

vielmehr so, als hätte sie gar nicht anders *gekonnt*, als Fehler zu machen, ja, als wäre es schon damals *offensichtlich* gewesen, dass eine Abweichung vom Konzept einer Kaderpartei niemals funktionieren könne. Die mehr als hundert Seiten dokumentieren, wie schwer es der PL/PI gefallen sein muss, gegenüber einem Standpunkt der absoluten Selbstgewissheit die Unsicherheit über den eigenen Weg zuzulassen und zuzugeben. Vor der Präsenz des Antagonisten KPD-AO musste die eigene Arbeit fast zwangsläufig als richtungslose Herumwurstelei erscheinen. »Sie hatten die Theorie für sich, sie hatten die Geschichte für sich«[81], beschrieb Rüdiger Minow, der zu diesem Zeitpunkt von der PL/PI zur KPD-AO wechselte, in unserem Gespräch seine Motivation, und schob schnell ein »scheinbar« hinterher. Die PL/PI war letztlich daran gescheitert, dass in einem Umfeld, in dem die exklusive Wahrheit gepachtet zu haben der Normalfall war, Uneindeutigkeit nicht akzeptierbar war – und zwar vor allem bei den eigenen Mitgliedern.

Die Kommunistische Partei Deutschlands – Aufbauorganisation (KPD-AO)

Die KPD-AO erschien bisher als Verkörperung von Autorität, Geradlinigkeit und Unflexibilität, aber auch sie war nicht mit dem Plan gegründet worden, sich möglichst schnell in eine autoritäre Politsekte zu verwandeln. Gerade weil viele ihrer Protagonisten aus der antiautoritären Bewegung kamen, wirkt der schnelle Umschlag in autoritäre und hierarchische Organisationsstrukturen so unerklärlich, dass er fast immer psycho- oder pathologisiert wird.[82] Im Folgenden soll hingegen ein Erklärungsversuch gewagt werden, der diese Entwicklungen nicht von ihrem tatsächlich erschreckenden Ende her denkt, sondern eher auf die Wirkmacht der in der Bewegungslogik begründeten Eigendynamiken der subjektiv notwendigen Selbstverfestigung abzielt, denen die KPD-AO entsprang und denen sie bis zu einem gewissen Punkt auch ausgeliefert war. Dabei konzentriere ich mich auf zwei Entwicklungsstränge: zum einen die politische und organisationsstrukturelle Entwicklung der im Kräftefeld konkurrierender Organisationen eingespannten Partei, zum anderen die parteiinternen Dynamiken und ihre Auswirkungen auf die Lebenswelt ihrer Mitglieder – wohlwissend, dass beide miteinander verschränkt sind.

81 Gespräch des Autors mit Rüdiger Minow am 28.09.2018 in Köln.
82 Hinck, Wir waren wie Maschinen, S. 147.

DIE KOMMUNISTISCHE PARTEI DEUTSCHLANDS

Vom »Thesenpapier« zur Parteigründung

Das »Thesenpapier«[83] auf der RPK-Konferenz war ein Paukenschlag. Ihm folgte Stille.[84] Im Gegensatz zur PEI, die sich zügig daran machte, ihr Praxiskonzept in die Tat umzusetzen, musste sich für den Aufbau einer proletarischen Kaderpartei erst eine relevante Anzahl an Genossen finden. Die folgenden Wochen vergingen mit intensiven Debatten, in denen überraschende Allianzen entstanden: Obwohl doch der Ansatz der PEI mit Verve kritisiert worden war, wurde sie für die »Thesenfraktion« zum wichtigsten Diskussionspartner. Einig waren sich die beiden Strömungen nicht nur in der Ablehnung der ML-Gruppen. Auch ihre Praxisvorstellungen waren – das Verhältnis zur pathetischen Rede einmal ignoriert – im Grunde nicht allzu weit voneinander entfernt, denn beide Seiten wollten als Basis revolutionärer Politik zunächst mehr über die Arbeiterklasse lernen: Der Vorschlag der »Thesenfraktion«, »Untersuchungstrupps« in die Betriebe zu schicken, um dort Betriebszellen aufzubauen,[85] war nicht so weit von der »Untersuchungsarbeit« der PEI entfernt. Die entscheidenden Differenzen lagen vor allem in der außerbetrieblichen Organisation, also der Struktur der aufzubauenden Kaderpartei – sicherlich ein gewichtiger Punkt, und doch wäre eine Einigung oder Arbeitsteilung wohl im Bereich des Möglichen gewesen. Diese kam aber nicht in Frage: gerade weil die Gruppen sowohl Kollegen als auch Rivalen waren, galt der Imperativ der Profilschärfung.

Der Prozess von Abgrenzung und Verhärtung lässt sich an einem kleinen, aber sprechenden Detail nachverfolgen – der Bewertung Stalins. Stalin war das Symbol für alles Schlechte, was linke Politik in den Jahrzehnten zuvor beinhaltete, die antiautoritäre Revolte hatte sich mit einem beharrlichen Stalinismusvorwurf gegen die »alten Linken« positioniert – noch 1968 hatte Christian Semler Mitglieder der nicht-antiautoritären Fraktion unter »Stalinisten«-Geschrei mit Papierkugeln beworfen.[86]

83 »Thesenpapier« bzw. »Thesenverfasser« sind zeitgenössische Begriffe für den Gründungskreis der späteren KPD-AO, die auch im Folgenden verwendet werden.
84 Die Darstellung der Gründungsphase folgt in groben Zügen Scharrer, Suche, S. 48-51.
85 Die erste Etappe des Aufbaus der Kommunistischen Partei des Proletariats. Thesen. Im Auftrag des provisorischen Beirats und der provisorischen Redaktion der Roten Presse Korrespondenz für die Arbeitskonferenz der RPK am 6./7. Dezember 1969 vorgelegt. APO-Archiv, Ordner 1318 Handakte Semler RPK-Konferenz, S. 4.
86 Dutschke-Klotz, Leben, S. 194.

Texte von Stalin gehören zunächst auch kaum zu den »Klassikern«, die ab 1968 studiert wurden.

Erst die ML-Gruppen, die ihre selbstständige Lektüre der »Klassiker« dem »Theoriemonopol« der älteren Antiautoritären entgegenstellten, hatten Stalins Werk *Über die Grundlagen des Leninismus* – aus Interesse oder zur Provokation der älteren SDSler – zwar in ihr Schulungsprogramm aufgenommen, waren sich der Brisanz dieser Lektüreempfehlung aber sehr bewusst: Ein dezidierter Hinweis auf das Entstehungsjahr 1924 stellte klar, dass die Empfehlung keine Positionierung in der »Stalinfrage« sein sollte.[87] In der geplanten ML-»Übergangsorganisation« sollte sogar eigens eine Kommission eingesetzt werden, um eine verbindliche Haltung zu Stalin auszuarbeiten.[88] Eine solche Distanzierung lag den Verfassern des »Thesenpapiers« zunächst fern: Auf der RPK-Konferenz hatten sie ihren Generalangriff auf den »Dogmatismus« der ML-Fraktion mit einem Zitat aus genau jenem Stalin-Werk begonnen, das diese zu schulen begonnen hatten. Ohne Zweifel taten sie das vor allem, um die jüngere Konkurrenz mit ihrer Belesenheit zu ärgern – mit der Nebenwirkung freilich, dass Stalin nun zitierbar wurde.

Der erste größere Debattenbeitrag der »Thesenfraktion« jedenfalls tat genau das ausgiebig. Auf die ersten Überlegungen der PEI, mithilfe von agitatorischen Betriebsuntersuchungen »die Spontaneität (!) und Selbsttätigkeit des deutschen Proletariats«[89] zu entfalten, reagierten Willi Jasper und Peter Neitzke im Namen der Thesenverfasser mit einem umfangreichen Papier, das den knappen Titel *Marxistisch-Leninistische Untersuchungen kann nur führen, wer die Voraussetzungen studiert und die politischen Ziele, d. h. aber die organisatorischen Prinzipien benennt und sich nach ihnen richtet* trug. Diesen Text möchte ich als Schlüssel zum Selbstverständnis der entstehenden KPD-AO lesen – vom Ton her deutlich weniger aggressiv als das die ML-Gruppen abkanzelnde »Thesenpapier«, wirkt der Text wie der Versuch, sich selbst und damit auch die ganze ehedem antiautoritäre Bewegung von einem grundsätzlichen Neuanfang zu überzeugen.

Die Durchschlagskraft dieses Versuchs lag vor allem darin, dass die Autoren den Disput zwischen ihnen und den »Harzer Gruppen« in eine historische Tiefendimension einordneten. Das Vertrauen in die Spontaneität der Massen und die daraus folgende Priorisierung des ökonomischen

---

87 WISO-ML, Wie soll man sich schulen, S. 4.
88 Zit. nach https://www.mao-projekt.de/BRD/BER/RC/RPK-Arbeitskonferenz_1969.shtml.
89 Die Klassenanalyse unter Führung der marxistisch-leninistischen Organisation in Angriff nehmen! APO-Archiv, Ordner 971 PL/PI 1971 Nr. 2, S. 12.

anstelle des politischen Kampfs, also die Position der »Harzer Gruppen«, wurden als Spielart des Menschewismus[90] interpretiert, dessen Kritik an Lenins Bolschewismus historisch schlicht »Verrat an der revolutionären Bewegung«[91] gewesen sei. Sie selbst, so suggerierten die Verfasser damit, seien die legitimen Erben der Bolschewiki – und damit kam, beinahe unvermeidlich, wieder Stalin ins Spiel; dessen »Thesen zur Bolschewisierung der KPD« von 1925 wurden zustimmend in voller Gänze zitiert.[92] Stalin plädierte für die systematische Selbstdisziplinierung einer bisher lax organisierten Gruppe und den Aufbau einer einheitlichen und schlagkräftigen Partei von entschlossenen Berufsrevolutionären:

> »Es ist notwendig, daß die Partei eine eiserne proletarische Disziplin entwickelt, die auf der Grundlage der ideologischen Einheit, der Klarheit der Ziele der Bewegung, der Einheit des praktischen Handelns und des bewußten Verhaltens der breiten Parteimassen zu den Aufgaben der Partei erwächst.«[93]

90 1903 spaltete sich die Sozialdemokratische Arbeiterpartei Russlands (SDAPR) auf einem Parteitag in London in die Bolschewiki und die Menschewiki. Während Erstere unter Lenins Führung die kommunistische Revolution der Bauern unter Anleitung einer straff geführten Kaderpartei anstrebten, plädierten Letztere für ein Bündnis mit der bürgerlichen Klasse und eine Phase der Demokratie (vgl. Swain, Short History, S. 167; für eine zeitgenössische Darstellung, in der der tatsächliche Reiz von Lenins Konzeption durchscheint und die die Protagonisten der KPD-AO sicher kannten, siehe etwa Ulam, Bolschewiki, S. 205 ff.). Ob dieses Deutungsmuster historisch plausibel und der Vergleich der Konflikte gerechtfertigt war, sei dahingestellt; hier geht es vor allem um die Handlungsmöglichkeiten, die es suggerierte. Die Selbstidentifikation mit den Bolschewiki verlieh der »Thesenfraktion« nicht nur den Status der historischen Sieger, sondern legte eine klare, nachzuahmende Strategie für den Sieg der Revolution nahe: Ähnlich wie die KPD 1924 müsse man sich gegen den Spontaneismus und für den Aufbau einer Kaderpartei entscheiden (vgl. etwa Flechtheim, KPD, S. 216). Zur deutlich komplexeren Wechselwirkung zwischen der Sowjetunion unter Stalin und der KPD der Weimarer Republik und ihrer »Bolschewisierung« bzw. »Stalinisierung« siehe Hoppe, In Stalins Gefolgschaft.
91 W.J./P.N., MARXISTISCH-LENINISTISCHE UNTERSUCHUNGEN KANN NUR FÜHREN, WER DIE VORAUSSETZUNGEN STUDIERT UND DIE POLITISCHEN ZIELE, D.H. ABER DIE ORGANISATORISCHEN PRINZIPIEN BENENNT UND SICH NACH IHNEN RICHTET, 2.1970. APO-Archiv, Ordner 472 KPD Intern Berlin 1970-1971, S. 9.
92 Stalin, Über die Perspektiven der KPD und über die Bolschewisierung.
93 W.J./P.N., MARXISTISCH-LENINISTISCHE UNTERSUCHUNGEN KANN NUR FÜHREN, WER DIE VORAUSSETZUNGEN STUDIERT UND DIE POLITISCHEN ZIELE, D.H. ABER DIE ORGANISATORISCHEN

Untersuchungen und Agitation in den Betrieben, so die gönnerhaft vorgetragene Kritik am Gegner, seien durchaus ein sinnvoller Teil dieses Kampfes, jedoch nur unter der Führung einer einheitlichen Kommunistischen Partei, die eine umfassende Gesamtstrategie entwerfen könne. Dem Klein-Klein der vor sich hin werkelnden Basis- und Betriebsgruppen wurde eine Liste relevanterer Untersuchungsthemen gegenübergestellt, die einen viel weiteren, umfassenderen Horizont suggerierten, von der »nationalen Frage« über den »proletarischen Internationalismus« bis hin zu »Monopol und Staat«[94]. Der Zersplitterung des Milieus sollte also mit einer zentralen, alle relevanten Themen aus einer einheitlichen Perspektive bearbeitenden Instanz begegnet werden.

Sicher kann man diesen Anspruch als besserwisserische Pose gegenüber den »handwerklerischen« Ansätzen der anderen Organisationen interpretieren – der spätere Ruf der KPD-AO als arrogant, elitär und abgehoben ist bereits in diesem Gründungsdokument einfach nachzuvollziehen, ebenso allerdings, warum diese Pose in der Situation so attraktiv war: Die Parteigründer *in spe* unterbreiteten der zersplitterten Bewegung ein enorm attraktives Angebot, nämlich sie mitsamt ihrer Geschichte und inneren Widersprüche an eine historische Kontinuität anknüpfend aufzuheben und, von ihrer Erfahrung und ihrem abgesicherten Wissen profitierend, auf einer höheren Ebene weiterzuführen.

Trotz der Kehrtwende gegenüber der Praxis der Studentenbewegung war die Ablehnung der eigenen antiautoritären Vergangenheit im Vergleich zu anderen Organisationen deutlich weniger ausgeprägt. Mit Rosa Luxemburg, einer der Lieblingstheoretikerinnen der antiautoritären Bewegung, wurde die eigene frühere Organisationsfeindlichkeit nicht einfach abgelehnt, sondern historisch eingeordnet; indem man die Fehler der antiautoritären Bewegung damit ebenfalls in die Tradition der historischen Arbeiterbewegung einschrieb, wurde die Plausibilität des logischen Neubeginns noch unterstrichen. Die »Thesenverfasser« wollten eben nicht als »Intellektuelle im Arbeiterkostüm«[95] auftreten, wie sie mit Blick auf die ML-Gruppen beteuerten, sondern standen zu dem Milieu, aus dem sie kamen. Perspektivisch sollte die von Studenten zu gründende Partei zwar auch an eine proletarische Führung übergeben werden, allerdings erst, wenn die Zeit dafür reif und die politischen Grundsätze klar entwickelt seien. Bis dahin sei charakterliche Eignung und ideologi-

PRINZIPIEN BENENNT UND SICH NACH IHNEN RICHTET, 2.1970.
APO-Archiv, Ordner 472 KPD Intern Berlin 1970-1971, S. 12.
94 Ebd., S. 16.
95 Ebd., S. 17.

sche Geschlossenheit wichtiger als die eigene Klassenherkunft: Geeignet für die Gründung der kommunistischen Partei seien zunächst Genossinnen und Genossen, die »Entschlossenheit und eine Einheitlichkeit der Anschauung gegenüber allen wesentlichen politischen Fragen«[96] aufwiesen.

Das Gelöbnis, sich selbst die antiautoritären Flausen auszutreiben und die Tradition historischer Verantwortung und Selbstgewissheit zu übernehmen, schien hier glaubwürdiger als bei den ML-Gruppen und ihrem »Fluchtunternehmen mit Proletkulttarnung«[97]. Es strahlte einen Ernst des Realistischen aus, der einen Nerv traf: die Gründung einer marxistisch-leninistischen Partei erschien bei den Verfassern der »Thesen« nicht als ein existenzieller Akt der Selbstrettung studentischer Revoluzzer, sondern als eine nüchterne Einsicht in die politische Notwendigkeit ohne eine zwanghafte Selbstverleugnung der eigenen Geschichte.

*\
* *

Die Geschwindigkeit, in der ehedem führende Antiautoritäre eine leninistische Kaderpartei ankündigten, führte nicht dazu, dass sie dieses Vorhaben dann ebenso unbeirrt vollzogen. Tatsächlich war viel Zweifel und Zögern im Spiel: Manfred Scharrer erinnert sich, dass es vielen versammelten Genossen eine Weile dann doch zu gewagt erschienen sei, mit knapp zwanzig Studierenden direkt eine proletarische Partei zu gründen. Die Hemmungen fielen aber rasch, und so wurde die Debatte, ob man einen »Bund der Kommunisten« oder tatsächlich die Aufbauorganisation für die Kommunistische Partei Deutschlands gründen sollte, im März 1970 zugunsten letzterer Option beendet.

Auch der allzu leicht von der Hand gegangene Bezug auf Stalin war zunächst nicht ohne Widerspruch geblieben[98] – an der Frage, wie offen und zustimmend man Stalin in der *Vorläufigen Plattform* der neu gegründeten Organisation zitieren sollte, hatte sich Streit entzündet. Das oben zitierte Papier wurde mehrmals überarbeitet, und sukzessive verschwanden auch die Stalin-Zitate daraus, in der schließlich veröffentlichten Version fehlt der Bezug auf Stalin völlig.[99] Ein Bezug auf Stalin stellte für die Akteure

96 Ebd., S. 17.
97 Ebd., S. 17.
98 Scharrer, Suche, S. 49.
99 Politische Thesen und organisatorische Vorschläge zur Errichtung einer politischen Plattform, 19.02.1970. Archiv des IISG, Sammlung Neue Linke, Studentenbewegung, Ausserparlamentarische Opposition in Deutschland, Ordner 27, S. 4.

also eine eindeutige Positionierung dar, die sie in der konkreten Situation offenbar (noch) nicht vornehmen wollten. Die schließlich im März 1970 veröffentlichte *Vorläufige Plattform* verzichtete schließlich weitgehend auf die stalinistische Rhetorik der »Bolschewisierung«, der Text skizzierte schlicht die kommenden Arbeitsschritte. In expliziter Anlehnung an die KP Chinas wurde der »Demokratische Zentralismus« Lenins als Grundprinzip der Parteistruktur angeführt: eine auf eine zentrale Instanz hin zulaufende Pyramide mit einem dem Plenum rechenschaftspflichtigen Zentralkomitee an der Spitze.

Demokratische Entscheidungsfindung und disziplinierende Zentralisierung sollten vereint werden, indem die Parteiorgane zwar abwählbar und die Debatte auf den Parteitagen offen sein sollten; getroffene Entscheidungen des Zentralkomitees waren jedoch für alle Mitglieder bindend; abweichende Meinungen sollten zwar gehört, aber nicht berücksichtigt werden – die beschworene »einheitliche Disziplin«[100] stellte wohl den größten Bruch mit der antiautoritären Vergangenheit dar. Dass man sich mit solcher Konsequenz sogar noch weniger innerparteiliche Demokratie erlaubte als das chinesische Vorbild, wurde mit der eigenen Unerfahrenheit begründet: Da die die KPCh bereits als Partei etabliert sei, könne sie einen gewissen Dissens aushalten, man selbst habe die Prinzipien des Demokratischen Zentralismus aber noch nicht verinnerlicht und müsse in der Phase der Eingewöhnung daher streng mit sich sein.[101]

Zu diesem Zweck wurden umfangreiche Grundzüge des anvisierten »Arbeitsstils« der Organisation festgeschrieben – in dem man den Versuch sehen kann, sich selbst ohne Nennung des Namens Stalin ein straffes Selbstdisziplinierungsprogramm zu verordnen. Gemeinsam wollte man sich gegenseitig das »bohemienhafte Leben« und den »studentischen Arbeitsstil« austreiben und »zur kommunistischen Disziplin erziehen«.[102] In einem formelhaften (vermutlich die Sprache deutscher Übersetzungen aus dem Chinesischen imitierenden) Funktionärston wurde eine Liste der in besonderem Maße anzugehenden Probleme aufgestellt; insbesondere Pünktlichkeit und gewissenhafte Ausführung gestellter Aufgaben waren zentral für die reibungslose Arbeit der Organisation. Sollten private Malaisen wie etwa eine schlechte Atmosphäre in der Wohngemeinschaft oder Schulden die politische Arbeit beeinträchtigen, sollte mithilfe der Parteigenossen eine Lösung gefunden werden.

---

100 Vorläufige Plattform der Aufbauorganisation für die Kommunistische Partei Deutschlands, S. 4.
101 Ebd., S. 4.
102 Ebd., S. 8.

Interessanterweise schien den Autoren der »Plattform« durchaus bewusst gewesen zu sein, dass solche Vorstellungen kollektiver Selbsttransformationen nur allzu leicht in autoritäre Machtinstrumente *par excellence* umschlagen können: Man beteuerte, dass die Organisation Schaden nehme, wenn Kritik die politische Ebene verlasse; auch persönliche Mängel sollten »nicht allzuviel getadelt werden, damit die Genossen nicht in Verlegenheit geraten.«[103] Die potenziellen Parteigründer wussten natürlich, welch selbstzerstörerische Dynamiken die Übereignung von Macht auf wenige in der Geschichte der Linken schon ausgelöst hatte. Sie glaubten aber offensichtlich, diese Entwicklung kontrollieren zu können – »Alles nochmal, aber diesmal richtig!«[104], beschrieb Parteigründer Christian Semler später den Impuls der Gründung. Und tatsächlich traf diese Vision disziplinierter und kollektiver Arbeit am Selbst zugunsten eines klaren Fahrplans einen Nerv: Wenige Monate später zählte die neu gegründete Aufbauorganisation schon um die 70 Mitglieder, knapp eineinhalb Jahre später waren es bereits 300, bis 1973 um die 700.[105]

Offensichtlich setzte die Parteigründung tatsächlich ungeheure Energien frei, sodass der KPD-AO in den folgenden Monaten diverse Coups glückten. Die *Rote Presse Korrespondenz* erschien ab Mitte 1971 offiziell als parteinahes Studentenmagazin, und auch mit der Gründung des hauseigenen Verlags Rote Fahne, der Herausgabe der zentralen Agitationszeitung gleichen Namens, diverser Betriebszeitungen und der Edition proletarischer Romane der Weimarer Zeit im Oberbaum-Verlag konnte sich die junge Organisation rasch eine gewisse publizistische Reichweite sichern. Nach eigenen, sicher mit Vorsicht zu genießenden Angaben konnte man im Mai 1970 an die 20.000 Menschen für eine Kambodscha-Solidaritätsdemonstration mobilisieren. Im Frühjahr 1971, weniger als ein Jahr nach der Gründung, reiste eine »antiimperialistische Delegation« der KPD-AO nach Nordkorea.[106] Zudem gründete die Partei in den folgenden Jahren mehrere Unter- und Satellitenorganisationen wie den Kommunistischen Studentenverband (KSV), den Kommunistischen

---

103 Ebd., S. 8.
104 Andreas Christoph Schmidt (Regie), Was war links? Dokumentarfilm in 4 Folgen. Teil 3 (2003).
105 Koenen, Das rote Jahrzehnt, S. 287; Bacia, Kommunistische Partei Deutschlands (Maoisten), S. 1821. Es sei nochmals betont, dass es sich um eine Kaderorganisation handelte: Mitglied wurde man nach langen und ausführlichen Aufnahmeprüfungen und Wartezeiten, nicht durch simplen Beitritt. Insofern sind die Mitgliederzahlen durchaus bemerkenswert.
106 Schlögel, Jasper, Ziesemer, Partei kaputt, S. 129 f.

Jugendverband Deutschlands (KJVD), den Kommunistischen Oberschülerverband (KOV), die »Massenorganisation« »Liga gegen den Imperialismus« oder auch die Vereinigung Sozialistischer Kulturschaffender (VSK) für Künstlerinnen und Schriftsteller. Alle diese Organisationen gaben wiederum eigene Zeitschriften heraus.

Erklärbar wird der plötzliche Schwung vor allem, wenn man sich vergegenwärtigt, was für eine massive Kehrtwende gegenüber der Studentenbewegung die Parteigründung darstellte. Noch im November 1968 hatte Christian Semler darauf beharrt, dass mit seinem Vorschlag einer organisatorischen »Zentrale« für die Bewegung »natürlich […] nicht eine Zentrale […] wie die Kommunistische Partei Deutschlands vor '33«[107] gemeint gewesen sei. Knapp ein Jahr später war er Mitinitiator einer streng zentralistisch geführten Partei, die sich genau auf die Kommunistische Partei Deutschlands vor '33 berief. Dabei spricht einiges dafür, dass seine ursprüngliche Ablehnung einer autoritären Organisation ernst gemeint war. Die Heftigkeit des im wahrsten Sinne des Wortes grundlegenden Bruchs mit der bisherigen Praxis ist also als Indiz dafür zu nehmen, wie unausweichlich und unmittelbar notwendig dieser Bruch offenbar erschien.

Allein aus diesem Gefühl der absoluten Notwendigkeit eines grundsätzlichen Neuanfangs ist auch die ansonsten nur bizarr anmutende Entschiedenheit zu verstehen, mit der sich die Aufbauorganisation in die Arbeit warf. Und vermutlich ist auch nur in diesem Kontext die streckenweise noch abstruser wirkende Entschlossenheit zu verstehen, mit der die KPD-AO sich nicht nur politisch in die Traditionslinie der Arbeiterbewegung, speziell eben der KPD der Weimarer Republik, stellte. Die *Rote Fahne* – der Name der Zeitung zitierte natürlich die Parteizeitung der KPD der Weimarer Zeit – stellte beispielsweise in einem Aufruf zur 1. Mai-Demonstration eine Aufnahme der KPD-Kundgebung von 1923 einer Aufnahme der KPD-AO-Demonstration von 1970 gegenüber; der Begleittext formulierte eine durchgehende Linie von »47 Jahren des Klassenkampfes in Deutschland«, gegen die der »Filzpantoffel-1. Mai« des DGB nichts ausrichten könne.[108] Solche historischen Parallelen legitimierten die eigenen Aktionen, und sie eröffneten auch neue Praxisfelder, wie etwa die Edition »klassischer« Texte. So gab der Verlag Rote Fahne im Januar 1971 eine »zum notwendigen Studium eines jeden

107 Django und die Tradition, S. 214.
108 DGB-Jugendveranstaltung. Dass die Massenbasis der KPD/AO im Vergleich zu der der KPD sich auf den Bildern eher dünn ausnahm, ignorierten die Redakteure geflissentlich.

Kommunisten«[109] gehörende Quellensammlung zur Bolschewisierung der KPD heraus, im April erschien zur Würdigung des 59. Geburtstags des »geachteten und geliebten Führer[s] des 40-Millionen-Volkes von Korea«, Kim Il Sung, ein Band mit ausgewählten Reden und Aufsätzen des geehrten Diktators.[110] Für die Germanistinnen und Germanisten, aus denen die KPD-AO zum größten Teil bestand,[111] mag in einer solchen Betonkopfrhetorik eine Faszination der Selbstverleugnung gelegen haben, vielleicht auch ein gegenseitiger Überbietungswettkampf im masochistischen Abtöten der eigenen bürgerlichen Sozialisation, der dazu führte, dass man sich von den Sprach-, Bild- und Praxisformen der Vergangenheit nicht emanzipieren wollte oder konnte, sondern sie sich im Gegenteil immer entschiedener selbst verordnete. Schon zeitgenössisch wurde der stark inszenatorische Charakter der Gründung und Praxis der KPD-AO hervorgehoben, vor allem, weil sie überdurchschnittlich viele Künstler, Schriftsteller und Theaterleute in ihren Reihen hatte. Vermutlich war die KPD-AO wirklich diejenige K-Gruppe, die am entschiedensten theatralisch auftrat – zum Beispiel durch die Verleihung von goldenen und silbernen Parteiabzeichen,[112] die im Stile der alten Kommunistischen Parteien in mit Fahnen und Porträts geschmückten Sälen übergeben und minutenlang beklatscht wurden.[113] Man muss keinen Widerspruch zwischen der bewussten Inszenierung der historischen Kostümierung und dem Ernst, mit dem man sich der vermeintlichen Tradition hingab, sehen. Vielmehr sollte man den Aspekt der Selbstüberredung mitdenken.[114] Es entsteht der Eindruck, als hätte man die innere Sicherheit, das

109 Bolschewisierung der KPD, S. 6.
110 Der Ständige Ausschuß des Zentralkomitees der Aufbauorganisation für die KPD 1971.
111 Schneider, Rebellion und Wahn, S. 335.
112 Partein ..., S. 85.
113 Koenen, Das rote Jahrzehnt, S. 285.
114 In unserem Gespräch erzählte mir Detlef Michel von seinem Freund und Mitbewohner, der diese Transformation an nur einem Tag vollzog; der Aspekt der beinahe gewaltsamen Selbstdisziplinierung wird hier überdeutlich: »Eines Tages geht er zum Friseur, lässt sich die Haare schneiden, der Friseur muss hier einen Scheitel reinziehen, was schwer war, weil er schon seit wie viel Jahren keinen Scheitel mehr hatte [...]. Das war vormittags, nachmittags geht er in der Bergmannstraße von einem Trödelladen zum anderen und kauft sich eine gebrauchte Lederjacke und eine Aktentasche. Am Abend kommt er dann in die WG [...], stellt sich gerade hin und sagt: ›Ich bin jetzt in der KPD, ich bin Arbeiter‹. [...] Eine Woche später oder so hat er geheiratet, weil das Proletariat hat ja geheiratet.« Gespräch des Autors mit Detlef Michel am 01.08.2015 in Berlin.

Richtige zu tun, durch ein *Nachspielen* einer Zeit, in der der Gegner und damit die Handlungsanweisung klar und deutlich war, erreichen wollen: Die formale Sicherheit des Rituals sollte die charakterliche Sicherheit nach sich ziehen.[115] Neben neuen Betätigungsfeldern erzeugte ein solches politisches *method acting* aber auch Pfadabhängigkeiten – und dazu gehörte, um diesen Faden noch einmal aufzunehmen, dass die bewusste Entfernung Stalins aus der vorläufigen »Plattform« nur vorübergehend sein konnte. Sicher auch deshalb, weil die enorme Betriebsamkeit der Partei zum Gefühl beigetragen hatte, sich auf dem richtigen Weg zu befinden, schlug die Aufbauorganisation für die Kommunistische Partei Deutschlands kaum ein Jahr nach ihrer Gründung eine noch kühnere Volte: Da man vom Tag der Gründung an seiner »revolutionäre[n] Verpflichtung« voll nachgekommen sei, habe man aus falscher Bescheidenheit einen »falschen Namen«[116] gewählt. Konsequenterweise strich man also die Aufbauorganisation aus dem Namen und nannte sich künftig einfach Kommunistische Partei Deutschlands. Diese Konsolidierung ging mit der Publikation einer umfangreichen *Programmatischen Erklärung* einher, in der die frisch gebackene KPD ihren politischen Anspruch, ihr Selbstbild und Praxiskonzept sowie ihre endgültige Struktur festlegte. Theoretisch verortete sich die Partei – natürlich – in der Tradition des von Stalin, Mao und Kim Il Sung weiterentwickelten Marxismus-Leninismus, historisch dagegen in der KPD Ernst Thälmanns; großformatige Porträts von Marx, Engels, Liebknecht, Luxemburg, Thälmann, Lenin, Stalin und Mao zierten die *Programmatische Erklärung* wie Schutzheilige.

Auch wenn das Hauptziel der Partei – der Kampf für die Diktatur des Proletariats und der Aufbau des Sozialismus als Übergangsetappe zur klassenlosen Gesellschaft – nicht über Wahlen erreicht werden sollte, wollte die Partei zu Agitations- und Taktikzwecken dennoch bei solchen antreten.[117] Die eigentliche politische Praxis sollte hingegen hauptsächlich aus Agitation bestehen, die die Einigung des Proletariats befördern und seinen Lebensstandard anheben sollte. Einer der am stärksten her-

---

115   Bert Hoppe erklärt die große Bedeutung von formal richtigen Verhaltens- und Sprechweisen für die bolschewistischen Kader der Sowjetunion ähnlich: Der »neue Mensch« entstehe, indem die bolschewistischen Ideale Körper und Geist ergreifen würden – in den korrekt durchgeführten Praktiken wurde dies eingeübt, siehe Hoppe, In Stalins Gefolgschaft, S. 228.
116   Programmatische Erklärung der Kommunistischen Partei Deutschlands, S. 1.
117   Den größten Erfolg erzielte sie 1975 bei der Landtagswahl in Berlin, bei der die Partei auf 0,7% der Stimmen kam. Bei der Bundestagswahl 1976 erzielte sie 0,1%, siehe Bacia, Kommunistische Partei Deutschlands (Maoisten), S. 1819.

vorgehobenen Programmpunkte war dementsprechend der Kampf für gleichen Lohn für Männer und Frauen, deutsche und ausländische sowie westdeutsche und Westberliner Arbeiter. Detaillierte Forderungen nach besserer Gesundheitsversorgung, mieterfreundlicher Politik, längerem Urlaub, bezahltem Entbindungsurlaub oder der Freistellung bei Krankheit der Kinder schlossen sich an. Innenpolitisch stand der Kampf gegen Steuerflucht, für die Senkung der Lohnsteuer, die Absenkung der Wehrpflicht und Erhöhung des Soldes sowie die Abschaffung des Ausländergesetzes auf der Agenda, außenpolitisch der Abzug der alliierten Truppen sowie Solidarität mit dem antiimperialistischen Kampf verschiedener Völker.

Die Publikation der *Programmatischen Erklärung* bildete nicht nur den vorläufigen Endpunkt der internen theoretischen Diskussion, sondern stellte auch die Auseinandersetzung mit den anderen Gruppen auf eine neue Grundlage:[118] Die frisch aus der Taufe gehobene KPD verband die Festschreibung der eigenen Positionen explizit mit einem Gesprächsangebot an die anderen ML-Organisationen. Das Fernziel, so die KPD-Führung, sei immer noch eine Kommunistische Partei, die alle Marxisten-Leninisten vereine und damit dem Imperialismus die Stirn bieten könne. Solange die Zeit dazu noch nicht gekommen sei, müsse man einen Modus des Umgangs miteinander finden. Als Zwischenziele böten sich etwa punktuelle Aktionsbündnisse bzw. »Einheitsfronten« zum gemeinsamen Kampf für wichtige Forderungen an, auf die sich alle Organisationen einigen konnten – antifaschistische Demonstrationen etwa.

Das dafür nötige Differenzmanagement bewirkte freilich eher das Gegenteil: Anstatt die Unterschiede zwischen den Parteien zu überwinden, wurden sie immer feiner und aufwendiger kultiviert. Die *Rote Fahne* veröffentlichte sogar eine Übersichtstabelle über die Standpunkte der KPD, der KPD/ML-Roter Morgen, der KPD/ML-Zentralbüro und des Kommunistischen Arbeiterbundes/ML (KAB/ML) zu als besonders sensibel und wichtig wahrgenommenen Themenkomplexen. Je näher die Positionen sich dabei waren, desto heftiger fiel die Abgrenzung aus, etwa – wiederum – bei der genauen Bewertung Stalins: Während die KPD Stalin für die Durchsetzung der »proletarischen Linie« in der KPdSU lobte, den Beginn des Sowjetrevisionismus jedoch in seiner späteren »folgenreichen

---

118 Da in dieser Studie nicht die vollständige Geschichte der KPD im Zentrum steht, sondern nur die Dynamiken ihrer Gründungszeit im Zusammenhang mit dem Zerfall der antiautoritären Bewegung, wird auf ihre weitere Entwicklung hier nicht ausführlich eingegangen; für einen kurzen Abriss siehe etwa ebd..

Fehleinschätzung [...] über die Natur der Klassenverhältnisse«[119] verortete, kritisierte sie das KPD/ML-Zentralbüro für deren Ansicht, dass der Sowjetrevisionismus erst *nach* dem Tod Stalins durch Chruschtschow begonnen habe. Eine solch explizite Markierung des Grenzverlaufs zwischen den Gruppen changierte zwischen gegenseitiger Anziehung und Abstoßung und begünstigte eher die Schärfung der eigenen Position als das Finden eines Konsenses.

Es wäre sicher falsch, die theoretische Arbeit, das Ringen um Differenzierungen und Selbstverortungen ausschließlich als pure Fassade oder Ausdruck knallharter Machtinteressen zu verstehen. Die Triebkräfte hinter der theoretischen Ausdifferenzierung der K-Gruppen sind aber nicht ohne das Kräftefeld zu verstehen, in dem die Akteure sich bewegten. Und in diesem Feld beanspruchte die KPD-AO, zumindest in der Frühphase der K-Gruppen nach 1970, den Habitus der Entschlossenheit und Konsequenz am stärksten.[120] Aus allen ihren Texten spricht der Wille zur klaren Linie und die angeblich scharf gestochene Vision der Zukunft – vor allem aber die Behauptung, über das Wissen um einen akkurat gepflasterten Weg dorthin zu verfügen. In der Situation der krisenhaften Verunsicherung des zersplitternden linken Milieus muss die in zahllosen Variationen aufgestellte Behauptung, eher: Beschwörung eines großen Plans auf viele eine ungeheure Sogwirkung ausgeübt haben.[121] Ohne Zweifel hatte die zu ihrem Ende hin offensichtlich werdende Ziellosigkeit der sich immer weiter bewegenden Bewegung bei ihren Akteuren eine Not ausgelöst, in der das Versprechen eines »strategischen Plans zum Sturz der Kapitalistenklasse«[122] gerade durch die Suggestion der geduldig ableistbaren revolutionären Arbeit einen Ausweg aus der permanenten Anstrengung anbot, die Bewegung in Bewegung zu halten. Ob Proletarierin oder Intellektueller, Unternehmertochter oder Gastarbeiter, jede und jeder, der oder die zum Mitmachen entschlossen war,

119 Aktionseinheit, Einheitsfront, Ideologischer Kampf Teil 2, S. 6.
120 Stolz wurde in einem Protokoll vermerkt, dass die Suche nach einem Veranstaltungsort gescheitert sei, weil man von einem befragten Wirt für zu »gefährlich« gehalten werde, der hingegen Veranstaltungen der SEW in seinen Räumen dulde, weil »das ja auch so eine Art Altherrenklub« sei, siehe GO Moabit, Protokoll vom 16.2.1971. APO-Archiv, Ordner 471 KPD Intern 1970-1971, S. 3.
121 Diese betonte Planmäßigkeit und Ausführbarkeit der politischen Arbeit war natürlich selbst wieder historisches Zitat, bzw. wurde auf die behauptete eigene Traditionslinie projiziert, etwa durch die Neuedition von Walter Ulbrichts Text *Mehr Planmässigkeit der Arbeit*, nach dem selbst Details der Sitzungsprotokollführung zentralen Vorgaben unterliegen sollten: Ulbricht, Planmäßigkeit.
122 Aktionseinheit, Einheitsfront, Ideologischer Kampf.
123 Aktionseinheit, Einheitsfront, Ideologischer Kampf Teil 2, S. 6.

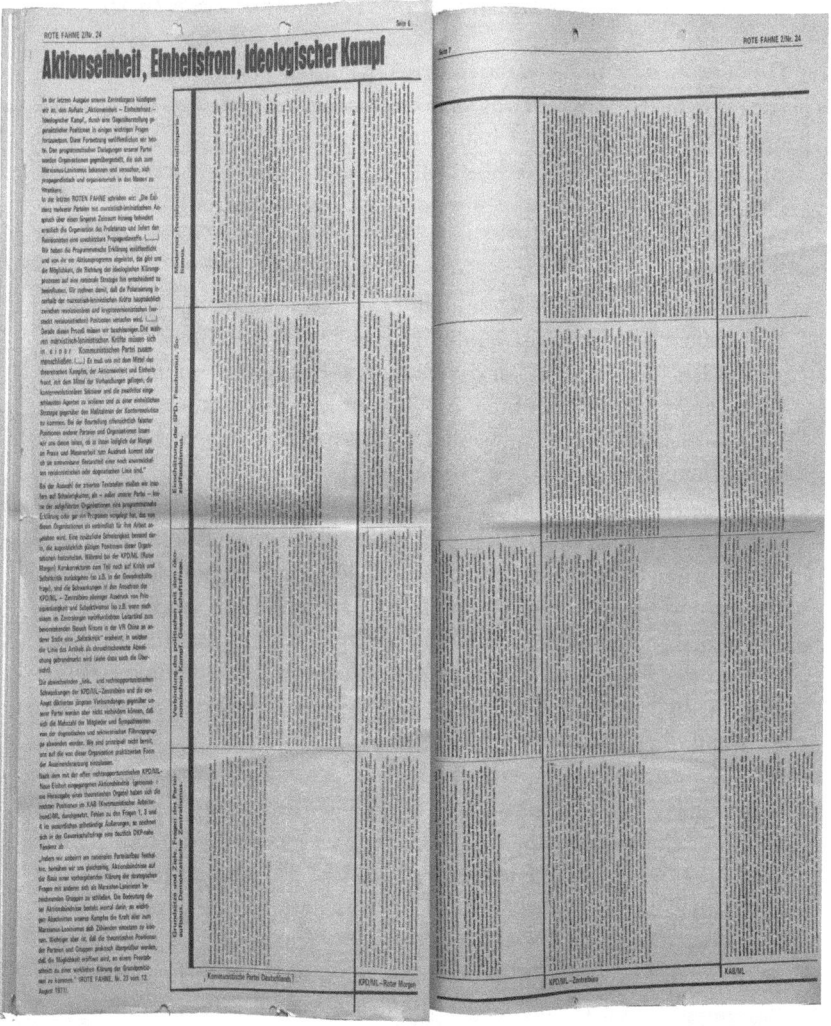

Säuberliches Differenzmanagement: Von der KPD veröffentlichte Übersichtstabelle über ideologische Gemeinsamkeiten und Differenzen mit anderen maoistischen Organisationen[123]

sollte nun an seinem oder ihren Ort das je eigene Scherflein beitragen können, ohne dafür das Studium aufzugeben und sich in der Fabrik ans Band zu stellen. Auch wenn sich dies schnell ins Gegenteil verkehren sollte: Die formalisierte und klare politische Arbeit in der Partei erschien damit primär als Entlastung des Individuums.

INS SCHWARZE LOCH

»die gefahr seelischer verhärtung«: Lebenswelt Kaderpartei

Die These, dass die Attraktivität der KPD-AO bzw. der K-Gruppen zunächst in der Aussicht für den einzelnen Genossen lag, die permanente Arbeit am revolutionären Selbst könne nun ein Ende haben, mag zunächst überraschen – schließlich ist der auf die Mitglieder verübte Druck, ja der Psychoterror, ein zentrales Element des Narrativs über die repressiven »Politsekten.«[124] Im Folgenden wird argumentiert, dass die Transformation der KPD-AO zu einer autoritären, totalitär anmutenden Organisation zwar sicher schon in ihrer Grundstruktur angelegt war, sich aber dennoch erst sukzessive in und durch ihre Praxis entwickelte – und wesentlich auf die gegenüber der Phase der »Bewegung« veränderte Rolle von Theorie zurückzuführen war. Um diese Entwicklung kleinteilig nachvollziehen zu können, werden abschließend das Innenleben und die politische Praxis der KPD-AO betrachtet.

Aus den nur selektiv erhaltenen internen Quellen der Aufbauorganisation, vor allem aus den Sitzungsprotokollen ihrer »Grundeinheiten«, sind die Schwierigkeiten zu erahnen, auf welche auch hochmotivierte Genossinnen und Genossen bei der praktischen Ausführung des so zentralen wie unbestimmten Plans zum Sturz des Kapitalismus stießen. Als kleinste Einheit der Organisation waren Gruppen vorgesehen, die in Betrieben und Stadtvierteln arbeiten sollten. Wie viele Mitglieder zu welchem Zeitpunkt in welchen Gruppen arbeiteten, ist aufgrund der Quellenlage schwer einzuschätzen, zumal die peu à peu verschärften Konspirationsregeln die Vervielfältigung von Dokumenten einschränkten und sogar bestimmten, dass einzelne Mitglieder je nach Funktion unterschiedliche parteiinterne Decknamen benutzen sollten. Für die Jahre 1970 und 1971 kann man von mindestens vier Stadtteilgruppen in »proletarischen Vierteln« (Neukölln, Wedding, Moabit, Kreuzberg) mit je ungefähr zehn festen Mitgliedern (und sehr viel mehr lose mitarbeitenden »Sympathisanten« und »Kandidaten«, die sich um die Gruppen sammelten), mindestens zwei größeren Gruppen in Betrieben (Schering und AEG) und mehreren thematischen Ausschüssen (Wissenschaft, Agitation, Internationalismus, Jugend etc., die aber vermutlich personell teilidentisch mit den Stadtteil- und Betriebsgruppen waren) ausgehen.

---

124 Zolling, Peter, Wende-Genossen (1997). Vom Bürgerschreck zum Bourgeois – wie die Politsekten zerfielen und wo sich die Mitglieder etablierten. Online verfügbar unter https://www.focus.de/politik/deutschland/k-gruppen-wende-genossen_aid_166129.html, zuletzt geprüft am 23.10.2018.

Die Hauptaufgabe dieser Gruppen (neben dem allgemeinen Aufbau der Organisation, dem Verkauf der *Roten Fahne*, dem Anwerben neuer Mitglieder usw.) bestand zunächst in der »Untersuchungsarbeit«[125], auf der ortsspezifische »Agitation und Propaganda« aufbauen sollten. Kommunistinnen und Kommunisten mussten ja schließlich wissen, worüber sie sprachen, und dazu systematisch herausfinden, unter welchen Problemen die Arbeiter gerade zu leiden hatten. Mit den Ergebnissen dieser Untersuchungen sollte anhand konkreter Beispiele die kommunistische Agitation gestartet werden. Diese stand aber von vornherein vor einem Dilemma: Die Agitierten sollten einerseits motiviert und befähigt werden, organisiert Missstände in ihrer Lebenswelt zu bekämpfen, andererseits aber auch bemerken, dass diese Missstände nicht wirklich bekämpfbar waren, solange das ihnen zugrundeliegende kapitalistische System unangetastet blieb.

In den ersten Monaten kristallisierte sich dabei schnell ein thematischer Schwerpunkt auf Miet- und Gesundheitsthemen heraus – die angespannte Wohnsituation und die ungleiche Verteilung medizinischer Versorgung in West-Berlin ließen das als besonders relevant erschienen. Im Juli 1970 lancierte die KPD-AO eine Kampagne gegen den Vermieter eines Wohnheimes in der Neuköllner Juliusstraße 51. In der von etwa siebzig Mietern bewohnten ehemaligen Wurstfabrik teilten sich – vor allem ausländische – Arbeiter spärlich möblierte 10-qm-Zimmer; auf zwanzig Bewohner kamen jeweils eine Dusche und eine Toilette. Die Mitglieder der Organisation prüften in Vorgesprächen mit den Bewohnern deren »Kampfbereitschaft« und registrierten befriedigt, dass sich diese von ihrer »harten Sprache und [dem] offenem Auftreten als Kommunisten«[126] nicht abschrecken ließen. Daraufhin luden sie diese – auf Deutsch, Griechisch und Türkisch – zu einer Mieterversammlung ein. Dort wurde eine kämpferische Rede gehalten und dem Vermieter des Hauses in einer abschließenden Resolution (in der die Genossen der KPD-AO peinlich genau darauf achteten, den betroffenen Mietern die Initiative der Aktion zuzuschreiben) ein Ultimatum gestellt, um die offensichtlichen Mängel zu beheben (Toilettensanierung, Befreiung von der Rattenplage, Senkung der Miete etc.), bei deren Nichterfüllung man sich an die zuständigen Stellen (so zum Beispiel an das Gesundheitsamt wegen der Ratten) wenden wollte. Die Resolution versuchte dabei,

125 Die, anders als bei der Konkurrenz von der PL/PI, dezidiert *keine* Theoriearbeit darstellen sollte.
126 Bericht über die Gespräche mit Mietern im Wohnheim Juliusstr. APO-Archiv, Box KPD Kom. Partei Deutschlands KPD Intern, Protokolle Berlin, Papers 1970-1971, Signatur 471-472 Ordner 472 KPD intern Berlin 1970-1971.

auf dem schmalen Grat zwischen personalisierender Schmähung und Systemkritik zu balancieren: einerseits zeichnete sie den – natürlich – Mercedes fahrenden Vermieter als wahrlich unangenehmen Menschen und Schmarotzer, führte andererseits aber aus, dass die Misere doch strukturell sei: Der Staat stehe auf der Seite der Besitzenden, das Elend der Mieter sei im Privateigentum an Wohnraum begründet, und es sei ja offensichtlich, dass, wer nicht arbeite, auch nicht von anderer Leute Geld ein schönes Leben führen dürfe.[127] Tatsächlich zeigte die Aktion Wirkung – und genau damit die Schwierigkeiten eines Politikansatzes, der mithilfe von erfolgreichen Reformen die Unreformierbarkeit des Systems beweisen wollte: Zwar wurden die Mieten nicht gesenkt, jedoch tatsächlich Renovierungsarbeiten durchgeführt, was die Mieter zu großen Teilen besänftigte.[128] Der kapitalismuskritische Impuls lief praktisch ins Leere, wie selbstkritisch intern eingeräumt wurde – die Frage, was echte kommunistische Agitation denn überhaupt ausmache, blieb somit offen.

Das kaum verhohlene Scheitern der Propagandaaktion in der Juliusstraße 51 offenbarte daher ein symptomatisches Dilemma der frühen Untersuchungsarbeit der KPD-AO: Je konkreter sie wurde, desto unklarer war, was man beim Untersuchen eigentlich genau suchte. Die zentralistische Überformalisierung der Parteiarbeit stand sich offenbar selbst im Weg – denn um Abhilfe für die Planlosigkeit der Methoden und Ergebnisse zu schaffen, war für die Organisationsspitze schlicht kein anderer Lösungsansatz denk- und formulierbar als ein quantitativer: Die Arbeit an der Basis musste eben straffer und zentraler geplant werden. Ähnlich wie bei der PL/PI forderte die Parteileitung daher vor allem, die Resultate systematisch zu verallgemeinern: Subjektives, anekdotisches Wissen sollte durch verwertbare Fakten ersetzt werden. Im hierarchischen System des »Demokratischen Zentralismus« führte diese Schaffung »harter Fakten« (bzw. deren situative Simulation) und ihre Anschlussfähigkeit an das Wissen der Organisation schnell dazu, dass sich die Parteiarbeiter an Methoden der empirischen Sozialforschung anlehnten, die vor allem auf die Standardisierung der erhobenen Daten abzielten.[129] So wurden Fragebögen ausgearbeitet, anhand derer die

127 Mieterversammlung der Mieter Juliusstraße 51, 28.08.1970. APO-Archiv, Box KPD Kom. Partei Deutschlands KPD Intern, Protokolle Berlin, Papers 1970-1971, Signatur 471-472 Ordner 472 KPD intern Berlin 1970-1971, S. 2.
128 Neukölln: Juliusstrasse 51 – Erfolge und Lehren.
129 Die große Bedeutung von Statistik wurde schon sehr früh betont, so wurde beispielsweise angeregt, Daten unter anderem über Bevölkerungsstruktur, Wohnverhältnisse, Gesundheitswesen, Schulsituation, Betriebsstruktur, Kommuni-

Haustürgespräche mit den Einwohnern der untersuchten Stadtviertel geführt werden sollten: diese erkundigten sich nach der Zusammensetzung der Familie, dem Einkommen und der Ernährung (»wie oft Fleisch?«), nach Kleidung und Kosmetika, hinzu kamen Fragen nach der Anzahl der Zimmer oder der Art der Toilette oder Heizung. Weiterhin wollte man wissen, wofür man 100 DM mehr ausgeben würde, wenn man sie denn hätte, wo man einkaufen und ob man bausparen würde. Zuletzt wurde erfragt, ob man die *Rote Fahne* schon kenne und welche Artikel man darin gut oder aber unverständlich fände und warum.[130] Ähnliche Fragebögen wurden für Betriebe erstellt, in denen nach Lage und Aufbau der Produktionsstätten, Betriebskonflikten, Geschlechterverteilungen und dergleichen gefragt wurde, und die in gelegentlich geradezu rührender Ausführlichkeit von sympathisierenden Arbeitern ausgefüllt wurden.[131] Neben den Ergebnissen dieser Untersuchungsarbeit sollte dabei auch die restliche Arbeit der Zellen durch die Anfertigung von Berichten über Sitzungen, Aktionen und Treffen einer zentralen Auswertung und Steuerung zugänglich gemacht werden.

Das Ideal der gesteuerten Auswertung und der Verallgemeinerung von Erfahrungen entwickelte schnell eine Eigendynamik in Form eines regelrechten Regulierungssogs: Mit jeder zentralen Direktive schien der Bedarf an weiteren Direktiven zu steigen, die Bereitschaft, nicht-formalisierte Arbeit auszuhalten oder auszuführen, hingegen zu sinken.[132]

kationsstrukturen (etwa Kneipen und Vereine) und Verkehrsverbindungen in den untersuchten Vierteln (Moabit, Kreuzberg, Neukölln und Wedding) von den statistischen Landes- und Bezirksämtern zu beschaffen (KPD/AO, Protokoll der Sitzung am 20.3.1970. APO-Archiv, Ordner 472 KPD Intern Berlin 1970-1971, S. 3 f.). In den internen Quellen finden sich zahllose, teilweise handschriftlich geführten Auswertungen von Verteilungen des Alters und Geschlechts, vom Verhältnis von Kleinbetrieben und Sportvereinen, Arbeitslosenquoten und Schülerzahlen in den Vierteln. Den epistemologischen Fokus auf Zahlen und statistische Daten kann man durchaus als Variante der impliziten Dichotomie zwischen »harter Realität« und »utopischer Träumerei« deuten.

130 Fragebogen der Stadtteiluntersuchungsgruppe Moabit. APO-Archiv, Ordner 472 KPD Intern Berlin 1970-1971.
131 Fragen zum Osram Betrieb. (Für Hartmunt Jansen), 31.7.1970. APO-Archiv, Ordner 472 KPD Intern Berlin 1970-1971.
132 So wurde etwa das Format der Sitzungsprotokolle (STuG Neukölln, Protokoll vom 15.12.1970. APO-Archiv, Ordner 471 KPD Intern 1970-1971, S. 3) oder der »Selbstkritiken« (UG Moabit, Protokoll vom 13.10.1970. APO-Archiv, Ordner 471 KPD Intern 1970-1971, S. 1) durch zentrale Direktiven vorgeschrieben – ob man sich daran auch hielt, steht auf einem anderen Blatt. Zur Tendenz von Bürokratien, »nach innen« zu wachsen, siehe Luhmann, Schriften zur Organisation 2, S. 322.

Das Berichtswesen explodierte, immer neue Regeln wurden eingeführt: Wo in Sitzungsprotokollen zunächst nur die Anwesenheit der Genossen vermerkt wurde, wurden bald auch die Entschuldigungen von Nachzüglern festgehalten, wo Haustürgespräche mit Interessenten zunächst nicht einmal inhaltlich festgehalten wurden, wurde bald auch vermerkt, warum und wie sie endeten (etwa weil der agitierten Hausfrau das Essen anbrannte). So entwickelte sich ein sich zunehmend verselbstständigender Planungs-, Verwaltungs- und Kontrollwille, der von der Aufstellung detaillierter Arbeitspläne für die einzelnen Ebenen über ein immer ausgefeilteres System von Urlaubsanträgen über die Erstellung von Evaluationsfragebögen bis zur Erfassung des Verlaufs jeder einzelnen Zeitungsverteilung reichte.[133]

Zunehmend geriet die KPD-AO in diesem Prozess in eine Art Kontroll- und Vereinheitlichungszwang hinein. Im September 1970 wurden die Mitglieder angehalten, bei ihren Sympathisanten keine »individuellen Methoden der Agitation« mehr zuzulassen, sondern einen »kontrollierbaren Rahmen« bereitzustellen, »damit eine grosse Einheitlichkeit gewahrt«[134] bleibe. Für Diskussionen sollten »geschulte Antworten« vorbereitet und »Witze und Angriffe [...] vorher ausformuliert werden«[135]. Anfang 1971 konnte sich schließlich nicht einmal mehr ein Zirkel von an der *Roten Fahne* Interessierten zusammenfinden, ohne dass die gemeinsame Leseaktivität einer »politischen Kontrolle« seitens der zuständigen Grundeinheit unterworfen werden musste.[136]

Es ist eine ironische Pointe, dass die Partei in ihrer Optimierungslogik teilweise, bewusst oder unbewusst, Techniken und Rhetorik des mittleren Managements übernahm. So versuchte sie, Arbeitserfolge der Mitglieder zu quantifizieren – etwa die Zahl akquirierter Adressen Gesprächswilliger oder der verteilten *Roten Fahnen*. Prompt wurde darafhin ein parteiinterner »sozialistischer Wettbewerb« ausgerufen.[137] Vermutlich ungewollt,

133 GO Wedding, Protokoll der Sitzung vom 03.04.1971. APO-Archiv, Ordner 471 KPD Intern 1970-1971, S. 1; BUG Schering, Protokoll, 01.09.1970. APO-Archiv, Ordner 471 KPD Intern 1970-1971, S. 2.
134 GO Moabit, Protokoll vom 22.09.1970. APO-Archiv, Ordner 471 KPD Intern 1970-1971, S. 1.
135 BUG Schering, Protokoll vom 28.08.1970. APO-Archiv, Ordner 471 KPD Intern 1970-1971, S. 2.
136 GO Moabit, Protokoll vom 26.01.1971. APO-Archiv, Ordner 471 KPD Intern 1970-1971, S. 4.
137 Wie ein »sozialistischer Wettbewerb« konkret aussehen sollte, war den Mitgliedern derweil selbst unklar: »Da der Begriff soz. Wettbewerb nicht geklärt ist, wird gebeten, ihn in einer Direktive zu definieren«, mahnte die Grundorganisation in Moabit an (GO Moabit, Protokoll vom 28.11.1970. APO-Archiv,

aber doch unvermeidlich, setzten sich die Genossen dadurch gegenseitig mit Arbeitserfolgen unter Druck. Diejenigen, die für den Vertrieb der Publikationen zuständig waren, übernahmen das *Mindset* kommerzieller Geschäftemacher noch bruchloser: So wurde die Fertigstellung einer Quellenedition über die Bolschewisierung der KPD angetrieben, um noch das Weihnachtsgeschäft mitnehmen zu können.[138]

Ein weiterer Stressfaktor entstand aus der wachsenden – wenn auch nicht unberechtigten[139] – Überwachungsparanoia der Organisationsleitung, die sich in immer aufwendigeren Konspirationsregeln niederschlug. Schon früh waren Decknamen[140] eingeführt worden, mit denen sich die Genossinnen und Genossen ansprechen sollten. Dass ein und dieselbe Person teilweise in unterschiedlichen Kontexten unterschiedliche Pseudonyme hatte, die je nach Situation (am Telefon, zuhause, in der Zelle, auf der Straße) oder momentan ausgeübter Funktion benutzt werden sollten, führte in der Praxis häufig zu Verwirrungen. Zusammenkünfte wurden dadurch erschwert, dass man sich nur selten in einsichtigen oder privaten Räumen treffen durfte; Autos mussten weit entfernt von den Treffpunkten geparkt werden,[141] bei Versammlungen sollten die Genossen die konspirativ gemieteten Wohnungen einzeln und versetzt aufsuchen, um polizeiliche Observation zu erschweren. Was vor allem Neumitgliedern das Gefühl der außerordentlichen Bedeutung ihrer Arbeit verliehen haben mag,[142] stellte sich im Organisationsalltag als zeitraubend und

---

Ordner 471 KPD Intern 1970-1971, S. 2). Wie die meisten Direktiven war auch diese nicht mehr aufzufinden, es ist daher nicht zu klären, ob sich das Zentralkomitee inhaltlich an den »Sozialistischen Wettbewerb« der DDR anlehnte oder nur diesen Begriff übernahm.

138 GO Moabit, Protokoll vom 04.12.1970. APO-Archiv, Ordner 471 KPD Intern 1970-1971, S. 1.
139 Lethen, Handorakel, S. 13 ff.
140 Aus den Protokollen ergibt sich der Eindruck, dass gerne geschichtsträchtige Namen als Decknamen gewählt wurden, wie Reimann, Adler oder Kowalski – Max Reimann, Julius Adler oder Werner Kowalski waren prominente Figuren aus dem deutschen Widerstand gegen den Nationalsozialismus bzw. der Weimarer KPD.
141 In ihrem autobiographischen Roman berichtet Marianne Brentzel zwar, wie sehr sich die Mitglieder ihrer Parteizelle über die einzuhaltende »Elrohmeile« (der Parteivorsitzene Jürgen Horlemann trägt in dem Roman das Pseudonym »Elroh«) zwischen Auto und Treffpunkt lustig gemacht hätten, siehe Brentzel, Rote Fahnen, S. 110. Dass die Regeln trotzdem eingehalten wurden, der Spott sie eher noch stabilisierte, illustriert das widersprüchliche Verhältnis der tatsächlichen Praxis und ihrer Reflexion.
142 Partein …, S. 12.

nervtötend heraus. Immer wieder erwies sich der Konspirationszwang als hinderlich, sei es, weil Adressen von Genossen nicht aufzufinden waren, sei es, weil wichtige Dokumente aus Versehen geschreddert wurden, Versammlungen nicht mitgeschrieben werden durften oder von manchen Dokumenten nur wenige Ausfertigungen existierten.

All diese Punkte stellen übrigens auch den Historiker vor Probleme: So umfangreich der Nachlass der KPD-AO sein mag, die Art der erhaltenen Quellen ist ausgesprochen selektiv. Noch schwerer nachzuverfolgen ist der wohl tatsächlich bis zu einem gewissen Punkt erfolgte Aufbau eines »illegalen Apparates«, der in den schriftlichen Quellen bis auf wenige Ausnahmen nicht thematisiert wurde.[143] Ehemalige Mitglieder berichten allerdings übereinstimmend von Genossen, die ihre Parteizugehörigkeit geheim hielten und versuchten, rechte oder bürgerliche Organisationen zu infiltrieren.[144] Manche seien sogar als Touristen getarnt nach Osteuropa oder Griechenland gereist, um dort Kontakt zu revolutionären Organisationen aufzubauen.[145] Über den Erfolg solcher Unternehmungen ist hingegen nichts bekannt.

Man kann sich vor diesem Hintergrund leicht vorstellen, dass auf den Mitgliedern aller Ebenen (vor allem aber der unteren) ein ungeheurer und mit jeder zentralen Direktive zunehmender Arbeitsdruck lastete: Sie sollten Untersuchungsarbeit leisten und möglichst schnell mit Agitation verbinden, neue Mitglieder anwerben bzw. in »Sympathisantenzirkeln« organisieren, die *Rote Fahne* und andere Agitationsmaterialien drucken, falten und verteilen bzw. verkaufen, Telefondienste besetzen, in Kommissionen der Organisation arbeiten, Adressen potenzieller Sympathisanten aufsuchen, sich theoretisch schulen, Klassikertexte edieren, mehrmals pro Woche Zellensitzungen besuchen, protokollieren und Korrektur lesen, Berichte schreiben und sich neue Arten und Ansatzpunkte für »Agitation und Propaganda« in ihrem Stadtviertel oder Betrieb ausdenken – all dies neben Studium oder Beruf. Hinzu kam oftmals die Arbeit in den *Roten Zellen*, Stadtteilkomitees und ähnlichen Organisationen. Die Überlastung durch Termine und Pflichten war daher ständiges Thema in den Sitzungen der Grundeinheiten. Bei einer Stundenaufstellung der Genossen im Wedding gaben einige Mitglieder an, bis zu achtzig Stunden in der Woche in die Organisationsarbeit zu

---

143 Erwähnt wird der konkrete Plan zum Aufbau eines solchen Apparates etwa in BUG Schering, Protokoll vom 28.7.1970. APO-Archiv, Ordner 471 KPD Intern 1970-1971, S. 2.
144 Für die Landjugend bzw. die Jungbäuerinnen und -bauern berichtet dies etwa Schmidt, Linke Bauern, S. 130.
145 Gespräch des Autors mit Werner Stanglmaier am 11.06.2015 in Berlin.

investieren.[146] Die Schuld für Überforderung wurde damit an den Einzelnen zurückgespielt: Wer für die universitäre Zwischenprüfung mehr Vorbereitung brauche als in die U-Bahn-Fahrt auf dem Weg dorthin,[147] wer überhaupt noch Zeit für Freizeit oder Familie haben wolle, wer es als Belastung wahrnehme, auch am Urlaubsort seine Umwelt zu agitieren – der musste entweder nicht gut organisiert oder nicht entschlossen genug sein.

Diese permanente Überlastung trug vermutlich ihren Teil dazu bei, dass sich noch die reflektiertesten Intellektuellen erstaunlich schnell und reibungslos in den Parteiapparat einfügten – es war schlicht keine Zeit, die eigene Tätigkeit kritisch zu hinterfragen, wenn stattdessen eine weitere Sitzung im Terminkalender stand, ein weiteres Flugblatt verfasst, gedruckt und verteilt werden, eine weitere Sympathisantin besucht werden musste.[148] Der ursprüngliche Impuls der Gründung der KPD-AO war die Ermöglichung von Praxis gewesen; mit subjektiv zunehmendem Erfolg wurde sie zum sich selbst erhaltenden System.

Ein solches, mit massiven Einschnitten in das Privatleben einhergehendes Arbeitspensum konnte natürlich vom Ottonormalgenossen kaum ertragen werden, so das Selbstbild der mit Stolz dem Burn-Out entgegenarbeitenden Parteimitglieder – dafür brauchte es schon richtige *Kader*. Der »Kader« stellte mit seinem dezidierten Beiklang des exklusiven Elitarismus, der kompromisslosen, bierernsten Hingabe und dem strengen Denken in Hierarchien und Befehlsebenen den zentralen Sehnsuchtsbegriff der Verwandlung der »Bewegung« in die »Organisation« dar – bei den Gegnern dagegen das Zentrum von Schmähungen und Spott.[149] Im kollektiven Selbstbild des »Kaders« traf die Unbeirrbarkeit des scheinbaren Wissens um den richtigen Weg, die Schlagkraft der »Organisation« und die Anknüpfung an die Geschichte der Weimarer

146 GO Wedding, Protokoll vom 13.03.1971. APO-Archiv, Ordner 471 KPD Intern 1970-1971, S. 4.
147 Partein ..., S. 106.
148 Aus manchen Protokollen spricht fast schon eine physische Beklemmung durch die Massen längst überholter Propagandadrucksachen, die, bestellt und nicht abgeholt, in den Parteibüros lagerten; das Gefühl, kaum mehr hinterherzukommen, vom eigenen Anspruch überrollt zu werden, dürfte sich dabei unweigerlich eingestellt haben, siehe Beschlußprotokoll des Regionalkomitees vom 11.4.1971, West-Berlin. APO-Archiv, Ordner 471 KPD Intern 1970-1971, S. 1.
149 Exemplarisch: I.Z.U.K. Initiativkomitee zur Unterstützung des Komitees, Seien wir unseren Kadern dankbar. APO-Archiv, Sammlung Neue Linke, Studentenbewegung, Ausserparlamentarische Opposition in Deutschland, Ordner 27.

KPD zusammen, die die Anziehungskraft der KPD-AO begründeten. Selbstverortungen der »Kader« sind somit weitgehend exemplarisch für den Politikstil, den die Partei anstrebte, insbesondere im Kontrast zur antiautoritären Bewegung.

Wie dieses Ich-Ideal der »Kader« konkret aussah, ist deshalb verhältnismäßig gut rekonstruierbar, weil es explizit und zentral im Sinne eines kollektiven Identitätsprojektes angekündigt wurde. Nachdem der Status und das Aufnahmeverfahren der Mitglieder der Aufbauorganisation über mehrere Monate hinweg zunächst noch kaum geregelt war, erließ das Zentralkomitee im Oktober 1970 – als eine seiner ersten Direktiven – »Richtlinien zur Kaderfrage«, in denen die Anforderungen an die zukünftigen Vollmitglieder der Aufbauorganisation in einem seltsamen Stilmix aus Verwaltungsakt und Manifest dezidiert ausgeführt wurden. Was unter den Titeln »Solidarisches Verhalten«, »Anerkennung, Verstehen und Einhaltung des Demokratischen Zentralismus« oder »Fähigkeit, sich mit den Massen zu verbinden« an Vorstellungen über den guten Kader aufgeführt wurde, blieb trotz seines Detailreichtums – ein Kader sollte beispielsweise in der Lage sein, »Angriffe auf seine Person […] mit den geeigneten Mitteln abzuwehren«[150] – nur wenig konkret, was spezifische Inhalte oder Fähigkeiten anging. Vielmehr wurde idealtypisch ein bestimmter Habitus beschrieben: Was einen Kader im Kern ausmachte, so war der Direktive im Grunde zu entnehmen, war neben der Kompetenz, in allen Situationen so zu handeln, wie es ein echter Kader idealerweise eben tat, vor allem heroische Entschlossenheit und der Wille, sich der Sache mit echter Hingabe zu widmen. Formuliert in der pathetisch-dramatischen Sprache, der sich die KPD-AO seit ihrer Gründung befleißigte, lautete das:

> »Kommunistische Kader müssen gewillt sein, ihr ganzes Leben lang für den Kommunismus zu kämpfen, fest entschlossen sein, keine Opfer zu scheuen und alle Schwierigkeiten überwinden, um den Sieg zu erringen.«[151]

Es wäre nun zu kurz gegriffen, das Idealbild des »Kaders« auf das eines hirnlosen Parteisoldaten zu reduzieren. Vielmehr wurde darin eine Vorstellung politischer Arbeit formuliert, die ein spezifisches Verhältnis von Individuum und Organisation postulierte: Wenn der Weg und das Ziel theoretisch klar waren, hing der Erfolg der Partei lediglich vom reibungs-

---

150 Richtlinien des ZK zur Kaderfrage. APO-Archiv, Ordner 472 KPD Intern Berlin 1970-1971, S. 3.
151 Ebd., S. 1.

DIE KOMMUNISTISCHE PARTEI DEUTSCHLANDS

losen Funktionieren der Organisation und ihrer einzelnen Glieder ab; die individuelle Persönlichkeit der Kader war für die Organisation nur dann von Interesse, wenn sie deren Funktionieren positiv oder negativ beeinflussen konnte. Die sparsam gebrauchten und an Banalität schwer zu überbietenden Klassikerzitate,[152] die zur theoretischen Unterfütterung der Kaderkonzeption aufgeboten wurden, untermalten denn auch eher die Skizze eines Arbeits- und Persönlichkeitsstils: Der (im Prinzip stets maskulin stereotyp beschriebene, eigentlich aber geschlechtslose) »Kader« war nicht so sehr reale Person oder konkrete Funktionsbeschreibung, sondern eher die Manifestation des Ideals eines vollkommen regelgeleiteten Arbeitsstils, durch dessen Aneignung sich das Individuum nahtlos in eine funktionierende Organisation einfügen könne[153] – eine Vorstellung der Selbststandardisierung, der Verbindung von kontrollierter Selbstleitung mit fester Entschlossenheit, die auch in der Körperrepräsentation oder zumindest im Körperideal der Partei deutlich zutage trat. Die Ablehnung der indifferenten Subjektivität der Studentenrevolte, die Anknüpfung an die KPD der Weimarer Republik und die anvisierte Ausstrahlung stählerner Kampfbereitschaft zeigte sich in einer Mischung aus biederem Erscheinungsbild und kontrolliert-kämpferischer Maskulinität. In dem Band *Wir warn die stärkste der Partein ...* wird eine typische Szene an der FU-Cafeteria in Berlin geschildert:

»man unterhält sich, trinkt Kaffee: gemeinsame Entspannung nach der Aktion. Plötzlich tritt ein selbstbewußter Mann vor die Versammelten. Das Jackett seines Tweedanzugs auseinandergeschlagen, die Fäuste in die Hüften gestemmt, die Beine gespreizt, als wolle er Wurzeln schlagen: keiner soll ihn wegkriegen.«[154]

Auch in anderen Erinnerungen an die Erscheinung der Kader fehlen selten Beschreibungen stocksteifer Körper, schnarrender Stimmen, harter Gesichtszüge, scharfer Scheitel, dröger Anzüge und entsagungsbereiter Asketiker, bei gleichzeitiger Ablehnung weiblicher Attribute.[155] Die rhe-

---

152 Mao wurde etwa mit der »Weisung« »An die Behandlung der einzelnen Genossen muß man sorgfältig und behutsam herangehen« zitiert (ebd., S. 4).
153 Ähnlich formuliert das Rutschky, Erfahrungshunger, S. 30.
154 Partein ..., S. 81.
155 »Die neuen Parteifunktionäre verwandelten ihre von der Revolte belebten Gesichter zu gleichbleibend säuerlichen Mienen, sprachen in abgehackten, kurzen Sätzen mit schnarrender Stimme, bewegten sich kontrolliert und vermieden alles Auffällige. [...] Ein muffiger Pfadfindergeruch ging von diesen Stalinisten aus, die preußische Disziplin und zwangskollektivistische Konformität, die deutschen Albträume, wiederentdeckten«, siehe Heider, Keine Ruhe nach dem Sturm, S. 89.

torische Anknüpfung an die Bürgerkriegssituation der Zwischenkriegszeit fügte diesem Habitus noch eine dezidiert maskulin-kämpferische Note hinzu. Nachdem es bei Verteilungen der *Roten Fahne* mehrmals zu Schlägereien gekommen war, wurde zunehmend die Sicherheit der Propagandatrupps thematisiert; zum Schutz sollten ihnen zunächst »ein starker Mann«[156], später eigene Begleitkommandos zugeteilt werden. Doch auch diese sollten keine rohen Schläger, sondern eher disziplinierte Gewaltfachkräfte sein, wie die Neuköllner Gruppe nach einer Demonstration bemängelte:

> »Gerade wegen der Häufigkeit von Aggressionen mahnen wir die zuständige Ebene, die Organisation für die Ausbildung für die Verteidigung ernster zu nehmen. [...] Die Schutzkräfte müssen disziplinierter sein, jeder überflüssige Kraftaufwand soll vermieden werden (so wurde zB beobachtet, daß ein Angetrunkener sehr hart auf die Bordsteinkante geworfen wurde).«[157]

Vermutlich als Maßnahme zur Erhöhung der Gewalteffizienz beschloss das Zentralkomitee folglich, möglichst viele Genossen der Organisation in Karate auszubilden[158] – und vielleicht ist Karate als disziplinierte und durch Formalisierung effizient gestaltete Gewaltausübung tatsächlich

> Dem »Verlust der Identität als Frau« in der KPD-AO (bzw. beim KSV) war in dem Band sogar ein eigenes Kapitel gewidmet, siehe Partein ..., S. 34.

156 STuG Neukölln, Protokoll vom 6.2.1971. APO-Archiv, Ordner 471 KPD Intern 1970-1971, S. 2. Zum Geschlechterbild verschiedener K-Gruppen siehe Kasper, Sebastian, Die vertagte Emanzipation. Warum die K-Gruppen und die Frauenbewegung nie zueinander fanden, in: jungle world vom 06.06.2013. Eine 1975 erschienene Studie über die Vergeschlechtlichung politischer Ideologien in den Arbeiterromanen der Weimarer Zeit – die explizit im Hinblick auf deren Rezeption in den K-Gruppen ausgearbeitet wurde und an die etwas später erschienenen *Männerphantasien* Klaus Theweleits erinnert – stellte eine Codierung »sozialdemokratisch-alt-impotent-weiblich« und »kommunistisch-jung-stark-männlich« fest, die sich in etwas abgeschwächter Form sicher auch in der körperlichen Repräsentation der K-Gruppen wiederfand, siehe Rohrwasser, Mädel.
157 STuG Neukölln, Protokoll vom 13.2.1971. APO-Archiv, Ordner 471 KPD Intern 1970-1971, S. 2.
158 Grundorganisation AEG, Protokoll der Sitzung vom 15.12.1970. APO-Archiv, Ordner 471 KPD Intern 1970-1971, S. 3. Damit soll nicht davon abgelenkt werden, dass die KPD-AO zu geplanter, heftiger Gewalt durchaus in der Lage war – so wurden Mitglieder trotzkistischer Gruppen mit Eisenstangen verprügelt (APO, Gewerkschaft, Partei: Diskussion mit Matthias Beltz et.al, S. 161), 1973 stürmte eine Abordnung der KPD das Bonner Rathaus, zahlreiche der Besetzerinnen, Besetzer und Polizisten wurden dabei verletzt, siehe o. A., Besetzt, Feierabend, in: Der Spiegel vom 23.04.1973, S. 83-87.

ein gutes Symbol des anzustrebenden Ich-Ideals der Kader: Dessen Kern bildete die Hoffnung, sich durch schematische Regelgeleitetheit in eine Organisation einfügen zu können, deren Erfolgsversprechen subjektiv ausschließlich von der korrekten Befolgung ihrer Pläne durch ihre Mitglieder abhing.[159] Das bedeutete auch, dass Proletarier für die KPD-AO (im Gegensatz zu anderen K-Gruppen) keine von Natur aus besseren Kader waren: Wille und Entschlossenheit vorausgesetzt war es jedem und jeder möglich, ein Kader zu werden, indem er oder sie einfach lernte, einer zu sein.[160] Gleichzeitig war offensichtlich, dass man in diesem Prozess im Grunde nie ein richtiger, vollendeter Kader werden würde – höchstens ein besserer als am Tag zuvor: *Kader sein* war im Wesentlichen ein andauerndes *Kader werden*.

In den Sitzungsprotokollen der einzelnen Zellen sind umfangreiche Debatten darüber festgehalten, ob einzelne Mitglieder schon reif für eine Erhebung in den Status eines Kaders wären oder noch weiter an ihren Theoriekenntnissen, ihren Organisationsfähigkeiten oder ihrem entschlossenen, öffentlichen Auftreten als Kommunisten arbeiten sollten.[161] Gerade weil Wert auf die Feststellung gelegt wurde, dass die zur Kaderstellung befähigenden Fertigkeiten prinzipiell erlernbar seien, bestand der Prozess, in dem ein Individuum vom Sympathisanten zum Kandidaten und schließlich zum Kader wurde, vor allem aus einer regelgeleiteten Prüfung der inneren Eignung der Aspiranten. Neben der Anfertigung individueller Selbstkritiken und Einschätzungen durch das Umfeld gehörten dazu auch Gespräche mit leitenden Genossen der Organisation, bei denen die eigene politische Biographie dargelegt und aufgearbeitet werden sollte. Entscheidend dabei, so legt es zumindest Jochen Schimmang in seinem autobiographischen Roman nahe, soll dabei die Fähigkeit gewesen sein, über die eigene Werdung zur Kommunistin oder zum Kommunisten als schlüssiger, aber steiniger Weg sprechen zu können, auf eine Weise also, die vorherige theoretische Anläufe und Irrwege miteinbezog und ihre innere, konflikthafte Überwindung zum Thema hatte.

159 Ähnlich formulierte das Michael Rutschky: »[D]er Germanist L. [gemeint ist Helmut Lethen] und diejenigen, für die er spricht, sehnen sich danach, selber so durchsichtig, schematisch, funktional zu werden wie diese Romane [Arbeiterromane aus der Weimarer Republik]. [...] Es ist eine Sehnsucht, Allgemeinbegriffe zu leben«, siehe Rutschky, Erfahrungshunger, S. 30. Zum Habitus des Kaders im internationalen Kontext auch Mazlish, Revolutionary.
160 UG Moabit, Protokoll vom 13.10.1970. APO-Archiv, Ordner 471 KPD Intern 1970-1971, S. 1.
161 Exemplarisch: STuG Neukölln, Protokoll vom 20.10.1970. APO-Archiv, Ordner 471 KPD Intern 1970-1971.

»Ich mußte beweisen, daß ich in der Lage war, zu meiner eigenen Geschichte, zu mir selber jederzeit die notwendige Distanz zu wahren […]. Also erzählte ich vom Deutschunterricht in der Schule und von Brecht, immer in dem distanzierten Ton, von dem ich glaubte, daß er von mir erwartet wurde. Von Adorno erzählte ich, natürlich mit der notwendigen Ironie. Ich machte Andeutungen über persönliche Erfahrungen (›die ich nicht weiter ausführen will‹), die ›bewußtseinsbildend‹ sich ausgewirkt hätten. Was sie gefördert hatten, war eine ›zunächst rein moralische Empörung‹ gewesen: viel Ironie in der Stimme«.[162]

Schimmang skizziert hier ein klassisches Konversionsnarrativ,[163] in dessen idealtypischer Ausformung die Entwicklung der Studentenbewegung mit der individuellen politischen Biographie verschmolzen wurde:[164] Wiederkehrende Motive waren die zunehmende Irritation an der Gesellschaft, eine darauf aufbauende moralische oder emanzipative politische Betätigung und schließlich eine Bekehrung durch die Lektüre der Schriften der Klassiker, die diese Erfahrungen grundierte und auf eine neue Stufe hob – wobei die Konversion zum Kommunisten weniger den Endpunkt als vielmehr den Beginn eines lebenslangen inneren Kampfes um Vollendung bedeutete.[165] Das Motiv der Konversion als Beginn der lebenslangen Arbeit am eigenen Ich und nicht als Höhe- und Endpunkt einer quasi-linearen Lebenserzählung – ein Motiv im Übrigen, das in den jüdisch-christlichen Konversionserzählungen ebenfalls sehr präsent ist –, setzte sich in den regel- und anlassmäßig abzuhaltenden »Kritik und Selbstkritik«-Sitzungen fort. Mündlich oder in schriftlicher Ausfertigung musste ein jedes Mitglied (nach zentral vorgegebenen Richtlinien) die Defizite seiner geleisteten Arbeit, seiner theoretischen Kenntnisse und auch seines Charakters darlegen.

162 Schimmang, Vogel Phönix, S. 149.
163 Siehe dazu auch die Ausführungen in Kapitel 6.
164 Mit welcher Bedeutung der Aspekt der *individuellen* Aufarbeitung und Überwindung der antiautoritären Vergangenheit und ihrer Fehler aufgeladen war, zeigt sich darin, dass schnell spezifiziert wurde, dass nur Genossinnen und Genossen mit ebendieser Vergangenheit Selbstkritiken schreiben mussten, siehe BUG AEG, Protokoll der Sitzung vom 13.10.1970. APO-Archiv, Ordner 471 KPD Intern 1970-1971, S. 2.
165 Aus den Quellen ist kaum rekonstruierbar, inwieweit die Erhebung in den Kaderstand von Ritualen begleitet oder eher betont nüchtern war. Klaus Hartung erwähnte, dass Beförderungen auf höheren Ebenen der Parteihierarchie deutlich pompöser waren: Bei Kerzenlicht überreichte man den Ausgezeichneten etwa hirschledergebundene Bände von Kim-Il-Sung (Gespräch des Autors mit Klaus Hartung am 23.05.2015 in Berlin).

DIE KOMMUNISTISCHE PARTEI DEUTSCHLANDS

Die schriftlichen Protokolle dieser Sitzungen sind nicht nur Zeugnis der zahlosen Fallstricke und Frustrationen alltäglicher politischer Arbeit, sondern – vor allem durch die Art, wie spezifische Probleme identifiziert werden mussten – eine beeindruckende Quelle für regelgeleitete Selbstthematisierungen. Angesichts der nicht anzweifelbaren Wahrheit der die Organisationsgründung legitimierenden Theorie, ihrer »Linien« oder der Arbeitspläne konnte das Fehlschlagen von Aktionen oder auch nur die indifferente Haltung der auf dem Heimweg angesprochenen Arbeiter nicht an einer möglichen Unangemessenheit des Ansatzes liegen. Versagen oder ausbleibender Erfolg konnten daher nur einen Grund haben: Die beteiligten Kader hätten sich nicht genug angestrengt, sie seien zu lasch oder zu unsicher gewesen, hätten schlecht geplant und zögerlich reagiert oder ihren Standpunkt nicht mit der gebotenen Entschlossenheit, Einheitlichkeit und Härte vertreten. Diese Erklärung muss vor allem deshalb so omnipräsent wie wirkungsvoll gewesen sein, weil sie nie falsch war und überdies eine einfache Lösung suggerierte, nämlich beim nächsten Mal einfach härter und kompromissloser zu sein. Dies infrage zu stellen, hätte den Zweifler sofort als Spalter, Drückeberger oder Nicht-Entschlossenen enttarnt. Abgesehen von eher technischen Vorschlägen (Agitationsmusik zu laut aufgedreht, Rede zu wenig konzise formuliert, Transparent zu klein geraten, Artikel zu unverständlich geschrieben, Internationale zu oft gespielt oder dergleichen) beschränkten sich selbstkritische Nachbereitungen von Veranstaltungen oder Aktionen also oftmals auf abstrakte Gelöbnisse, von nun an entschlossener zu diskutieren, härter zu arbeiten, »die Kräfte stärker anzuspannen«, »straffe Disziplin« zu üben, sicherer zu sprechen, einheitlicher aufzutreten, sich stärker im Stadtteil zu verankern, festere Kontaktnetze zu knüpfen, noch mehr Informationen über die Arbeiter einzuholen, weniger »passiv und unsicher« Zeitungen zu verteilen, allgemein eben: sich *mehr* anzustrengen.

Dieser Druck zur Selbst- und Fremddisziplinierung konnte freilich machtvolle Dynamiken auslösen. Einerseits stellte der Status, Kader zu sein, eine Errungenschaft dar, auf die man stolz sein konnte, weil man es weit gebracht hatte; andererseits war man als Kader immer strukturell defizitär, immer zu wenig, immer ungenügend und sollte sich permanent fragen, warum man nicht die nötige Entschlossenheit zu diesem und jenem aufbrachte. Das nagende Bewusstsein, da, wo es notwendig war, noch nicht hart oder gewieft genug zu sein, bereitete den unteren Kadern chronische Seelenschmerzen und setzte damit beinahe unaufhaltsam eine Spirale aus gegenseitig ausgeübtem Druck in Gang. Erst in diesem Kontext sind die Dynamiken zu verstehen, die das öffentliche Bild der K-Gruppen als hermetische, inhumane Politsekten bis heute bestimmen.

Ein geregeltes Familienleben beispielsweise war durch die hohe Arbeitsbelastung kaum mehr möglich.[166] Dort, wo ohnehin keine Familie war, wurde die lebensweltliche Fixierung auf die Partei noch direkter gefordert. So wurde der Genosse Harro von seiner Grundorganisation in Moabit ins Gebet genommen, weil er in einer WG mit Mitgliedern der PL/PI und der KPD/ML wohnte; der Druck, dort auszuziehen, ließ erst nach, nachdem er glaubhaft versichern konnte, dass sich die Kontakte auf gemeinsames Kochen und Biertrinken beschränkten.[167] Ohnehin war den Mitgliedern bestenfalls ein Mitspracherecht bei der Bestimmung ihres Aufenthaltsortes zugestanden, denn sie konnten jederzeit »versetzt« werden, innerhalb Berlins und bald sogar nach Westdeutschland. Auch die Studien- oder Berufswahl wurde größtenteils der Partei übergeben.

Andere Kader setzten sich gleich dem Maximum an gegenseitiger Kontrolle aus, indem sie ausschließlich mit Parteigenossen zusammenwohnten – was, glaubt man späteren Erzählungen, entweder augenzwinkernd ausgeübte wechselseitige Toleranz gegenüber persönlichen Schwächen oder aber die Ausbildung virtuoser Fähigkeiten zur gegenseitigen Täuschung beförderte – wie etwa die Simulation pausenloser Arbeit durch einen beherzten Sprung an den Schreibtisch, wenn man beim Dösen auf dem Bett einen Mitbewohner nahen hörte.[168]

Interpretiert man »Radikalisierung« als die zunehmende Unterordnung alltäglicher Handlungslogiken unter den Anspruch einer einzigen, hier der politischen, so kann man davon ausgehen, dass dem sich immer weiter entgrenzenden Anspruch an die Mitglieder, immer mehr ihres Privatlebens der Parteiarbeit zu opfern, kein inhärentes Ende zu setzen war. Auch die Gestaltung der spärlichen Freizeit von der Beziehungspflege[169]

---

166 Ein Beispiel unter vielen: Partein …, S. 25 ff.
167 StUG Moabit, Protokoll vom 20.10.1970. APO-Archiv, Ordner 471 KPD Intern 1970-1971, S. 2.
168 Partein …, S. 84. Wegen der harten Parteiarbeit verlotterten offenbar einige dieser Partei-Wohngemeinschaften, wie ein ehemaliger Bewohner erzählt; wenn andauernd Flugblätter zu verteilen waren, blieb monatelang keine Zeit, die Toilette zu reparieren. »Über diese Lebensweise wurde zwar viel gejammert, darin kam aber auch reichlich Selbstzufriedenheit über das ›harte Leben eines Kommunisten‹ zum Ausdruck. Die tatsächliche Deklassierung und Verlumpung, die wir alle zusammen mitmachten, galten als Beweis besonders erfolgreiche ›Umerziehung‹ und halfen eine elitäre Haltung zu begründen, durch die wir uns von anderen Linken abhoben, die etwas normaler lebten als wir«, siehe ebd., S. 103.
169 Helmut Lethen erwähnt ein KPD-Mitglied, das ausgeschlossen wurde, weil er sich in eine Frau von der KPD/ML verliebt hatte, siehe Lethen, Handorakel, S. 18. Ulfert Krahé und seine Frau waren in zwei miteinander konkurrierenden

DIE KOMMUNISTISCHE PARTEI DEUTSCHLANDS

über die Kneipenauswahl bis hin zum Musikhören[170] sollte – zumindest auf der Oberfläche – der Parteilinie entsprechen. Beinahe symbolisch für diesen Prozess wirkt die Aufforderung der Basisgruppe Schering, zur Besserung der Finanzlage nicht mehr benötigte Bücher, also etwa »Belletristik, uninteressante Romane« und so weiter abzuliefern, damit die Partei sie zu Geld machen konnte.[171] Die mit diesen Entwicklungen offenkundig steigende Gefahr psychischer Abstumpfung, die in nahezu allen autobiographischen Texten betont wird, wurde von den Mitgliedern zwar gesehen und bis zu einem gewissen Grad auch ausgesprochen. Die Möglichkeiten, innerhalb des gegebenen *Mindset* organisatorisch darauf zu reagieren, waren jedoch begrenzt, weil sie der impliziten Logik der Parteiarbeit widersprochen hätten. Ein Genosse, der bei einer Debatte über den schlechten Arbeitsstil seiner Grundeinheit die Notwendigkeit einer gewissen emotionalen Grundversorgung anmahnte, stieß daher auf taube Ohren:

»[G]enosse Reimann wies aif (!) die gefahr seelischer verhärtung hin, die sich ergebe, wenn die gesamte zeit der genossen von politischer arbeit ausgefüllt sei und ein persönlicher freiraum gar nicht mehr vorhanden sei. […] es sei dringend notwendig, dass die genossen ein herzliches verhältnis zueinander herstellten. adler wies darauf hin, dass ein wichtiges mittel kritik und selbstkritik sei. dem wurde zugestimmt: allerdings dürfe dies instrument nicht als periodisch wiederkehrender to.-punkt institutionalisiert sein, sondern müsse dauernd angewendet werden.«[172]

K-Gruppen, was die Ehe beinahe in die Brüche gehen ließ (Gespräch des Autors mit Ulfert Krahé am 20.09.2018 in Berlin).
170 Der der Partei genehme Musikgeschmack erschöpfte sich entgegen des Klischees nicht nur in Schalmeiengruppen oder Arbeiterliedern. Zwar seien die Mitglieder »als Kommunisten […] verpflichtet, hinter den ästhetischen Erscheinungsformen das gesellschaftliche Wesen zu erkennen« und daher Pop-Musik als »wüsten Apparat sinnlicher Reizmittel und erotischer Stimuli« zu enttarnen, jedoch wurde vor allem in Abgrenzung von DDR, DKP, Bourgeoisie und Kleinbürgertum durchaus versucht, ein differenziertes Verständnis revolutionärer Musik zu erarbeiten, siehe etwa KPD-AO, Kunst, S. 153-163. Im Zuge der Bethanien-Kampagne, einer der wohl aufsehenerregendsten Aktionen der KPD zur Errichtung eines Kinderkrankenhauses in Kreuzberg, führte die Partei sogar ein eigens von dem experimentellen britischen Komponisten und Stockhausen-Assistenten Cornelius Cardew verfasstes »Bethanien-Lied« auf, siehe Kutschke, Anti-authoritarian revolt by musical means, S. 194.
171 BUG Schering, Protokoll vom 28.7.1970. APO-Archiv, Ordner 471 KPD Intern 1970-1971, S. 2.
172 BUG Schering, Protokoll vom 24.11.1970. APO-Archiv, Ordner 471 KPD Intern 1970-1971, S. 2.

Wo, wie hier deutlich hervortritt, letztlich alle Probleme psychischer oder sozialer Art auf fehlende Entschlossenheit zurückzuführen und, wie Genosse Adler vorschlug, damit einfach durch Selbstkritik lösbar waren, dort war kein Platz für Ambivalenzen und Zwischentöne. Auch für psychische Probleme herrschte wenig Verständnis - so wurde eine Genossin von der Zellenleitung wegen ihrer psychoanalytischen Behandlung ins Gebet genommen. Obwohl sie von sich aus zugestand, dass die Psychoanalyse als bürgerliches Instrument zur Tarnung politischer als persönliche Probleme diente, wollte sie die Behandlung nicht abbrechen und wurde deshalb auf den Status einer Sympathisantin zurückgestuft – es sei nicht Aufgabe der Organisation, »Probleme zu überwinden, die in der langen bürgerlichen Erziehungsgeschichte des Einzelnen begründet sind.«[173] Die Organisation und ihre Kader mussten funktionieren, und das hieß konkret: unbeirrt und geradlinig ihre Aufgaben erfüllen.

Zu diesen gehörte auch, sich nicht von menschlichen Regungen wie der Sorge um die eigenen Kinder beirren zu lassen (bei geöffnetem Fenster könne man Kinder durchaus mal ein paar Stunden im Auto lassen, so ein Zellenleiter[174]), vor allem aber schien es darum zu gehen, sich nicht von der unmittelbar erfahrbaren Sinn- und Erfolglosigkeit der eigenen Aufgabe irritieren zu lassen. In Zeitzeugengesprächen wurde wieder und wieder die Kluft zwischen den in der politischen Arbeit gemachten Erfahrungen und der Delegitimierung dieser Erfahrungen durch die Parteioberen erwähnt: Arbeiter, die an den verteilten Zeitungen nicht interessiert waren, Veranstaltungen, die ausschließlich von Parteigenossen besucht wurden, lichte Demonstrationsreihen oder aber die Ununterscheidbarkeit der eigenen Gruppe von der Konkurrenz konnten nicht direkt als Probleme benannt werden – kaum intern, am allerwenigsten aber nach außen hin. Stattdessen scheint es so, als hätte das Ideal des regelgeleiteten Selbst für die Kader auch bedeutet, offensichtliche Diskrepanzen zwischen dem Anspruch der Partei und ihrer eigenen Wahrnehmung zu ertragen – zum Beispiel die negative Korrelation zwischen der Entschlossenheit der Agitation und ihrem Erfolg. Helmut Lethen erzählte von einer Serie von Haustürbesuchen, bei denen seine begleitenden Genossen der Mut verließ; er wurde daher

> »bei der nächsten Zellensitzung hart kritisiert und ich wurde einem Mediziner-Genossen der Regionalleitung zugeteilt, der energisch und ohne eine Sekunde zu zögern bis in den 8. Stock hoch schritt, den

---

173 BUG AEG, Protokoll vom 19.6.1970. APO-Archiv, Ordner 471 KPD Intern 1970-1971, S. 1.
174 Lethen, Handorakel, S. 28; Brentzel, Rote Fahnen, S. 120.

Klingelknopf zog und mit Stentor-Stimme ›Hier spricht die Regionalleitung der KPD-Aufbauorganisation Berlin-West ...‹ kundgab, woraus im ganzen Hinterhaus die Türketten klirrten.«[175]

Einen noch eindrücklicheren Fall schilderte in unserem Gespräch Götz Schmidt: Nachdem er mit der Parteiführung ins Ruhrgebiet umgezogen war, sollte er an einer normalerweise stark befahrenen Kreuzung in Bonn eine Agitationsrede halten:

»es wehte der Regen, es war stürmisch, kein Mensch nirgendwo, und dann drückte mir irgendein Idiot ein Megaphon in die Hand und nun war ich ja Propagandaverantwortlicher des Regionalkomitees, ich habe also eine Ansprache an die Massen gehalten, und es war niemand da. [...] Meine Rede war nicht gut, anschließend hat der Agitpropverantwortliche vom Kommunistischen Studentenverband eine Rede gehalten, ich war richtig neidisch, die war richtig kämpferisch, aber es war niemand da.«[176]

Vielleicht kann man an einem derart extremen Beispiel am besten die Rolle nachvollziehen, die Theorie bei der Entwicklung speziell der KPD, aber auch der anderen K-Gruppen spielte. Die Vorstellung, die eigene Wahrnehmung als prinzipiell subjektiv verzerrt identifizieren und die Welt erst durch Theoriearbeit regelgeleitet und objektiv wahrnehmen zu können, war zwar schon Grundlage der Theorie der antiautoritären Bewegung gewesen – aber die Theorie war dabei immer unvollkommen gewesen, und die Kluft zwischen Wahrnehmung und Theorie konnte immer noch mit dieser Unvollkommenheit erklärt werden. Der ab 1968 angeeignete Marxismus, mehr noch die Gründung der KPD-AO basierten jedoch auf der impliziten Prämisse, dass die Theorie im Kern vollständig, wahr und unveränderlich und die darauf basierende Praxis folglich offensichtlich sei – Konflikte zwischen Wahrnehmung und Theorie mussten nun also an der fehlenden Entschlossenheit oder Eignung des Individuums liegen, das sich damit dem kollektiven und damit wechselseitig kontrollierten Anspruch unterwerfen musste, die eigene Wahrnehmung der Theorie unterzuordnen.

Dies bedeutete zunächst eine gewisse Selbstabschließung von der Umwelt. Andererseits förderte das permanente Scheitern am eigenen Anspruch, die Welt theoretisch konform wahrzunehmen, sicher auch

---

175 Lethen, Handorakel, S. 29. Lethen wurde später wegen seinen Magengeschwüren aus der Partei ausgeschlossen – diese seien nämlich ein psychosomatischer Ausdruck seiner eines Kaders unwürdigen »Angst vor den Massen«, siehe ebd., S. 28.
176 Gespräch des Autors mit Götz Schmidt am 20.11.2016 in Niedenstein.

die Fähigkeit, innere Widersprüche einfach hinzunehmen. Für den Protagonisten in Jochen Schimmangs Roman *Der schöne Vogel Phönix* ging der Aufstieg innerhalb der Organisation sogar explizit mit der inneren Abwendung von deren Daseinszweck einher: Während sich seine Aufmerksamkeit und Leidenschaft als Sympathisant noch ganz auf die Organisation und seine baldige Aufnahme gerichtet habe, habe er als Kader schnell das »Ethos eines normalen Angestellten«[177] ausgebildet, der sich innerlich von seiner Firma verabschiedet habe. Vielleicht führte dieses chronisch spürbare Defizit an authentischem, innerem Kadersein zu einem umso virtuoserem *Verkörpern* des Kaderseins nach außen.

Erzählungen über die K-Gruppen, allen voran der zeitgenössisch breit rezipierte Band *Wir warn die stärkste der Partein ...*, ziehen ihre Plausibilität vor allem aus diesen beständigen, inneren Widersprüchen zwischen Anspruch und Wirklichkeit, die den Organisationsalltag prägten. Berichte über heimlichen oder kollektiv beschwiegenen Kino- oder Marihuanakonsum oder in Sauftouren ausgeartete Fahrten zu Demonstrationen[178] vermitteln den Eindruck, dass die allermeisten Kader während der zehn Jahre der Existenz der KPD vermutlich eine mehr oder weniger offene Zwischenexistenz führten, in der die Angemessenheit und Korrektheit der Selbstinszenierung als Kader permanent mit dem Umfeld ausgehandelt wurde. Vielleicht aber waren diese internen Aushandlungsprozesse gerade das Detail, das das System am Laufen hielt: In Anlehnung an den von Karl Bühler geprägten Begriff der »Funktionslust« sprach Michael Grossheim von der »Funktionärslust«[179], der Freude an der Ausübung einer Parteifunktion ohne Rücksicht auf das tatsächliche Ergebnis dieser Arbeit. Wenn dem so sein sollte, dann war hier, in den Verästelungen der Organisationsdiagramme der maoistischen Kleinparteien, vielleicht tatsächlich der Endpunkt der ehemaligen Bewegung zu erkennen: Wo diese sich wie auf einem Laufband subjektiv permanent nach vorne bewegt hatte, in Relation zu ihrer Umwelt jedoch einfach verharrte, glich der Diskurs der K-Gruppen eher dem Bewegungsradius eines Piraten mit an den Boden geschraubtem Holzbein: Anstelle abwechselnd den rechten und den linken Fuß nach vorne setzen zu können, liefen sie einfach im Kreis.

---

177 Schimmang, Vogel Phönix, S. 156.
178 Gespräch des Autors mit Detlef Michel am 01.08.2015 in Berlin; Heider, Keine Ruhe nach dem Sturm, S. 93.
179 Großheim, Existenzialismus, S. 239.

Ein Erklärungsversuch

Die »noch heute [...] rätselhaft[e]«[180] Tatsache, dass Teile der antiautoritären Bewegung innerhalb weniger Jahre derart autoritäre Strukturen in und um sich herum hochgezogen hatten, lässt sich also aus dem subjektiven Scheitern der Bewegungslogik und damit auch aus einer geänderten Rolle von Theorie heraus erklären: Solange die mit der Dynamik der Bewegung verklammerte »Theorie« fluide, beweglich und aus vielen Quellen zusammenfließend war und selbst einen letztlich utopischen Charakter annahm, konnte ein Scheitern ihres Anspruchs immer noch fehlerhaften Analysen, fehlerhaften Theorien, fehlerhaften Planungen, fehlerhaften Einzeltheorien angelastet werden. Das subjektive »Steckenbleiben« der Bewegung und die Hinwendung zu den »Klassikern« veränderte aber auch die Implikation von Theorie. Während Texte oder Gedanken im Kontext der Bewegung erst durch ihre situative Funktionalität zur »Theorie« geworden waren – dann, wenn sie in einem konkreten Moment die Bewegung weiterzuführen suggerierten –, wurden die »Klassiker« mit einer anderen Erwartungshaltung gelesen: Gerade weil sie ihren Status als Theorie nicht mehr beweisen mussten, damit man aus ihnen Praxis ableiten konnte, die nicht von der Konstellation eines Augenblicks abhing, mussten sie in einem absoluten Sinne wahr sein – anders als die Theorie der Bewegung. Die darin vermeintlich klare Zukunftswahrnehmung setzte das Individuum in eine neue Verantwortung: War die Bewegung mit jedem Schritt vorwärts ins Ungewisse gegangen, lag die Zukunft nun klar und offensichtlich vor den Akteuren; stellte sie sich als nicht so planbar heraus, wie man es in den »Klassikern« zu lesen vermeinte, musste das an mangelndem Engagement der individuellen Parteimitglieder liegen. Akzeptierte man diese Logik, war es kaum mehr möglich, sich der Dynamik der Selbstverhärtung und Selbstabschließung von der Umwelt zu entziehen. Genau daran war die PL/PI gescheitert, genau darum hielt sich die KPD-AO dagegen zehn Jahre lang – bis die Kluft zwischen Realität und Theorie schlichtweg nicht mehr zu leugnen war: Wenn man kein Quäntchen Unsicherheit in der Theorie zulassen durfte, um überhaupt Praxis machen zu können, gab es auch keinen legitimen Grund, diese Praxis anders zu machen, als die Theorie es gebot.

---

180 Stanitzek, Bandel, Broschüren, S. 73.

Was Theorie war

Zusammenfassung und Ausblick

»Das war ja unsere Verzweiflung, dass keiner die Ziele artikulieren konnte und wir permanent unterwegs sein mußten.«[1]

»weitermachen!«[2]

Diese Arbeit machte sich auf, die Rolle, die Faszinationskraft und den Wandel des Motivs »Theorie« in der antiautoritären Bewegung aus einem praxeologischen Blickwinkel zu untersuchen. Ein Ausgangspunkt für diese Herangehensweise war die Beobachtung, dass »Theorie« für die zeitgenössischen Akteure mit einem emotionalen Affekt verbunden war, den die Texte allein nicht zu reproduzieren vermögen: Sie »kommen einem [...] wie gereinigt vor, reiner als sie einem in den sechziger Jahren begegnet sind«[3], schrieb Friedrich Christian Delius. Das Faszinosum »Theorie« war offenbar nicht identisch mit den damals kursierenden theoretischen Texten.

Die Idee der Studie bestand zunächst darin, die Theorie der Antiautoritären weder inhaltlich zu sehr beim Wort zu nehmen noch sie als nachgeschobene Protestlegitimation abzutun, sondern vielmehr erst einmal herauszufinden, welche Bedeutung ihr im Wissenshaushalt der Akteure zukam: Gefragt wurde nach dem Stellenwert von Theorie in der alltäglichen Anwendung, nach den Möglichkeitsräumen, die sie eröffnete, nach den Hoffnungen, die mit ihr verbunden waren. Im Laufe der Zeit gewann ich jedoch den Eindruck, dass diese Fragen allein kein vollständiges Bild ergeben würden. Der spezifische Charakter der antiautoritären Theorie war zu sehr mit der Geschichte und dem Charakter der Bewegung verschränkt, als dass man diese separat betrachten sollte – vor allem deshalb, weil ebendiese Geschichte und ebendieser Charakter ganz maßgeblich von jenem spezifischen Theoriebegriff geprägt waren. Denn dieser, so die These, war nicht oder nur zum Teil mit dem Wissen über komplexe gesellschaftliche Zusammenhänge identisch, das in den 1960er Jahren auch jenseits des linken Milieus Konjunktur hatte. Viel-

---

1 Gespräch Siegward Lönnendonkers mit Bernd Rabehl am 18.12.1969, S. 105.
2 Inschrift auf dem Grab Herbert Marcuses auf dem Dorotheenstädtischen Friedhof in Berlin.
3 Delius, Bücher, S. 79 f.

mehr wurde »Theorie« erst durch ihr Verhältnis zur »Praxis« zur solchen. Dies war zwar kein Alleinstellungsmerkmal der Antiautoritären, für sie jedoch von besonderer Dringlichkeit: Denn sie legitimierten sich vor allem durch die emphatische Behauptung, dass es letztlich eine Frage des Willens war, Theorie zu erarbeiten, die zur Praxis führe.

Dabei gingen die Akteure nie davon aus, dass die Vermittlung von Theorie und Praxis gelungen sei – dieser Zustand war eher ein Ideal, dem man sich annähern konnte. Die Vorstellung, dass die Wahrheit der Theorie sich in der Machbarkeit von Praxis beweise, führte zu einer permanenten Spannung zwischen Analyse und Aktion, zwischen Theorie und Praxis, die gehalten werden musste – und diese Spannung trieb eben die »Bewegung« an, die den Widerspruch zwischen Theorie und Praxis in der Zukunft aufzuheben versprach. Diese »Bewegung« verlieh der Gegenwart den Zustand eines permanenten »Noch-Nicht«, der immer den nächsten Schritt verlangte. Und den nächsten.

Die Vorstellung einer solchen »Bewegung« war für die antiautoritäre Bewegung also Legitimation wie Handlungsmodus – und Theorie, so die These, war damit auch kein kanonisches Literaturgenre, sondern alles, was in einer konkreten Situation die »Bewegung« weiterzutreiben vermochte. Wenn Texte, Gedanken, Schriften also erst durch ihre situative Einbindung in die »Bewegung« zur Theorie wurden, war deren Flüchtigkeit und Situationsgebundenheit kein aufzuklärendes Rätsel, sondern ihr entscheidendes Charakteristikum. Theorie erschien nicht als Analyse der Gegenwart, sondern als Versprechen auf die Gestaltbarkeit der Zukunft – und mag außerhalb dieses Augenblicks kraftlos wirken, die damit verbundenen Emotionen seltsam unpassend: »Was damals relativ war, erscheint heute absolut«[4], so wieder Friedrich Christian Delius.

Das Kernargument dieser Arbeit ist also, dass sich die Bedeutung von »Theorie« in der antiautoritären Bewegung nur durch ihr Verhältnis zu den Begriffen »Praxis« und vor allem »Bewegung« erschließt. Die Geschichte der antiautoritären Bewegung, ihre Entstehung, ihre Entwicklung und ihr Zerfall sowie der Aufbau von autoritären Parteistrukturen, dem sich prominente Vertreter in den 1970er Jahren widmeten, lassen sich somit auf ein implizites Konzept von »Bewegung« zurückführen, das für die Antiautoritären mehr als nur eine sich zum Beispiel von »Partei« abgrenzende Eigenbezeichnung war: Vielmehr lässt sich »Bewegung« als der entscheidende Schlüsselbegriff für den spezifischen Charakter der

---

4 Ebd., S. 79 f.

Praxis, der Organisationsform, des Habitus und eben der Theorie der Antiautoritären verstehen.

* * *

Diese Studie ist im Versuch, das Faszinosum Theorie für die Bewegung zu erklären, also auch zu einer Geschichte der Entstehung und Entwicklungslogik der antiautoritären Bewegung geworden. Ich schlage vor, diese als eine Abfolge von Zugzwängen zu begreifen, die ihren Anfang im Streit um die Rolle von Theorie und ihr Verhältnis zur Praxis hatte.

Kapitel 1 befasste sich mit den Entwicklungen im Sozialistischen Deutschen Studentenbund nach 1961. Nachdem sich die SPD vom SDS getrennt hatte, wurde die Frage nach der Legitimationsgrundlage, dem Selbstverständnis und dem Praxiskonzept des Verbands nach der Trennung von der Sozialdemokratie gleichermaßen mit dem Zauberwort »Theorie« beantwortet – als Gruppe parteilich ungebundener sozialistischer Intellektueller an den Hochschulen wollte der SDS zukünftig *der* politische Verband sein, »der politische und gesellschaftliche Probleme grundsätzlich durchdiskutiert«.[5] Theorie war somit eine Form von Praxis, sollte aber auch erzieherische Aufgaben erfüllen: In der verbandsintern organisierten Theoriearbeit sollten Neumitglieder zu Sozialistinnen und Sozialisten geformt werden, zumal sich die Zusammensetzung des SDS nach der Trennung von der SPD verändert hatte. In den Augen der älteren Mitglieder kamen zu viele Neue in den SDS, die wenig Bindung an sozialistische Traditionen hatten und von der Aura intellektueller Kritik angezogen waren, ohne selbst über theoretisches Vorwissen zu vefügen. Diese Neulinge empfanden die gemeinsame Theoriearbeit oft als unterdrückendes Machtinstrument, was zuweilen in offene Kritik an der angeblich einseitigen Fixierung auf Theorie mündete.

Kapitel 2 fokussierte sich auf ebendiese Konflikte. Es wird argumentiert, dass sich sowohl im SDS als auch in der Subversiven Aktion die Vorstellung entwickelt hatte, dass die Konzentration auf Theorie die Praxis letztlich verhindere: Das Ziel von Theorie müsse doch sein, Praxis zu ermöglichen. Stattdessen wurde ihre Unmöglichkeit nachgewiesen. Zum Lagerkonflikt geriet diese Kritik dadurch, dass denjenigen, die auf der Bedeutung von Theorie bestanden, Zauderei und mangelnde revolutionäre Gesinnung unterstellt wurde; die so Gescholtenen wie-

---

5 SDS-Bundesvorstand, Protokoll der 2. SDS-BV-Sitzung am 2./3. März 1963 in Ffm (1.Teil), 2./3.3.1963. APO-Archiv, Ordner 227 BV I Bundesvorstand A-E Teil I 1964, S. 6.

ZUSAMMENFASSUNG UND AUSBLICK

derum verurteilten den Wunsch nach Praxis als blinden Aktionismus. Dabei waren diejenigen, die auf die Möglichkeit von theoriegeleiteter Praxis bestanden, jedoch in einer komfortableren Situation: Die Seite der »Theoretiker«, die darauf beharrte, dass »Theorie« – also eine wahre Anschauung der politischen Situation – auch dann wahr sei, wenn sie die Unmöglichkeit der »Praxis« der »Praktiker« nachwies, konnte aus sich selbst heraus kaum so etwas wie einen theoretischen Durchbruch oder ein anderweitiges Erfolgserlebnis erzielen, während die »Praktiker« gescheiterte Praxisversuche der dann falschen Theorie zuschreiben konnten. Was allerdings als »Erfolg« galt, war reichlich vage bestimmt.

Kapitel 3 beschäftigte sich mit dem Entstehen der antiautoritären Fraktion im West-Berliner SDS. Diese Gruppe legitimierte sich durch eine polemische Abgrenzung von der angeblichen Fixierung auf die Theorie, was konkret hieß, dass sie sich von den »Theoretikern« (vor allem dem Marburger SDS) absetzte. Diese und andere ältere SDS-Mitglieder hielten die aggressive Aufklärung der Öffentlichkeit schon für einen großen Schritt in Richtung politische Praxis, doch die Antiautoritären stempelten auch diese Versuche als in der passiven Theorie verharrend ab. Durch provokative Akte, vor allem Störungen von Diskussionen, attackierten sie die verbandsinterne Kommunikation und forderten eine Form von Praxis jenseits von bloßer Aufklärung ein.

Diese praxisorientierte Selbstwahrnehmung der Antiautoritären war allerdings stark auf einen Gegenpart angewiesen, dem man die Rolle der intellektuellen Drückeberger zuschreiben konnte. Begaben sich die Antiautoritären über die reine Abgrenzung hinaus, fiel die Zuversicht schnell in sich zusammen: Ihr Arbeitskreis über die »Formierte Gesellschaft«, in dem auf Praxis zulaufende Theorieansätze gefunden werden sollten, verlief schnell im Sande. Die Antiautoritären gewannen ihren Schwung erst zurück, als sie sich wiederum von den angeblichen »Theoretikern« absetzten: Die Kommune I plante ihre ersten Aktionen vor allem mit Blick auf die Reaktionen des SDS. Dieser sollte durch demonstrativ provokante und aufsehenerregende Aktionen aus der ihm unterstellten passiven Haltung gerissen werden. Das Kalkül ging auf: Als Reaktion auf die Provokationen der Kommune schloss der SDS im Mai 1967 deren Mitglieder aus, gab sich jedoch eine neue organisatorische Form, die sich demonstrativ von »praxisfremder Theorie« wie »theorielose[m] Aktivismus« lossagte.[6] Die Vorstellung einer notwendigen Vereinigung von

---

[6] Lefèvre, Wolfgang, Referat zur Begründung des Antrags auf Ausschluß der Kommune I aus dem Berliner SDS. 12.5.1967. APO-Archiv, Ordner 351 LV Berlin Post + Flugblätter 1967-1969, S. 2.

Theorie und Praxis in einer nicht mehr aufzuhaltenden Bewegung hatte ihren Höhepunkt erreicht.

Kapitel 4 fokussierte sich auf die Bedeutung und die Implikationen des Konzepts *Bewegung* für Praxis, Organisation, Habitus und eben Theorie der Antiautoritären. Dabei habe ich herausgearbeitet, wie die »Beweglichkeit« der Theorie in konkreten Praktiken hergestellt werden musste: Sie war von mobilen Lese-, Schreib- und Diskussionspraktiken und einem schnellen Wechsel von Schlagworten, Themen und Referenztexten charakterisiert. Andererseits zwang der Modus der Bewegung die Akteure auch selbst in die permanente Bewegung. Das Gefühl der revolutionären Verantwortung, der andauernden Zeitnot und der Präzedenzlosigkeit ihrer Tätigkeit übte einen enormen Druck auf die hier behandelten Akteure aus – Raum zur konsequenzlosen Reflexion, zur nicht sofort anwendbaren Lektüre, zum Rückblick oder auch zur privaten Entspannung gab es immer weniger. Die Atmosphäre der Dringlichkeit, zusammen mit der faktischen Auflösung formeller Organisationsstrukturen, begünstigte die Herausbildung inoffizieller Führungsfiguren und Cliquen und setzte auch damit eine weitere Radikalisierungsdynamik in Gang.

Kapitel 5 folgte den Zugzwängen der antiautoritären Bewegung in ihrer Hochphase. Nach dem 2. Juni 1967 versuchten die Antiautoritären, die Politisierung der Studierenden in ihrem Sinne zu beeinflussen. Gegenüber den Bemühungen, die Öffentlichkeit über die wahren Hintergründe der Erschießung Benno Ohnesorgs zu informieren, setzten sie nun auf eine Strategie der Eskalation der Auseinandersetzungen mit der Obrigkeit – Aufklärung, so die Befürchtung, resultiere letztlich nur im systemstabilisierenden Verharren in der kritischen Analyse. Dieser Gefahr setzten sie eine »bewusstseinsbildende« Eskalationsstrategie entgegen: Durch Provokationen des Staats sollte dieser dazu gebracht werden, seine latente Gewalt manifest und sichtbar werden zu lassen. Diese Erfahrung der sinnlichen Wahrnehmung der theoretischen Analyse sollte die Provozierenden zu Revolutionären schmieden.

Diesem Gedanken war ein permanentes »Weitermachen« an Provokation und Aktion inhärent. Appelle zur Mäßigung, zur Selbstkontrolle, zur Konsolidierung des bisher Erreichten verstummten zwar nicht, waren jedoch begründungsbedürftiger als ein Weitertreiben der Bewegung. Spätestens im Winter 1967 waren die revolutionären Studenten damit von ihren eigenen Denkfiguren nach vorne getrieben; subjektive Erfolge führten bei vielen zu der – sicher auch selbstüberredenden – Überzeugung, die »Machtergreifung« (Rudi Dutschke) stünde bald bevor. Im »Organisationsreferat« auf der SDS-Delegiertenkonferenz 1967 schlugen Rudi Dutschke und Hans-Jürgen Krahl folglich vor, alle Organisations-

ZUSAMMENFASSUNG UND AUSBLICK

strukturen zugunsten der »revolutionären Existenz« der Einzelnen abzuschaffen und den SDS damit vollends in eine Bewegung hinein zu verflüssigen, die durch einen Zustand der revolutionären Dauerspannung in Bewegung gehalten werden musste.

Den darin angelegten Weg der Radikalisierung bis hin in den bewaffneten Kampf gingen jedoch letztendlich nur die wenigsten. Dieses Zurückschrecken vor der letzten Konsequenz führte zu einer von den Akteuren als Stagnation wahrgenommenen Krise der Bewegung, in der die inoffiziellen Wortführer der Bewegung selbst unter Verdacht gerieten, echte Praxis letztlich vermeiden zu wollen – der 1968 einsetzende Konflikt ähnelte von seiner Konstellation her stark demjenigen, in dem sich die antiautoritäre Bewegung einige Jahre zuvor formiert hatte. Die Bewegung zerfiel; die Diskussion, wie ihr Impuls zu retten sei, begann.

Kapitel 6 deutet die theoretischen, habituellen und organisatorischen Umbrüche nach 1968 als Bewältigung dieses Scheiterns der *Bewegung*: Die polemisch geführten Diskussionen über die Gründung einer Organisation interpretiere ich als *Verfestigung* der vorherigen Bewegungsform, die Änderungen im Habitus der Akteure als *Verhärtung* ihres vorher bewegten Stils. Auch die um 1968 merkbare Hinwendung zum Marxismus ordne ich in dieses Wahrnehmungsmuster ein: Die Attribute, die dem Marxismus von den Akteuren zugeschrieben wurden – Verlässlichkeit, Absolutheit, Klarheit, historische Kontinuität – suggerierten eine Aufhebung der um den konkreten Augenblick kreisenden, permanent bewegten Theorie der Jahre zuvor.

Die neue Theorieform hatte allerdings Konsequenzen für die ehemalige Einheit der Bewegung. Diese hatte die immer vorhandenen internen Differenzen im Modus der Bewegung verarbeitet und war somit von einem hohen Maß an situativer Ambiguitätstoleranz charakterisiert. Die Hinwendung zum Marxismus fand jedoch unter anderen Vorzeichen statt: In den Schriften der »Klassiker« wurden nun konkrete Handlungsanweisungen gesucht, und das funktionierte nur, wenn sie als absolut, zeitlos und wahr gelesen werden konnten – anders als die Theorie der Bewegung, die immer auf einen bestimmten Moment bezogen war. In der zunehmend aufgeheizten und nervösen Atmosphäre wurden theoretische Differenzen zwischen einzelnen Cliquen damit zu unüberbrückbaren Gegensätzen – die Gruppen, die sich schon während der Bewegung herausgebildet hatten, wurden damit zu ideologischen Gegnern.

Kapitel 7 befasste sich mit den wechselseitigen Radikalisierungsprozessen in der Phase des Zerfalls der Bewegung, die sich insbesondere an den Universitäten abspielten. Vor allem die Dynamik zwischen den neu gegründeten Roten Zellen und den ML-Gruppen wirkte radikalisierend.

Erstere waren größtenteils von Wortführern der ehemaligen Bewegung dominiert; sie organisierten sich hauptsächlich innerhalb der akademischen Disziplinen und waren zunächst als eine Art organisatorisch und marxistisch gefestigte und lokal begrenzte Fortsetzung der antiautoritären Bewegung konzipiert – ihre Mitglieder sollten auf eine »revolutionäre« Berufsperspektive vorbereitet werden. Die ML-Gruppen hingegen setzten sich vor allem aus jüngeren Genossinnen und Genossen zusammen, die sich in einem Akt der Emanzipation von den Älteren selbst in der Lektüre der »Klassiker« geschult hatten. Die Vorstellung einer revolutionären Berufsperspektive für Akademikerinnen und Akademiker lehnten sie ab, stattdessen sollten diese revolutionäre Schulungsarbeit in den Betrieben leisten.

Mit dieser Betonung von Praxis und dem Vorwurf der mangelnden Konsequenz trieben die ML-Gruppen die Roten Zellen immer weiter vor sich her, die sich im Laufe des Jahres 1969 daher immer konsequenter marxistisch gerierten. Auf der RPK-Konferenz Ende 1969 traten einige ihrer ehemaligen (schon im SDS tonangebenden) Wortführer vollends die Flucht nach vorn an: Die Verbindung von Theorie und Praxis sei nun im Aufbau einer leninistischen Partei zu suchen.

Kapitel 8 untersuchte mit der frühen Entwicklung der Proletarischen Linken/Parteiinitiative sowie der Kommunistischen Partei Deutschlands – Aufbauorganisation abschließend zwei der von wichtigen Akteuren der West-Berliner antiautoritären Bewegung gegründeten sogenannten K-Gruppen. Die PL/PI, die einen operaistischen Ansatz verfolgte, ging davon aus, dass es noch keine gesicherte Theorie für die gegenwärtige historische Situation gab; diese sei erst zu erarbeiten, indem Untersuchungen in Betrieben durchgeführt werden sollten. Die KPD-AO verschrieb sich hingegen vollends dem Aufbau einer zentral gesteuerten, hierarchisch aufgebauten leninistischen Kaderpartei.

Auch wenn die beiden Gruppen sich eigentlich produktiv miteinander auseinandersetzen hätten können (und dies informell auch taten), zwang sie die selbst geschaffene Konkurrenzkonstellation in einen Konflikt, den die PL/PI nicht gewinnen konnte. Weil sie ihren Ansatz faktisch nur als Differenz von der konsequenten Herangehensweise der KPD-AO formulieren konnte, war sie von einem Kompensationsbedürfnis geprägt. Innerhalb kurzer Zeit näherte sich die PL/PI daher dem Ideal einer Kaderpartei zunehmend an, was ihre eigenen Prämissen untergrub: Zerrissen zwischen dem von ihrem Umfeld diktierten Ansprüchen und dem eigenen Ansatz, ein gewisses Maß an theoretischer Offenheit zuzulassen, löste sie sich schon nach knapp zwei Jahren auf. Viele ihrer Mitglieder wechselten zur KPD-AO.

ZUSAMMENFASSUNG UND AUSBLICK

Diese war von Anfang an vollends einer Dynamik der Verfestigung ihrer Strukturen, ihres Kaderhabitus und ihrer Organisation ausgeliefert, die letztlich an der neuen Rolle von Theorie lag. War diese während der antiautoritären Bewegung immer auf konkrete Momente in ebendieser Bewegung bezogen gewesen, war der Ansatz der KPD-AO nur dann plausibel, wenn ihre theoretische Grundlage zu keinem Zeitpunkt angezweifelt wurde – zumindest nach außen hin. Rückschläge oder Abweichungen von der Theorie konnten daher im Prinzip nur mit individuellem Fehlverhalten erklärt werden, das mit entsprechenden administrativen Richtlinien daher immer stärker eingehegt und kontrolliert wurde. Zweifel und Unsicherheiten waren damit nicht mehr vorgesehen. Die mehr als zehn Jahre währende, zweifellos tragische Selbstabschließung und Selbstvertaubung ehemaliger Intellektueller ist somit nicht als Auswuchs verhinderter Kleinstdiktatoren zu interpretieren, als die sie oftmals abgetan wird. Vielmehr lag sie in den Zugzwängen eines Denkens begründet, das – vielleicht auch wider besseres Wissen – über dieses Denken hinausgehen wollte.

* * *

Die These, dass Theorie in der antiautoritären Bewegung vor allem durch ihre situative Funktion definiert wurde, die Bewegung weiterzutreiben, legt es nahe, warum die hier entfaltete Geschichte der Theoriefaszination der antiautoritären Bewegung schlussendlich eine Geschichte ihrer Radikalisierung werden musste. Und es ist vor allem dieser durch einen dynamischen Theoriebegriff mit einer gnadenlosen Zwangsläufigkeit vorangetriebene Radikalisierungsprozess, der die antiautoritäre Bewegung zu einem so faszinierenden Forschungsobjekt macht – und in mancherlei Hinsicht auch zu einem einzigartigen. Denn so viele Erklärungsansätze für die Radikalisierung von Individuen und sozialen Bewegungen es gibt,[7] die antiautoritäre Bewegung in ihrer hier behandelten Form passt meines Erachtens in kaum eines der vorgeschlagenen Raster: Weder handelte es sich bei ihren Protagonisten, wie es strukturfunktionalistische Ansätze annehmen,[8] um benachteiligte und unzufriedene Individuen, noch kann man bei ihrer Radikalisierung von einem zweckrationalen Handeln ausgehen, wie es Theorien der Ressourcenmobilisierung (bzw. deren Weiterentwicklung in Form der *Political-Process-Theory*) nahelegen. Deren zentrale These, dass vor allem mangelnder Zugang zu poli-

---

7 Eine gute Übersicht bietet Wilk, Identitäten, S. 21-57.
8 Ebd., S. 30.

tischen Entscheidungsprozessen radikalisierend wirkt,[9] ist im Falle der Antiautoritären fast ins Gegenteil verkehrt: Eher könnte man sagen, dass diese sich selbst aktiv den Zugang zum politischen System verwehrten, um sich nicht deradikalisieren zu müssen. Zwar identifizieren solche Ansätze auch Binnenkonkurrenzen innerhalb von Bewegungen als Triebkraft wechselseitiger Radikalisierungsprozesse,[10] was ich für die Zeit nach 1968 für einen der relevantesten Punkte halte, jedoch galt dies nicht für die Phase der eigentlichen Bewegung, der es im Gegenteil gelang, völlig unterschiedliche Akteure, Kollektive und theoretische wie praktische Ansätze zumindest situativ zu vereinen.

Fündig wird man eher bei neueren Ansätzen, die die Wirkmächtigkeit kollektiver Identitätskonstruktionen für die Entstehung und Aufrechterhaltung sozialer Bewegungen betonen. Auch wenn damit vielmehr auf die mobilisierungsfördernde Wirkung von Diskriminierungserfahrungen (etwa auf Basis von Ethnizität, Geschlecht oder Sexualität) abgezielt wird,[11] könnte man tatsächlich argumentieren, dass die Bewegung selbst eine Art kollektive Identität darstellte, deren Erhaltung zum Selbstzweck wurde; ohne Zweifel begründete sie zumindest situativ ein Gemeinschaftsgefühl, das immer wieder neu erzeugt werden musste.[12] Doch dies wäre als Erklärung für eine Radikalisierung tautologisch: Ob sich die Akteure radikalisierten, um ihre kollektive Identität aufrechtzuerhalten, oder sie ihre kollektive Identität dazu brachte, sich zu radikalisieren, wäre so nicht zu entscheiden.

Das größte Problem, diese (hier nur unzureichend dargestellten) Ansätze auf die antiautoritäre Bewegung anzuwenden, ist aber meines Erachtens, dass sie meist entweder nach Faktoren für die Radikalisierung von Bewegungen fragen – also angenommen wird, dass die untersuchten Akteure zumindest potenziell auch in einem nicht-radikalen Zustand verbleiben könnten – oder besonders den Kipppunkt dieser Prozesse in den Blick nehmen, an dem zur Gewalt gegriffen wird.[13] Die hier entfaltete Argumentation zielt jedoch darauf ab, dass die aus einer spezifischen Konstellation an Akteuren, Wahrnehmungen und Gedanken vorangetriebene Radikalisierung der antiautoritären Bewegung quasi strukturell bedingt und damit nahezu unausweichlich war – es war der Bewegung schlicht nicht möglich, in einem bestimmten Zustand zu verharren.

9 Ebd., S. 35.
10 Pettenkofer, Radikaler Protest, S. 35.
11 Wilk, Identitäten, S. 37.
12 Ohne Bezug zur antiautoritären Bewegung zeigt eine solche Möglichkeit auch Pettenkofer, Radikaler Protest, S. 84, auf.
13 Wilk, Identitäten, S. 25.

ZUSAMMENFASSUNG UND AUSBLICK

Denn ohne Zweifel haben und hatten auch andere Bewegungen einen bewegten Charakter, entwickelten Eigendynamiken und für viele auch einen Eigenwert – und ohne Zweifel hatten andererseits auch viele Antiautoritäre konkrete politische Ziele und eine klare Vorstellung davon, wie diese zu erreichen wären. Aber die sprunghafte Radikalisierung einer Bewegung um der Bewegung willen erscheint doch als ein ungewöhnlicher Fall.

Man könnte angesichts dieser Befunde nun darüber diskutieren, ob man die antiautoritäre Bewegung überhaupt als eine soziale Bewegung im engeren Sinne begreifen sollte. Tatsächlich spricht viel dafür, ihre charakteristischen Eigenarten als Resultat einer Konstellation zu begreifen, die an einen doch sehr spezifischen historischen Ort gebunden ist – was nicht heißen soll, dass eine solche Vorstellung von »Bewegung« neu gewesen wäre. Denn natürlich hatte der Begriff der »Bewegung« im Sinne einer emphatischen, auf die Zukunft hin und gegen Konzepte von »Partei« oder »Organisation« gerichteten Selbstbezeichnung einen historischen Hallraum bis tief in die Geschichte der Arbeiterbewegung hinein:[14] Schon August Bebel hatte sich mit der »Bewegung der Jungen«[15] auseinanderzusetzen, die sich »im Besitze einer unumstößlichen Wahrheit«[16] wähnte und gegenüber der sozialdemokratischen Partei als Vertretung der »Zukunft in der Gegenwart«[17] verstand. Auch in den Schriften des sozialdemokratischen Theoretikers Eduard Bernstein meint man die hier den Antiautoritären zugeschriebene Rastlosigkeit fast unverändert vorweggenommen zu finden: »Das, was man gemeinhin Endziel des Sozialismus nennt, ist mir nichts, die Bewegung alles«[18] – so lautet Bernsteins berühmtestes und ihm im Zuge des sozialdemokratischen Revisionismusstreits oft vorgehaltenes Zitat.

Auf den ersten Blick bestätigt dies den naheliegenden Vorwurf, dass die Studentenbewegung einfach nur die ihren tragischen Vorgängern nachfolgende Farce war. Doch der Kontext bietet meines Erachtens den entscheidenden Unterschied der jeweiligen Stellung des Bewegungsbegriffs. Die »Bewegung« der »Jungen«, mehr noch die »Bewegung« Bernsteins war vor allem gegen die zu große Gewissheit der zeitgenössischen marxistischen Geschichtsteleologie gerichtet. »Bewegung« war hier keine emphatische Selbstbeschreibung, kein Amalgam von Mittel und Ziel,

---

14 Zur Entwicklung der Semantik der »Bewegung« ausführlich Rammstedt, Bewegung, S. 27-108.
15 Mehr dazu siehe Wienand, Revoluzzer.
16 Rocker, Memoiren, S. 37.
17 Rammstedt, Bewegung, S. 81.
18 Bernstein, Voraussetzungen des Sozialismus, S. 169.

sondern eher ein Plädoyer dafür, die Prozesshaftigkeit linker Politik und auch die Möglichkeit schrittweiser Verbesserungen anzuerkennen.[19] Bernsteins Vorstellung von »Bewegung« ist vor dem Hintergrund eines gemeinsamen Kommunikationsraums zu lesen, in dem eine klar definierte Theorie Ziele und Mittel, Vergangenheit, Gegenwart und Zukunft festschrieb. Doch die aus genau dem Fehlen einer solchen Theorie entspringende und damit strukturell bedingte und auf Dauer gestellte existenzielle Rastlosigkeit der Antiautoritären ist damit kaum zu vergleichen.

Fragt man also abschließend nach Möglichkeiten, die hier entwickelten Argumentationsmuster auf andere Bewegungen anzuwenden, muss man den Blick daher notwendigerweise weiter schweifen lassen – und zwar bis hin zu Bewegungen, die den Antiautoritären nicht nahestehen. Der Vergleich der Studentenbewegung mit dem Faschismus verbietet sich zwar eigentlich schon allein deshalb, weil er sowohl zeitgenössisch als auch später vor allem zum Zwecke des politischen Abstempelns der Antiautoritären (paradigmatisch dafür vor allem Götz Alys entsprechend betiteltes Werk *Unser Kampf*[20]) und selten als heuristisches Werkzeug gezogen wurde. Aber vielleicht ist das gemeinsame Selbstverständnis als »Bewegung« tatsächlich ein Aspekt, der bisher Verborgenes sichtbar machen kann. Denn auch der Faschismus bzw. der Nationalsozialismus, wie schon Victor Klemperer aufzeigte, war von einem halt- und uferlosen Bewegungsdrang charakterisiert;[21] folgt man der These Robert O. Paxtons, dass der Faschismus nicht ohne die Suggestion eines »berauschenden Vorwärtsdrang[s]«[22] hätte überleben können, kann man sogar formulieren, dass er eben nur in und durch seine Form einer vorwärtsdrängenden und expansiven Bewegung als Phänomen sui generis zu verstehen ist.

Nun soll hier nicht in die Richtung einer aktualisierten Totalitarismustheorie argumentiert,[23] sondern vielmehr explizit festgestellt werden, dass die Antiautoritären von den faschistischen Bewegungen inhaltlich und habituell himmelweit entfernt waren; vor allem die unterschiedliche Rolle von Gewalt für die Radikalisierung beider Bewegungen ist hier zu nennen. Doch auch wenn sich die antiautoritäre Vorstellung einer von der Spannung zwischen Theorie und Praxis vorangetriebenen »Reise

19 Ebd., S. 168-188. Ausführlicher zu Bernstein Strohschneider, Bernstein, S. 9-22.
20 Aly, Kampf.
21 Klemperer, LTI, S. 253.
22 Paxton, Anatomie, S. 218. Zur Radikalisierung faschistischer Bewegungen siehe vor allem Reichardt, Radikalisierung, S. 78-88.
23 Für eine differenzierte Auseinandersetzung mit der Totalitarismustheorie, die teilweise auch auf die antiautoritäre Bewegung eingeht, siehe Kraushaar, Geisterfahrer.

ZUSAMMENFASSUNG UND AUSBLICK

ohne Ankunft«[24] von der vitalistischen, antiintellektuellen Energie der »permanenten Revolution«[25] der italienischen und deutschen Faschisten (bzw. Trotzkis) deutlich unterschied, erscheint doch eine Gemeinsamkeit: die machtvolle Eigendynamik der Semantik der *Bewegung* hatte in beiden Fällen eine formale Über- und inhaltliche Unterbestimmung zu Folge, die Zugzwänge produzierte, aus denen man sich kaum befreien konnte. »Für eine Bewegung jedenfalls gibt es nur eine Sache, die zählt, und das ist, daß sie beständig in Bewegung bleibt«[26], bemerkte Hannah Arendt mit Blick auf die Panbewegungen des 19. Jahrhunderts. Diese Verantwortung und Verpflichtung, eine Bewegung in Bewegung zu halten, bedeutete im Falle der Faschisten und etwas abgeschwächt im Falle der Antiautoritären: Akteure, die sich von Anfang an über einen Habitus der Konsequenz definiert, gleichzeitig jedoch kaum über konkret formulierte und fixierte politische Ziele verständigt haben, können schlicht nicht stehen bleiben – wenn klar ist, dass wer A sagt, auch B sagen muss, dabei jedoch im Ungefähren bleibt, was genau unter A oder B zu verstehen ist, ist die Forderung nach C und D nahezu unausweichlich. Dass die Antiautoritären sich dieser Logik nicht entziehen konnten, obwohl sie sie im Grunde immer auch reflektierten, macht die Geschichte ihrer Bewegung letztlich zu einer tragischen.

Insofern ist der hier entwickelte Blick auf die antiautoritäre Bewegung ein Plädoyer für ein Verständnis politischer Bewegungen, das zum einen die Implikationen der eigenen Begrifflichkeiten (und die der Akteure) ernst nimmt, zum anderen die vielfach verschränkte Dialektik zwischen Inhalt und Form, zwischen Habitus und Organisation, Theorie und Praxis dieser Bewegungen angemessen differenziert beschreiben und verstehen kann. Dass diese Ansätze nicht neutral gegenüber der Entwicklung der thematischen Ausrichtung und dem Selbstverständnis einer solchen Bewegung sein dürften, wurde herausgearbeitet – inwieweit auch das Verständnis anderer »Bewegungen« von dieser Betrachtungsweise profitieren würde, ist weiterzuverfolgen.

---

24 Um eine Formulierung Peter Moslers aus seiner Rezension von Bernward Vespers Roman *Die Reise* aufzugreifen, siehe Mosler, Peter, Bericht über eine verlorene Generation oder: Reise ohne Ankunft. Bernward Vespers Roman, in: Frankfurter Allgemeine Zeitung vom 11.10.1977, S. 5.
25 Zit. nach Paxton, Anatomie, S. 218.
26 Arendt, Elemente, S. 420.

Dank

Dieses Buch ist die überarbeitete Fassung meiner 2020 an der Universität Konstanz eingereichten Dissertation. Die vier Jahre im dortigen Exzellenzcluster 16 (»Kulturelle Grundlagen von Integration«) haben mir gezeigt, dass Forschung eine wunderbar befriedigende und produktive Arbeit sein kann, wenn die materiellen und ideellen Rahmenbedingungen einem keine Knüppel zwischen die Beine werfen (was sie in Konstanz nie taten); den akademischen Alltag durfte ich anschließend, nicht weniger angenehm, in zwei Jahren an der Professur für Zeitgeschichte in Konstanz kennenlernen.

Meinem Doktorvater und Erstbetreuer Sven Reichardt bin ich nicht nur für all diese Gelegenheiten dankbar, sondern auch für die informelle und freundschaftliche Art, in der die Betreuung vonstatten ging. Mein Zweitgutachter Philipp Felsch von der HU Berlin und das dortige Kolloquium haben mir über die Jahre zahllose Hinweise und neue Perspektiven und Fragen für die Arbeit gegeben. Christian Meyer hat wiederum in kürzester Zeit das dritte Gutachten geliefert, das aufgrund einer der kleineren Absurditäten der akademischen Gesetzgebung notwendig war – vielen Dank!

Die Verwandlung eines dickleibigen Manuskripts in ein verhältnismäßig schlankes Buch hat geduldig Jörg Später vorangetrieben und begleitet – ihm, Ulrich Herbert, Lutz Raphael, Jan Eckel und Sven Reichardt danke ich für die Aufnahme des Buches in die Reihe »Moderne Zeit« des Wallstein Verlages. Die Drucklegung wurde freundlicherweise von der Konstanzer Dr. August und Annelies Karst Stiftung, der Geschwister Boehringer Ingelheim Stiftung für Geisteswissenschaften und dem Historischen Seminar der Ludwig-Maximilians-Universität München finanziert. Stellvertretend für alle freundlichen und unendlich geduldigen Archivarinnen und Archivare sei Ulrike Groß und ihrem wuscheligen Archivhund Blu vom APO-Archiv in Berlin gedankt, die meine zunehmend impertinenter werdenden Anfragen mehr als übererfüllt hat.

Dass aus einer etwas ungeordneten Idee schließlich ein Manuskript wurde, lag nicht nur an der entspannten Arbeitsatmosphäre, sondern vor allem an den ungezwungenen Diskussionen und dem manchmal auch nur spielerischen Gedankenaustausch mit Kolleginnen und Kollegen, Freundinnen und Freunden in Konstanz und anderswo: David Bebnowski, Franz Fillafer, Theodor Fontäne, den Gebrüdern Fuchs, Lucas Haasis, Florinda Hoffmann, Bernice Kaminski, Robert Kramm,

Peter Merg, Kristina Milz, Ole Münch, Johannes Pantenburg, Sarah Schwab, Sina Steglich, Sophia Timmermann und Nikolai Wehrs – vielen Dank! Meinen zahlreichen Geschwistern, Eltern und Großeltern Dank für alles andere!

Anhang

Transkription einiger Redebeiträge auf der AStA-Veranstaltung »Internationale Konterrevolution« am 20. Oktober 1967 im Audimax der FU

Reinhard Lettau: »Meine Damen und Herren, sie können gleich wieder zum akademischen Teil der Veranstaltung zurückkehren, nur noch eine Frage: wie erkennt man die Mitglieder der Politischen Polizei? Das heißt, wie erkennt man, ehe sie zuschlagen, sollte man vielleicht besser fragen. Man erkennt sie im Grunde sehr einfach, man erkennt sie daran, dass sie versuchen, die Parolen zu lesen, die Demonstranten bei sich führen, um zu prüfen, ob diese Parolen zu weit gehen. Aus Erfahrung wissen die Mitglieder der Politischen Polizei, wie so etwas aussieht, was man in der zivilisierten Welt Schrift nennt, und sie erkennen Schriften, auch wenn es ihnen schwerfällt und es etwas länger dauert, sie zu lesen. Sie wissen, dass da oft etwas draufsteht, daher [...] die sich bewegenden Lippen, der starre Blick (Lautes Gelächter und Beifall, vereinzelt Buhrufe).«
[...]
Diether Prelinger: »Wie viele von euch haben sich eigentlich schon einmal gefragt, wessen Spiel hier gespielt wird? Glaubt ihr wirklich, das ist euer Spiel und das sind eure Ideen? (Ja-Rufe). Kann das ein Mensch im Ernst annehmen? (Ja-Rufe). Muss nicht jeder glauben, dass ihr gesteuert seid? (Langanhaltendes Gelächter und Gejohle, »Büttenrede«-Rufe). [...] Hier wird nicht ihr Spiel gespielt, hier wird das Spiel anderer gespielt. (Wessen-Rufe) [...] Glauben sie, Berlin ist irgendein Punkt in der Weltgeschichte? [...] Berlin ist ein neuralgischer Punkt. [...] Ich glaube, dass sie jemanden in die Hände spielen, dem sie nicht in die Hände spielen wollen. (»Wem denn?«- Rufe, Gelächter) [...] Es gab einmal einen Film in Amerika, der hieß »Denn sie wissen nicht, was sie tun« (mit sich überschlagender Stimme): DAS SIND SIE! [...] Sie tun es in gläubigem Idealismus, das weiß ich, sie haben den Idealismus der Jugend, den ich bewundere. [...] Beachten sie, und Sie haben bestimmt die geistigen Fähigkeiten zu differenzieren, worum es geht, beachten Sie, dass es Leute gibt, die das ausnutzen, und ich brauche nicht zu sagen, wo (Tumultartiges Geschrei, Gelächter, »Zugabe! Zugabe!«-Rufe).«.
[...]
Knut Nevermann: »Es sei mir gestattet [...] ein bisschen Polemik zu machen: Die Situation eines nordvietnamesischen Reisbauern, der Tag für Tag mit Bomben überschüttet wird, mit der eines Berliner Studenten, der kein Zimmer bekommt [zu vergleichen], ist das nicht ein Unter-

schied? (Applaus, Geschrei, Gegenrufe). [...] Ich will damit ausdrücken: natürlich befindet sich in Vietnam die kapitalistische Welt in einer Auseinandersetzung mit sozialistischen Bewegungen. Natürlich wird dort eine aus dem System herauskommende Gewalt manifest. Und sicherlich ist auch richtig, dass das was hier geschieht und in Berlin geschehen ist, eine mehr oder weniger latente, teilweise sicherlich auch schon manifeste Gewaltanwendung und Repression des kapitalistischen Systems ist. Aber: Die Situation ist in beiden Bereichen der Dritten und Ersten Welt ein prinzipieller Unterschied, der berücksichtigt werden müsste bei der Beantwortung dessen was man als politisches Handeln bzw. Bestimmung einer politischen Strategie [bezeichnet]. Und das darf nicht außer Acht gelassen werden [...] Ich fände das ausgesprochen gut [...], wenn wir über diesen Punkt hier wirklich mal diskutieren könnten – ob wirklich jemand der Meinung ist, dass hier eine revolutionäre Situation in West-Berlin ist, wo man Guerillataktiken anwenden kann. Das möchte ich wirklich mal wissen«.

[...]

Dutschke: »Und, Herr Nevermann, Kommilitone Nevermann (Mehrere Zwischenrufe, Pssst-Geräusche), Kommilitone Nevermann ...in der Tat ist die Differenz zwischen uns und den Arbeitern groß, aber wir wissen nur zu sehr, wie viel Zeit und Kraft und Ausdauer von unserer Seite aufgebracht werden muss, um diese Differenz an die (!) wir auch unter anderem schuld sind, zu beseitigen und den Weg zu den Arbeitern zu finden (Applaus). Und Kommilitone Knut Nevermann, erst einmal gestatte mir eine gewisse Polemik, du bist ja Mitglied der Partei, und du benutzt den Begriff des organisierten Kapitalismus und sagst, na, Werner Hoffmann hat es wohl gesagt, ein bisschen Parteigeschichte sollte dir helfen: 1927 auf dem Parteitag in Heidelberg wurde der Begriff von Hilferding geprägt, nur das nebenbei, das ist Parteigeschichte, die vielleicht ein Knut Nevermann mal studieren sollte. Noch etwas zur objektiven Situation, die nicht da wäre. Mein Vorwurf, und meine Frage an Knut Nevermann: Wenn er von objektiver Situation spricht, impliziert das bei ihm Subjekt-Objekt-Beziehungen, oder Objekt-Beziehungen, die plötzlich zur Subjekt-Beziehung wird, wo es keinen Übergang gibt. Also, noch konkreter gesprochen (Gelächter): Ist der Prozess der Revolution ein Prozess oder ist es ein Akt geradezu, wo man heute mal schießt und morgen ist die neue Gesellschaft? Und das wäre der Punkt, den Knut Nevermann mit einigen weiteren Fragen beantworten sollte, wenn er sagt, objektive Situation ist nicht da, dann besagt das nicht, aber auch gar nicht, denn es müsste auch einem Knut gerade bekannt sein, denn er war daran beteiligt, dass wir vor eineinhalb Jahren, oder vor einem halben Jahr, auch

das gesagt haben, keine objektive Situation ist da, aber die praktisch-subjektive Tätigkeit von Menschen gesellschaftliche Bedingungen neu schaffen kann, damit auch objektive Situationen verändert und damit das Gerede von der objektiven Situation, die nicht da wäre, Quatsch ist«.
[...]
»Ein letztes zur Frage der objektiven Situation, die nicht vorhanden ist. Knut Nevermann macht uns zum Vorwurf, [...] dass ja die objektive Situation der Veränderung nicht da ist. Was für ein Bild von der Gesellschaft steckt dahinter? Ein völlig mechanisches Bild, an einem Tag wird's krachen und dann wird der Laden zusammenfallen. Das ist die sozialdemokratische Zusammenbruchstheorie der Vergangenheit, die uns noch nie einen Schritt vorwärtsgebracht hat« (Diether Prelinger im Publikum ruft immer wieder dazwischen, Aufruhr im Publikum) »Der Prozess der Revolution, meine Damen und Herren ...«

Diether Prelinger, dazwischengerufen, hörbar erregt: »Lassen Sie sich doch nichts vormachen, er will sich doch bloß hochspielen« (Aufruhr im Publikum, »Raus«-Rufe, »Ruhe«-Rufe) Ein anderer Redner, der offenbar das Mikrofon ergriffen hat: »Kommilitoninnen und Kommilitonen« (Großer Aufruhr, Zwischenrufe, Gelächter, Applaus)

Diether Prelinger (hat offenbar ein Mikrofon ergriffen oder sich nach vorne durchgekämpft, hocherregt): »Jetzt haben wir sie gehört, jetzt haben sie sich gezeigt, eine Partei will er nicht gründen, das steht aber jedem frei nach dem Grundgesetz. Nein, das nicht ...warum denn nicht, fragen Sie sich das bitte. Er will ja bloß das Chaos und die Unordnung, er hat es ja laut und deutlich gesagt, und wir haben gehört (Brüllt) Wir haben gehört, dass hier (Allgemeine Buh-Rufe, »Raus«-Rufe). Wir haben gehört, meine Damen und Herren, dass hier gesagt wird, wir werden uns morgen nicht an die Auflagen halten, das sei ja klar ...Lassen Sie sich nicht von diesen falschen Geistern .... (das Publikum bricht in rhythmische »Sieg Heil! Sieg Heil!«-Rufe aus) (Prelinger abseits des Mikrofons diskutierend): Sie haben sich vorhin beschwert, dass keiner diskutiert. Jetzt haben Sie einen, und dann wollen Sie ihn nicht hören, das ist einer gegen alle, ja? Ich habe vorhin gesagt, Sie wissen nicht was Sie tun, und wir haben es eben bestätigt bekommen. (Geschrei) Ich möchte nichts mehr sagen, ich möchte Sie nur bitten: Halten Sie sich an die Auflagen morgen [...]« (Offenbar Gerangel auf dem Podium)
[...]
Rudi Dutschke: »Die theoretische Begründung der Notwendigkeit der Durchbrechung der Auflagen sollte eigentlich auch noch ausgesprochen werden. Eine wurde gesagt: wir können kein Feigenblatt abgeben für eine Demokratie, die schon abgeschafft ist. Ein zweites, wichtiges Mo-

ment hat gerade etwas zu tun mit dem Prozess der subjektiven Tätigkeit in der Demonstration. Wir dürfen morgen nicht als eine geschlossene, amorphe, gelangweilte, aber doch mit Schuldgefühlen geplagte Masse unseren Weg absolvieren. Worauf es ankommt, ist, dass wir morgen in der Durchbrechung der Regeln die uns von der anderen Seite gesetzt werden, die nicht unsere eigenen sind, Agitation und systematische Aufklärung in den Nebenstraßen, auf dem Nebengleis durchführen, Aufklärung über die Situation, den BVG-Schaffnern, den Autofahrern die Flugblätter in die Autos hineinstecken, das muss getan werden, wir werden nicht prügeln, wir haben nie angefangen zu prügeln, das hat immer die andere Seite getan, wir werden nicht so dumm sein (Applaus), aber, und das sollte den Vertretern der Politischen Polizei auch hier heute Abend deutlich gesagt werden: Wenn es zu Übergriffen der Polizei kommt, wir werden es nicht zulassen, dass aus unseren eigenen Reihen Kommilitonen abgeschleppt werden. (Langer Applaus) [...] Darum müssen wir uns auf morgen so vorbereiten, dass wir nicht Objekt sind wie am 2. Juni, sondern Subjekte, die tätig sind, aufklären, sich zurückziehen, wo es notwendig ist, sich in Bewegung setzen, wenn es möglich ist, und so unseren Lernprozess auf der Straße absolvieren (Langer Beifall)«.

Quellen- und Literaturverzeichnis

Archive

Archiv »APO und soziale Bewegungen« (»APO-Archiv«), Universitätsarchiv der Freien Universität Berlin
Archiv des *Hamburger Institut für Sozialforschung* (HIS)
Archiv des *International Institute of Social History* bzw. des *International instituut voor sociale geschiedenis* (IISG), Amsterdam
Archiv der Sozialen Demokratie, Bonn
Archiv des *Institut für Zeitgeschichte* (IfZ), München

Zeitungen, Zeitschriften, Periodika

Agit 883 [Berlin], 1969-1972
Colloquium [Berlin]
Frankfurter Allgemeine Zeitung, einzelne Ausgaben
Jungle World [Berlin], einzelne Ausgaben
Konkret [Hamburg], einzelne Ausgaben
Neue Zürcher Zeitung, einzelne Ausgaben
Rote Presse Korrespondenz (RPK) [Berlin], 1969-1975
Rote Fahne [Berlin], 1970-1980
Der Spiegel [Hamburg], einzelne Ausgaben
SDS-INFO [Frankfurt am Main]
SDS-Informationen [Frankfurt am Main]
SDS-Korrespondenz [Frankfurt am Main]
Süddeutsche Zeitung [München], einzelne Ausgaben
Tagesspiegel [Berlin], einzelne Ausgaben
die tageszeitung (taz) [Berlin], einzelne Ausgaben
Die Welt [Hamburg], einzelne Ausgaben
Die Zeit [Hamburg], einzelne Ausgaben

Gesprächsmaterial

Gespräche des Autors mit
  Udo Knapp am 27.01.2015 in Berlin.
  Lutz von Werder am 28.01.2015 in Berlin.
  Peter Gäng am 29.01.2015 in Berlin.
  Rainer Bieling am 30.01.2015 in Berlin.
  Helmut Lethen am 01.04.2015 in Wien.

Klaus Hartung am 23.05.2015 und 19.01.2016 in Berlin.
Werner Stanglmaier am 11.06.2015 in Berlin.
Thomas Lennert und Elisabeth Lennert am 29.06.2015 in Berlin.
Jürgen Wingefeld am 30.06.2015 in Berlin.
Detlef Michel am 01.08.2015 in Berlin.
Manfred Scharrer am 10.02.2016 in Berlin.
Werner Rügemer am 21.02.2016 in Köln.
Götz Schmidt am 20.11.2016 in Niedenstein.
Ulfert Krahé am 20.09.2018 in Berlin.
Rüdiger Minow am 28.09.2018 in Köln.
Erich und Maria Sirrenberg am 30.01.2020 in Konstanz.

Gespräche Siegward Lönnendonkers im Anhang von Lönnendonker, Siegward, Die Politik des Sozialistischen Deutschen Studentenbundes (SDS), Landesverband Berlin. Versuch einer Rekonstruktion der Entwicklung vom Dezember 1964 bis zum April 1967 unter besonderer Berücksichtigung von Organisation, Strategie und Taktik (Diplomarbeit, eingereicht an der Freien Universität Berlin), o. J.
mit
Bernhard Blanke am 19.12.1969, S. 1-19.
Jürgen Horlemann am 29.12.1969, S. 20-51.
Wolfgang Lefèvre am 30.12.1969, S. 52-92.
Bernd Rabehl am 18.12.1969, S. 93-112.
Eike Hemmer am 11.01.1970, S. 113-128.

Ton- und Filmdokumente

Godard, Jean-Luc, Masculin – Feminin oder: Die Kinder von Marx und Coca-Cola. Frankreich/Schweden 1965.
Tonbandmitschnitt der AStA-Veranstaltung »Internationale Konterrevolution«, 20.10.1967. APO-Archiv FU Berlin Tonsammlung, Vorl. Sig. STAR 1102.
Tonbandmitschnitt des Vortrags von Herbert Marcuse »Geschichte, Transzendenz und sozialer Wandel«, 13.05.1968. APO-Archiv FU Berlin Tonsammlung, STAR-Signatur 1128.
Institut für Filmgestaltung (Ulm). Hans Dieter Müller (Regie), Ruhestörung – Ereignisse in Berlin, 2. bis 12. Juni 1967 (1967). Online verfügbar unter https://av.tib.eu/media/25397, zuletzt geprüft am 27.08.2019.
Hörmann, Günther, Delegiertenkonferenz des SDS in Hannover Nov. 1968 (1968). Online verfügbar unter https://av.tib.eu/media/25395, zuletzt geprüft am 18.07.2019.
Kasper, Barbara; Schuster, Lothar, Schlacht am Tegeler Weg, NDR 1988.
Andreas Christoph Schmidt (Regie), Was war links? Dokumentarfilm in 4 Folgen (2003).

Internetdokumente

»Dem Zerfall der APO was entgegensetzen …«. Teil II des Interviews mit Genossen der RZ (2009). Online verfügbar unter https://www.wildcat-www. de/wildcat/85/w85_interview-RZ_2.htm, zuletzt aktualisiert am 07.04.2018.

»Radikalismus des Alles oder Nichts«. Götz Aly im Gespräch mit Wolfgang Schneider (2008). Online verfügbar unter https://www.boersenblatt.net/archiv/178419.html, zuletzt geprüft am 8.8.2020.

Brief eines IKD-Funktionärs an ein Mitglied der GIM. zit. nach: Schröder, Jürgen, Marxisten-Leninisten Westberlin. Online verfügbar unter https://www.mao-projekt.de/BRD/BER/RC/Marxisten-Leninisten_Westberlin.shtml, zuletzt geprüft am 05.04.2018.

Jacoby, Mascha, The Transformation of the West German Red Guards in the Late 1960s (2016). Online verfügbar unter http://theasiadialogue.com/2016/10/04/the-transformation-of-the-west-german-red-guards-in-the-late-1960s/, zuletzt aktualisiert am 21.10.2018.

Knobloch, Clemens, 1968 als umkämpfter Erinnerungsort (und als Zurechnungsadresse). Online verfügbar unter https://nrw.rosalux.de/fileadmin/ls_nrw/dokumente/Publikationen/Clemens_Knobloch_1968_als_umk%C3%A4mpfter_Erinnerungsort.pdf, zuletzt geprüft am 18.08.2020.

Mahler, Horst, Die »Krise« der Außerparlamentarischen Opposition im Sommer 1968 – und wie man sie überwindet (1968). Online verfügbar unter http://www.glasnost.de/hist/apo/68mahler.html, zuletzt aktualisiert am 05.09.2017.

Posener, Alan, Orwells Schafe (2018). Online verfügbar unter https://starke-meinungen.de/blog/2018/07/04/orwells-schafe/, zuletzt geprüft am 14.01.2019.

Romano, Carlin, Occupy This: Is It Comeback Time for Herbert Marcuse? Online verfügbar unter https://www.chronicle.com/article/occupy-this-is-it-comeback-time-for-herbert-marcuse/, zuletzt geprüft am 15.02.2019.

Rote Armee Fraktion, Das Konzept Stadtguerilla (1971). Online verfügbar unter https://socialhistoryportal.org/sites/default/files/raf/0019710501_7.pdf, zuletzt geprüft am 10.10.2021.

Schaltwerkzelle, Intensive Schulung (Vorbereitung auf die Betriebsarbeit). Online verfügbar unter https://www.mao-projekt.de/BRD/BER/IGM/Berlin_Siemens_Schaltwerk_in_Spandau.shtml, zuletzt geprüft am 23.10.2018.

Siegfried, Detlef, Rausch und Rationalität (2019). Ästhetiken der Gegenkultur um 1968. Online verfügbar unter https://literaturkritik.de/rausch-und-rationalitaet-aesthetiken-der-gegenkultur-um-1968,25305.html, zuletzt geprüft am 14.10.2020.

Theorie und Praxis (2014). Online verfügbar unter https://www.neues-deutschland.de/artikel/955718.folge-theorie-und-praxis-subst-die.html, zuletzt geprüft am 21.8.2020.

www.mao-projekt.de, zuletzt geprüft am 20.10.2020.

Zolling, Peter, Wende-Genossen (1997). Vom Bürgerschreck zum Bourgeois – wie die Politsekten zerfielen und wo sich die Mitglieder etablierten. On-

Gedruckte Quellen und Forschungsliteratur

line verfügbar unter https://www.focus.de/politik/deutschland/k-gruppen-wende-genossen_aid_166129.html, zuletzt geprüft am 23.10.2018.

Gedruckte Quellen und Forschungsliteratur

Adamczak, Bini, Beziehungsweise Revolution. 1917, 1968 und kommende, Berlin 2019.

Adorno, Theodor W., Jargon der Eigentlichkeit, in: ders., Gesammelte Schriften. Band 6: Negative Dialektik. Jargon der Eigentlichkeit, Frankfurt am Main, S. 413-523.

Adorno, Theodor W., Marginalien zu Theorie und Praxis (1969), in: ders., Gesammelte Schriften. Bd. 10/2, Frankfurt am Main, S. 759-782.

Adorno, Theodor W., Minima Moralia. Reflexionen aus dem beschädigten Leben, Frankfurt am Main 1997.

Agnoli, Johannes; Brückner, Peter, Die Transformation der Demokratie, Berlin 1967.

Ahlberg, René, Die politische Konzeption des Sozialistischen Deutschen Studentenbundes, in: Aus Politik und Zeitgeschichte. Beilage zur Wochenzeitung Das Parlament 18 (1968), H. 20, S. 3-31.

o. A., Aktionseinheit, Einheitsfront, Ideologischer Kampf, in: Rote Fahne 2 (1971), H. 23, S. 10.

o. A., Aktionseinheit, Einheitsfront, Ideologischer Kampf. Teil 2, in: Rote Fahne 2 (1971), H. 24, S. 6-7.

o. A., »Alle reden von Schulung ...«. Flugblatt zu einer Sitzung des Basisgruppenrates (22.05.1969), in: Kraushaar, Wolfgang (Hg.), Frankfurter Schule und Studentenbewegung. Von der Flaschenpost zum Molotowcocktail, 1946-1995. Band 2, Hamburg 1998, S. 634.

Altvater, Elmar; Böckelmann, Frank; Schmitz-Bender, Thomas et al., Thesen zur Situation des SDS, in: Böckelmann, Frank; Nagel, Herbert (Hgg.), Subversive Aktion. Der Sinn der Organisation ist ihr Scheitern, Frankfurt am Main 1976, S. 270-277.

Aly, Götz, Unser Kampf. 1968 – ein irritierter Blick zurück, Frankfurt am Main 2008.

Andresen, Knud, Gebremste Radikalisierung. Die IG Metall und ihre Jugend 1968 bis in die 1980er Jahre, Göttingen 2016.

o. A., APO, Gewerkschaft, Partei und die Arbeiterklasse. Eine Diskussion mit Matthias Beltz, Bernd Rabehl, Manfred Scharrer, Joscha Schmierer und Gerhard Wink, in: Haus der Gewerkschaftsjugend Oberursel (Hg.), Zwischen Kooperation und Konfrontation. Beiträge zur Geschichte von ausserparlamentarischer Bewegung und Gewerkschaften, Marburg 1988, S. 121-164.

o. A., Arbeitskonferenz (RPK), in: agit 883, S. 8, Arbeitskonferenz (RPK), in: agit 883 44 (1969), S. 8.

o.A., Arbeitspapier der Germanisten. Teil 1, in: Rote Presse Korrespondenz 3 (1969), S. 8-9.

o.A., Arbeitspapier der Germanisten. Teil 2, in: Rote Presse Korrespondenz 4 (1969), S. 5-7.

Arendt, Hannah, Elemente und Ursprünge totaler Herrschaft, Frankfurt am Main 1955.

Arendt, Hannah, Vita activa oder Vom tätigen Leben, München 1967.

Arps, Jan Ole, Frühschicht. Linke Betriebsintervention in den 70er Jahren, Berlin 2011.

o.A., Ausgangsposition und Arbeit der Studiengruppe für Sozialtheorie (vormals Subversive Aktion), in: Böckelmann, Frank; Nagel, Herbert (Hgg.), Subversive Aktion. Der Sinn der Organisation ist ihr Scheitern, Frankfurt am Main 1976, S. 437-439.

Aust, Stefan, Der Baader Meinhof Komplex, Hamburg 2008.

Bacia, Jürgen, Die Kommunistische Partei Deutschlands (Maoisten), in: Stöss, Richard (Hg.), Parteien-Handbuch. Band 2: FDP bis WAV, Opladen 1984, S. 1810-1830.

Balz, Hanno, Militanz, Blues und Stadtguerilla. Konzepte politischer Gegengewalt, in: rotaprint 25 (Hg.), agit 883. Revolte, Underground in Westberlin 1969-1972, Berlin 2006, S. 127-139.

Basisgruppe DWM, Von der Theorie zur Praxis – oder wie linke Soziologen endlich links werden und dabei aufhören, Soziologen zu sein, in: Rote Presse Korrespondenz 1 (1969), S. 7-8.

Basisgruppe Walter-Benjamin-Institut, Schafft die Germanistik ab!, in: Sievers, Rudolf (Hg.), 1968. Eine Enzyklopädie, Frankfurt am Main 2008, S. 431-438.

Basten, Doris, Ich, die »Verfassungsfeindin«. Lebenslauf einer vom Berufsverbot Betroffenen, Köln 1976.

Baumann, ›Bommi‹, Wie alles anfing, München 1980.

Bauß, Gerhard, Die Studentenbewegung der sechziger Jahre in der Bundesrepublik und Westberlin. Handbuch, Köln 1977.

Bebnowski, David, Kämpfe mit Marx. Neue Linke und akademischer Marxismus in den Zeitschriften Das Argument und PROKLA 1959-1976, Göttingen 2021.

Behmel, Albrecht, 1968: Die Kinder der Diktatur. Der Mythos der Studentenbewegung im ideengeschichtlichen Kontext des »hysterischen Jahrhunderts« 1870 bis 1968, Stuttgart 2011.

Behnken, Klaus; Geulen, Rainer; Knapp, Udo et al., Revolutionäre Disziplin. Zur Organisation der radikalen sozialistischen Opposition, in: konkret (1969), H. 8, S. 17-19.

Behre, Silja, Bewegte Erinnerung. Deutungskämpfe um »1968« in deutschfranzösischer Perspektive, Tübingen 2016.

Beirat der ROTEN PRESSE KORRESPONDENZ, Den Kampf gegen die schwarze Linie führen!, in: Rote Presse Korrespondenz 42 (1969), S. 1-5.

Benicke, Jens, Von Adorno zu Mao. Über die schlechte Aufhebung der antiautoritären Bewegung, Freiburg im Breisgau 2010.

GEDRUCKTE QUELLEN UND FORSCHUNGSLITERATUR

Benicke, Jens, Die K-Gruppen. Entstehung – Entwicklung – Niedergang, Wiesbaden 2019.

Benke, Volker, Strategie und Taktik der Roten Zellen in Berlin, in: Schönbohm, Wulf (Hg.), Die studentische Protestbewegung. Analysen und Konzepte, Mainz 1971, S. 149-196.

o. A, Bericht der Roten Zelle Post (RotzPo), in: Rote Presse Korrespondenz 50 (1970), S. 5-8.

o. A., Bericht über die Arbeitskonferenz der RPK, in: Rote Presse Korrespondenz 43/44/45 (1969), S. 1-3; 32-33.

o. A., Berichte aus den Betrieben, in: PL. Zentralorgan der Proletarischen Linken/Parteiinitiative 1 (1971), H. 4, S. 5.

o. A., Berliner Protokoll vom 10.07.1964, in: Böckelmann, Frank; Nagel, Herbert (Hgg.), Subversive Aktion. Der Sinn der Organisation ist ihr Scheitern, Frankfurt am Main 1976, S. 157-160.

Bernd Rabehl (R. M.), Sozialimperialismus und Sozialdemokratie, in: Böckelmann, Frank; Nagel, Herbert (Hgg.), Subversive Aktion. Der Sinn der Organisation ist ihr Scheitern, Frankfurt am Main 1976, S. 174-178.

Bernstein, Eduard, Die Voraussetzungen des Sozialismus und die Aufgaben der Sozialdemokratie, Stuttgart 1899.

Bielenstein, Dieter, Sozialistische Studentenarbeit heute, in: neue kritik 1 (1960), H. 2, S. 28-31.

Binger, Lothar, 68 – selbstorganisiert & antiautoritär. Die Jahre 1967-1978, Berlin 2018.

Blanke, Bernhard, Dutschkismus als Gerücht. Zu einigen Elementen spätkapitalistischer Öffentlichkeit, in: neue kritik 47 (1968), S. 34-45.

Bluem, Bernhard, Misslungene Proben des akademischen Proletariats für den aufgeschobenen Aufstand, in: SDS-Korrespondenz 2 (1967), H. 6, 24-27.

Böckelmann, Frank, Aus einem Brief an Christofer Baldeney vom 14.06.1965, in: Böckelmann, Frank; Nagel, Herbert (Hgg.), Subversive Aktion. Der Sinn der Organisation ist ihr Scheitern, Frankfurt am Main 1976, S. 294-295.

Böckelmann, Frank, Brief an Dieter Kunzelmann vom 28.1.1965, in: Böckelmann, Frank; Nagel, Herbert (Hgg.), Subversive Aktion. Der Sinn der Organisation ist ihr Scheitern, Frankfurt am Main 1976, S. 265-268.

Böckelmann, Frank, Frühes Fazit. (aus: texturen, literarische studentenzeitschrift, München, September 1964), in: Böckelmann, Frank; Nagel, Herbert (Hgg.), Subversive Aktion. Der Sinn der Organisation ist ihr Scheitern, Frankfurt am Main 1976, S. 56-66.

Böckelmann, Frank, Rundschreiben aus Kalikutt vom 24.-27.08.1964. Anmerkungen zur Diskussion über Theorie und Praxis, in: Böckelmann, Frank; Nagel, Herbert (Hgg.), Subversive Aktion. Der Sinn der Organisation ist ihr Scheitern, Frankfurt am Main 1976, S. 201-210.

Böckelmann, Frank, Begriffe versenken. Belastungsproben und Liquidationen in drei Jahrzehnten, Bodenheim 1997.

Böckelmann, Frank, Bewegung, in: Kraushaar, Wolfgang (Hg.), Frankfurter Schule und Studentenbewegung. Von der Flaschenpost zum Molotowcocktail 1946-1995. Band 3: Aufsätze und Kommentare, Register, Hamburg 1998, S. 204-231.

Böckelmann, Frank; Nagel, Herbert (Hg.), Subversive Aktion. Der Sinn der Organisation ist ihr Scheitern, Frankfurt am Main 1976.

Bohrer, Karl Heinz, 1968: Die Phantasie an die Macht? Studentenbewegung – Walter Benjamin – Surrealismus, in: Merkur. Deutsche Zeitschrift für europäisches Denken 585 (1997), S. 1069-1080.

Bohrer, Karl Heinz, Sechs Szenen Achtundsechzig, in: Merkur. Zeitschrift für europäisches Denken 62 (2008), H. 708, S. 410-424.

Bollinger, Stefan, Oktoberrevolution. Aufstand gegen den Krieg, 1917-1922, Berlin 2017.

o. A., Bolschewisierung der KPD, in: Rote Fahne 2 (1971), H. 13, S. 6.

Bopp, Jörg, Geliebt und doch gehaßt. Über den Umgang der Studentenbewegung mit Theorie, in: Kursbuch 78 (1984), S. 121-142.

Bourdieu, Pierre, Der Habitus als Vermittler zwischen Struktur und Praxis. In: ders., Zur Soziologie der symbolischen Formen, Frankfurt am Main 2000, S. 125-158.

Bourdieu, Pierre, Sozialer Sinn. Kritik der theoretischen Vernunft, Frankfurt am Main 2018.

Brandes, Volkhard, Wie der Stein ins Rollen kam. Vom Aufbruch in die Revolte der sechziger Jahre, Frankfurt am Main 1988.

Brentzel, Marianne, Rote Fahnen, rote Lippen. Roman, Berlin 2011.

Brown, Thomas S., West Germany and the global sixties. The anti-authoritarian revolt, 1962-1977, Cambridge 2013.

Büchner, Georg; Deppe, Frank; Tjaden, Karl Herrmann, Zur Theorie der sozioökonomischen Emanzipation von Entwicklungsgesellschaften, in: Das Argument 34 (1965), S. 25-48.

Bude, Heinz, Das Altern einer Generation. Die Jahrgänge 1938 bis 1948, Frankfurt am Main 1995.

Bude, Heinz, Adorno für Ruinenkinder. Eine Geschichte von 1968, München 2018.

Buhmann, Inga, Ich habe mir eine Geschichte geschrieben, München 1977.

Camic, Charles; Gross, Neil; Lamont, Michèle (Hg.), Social knowledge in the making, Chicago, London 2011.

Chaussy, Ulrich, Die drei Leben des Rudi Dutschke. Eine Biographie, Zürich, München 1999.

Chaussy, Ulrich, Rudi Dutschke. Die Biographie, München 2018.

Claessens, Dieter; Ahna, Karin de, Das Milieu der Westberliner »scene« und die »Bewegung 2. Juni«, in: Baeyer-Katte, Wanda von; Claessens, Dieter; Feger, Hubert et al. (Hgg.), Gruppenprozesse, Opladen 1982, S. 20-181.

Claussen, Detlev, Zur Kritik falschen Bewußtseins in der studentischen Revolte, in: neue kritik 53 (1969), S. 6-14.

GEDRUCKTE QUELLEN UND FORSCHUNGSLITERATUR

Cook, Alexander C. (Hg.), Mao's Little red book. A global history, Cambridge 2014.

Cornils, Ingo, Writing the revolution. The construction of »1968« in Germany, Rochester, New York 2016.

Cornils, Ingo; Waters, Sarah (Hg.), Memories of 1968. International perspectives, Oxford, New York 2010.

Czerny, Ilonka, Die Gruppe SPUR (1957-1965). Ein Künstlerphänomen zwischen Münchner Kunstszene und internationalem Anspruch, Wien 2008.

Dae, Sung Jung, Der Kampf gegen das Presse-Imperium. Die Anti-Springer-Kampagne der 68er-Bewegung, Bielefeld 2016.

Dannemann, Rüdiger, Georg Lukács und 1968. Eine Spurensuche, Bielefeld 2009.

Danzker, Jo-Anne Birnie; Dornacher, Pia (Hg.), Gruppe SPUR, Ostfildern-Ruit 2006.

Dapprich, Matthias, The Historical Development of West Germany's New Left after 1968, Norderstedt 2018.

Davis, Belinda, The city as a Theater of Protest. West Berlin and West Germany, 1962-1983, in: Prakash, Gyan; Kruse, Kevin Michael (Hgg.), The spaces of the modern city. Imaginaries, politics, and everyday life, Princeton 2008, S. 247-274.

Debray, Régis, Latin America. The Long March, in: new left review 33 (1965), S. 17-38.

Dehnavi, Morvarid, Das politisierte Geschlecht. Biographische Wege zum Studentinnenprotest von »1968« und zur neuen Frauenbewegung, Bielefeld 2013.

Delius, Friedrich Christian, Als die Bücher noch geholfen haben. Biografische Skizzen, Berlin 2012.

Della Porta, Donatella; Pavan, Elena, Repertoires of knowledge practices. Social movements in times of crisis, in: Qualitative Research in Organizations and Management: An International Journal 12 (2017), H. 4, S. 297-314.

Deppe, Frank; Steinhaus, Kurt, Anlage zum Schulungsprogramm, in: neue kritik 38/39 (1966), S. 37-39.

Deppe, Frank; Steinhaus, Kurt, Politische Praxis und Schulung im SDS, in: neue kritik 38/39 (1966), S. 31-37.

Der Ständige Ausschuß des Zentralkomitees der Aufbauorganisation für die KPD, Neuerscheinung im Verlag Rote Fahne: Kim Il Sung, Ausgewählte Reden und Aufsätze, Bd. 1, in: Rote Fahne 2 (1971), H. 20, S. 2.

o. A., DGB-Jugendveranstaltung: Abfuhr für die Bonzen!, in: Rote Fahne 2 (1971), H. 15, S. 3.

Die marxistisch-leninistischen Gruppen an der FU, Revolutionäre Berufspraxis oder berufsrevolutionäre Praxis? Die Fehler der ROTZEG und das Konzept der Studentengewerkschaft, in: Rote Presse Korrespondenz 37 (1969), S. 5-8.

o. A., Die 4. Konferenz der S. I. in London, in: Situationistische Internationale 1958-1969 (Hg.), Gesammelte Ausgaben des Organs der Situationistischen Internationale. Band 1, Berlin 1976, S. 172-176.

QUELLEN- UND LITERATURVERZEICHNIS

o. A., Die 5. Konferenz der S. I. in Göteborg, in: Situationistische Internationale 1958-1969 (Hg.), Gesammelte Ausgaben des Organs der Situationistischen Internationale. Band 1, Berlin 1976, S. 277-284.

o. A., Die Partei aufbauen. Plattformen, Grundsatzerklärungen der KPD/AO, KPD/ML, KPD/ML-ZK Linie, KPD/ML-Bolschewik Linie, KPD/ML-Neue Einheit, Rote Garde, KB/ML, PL/PI, Proletarische Front, Berlin 1971.

Diederichsen, Diedrich, Sexbeat. 1972 bis heute, Köln 1985.

Diehl, Laura, Zur Konjunktur von Mao-*Images* in der bundesdeutschen »68er«-Bewegung, in: Gehrig, Sebastian; Mittler, Barbara; Wemheuer, Felix (Hgg.), Kulturrevolution als Vorbild? Maoismen im deutschsprachigen Raum, Frankfurt am Main 2008, S. 179-201.

Diewald-Kerkmann, Gisela, Die RAF und die Bewegung 2. Juni. Die Beziehung von Gewaltgruppen und radikalem Milieu im Vergleich, in: Malthaner, Stefan; Waldmann, Peter (Hgg.), Radikale Milieus. Das soziale Umfeld terroristischer Gruppen, Frankfurt 2012, S. 121-142.

o. A., Diskussionen, in: Bedingungen und Organisation des Widerstandes. Der Kongreß in Hannover. Protokolle, Flugblätter, Resolutionen, Berlin 1967, S. 87-105.

o. A., Django und die Tradition. Die letzte SDS-Delegiertenkonferenz. Hannover November 1968, in: Wolff, Frank; Windaus, Eberhard (Hgg.), Studentenbewegung 1967-69. Protokolle und Materialien, Frankfurt am Main 1977, S. 171-232.

Dreher, Thomas, Zwischen Kunst und Lebensform. Von den Lettristen zu den Situationisten, in: Neue Bildende Kunst 6 (1992), H. 11-15.

Dreßen, Wolfgang (Hg.), Nilpferde des höllischen Urwalds. Spuren in eine unbekannte Stadt. Situationisten, Gruppe SPUR, Kommune I: Ein Ausstellungsgeflecht des Werkbund-Archivs Berlin zwischen Kreuzberg und Scheunenviertel, Giessen 1991.

Dreßen, Wolfgang; Plogstedt, Sibylle; Rott, Gerhart, Vorwort, in: SDS Landesverband Berlin; INFI (Hgg.), Der Kampf des vietnamesischen Volkes und die Globalstrategie des Imperialismus. Internationaler Vietnam-Kongreß 17./18. Februar 1968 Westberlin, Berlin 1968, S. 5-11.

Dutschke, Gretchen, 1968. Worauf wir stolz sein dürfen, Hamburg 2018.

Dutschke, Rudi, Wozu Anschläge?, in: Anschlag 2 (1964), S. 2.

Dutschke, Rudi, Ausgewählte und kommentierte Bibliographie des revolutionären Sozialismus von Karl Marx bis in die Gegenwart, in: SDS-Korrespondenz Sondernummer 1 (1966).

Dutschke, Rudi, Referat, in: Bedingungen und Organisation des Widerstandes. Der Kongreß in Hannover. Protokolle, Flugblätter, Resolutionen, Berlin 1967, S. 78-82.

Dutschke, Rudi, Vom Antisemitismus zum Antikommunismus, in: Bergmann, Uwe; Dutschke, Rudi; Lefèvre, Wolfgang et al. (Hgg.), Rebellion der Studenten oder Die neue Opposition. Eine Analyse, Reinbek bei Hamburg 1968, S. 58-85.

GEDRUCKTE QUELLEN UND FORSCHUNGSLITERATUR

Dutschke, Rudi, Zu Protokoll. Fernsehinterview von Günter Gaus. Voltaire Flugschrift 17, Berlin 1968.

Dutschke, Rudi, Ausgewählte und kommentierte Bibliographie des revolutionären Sozialismus von K. Marx bis in die Gegenwart, Frankfurt am Main 1969.

Dutschke, Rudi, Jeder hat sein Leben ganz zu leben. Die Tagebücher 1963-1979, München 2004.

Dutschke, Rudi; Salvatore, Gaston, Vorwort, in: Dutschke, Rudi; Salvatore, Gaston (Hgg.), Che Guevara: Schaffen wir zwei, drei, viele Vietnam. Brief an das Exekutivsekretariat von OSPAAL, Berlin 1967.

Dutschke-Klotz, Gretchen, Wir hatten ein barbarisches, schönes Leben. Rudi Dutschke. Eine Biographie, Köln 1996.

Edschmid, Ulrike, Das Verschwinden des Philip S., Berlin 2013.

Eichberg, Henning, Bewegungsformen der Theorie. Oder: Die Wissenschaft beim Körper nehmen, in: Eichberg, Henning; Hansen, Jørn Otto (Hgg.), Bewegungsräume. Körperanthropologische Beiträge, Butzbach-Griedel 1996, S. 269-289.

o. A., Ein ML-Dokument aus der Trickkiste von 883, in: agit 883 43 (1969), S. 4.

Eisenberg, Götz; Thiel, Wolfgang, Fluchtversuche. Über Genesis, Verlauf und schlechte Aufhebung der antiautoritären Bewegung, Gießen 1973.

Enzensberger, Hans Magnus, Ein Gespräch über die Zukunft mit Rudi Dutschke, Bernd Rabehl und Christian Semler, in: Kursbuch 14 (1968), S. 146-174.

Enzensberger, Hans Magnus, Tumult, Berlin 2014.

Enzensberger, Ulrich, Die Jahre der Kommune I. Berlin 1967-1969, München 2006.

o. A., Erfahrungsbericht der Marxistischen Schulungsgemeinschaft, in: agit 883 14 (1969), S. 5.

o. A., Erklärung über den Krieg in Vietnam, in: Das Argument 36 (1966), S. 67-71.

o. A., Eschatologisches Programm, in: Unverbindliche Richtlinien 1 (1962), S. 23-33.

Etzemüller, Thomas, 1968, ein Riss in der Geschichte? Gesellschaftlicher Umbruch und 68er-Bewegungen in Westdeutschland und Schweden, Konstanz 2005.

F. P., Im Bewußtsein der Ohnmacht, in: Colloquium 20 (1966), H. 9, S. 2.

Fahlenbrach, Kathrin, Protest-Inszenierungen. Visuelle Kommunikation und kollektive Identitäten in Protestbewegungen, Wiesbaden 2002.

Falkenberg, Walmot, Einleitung zur Tagung des Wissenschaftsreferates, in: SDS-arbeitsblätter 7 (1965), S. 2-4.

Felsch, Philipp, Der lange Sommer der Theorie. Geschichte einer Revolte 1960-1990, München 2015.

Felsch, Philipp, Die Arbeit des Intellektuellen. Zur Vorgeschichte des *practical turn*, in: Güttler, Nils; Pratschke, Margarete; Stadler, Max (Hgg.), Nach Feierabend. Wissen, ca. 1980, Zürich 2016, S. 255-262.

Felsch, Philipp; Mittelmeier, Martin, »Ich war ehrlich überrascht und erschrocken, wie umfangreich Sie geantwortet haben«. Theodor W. Adorno korrespondiert mit seinen Lesern, in: Kultur & Gespenster 13 (2012), S. 159-199.

Fichter, Tilman; Lönnendonker, Siegward, Kleine Geschichte des SDS. Der Sozialistische Deutsche Studentenbund von Helmut Schmidt bis Rudi Dutschke, Essen 1998.

Fischer, Joschka, Der Kampf als inneres Erlebnis. Wider den moralisierenden Saubermann in der Kulturpolitik, in: Pflasterstrand 139 (1982), S. 13-15.

Fischer, Michael, Horst Mahler. Biographische Studie zu Antisemitismus, Antiamerikanismus und Versuchen deutscher Schuldabwehr, Karlsruhe 2015.

Flechtheim, Ossip K., Die KPD in der Weimarer Republik, Frankfurt am Main 1969.

Frauenbefreiungsfront, Der Kampf der Frauenbefreiungsfront in den Metropolen, in: agit 883 56 (1970), S. 6-7.

Frei, Norbert, 1968. Jugendrevolte und globaler Protest, München 2018.

Freiburg: Sommersemester (Bericht und Dokumentation), in: SDS-info 19 (1969), S. 33-35.

Frese, Matthias; Paulus, Julia; Teppe, Karl (Hg.), Demokratisierung und gesellschaftlicher Aufbruch. Die sechziger Jahre als Wendezeit der Bundesrepublik, Paderborn 2003.

Frey, Michael, Vor Achtundsechzig. Der Kalte Krieg und die Neue Linke in der Bundesrepublik und den USA, Göttingen 2020.

Freydorf, Karl (Hg.), Neuer Roter Katechismus. Kommentiert von Frank Böckelmann, München 1968.

Friedeburg, Ludwig von; Hörlemann, Jürgen; Hübner, Peter et al., Freie Universität und politisches Potential der Studenten. Über die Entwicklung des Berliner Modells und den Anfang der Studentenbewegung in Deutschland, Berlin 1968.

Fronius, Sigrid, »Als Frau stand ich nicht unter dem Zwang, jemand sein zu müssen«, in: Kätzel, Ute (Hg.), Die 68erinnen. Porträt einer rebellischen Frauengeneration, Königstein im Taunus 2008, S. 21-39.

Funke, Hajo, Das Otto-Suhr-Institut und der Schatten der Geschichte. Eine andere Erinnerung, Berlin 2008.

Füssel, Stephan (Hg.), Die Politisierung des Buchmarkts. 1968 als Branchenereignis. Hans Altenhein zum 80. Geburtstag gewidmet, Wiesbaden 2007.

Galimberti, Jacopo, Redefining the Individual in West Germany. Spur's and Geflecht's Authorship (1957-67), in: The Art Bulletin 98 (2016), H. 1, S. 101-122.

Gäng, Peter, Organisation und Klassenfrage, in: neue kritik 53 (1969), S. 15-22.

Gedig, Max, Transnationale Lernerfahrungen militanter Organisationen am Beispiel der Bewegung 2. Juni, in: Hänni, Adrian; Rickenbacher, Daniel; Schmutz, Thomas (Hgg.), Über Grenzen hinweg. Transnationale politische Gewalt im 20. Jahrhundert, Frankfurt am Main, New York 2020, S. 259-280.

o. A., Gegen »Links«-Opportunismus und Sektierertum in der Organisationsfrage. Erklärung des Beirats der RPK zum Vorgehen der ML-Gruppen und der Ruhrkampagne, in: Rote Presse Korrespondenz 41 (1969), S. 1.

o. A., Gegen den Gründungsopportunismus, in: Roter Morgen. Zentralorgan der Kommunistischen Partei Deutschlands/Marxisten-Leninisten 4 (1970), H. 6, S. 1-3.

o. A., Gegenvorschlag des LV-Berlin zum Kongreß-Programm, in: SDS-Korrespondenz 2 (1966), S. 13-14.

Gehlen, Arnold, Ende der Geschichte?, in: Ders., Einblicke, Frankfurt am Main, S. 115-133.

Gehlen, Arnold, Über kulturelle Kristallisation (1961), in: ders., Die Seele im technischen Zeitalter und andere sozialpsychologische, soziologische und kulturanalytische Schriften, Frankfurt am Main: Klostermann, S. 298-314.

Gehrig, Sebastian; Mittler, Barbara; Wemheuer, Felix (Hg.), Kulturrevolution als Vorbild? Maoismen im deutschsprachigen Raum, Frankfurt am Main 2008.

Gehrke, Bernd; Horn, Gerd-Rainer (Hg.), 1968 und die Arbeiter. Studien zum »proletarischen Mai« in Europa, Hamburg 2018.

Gellrich, Günther, Die GIM. Zur Politik und Geschichte der Gruppe Internationale Marxisten 1969-1986, Köln 1999.

o. A., Gespräch des verantwortlichen Flugblatt-Redakteurs mit dem ›Argument‹, in: SDS-Korrespondenz 1 (1966), H. 2, S. 17.

Giering, Dietrich, »Die Springer-Kampagne muß her ...«, in: Colloquium 21 (1967), H. 9/10, S. 9-10.

Gilcher-Holtey, Ingrid, Die Phantasie an die Macht. Mai 68 in Frankreich, Frankfurt am Main 1995.

Gilcher-Holtey, Ingrid, Eingreifendes Denken. Die Wirkungschancen von Intellektuellen, Weilerswist 2007.

Gilcher-Holtey, Ingrid (Hg.), 1968 – eine Wahrnehmungsrevolution? Strukturveränderungen und Grenzverschiebungen des Politischen in den 1960er und 1970 Jahren, München 2013.

Gilcher-Holtey, Ingrid, Konkurrenz um den »wahren« Intellektuellen. Intellektuelle Rollenverständnisse aus zeithistorischer Sicht, in: Kroll, Thomas; Reitz, Tilman (Hgg.), Intellektuelle in der Bundesrepublik Deutschland. Verschiebungen im politischen Feld der 1960er und 1970er Jahre, Göttingen 2013, S. 41-52.

Ginzburg, Carlo; Davin, Anna, Morelli, Freud and Sherlock Holmes. Clues and Scientific Method, in: History Workshop 9 (1980), S. 5-36.

Goffman, Erving, Wir alle spielen Theater. Die Selbstdarstellung im Alltag, München 2019.

Goltz, Anna von der, The Other '68ers. Student Protest and Christian Democracy in West Germany, Oxford 2021.

Göttel, Dennis; Wessely, Christina (Hg.), Im Vorraum. Lebenswelten Kritischer Theorie um 1969, Berlin 2019.

Götz von Olenhusen, Albrecht; Gnirss, Christa, Handbuch der Raubdrucke. Theorie und Klassenkampf. Sozialisierte Drucke und proletarische Reprints. Eine Bibliographie, Pullach 1973.

QUELLEN- UND LITERATURVERZEICHNIS

Graber, Lauren, Gruppe Spur and Gruppe Geflecht. Art and Dissent in West Germany, 1957-1968, (Phil. Diss, University of Michigan) 2012.

Graf, Rüdiger, Die Langeweile der Revolution und die Privatisierung des Politischen, in: Graf, Rüdiger; Steuwer, Janosch (Hgg.), Selbstreflexionen und Weltdeutungen. Tagebücher in der Geschichte und der Geschichtsschreibung des 20. Jahrhunderts, Göttingen 2015, S. 207-233.

Greven, Michael, Systemopposition. Kontingenz, Ideologie und Utopie im politischen Denken der 1960er Jahre, Opladen 2011.

Griepenburg, Rüdiger; Steinhaus, Kurt, Zu einigen sozioökonomischen und militärischen Aspekten des Vietnamkonfliktes, in: Das Argument 36 (1966), S. 44-61.

Gringmuth, Sven, Was war die proletarische Wende? Ein Beitrag zur Mentalitätsgeschichte der bundesrepublikanischen Linken, Münster 2020.

Grob, Marion, Das Kleidungsverhalten jugendlicher Protestgruppen in Deutschland im 20. Jahrhundert. Am Beispiel des Wandervogels und der Studentenbewegung, Münster 1985.

Gross, Alexander, The untold sixties. When hope was born. An insider's sixties on an international scale, New York 2009.

Großheim, Michael, Politischer Existentialismus, Tübingen 2002.

Grunewald, Michel; Bock, Hans Manfred, Zeitschriften als Spiegel intellektueller Milieus. Vorbemerkungen zur Analyse eines ungeklärten Verhältnisses, in: Grunewald, Michel; Bock, Hans Manfred (Hgg.), Le milieu intellectuel de gauche en Allemagne, sa presse et ses réseaux (1890-1960). Das linke Intellektuellenmilieu in Deutschland, seine Presse und seine Netzwerke (1890-1960), Berne 2002, S. 21-32.

h./s., Intimberatung: Was sich bei einer Dame schickt, in: Colloquium 19 (1965), H. 3, S. 6-7.

Haasis, Lucas; Rieske, Constantin, Historische Praxeologie. Zur Einführung, in: Haasis, Lucas; Rieske, Constantin (Hgg.), Historische Praxeologie. Dimensionen vergangenen Handelns, Paderborn 2015, S. 7-54.

Habermas, Jürgen, Theorie und Praxis. Sozialphilosophische Studien, Neuwied/Berlin 1963.

Habermas, Jürgen, Referat, in: Bedingungen und Organisation des Widerstandes. Der Kongreß in Hannover. Protokolle, Flugblätter, Resolutionen, Berlin 1967, S. 42-48.

Habermas, Jürgen, Protestbewegung und Hochschulreform, Frankfurt am Main 1969.

Hahn, Alois; Kapp, Volker (Hgg.), Selbstthematisierung und Selbstzeugnis. Bekenntnis und Geständnis, Frankfurt am Main 1987.

Hakemi, Sara, Anschlag und Spektakel. Flugblätter der Kommune I, Erklärungen von Ensslin/Baader und der frühen RAF, Bochum 2011.

o. A., Hamburger Protokoll vom 26.-30.09.1964, in: Böckelmann, Frank; Nagel, Herbert (Hgg.), Subversive Aktion. Der Sinn der Organisation ist ihr Scheitern, Frankfurt am Main 1976, S. 224-225.

GEDRUCKTE QUELLEN UND FORSCHUNGSLITERATUR

Hanloser, Gerhard, Lektüre und Revolte. Der Textfundus der 68er-Fundamentalopposition, Münster 2017.

Hartung, Klaus, Versuch, die Krise der antiautoritären Bewegung wieder zur Sprache zu bringen, in: Kursbuch 48 (1977), S. 14-43.

Hartung, Klaus, Die Psychoanalyse der Küchenarbeit. Selbstbefreiung, Wohngemeinschaft und Kommune, in: Siepmann, Eckhard; Lusk, Irene; Holtfreter, Jürgen et al. (Hgg.), CheSchahShit. Die sechziger Jahre zwischen Cocktail und Molotow. Ein BilderLeseBuch, Reinbek bei Hamburg 1988, S. 151-159.

Hartung, Klaus, Selbstkritische Überlegungen und Überlegungen zur Selbstkritik nach 40 Jahren, in: Ästhetik & Kommunikation 39 (2008), H. 140/141, S. 95-112.

Häußermann, Hartmut, Das Berliner Milieu und die Stadtforschung, in: Bude, Heinz; Kohli, Martin (Hgg.), Radikalisierte Aufklärung. Studentenbewegung und Soziologie in Berlin 1965 bis 1970, Weinheim, München 1989, S. 43-70.

Heider, Ulrike, Keine Ruhe nach dem Sturm, Hamburg 2001.

Heider, Ulrike, Vögeln ist schön. Die Sexrevolte von 1968 und was von ihr bleibt, Berlin 2014.

Heigl, Richard, Oppositionspolitik. Wolfgang Abendroth und die Entstehung der Neuen Linken (1950-1968), Hamburg 2008.

Hemmer, Eike, Freiräume für Gegenmacht. Bedingungen der Organisation der Arbeiterklasse und die Rolle der Intelligenz, in: FU Spiegel 67 (1968), S. 5-6.

Henning, Christoph, Attraktion und Repulsion. Marxistische Gesellschaftsentwürfe zwischen Selbstverwirklichung und Gewalt, in: Kroll, Thomas; Reitz, Tilman (Hgg.), Intellektuelle in der Bundesrepublik Deutschland. Verschiebungen im politischen Feld der 1960er und 1970er Jahre, Göttingen 2013, S. 71-86.

Hennis, Wilhelm, Die deutsche Unruhe, in: Merkur. Deutsche Zeitschrift für europäisches Denken 250 (1969), S. 103-120.

Hermann, Kai, Die Revolte der Studenten, Hamburg 1967.

Herzog, Dagmar, Antifaschistische Körper. Studentenbewegung, sexuelle Revolution und antiautoritäre Kindererziehung, in: Naumann, Klaus (Hg.), Nachkrieg in Deutschland, Hamburg 2001, S. 521-551.

Hewener, Michael, Die Westberliner Neue Linke und die Stasi. Der Kampf um den »Republikanischen Club«, in: Arbeit Bewegung Geschichte (2017), H. 1, S. 22-44.

Hinck, Gunnar, Wir waren wie Maschinen. Die bundesdeutsche Linke der siebziger Jahre, Berlin 2012.

o. A., Hochschulresolution der PL/PI, in: Rote Presse Korrespondenz 84 (1970), S. 2-10.

Hodenberg, Christina von, Konsens und Krise. Eine Geschichte der westdeutschen Medienöffentlichkeit, 1945-1973, Göttingen 2006.

Hodenberg, Christina von, Das andere Achtundsechzig. Gesellschaftsgeschichte einer Revolte, München 2018.

Hodenberg, Christina von; Siegfried, Detlef (Hg.), Wo »1968« liegt. Reform und Revolte in der Geschichte der Bundesrepublik, Göttingen 2006.

QUELLEN- UND LITERATURVERZEICHNIS

Homann, Peter, Gastmahl im Republikanischen Club zu Westberlin, in: konkret (1969), H. 8, S. 42-43.

Holmig, Alexander, Die aktionistischen Wurzeln der Studentenbewegung. Subversive Aktion, Kommune I und die Neudefinition des Politischen, in: Klimke, Martin; Scharloth, Joachim (Hgg.), 1968. Handbuch zur Kultur- und Mediengeschichte der Studentenbewegung, Bonn 2008, S. 107-118.

Holz, Hans Heinz, Die abenteuerliche Rebellion. Bürgerliche Protestbewegungen in der Philosophie: Stirner, Nietzsche, Sartre, Marcuse, Neue Linke, Darmstadt, Neuwied 1976.

Hoppe, Bert, In Stalins Gefolgschaft. Moskau und die KPD 1928-1933, München 2007.

Horlemann, Jürgen, Zwischen Soziologie und Politik: Rekonstruktion eines Werdegangs, in: Bude, Heinz; Kohli, Martin (Hgg.), Radikalisierte Aufklärung. Studentenbewegung und Soziologie in Berlin 1965 bis 1970, Weinheim, München 1989, S. 215-238.

Horlemann, Jürgen; Gäng, Peter, Vietnam. Genesis eines Konflikts, Frankfurt am Main 1966.

Horn, Gerd-Rainer, The spirit of '68. Rebellion in Western Europe and North America, 1956-1976, Oxford 2009.

Horx, Matthias, Aufstand im Schlaraffenland. Selbsterkenntnisse einer rebellischen Generation, München 1989.

Hüttig, Christoph; Raphael, Lutz, Die »wissenschaftliche Politik« der »Marburger Schule(n)« im Umfeld der westdeutschen Politikwissenschaft 1951-1975. Ein Beitrag zur Geschichte der Disziplin, in: Politische Vierteljahrsschrift. Zeitschrift der Deutschen Vereinigung für Politische Wissenschaft 33 (1992), S. 427-454.

o. A., Interview mit dem Leiter der ostberliner Vertretung der Nationalen Front für die Befreiung Südvietnams (FNL) Nguyen Huu Thien, in: SDS-informationen (1965), H. 4, S. 2-5.

o. A., Interview mit Dieter Kunzelmann. Teil III, in: Dreßen, Wolfgang (Hg.), Nilpferde des höllischen Urwalds. Spuren in eine unbekannte Stadt. Situationisten, Gruppe SPUR, Kommune I: Ein Ausstellungsgeflecht des Werkbund-Archivs Berlin zwischen Kreuzberg und Scheunenviertel, Giessen 1991, S. 194-212.

o. A., Jagt die Schweine raus, in: Hochschulkampf. 1 (1971), H. 12, S. 3.

Jánossy, Ferenc, Das Ende der Wirtschaftswunder. Erscheinung und Wesen der wirtschaftlichen Entwicklung, Frankfurt am Main 1968.

Jasper, Willi, Der gläserne Sarg. Erinnerungen an die deutsche »Kulturrevolution«, Berlin 2018.

Jaspers, Anke; Michalski, Claudia; Paul, Morten (Hgg.), Ein kleines rotes Buch. Die »Mao-Bibel« und die Bücher-Revolution der Sechzigerjahre, Berlin 2018.

Juchler, Ingo, Die Studentenbewegungen in den Vereinigten Staaten und der Bundesrepublik Deutschland der sechziger Jahre. Eine Untersuchung hinsichtlich ihrer Beeinflussung durch Befreiungsbewegungen und -theorien aus der Dritten Welt, Berlin 1996.

GEDRUCKTE QUELLEN UND FORSCHUNGSLITERATUR

Jünke, Christoph, Linkssozialismus in Deutschland. Jenseits von Sozialdemokratie und Kommunismus?, Hamburg 2010.

Kadritzke, Ulf, Produktive und unproduktive Illusionen in der Studentenbewegung, in: Bude, Heinz; Kohli, Martin (Hgg.), Radikalisierte Aufklärung. Studentenbewegung und Soziologie in Berlin 1965 bis 1970, Weinheim, München 1989, S. 239-282.

Kailitz, Susanne, Von den Worten zu den Waffen? Frankfurter Schule, Studentenbewegung, RAF und die Gewaltfrage, Wiesbaden 2007.

Kaiser, Rolf, Mitteilung an den FU-Spiegel, in: Lönnendonker, Siegward; Fichter, Tilman; Rietzschel, Claus (Hgg.), Hochschule im Umbruch. Teil IV: Die Krise (1964-1967), Berlin 1975, S. 298.

Kalter, Christoph, Das Eigene im Fremden. Der Algerienkrieg und die Anfänge der Neuen Linken der Bundesrepublik, in: Zeitschrift für Geschichtswissenschaft 55 (2007), H. 2, S. 142-161.

Kalter, Christoph, »Le monde va de l'avant. Et vous êtes en marge«. Dekolonisierung, Dezentrierung des Westens und Entdeckung der ›Dritten Welt‹ in der radikalen Linken in Frankreich in den 1960er-Jahren, in: Archiv für Sozialgeschichte 48 (2008), S. 99-132.

Kämper, Heidrun, Aspekte des Demokratiediskurses der späten 1960er Jahre. Konstellationen, Kontexte, Konzepte, Berlin 2012.

o. A., Kampf Kritik Umgestaltung. Zur Kritikkampagne in der PL/PI, in: PL. Zentralorgan der Proletarischen Linken/Parteiinitiative 1 (1971), H. 5, 1; 8-11.

Karl, Michaela, Rudi Dutschke. Revolutionär ohne Revolution, Frankfurt am Main 2003.

Karuscheit, Heiner, Zur Geschichte der westdeutschen ML-Bewegung, Frankfurt a. M. 1983.

Kätzel, Ute (Hg.), Die 68erinnen. Porträt einer rebellischen Frauengeneration, Königstein im Taunus 2008.

Keller, Reiner; Poferl, Angelika (Hgg.), Wissenskulturen der Soziologie, Weinheim 2018.

Kersting, Franz-Werner; Reulecke, Jürgen; Thamer, Hans-Ulrich (Hgg.), Die zweite Gründung der Bundesrepublik. Generationswechsel und intellektuelle Wortergreifungen 1955-1975, Stuttgart 2009.

Kießling, Friedrich, Die undeutschen Deutschen. Eine ideengeschichtliche Archäologie der alten Bundesrepublik 1945-1972, Paderborn 2012.

Kießling, Friedrich; Rieger, Bernhard (Hgg.), Mit dem Wandel leben. Neuorientierung und Tradition in der Bundesrepublik der 1950er und 60er Jahre, Köln 2011.

Kiessling, Simon, Die antiautoritäre Revolte der 68er. Postindustrielle Konsumgesellschaft und säkulare Religionsgeschichte der Moderne, Köln 2006.

Kittsteiner, Heinz Dieter, Karl Marx. 1968 und 2001, in: Faber, Richard; Stölting, Ehrhard (Hgg.), Die Phantasie an die Macht? 1968 – Versuch einer Bilanz, Berlin u. a. 2002, S. 214-237.

Kittsteiner, Heinz Dieter, Unverzichtbare Episode. Berlin 1967, in: Zeitschrift für Ideengeschichte 2 (2008), H. 4, S. 31-44.

QUELLEN- UND LITERATURVERZEICHNIS

Klemperer, Victor, LTI. Notizbuch eines Philologen. Nach der Ausgabe letzter Hand herausgegeben und kommentiert von Elke Fröhlich, Ditzingen 2018.

Klimke, Martin, The other alliance. Student protest in West Germany and the United States in the global sixties, Princeton, N. J., Woodstock 2010.

Klimke, Martin; Scharloth, Joachim (Hg.), 1968. Handbuch zur Kultur- und Mediengeschichte der Studentenbewegung, Bonn 2008.

Knatz, Christian, »Ein Heer im grünen Rock«? Der Mitteldeutsche Aufstand 1921, die preußische Schutzpolizei und die Frage der inneren Sicherheit in der Weimarer Republik, Berlin 2000.

Knorr-Cetina, Karin, Wissenskulturen. Ein Vergleich naturwissenschaftlicher Wissensformen, Frankfurt am Main 2002.

Knöss/Faure, Zur Situation in Marburg, in: SDS-info 16 (1969), S. 8-11.

Koenen, Gerd, Das rote Jahrzehnt. Unsere kleine deutsche Kulturrevolution 1967-1977, Köln 2001.

Kollritsch, Felix, Das Konzept der Neuen Linken im SDS. Traditionslinien, Kontinuitäten und Brüche im Verhältnis zur SPD am Beispiel zweier Zeitschriften, in: Arbeit Bewegung Geschichte 17 (2018), H. 2, S. 54-71.

Kommune 1, Flugblatt Nr. 2, in: Lönnendonker, Siegward; Fichter, Tilman; Rietzschel, Claus (Hgg.), Hochschule im Umbruch. Teil IV: Die Krise (1964-1967), Berlin 1975, S. 427.

Kommune 1, Flugblatt Nr. 5, in: Lönnendonker, Siegward; Fichter, Tilman; Rietzschel, Claus (Hgg.), Hochschule im Umbruch. Teil IV: Die Krise (1964-1967), Berlin 1975, S. 428.

Kommunistische Fraktion (MLM), Die Misere der studentischen Organisationsdebatte, in: agit 883 18 (1969), S. 6.

Kondylis, Panajotis, Das Politische im 20. Jahrhundert. Von den Utopien zur Globalisierung, Heidelberg 2001.

Korndörfer, Lutz, 1968 im Spiegel der Presse. Die divergierenden Reaktionen deutscher und amerikanischer Printmedien auf die deutsche Protestbewegung und die Bürgerrechtsbewegung in den USA, Berlin 2014.

Koselleck, Reinhart, Begriffsgeschichten. Studien zur Semantik und Pragmatik der politischen und sozialen Sprache, Frankfurt am Main 2006.

KPD-Aufbauorganisation, Das Schicksal der »Kritischen« Theorie: »Kritischer« Opportunismus, in: Rote Presse Korrespondenz 108 (1971), S. 1-5.

KPD-AO (Hg.), Die Kunst gehört dem Volk! Nieder mit der revisionistischen Kulturpropaganda! Protokoll des Kulturkongresses der KPD in Dortmund am 20. Mai 1973, Dortmund 1973.

Kraft, Sandra, Vom Hörsaal auf die Anklagebank. Die 68er und das Establishment in Deutschland und den USA, Frankfurt, New York 2010.

Krahé, Ulfert, Mein Leben – die Schule. Engagement für junge Menschen, Berlin, Bonn 2009.

Krahl, Hans-Jürgen; Dutschke, Rudi, Organisationsreferat, in: Krahl, Hans-Jürgen, Vom Ende der abstrakten Arbeit. Herausgegeben von Walter Neumann, Frankfurt am Main, S. 53-59.

GEDRUCKTE QUELLEN UND FORSCHUNGSLITERATUR

Kramer, Fritz, Die antiautoritäre Phase unserer Bewegung liquidieren, in: SDS-info 9 (1969), S. 3-10.

Kraushaar, Wolfgang, Kinder einer abenteuerlichen Dialektik, in: Böckelmann, Frank; Nagel, Herbert (Hgg.), Subversive Aktion. Der Sinn der Organisation ist ihr Scheitern, Frankfurt am Main 1976, S. 9-31.

Kraushaar, Wolfgang, Autoritärer Staat und antiautoritäre Bewegung. Zum Organisationsreferat von Rudi Dutschke und Hans-Jürgen Krahl auf der 22. Delegiertenkonferenz des SDS in Frankfurt (September 1967), in: ders., Revolte und Reflexion. Politische Aufsätze 1976-87, Frankfurt, S. 57-80.

Kraushaar, Wolfgang, Frankfurter Schule und Studentenbewegung. Von der Flaschenpost zum Molotowcocktail 1946-1995. Chronik, Hamburg 1998.

Kraushaar, Wolfgang (Hg.), Frankfurter Schule und Studentenbewegung. Von der Flaschenpost zum Molotowcocktail, 1946-1995. Band 2, Hamburg 1998.

Kraushaar, Wolfgang, 1968 als Mythos, Chiffre und Zäsur, Hamburg 2000.

Kraushaar, Wolfgang, Denkmodelle der 68er-Bewegung, in: Aus Politik und Zeitgeschichte. Beilage zur Wochenzeitung Das Parlament 22/23 (2001), S. 14-27.

Kraushaar, Wolfgang, Linke Geisterfahrer. Denkanstöße für eine antitotalitäre Linke, Frankfurt am Main 2001.

Kraushaar, Wolfgang, Rudi Dutschke und der bewaffnete Kampf, in: Kraushaar, Wolfgang; Reemtsma, Jan; Wieland, Karin (Hgg.), Rudi Dutschke, Andreas Baader und die RAF, Hamburg 2005, S. 13-50.

Kraushaar, Wolfgang (Hg.), Die 68er-Bewegung international, Stuttgart 2018.

Krippendorf, Ekkehard, »68« – Moral und Engagement, in: Blätter für deutsche und internationale Politik 53 (2008), S. 95-100.

Kröger, Hannah, Die organisatorische Situation in Berlin, in: neue kritik 54 (1969), S. 49-61.

Kroll, Thomas; Reitz, Tilman (Hgg.), Intellektuelle in der Bundesrepublik Deutschland. Verschiebungen im politischen Feld der 1960er und 1970er Jahre, Göttingen 2013.

Kufferath, Phillipp, Das linkssozialistische Milieu und die intellektuellen Traditionen der Neuen Linken vor 1968. Magisterarbeit, eingereicht 2008 an der Universität Göttingen.

Kuhn, Helmut, Rebellion gegen die Freiheit. Über das Generationsproblem und die Jugendunruhen unserer Zeit, Stuttgart 1968.

Kühn, Andreas, Stalins Enkel, Maos Söhne. Die Lebenswelt der K-Gruppen in der Bundesrepublik der 70er Jahre, Frankfurt/Main, New York 2005.

Kukuck, Margareth, Student und Klassenkampf. Studentenbewegung in der BRD seit 1967, Hamburg 1974.

Kunzelmann, Dieter, Notizen zur Gründung revolutionärer Kommunen in den Metropolen, in: Goeschel, Albrecht (Hg.), Richtlinien und Anschläge. Materialien zur Kritik der repressiven Gesellschaft, München 1968, S. 100-106.

Kunzelmann, Dieter, Brief an die Berliner Gruppe vom 09.03.1965, in: Böckelmann, Frank; Nagel, Herbert (Hgg.), Subversive Aktion. Der Sinn der Organisation ist ihr Scheitern, Frankfurt am Main 1976, S. 289-290.

Kunzelmann, Dieter, Brief an Frank Böckelmann vom 05.11.1963, in: Böckelmann, Frank; Nagel, Herbert (Hgg.), Subversive Aktion. Der Sinn der Organisation ist ihr Scheitern, Frankfurt am Main 1976, S. 123.

Kunzelmann, Dieter, Leisten Sie keinen Widerstand! Bilder aus meinem Leben, Berlin 1998.

Kurnitzky, Horst; Kuhn, Hansmartin (Hgg.), Herbert Marcuse. Das Ende der Utopie. Herbert Marcuse diskutiert mit Studenten und Professoren Westberlins an der Freien Universität Berlin über die Möglichkeiten und Chancen einer politischen Opposition in den Metropolen in Zusammenhang mit den Befreiungsbewegungen in den Ländern der Dritten Welt, Berlin 1967.

Kutschke, Beate, Anti-authoritarian revolt by musical means on both sides of the Berlin Wall, in: Norton, Barley; Kutschke, Beate (Hgg.), Music and Protest in 1968, Cambridge 2013, S. 188-204.

Landois, Leonard, Konterrevolution von links. Das Staats- und Gesellschaftsverständnis der »68er« und dessen Quellen bei Carl Schmitt, Baden-Baden 2008.

Langguth, Gerd, Protestbewegung. Entwicklung, Niedergang, Renaissance: die Neue Linke seit 1968, Köln 1983.

Langguth, Gerd, Mythos '68'. Die Gewaltphilosophie von Rudi Dutschke – Ursachen und Folgen der Studentenbewegung, München 2001.

Langhans, Rainer, Theoria diffusa. Aus Gesprächen mit drei Frauen: Infektionen zu Schattenarbeit im Reich des Lichthelden, Nördlingen 1986.

Lefèvre, Wolfgang, Referat, in: Bedingungen und Organisation des Widerstandes. Der Kongreß in Hannover. Protokolle, Flugblätter, Resolutionen, Berlin 1967, S. 49-55.

Lefèvre, Wolfgang, Berliner Winter, in: neue kritik 47 (1968), S. 46-59.

Leggewie, Claus, Kofferträger. Das Algerien-Projekt der Linken im Adenauer-Deutschland, Berlin 1984.

Lehnardt, Karl-Heinz; Volmer, Ludger, Politik zwischen Kopf und Bauch. Zur Relevanz der Persönlichkeitsbildung in den politischen Konzepten der Studentenbewegung in der BRD, Bochum 1979.

Leibfried, Stephan (Hg.), Wider die Untertanenfabrik. Handbuch zur Demokratisierung der Hochschule, Köln 1967.

Lenk, Elisabeth, Die sozialistische Theorie in der Arbeit des SDS, in: neue kritik 13 (1962), S. 7-11.

Lennert, Thomas, Berlin, Berlin ... wo führste mir noch hin? Berliner Begegnungen aus fünf Jahrzehnten, Münster 2012.

Lethen, Helmut, Kritische Literaturwissenschaft, Trivialliteratur und Manipulationstheorie. Etappen der »linken Germanistik« 1967-1970, in: Arbeitskollektiv »Materialistische Wissenschaft« (Hg.), Von der kritischen zur historisch-materialistischen Literaturwissenschaft. Vier Aufsätze, Berlin 1973, S. 7-29.

Lethen, Helmut, Verhaltenslehren der Kälte. Lebensversuche zwischen den Kriegen, Frankfurt am Main 1994.

Lethen, Helmut, Suche nach dem Handorakel. Ein Bericht, Göttingen 2012.

Lettau, Reinhard, Bildnis Rudi D., in: Dutschke, Rudi (Hg.), Die Revolte. Wurzeln und Spuren eines Aufbruchs. Herausgegeben von Gretchen Dutschke-Klotz, Jürgen Miermeister und Jürgen Treulieb, Reinbek bei Hamburg 1983, S. 315.

Liessmann, Konrad, Soviel Theorie war nie. Ansichten aus dem Innenleben des revolutionären Weltgeistes, in: Danneberg, Bärbel; Keller, Fritz; Machalicky, Aly et al. (Hgg.), Die 68er. Eine Generation und ihr Erbe, Wien 1998, S. 116-123.

Linke, Angelika, Unordentlich, langhaarig und mit der Matratze auf dem Boden. Zur Protestsemiotik von Körper und Raum in den 1968er Jahren, in: Scharloth, Joachim; Wengeler, Martin; Kämper, Heidrun (Hgg.), 1968. Eine sprachwissenschaftliche Zwischenbilanz, Berlin 2012, S. 201-226.

Litten, Jens, Eine verpaßte Revolution? Nachruf auf den SDS. Mit einem Vorwort von Günter Grass, Hamburg 1969.

Lönnendonker, Siegward; Fichter, Tilman; Rietzschel, Claus (Hgg.), Hochschule im Umbruch. Teil IV: Die Krise (1964-1967), Berlin 1975.

Lönnendonker, Siegward; Fichter, Tilman; Staadt, Jochen (Hgg.), Hochschule im Umbruch. Teil III: Auf dem Weg in den Dissens. (1957-1964), Berlin 1974.

Lönnendonker, Siegward; Fichter, Tilman; Staadt, Jochen (Hgg.), Hochschule im Umbruch. Teil V: Gewalt und Gegengewalt, Berlin 1983.

Lönnendonker, Siegward; Rabehl, Bernd; Staadt, Jochen, Die antiautoritäre Revolte. Der Sozialistische Deutsche Studentenbund nach der Trennung von der SPD. 1960-1967, Wiesbaden 2002.

Lucke, Albrecht von, 68 oder neues Biedermeier. Der Kampf um die Deutungsmacht, Berlin 2008.

Ludwig, Volker; Michel, Detlef, Eine linke Geschichte. Theaterstück mit Kabarett. Textbuch, Berlin 1980.

Luhmann, Niklas, Protest. Systemtheorie und soziale Bewegungen, Frankfurt am Main 1996.

Luhmann, Niklas, Schriften zur Organisation 2. Theorie Organisierter Sozialsysteme. Herausgegeben von Ernst Lukas und Veronika Tacke, Wiesbaden 2019.

Maase, Kaspar, ›Lässig‹ kontra ›zackig‹. Nachkriegsjugend und Männlichkeiten in geschlechtergeschichtlicher Perspektive, in: Benninghaus, Christina; Kohtz, Kerstin (Hgg.), Sag mir, wo die Mädchen sind. Beiträge zur Geschlechtergeschichte der Jugend, Köln 1999, S. 79-101.

Mager, Friedrich; Spinnarke, Ulrich, Was wollen die Studenten?, Frankfurt am Main 1967.

Maier, Hans, Als Professor im Jahr 1968, in: Hockerts, Hans Günter; Schubert, Venanz (Hgg.), 1968. 30 Jahre danach, Erzabtei St. Ottilien 1999.

Mao Tse-Tung, Gegen die Buchgläubigkeit, Peking 1966.

Marcuse, Herbert, Die Analyse eines Exempels. Hauptreferat, in: neue kritik 36/37 (1966), S. 30-40.

Marks, Stephan, Studentenseele. Erfahrung im Zerfall der Studentenbewegung, Hamburg 1977.

Marmulla, Henning, Enzensbergers Kursbuch. Eine Zeitschrift um 68, Berlin 2011.

Mazlish, Bruce, The Revolutionary Ascetic. Evolution of a Political Type, New York 1976.

Meinhof, Ulrike, Vom Protest zum Widerstand, in: konkret 5 (1968), S. 5.

Mercer, Ben, The Paperback Revolution. Mass-circulation Books and the Cultural Origins of 1968 in Western Europe, in: Journal of the History of Ideas 72 (2011), H. 4, S. 613-636.

Mercer, Ben, Student revolt in 1968. France, Italy and West Germany, Cambridge 2020.

Meschkat, Klaus, Über Eignungsfeststellung und Bedürftigkeitsprüfung, in: neue kritik 2 (1960), S. 33-36.

Michel, Detlef, Maos Sonne über Mönchengladbach. Die Sehnsucht der Intellektuellen nach dem Einfachen, in: Siepmann, Eckhard; Lusk, Irene; Holtfreter, Jürgen et al. (Hgg.), CheSchahShit. Die sechziger Jahre zwischen Cocktail und Molotow. Ein BilderLeseBuch, Reinbek bei Hamburg 1988, S. 251-260.

Michel, Karl Markus, Narrenfreiheit in der Zwangsjacke? Aufgaben und Grenzen kritischen Denkens in der Bundesrepublik, in: neue kritik 25/26 (1964), S. 23-29.

Micheler, Stefan, Der Sexualitätsdiskurs in der deutschen Studierendenbewegung der 1960er Jahre, in: Zeitschrift für Sexualforschung 13 (2000), H. 1, S. 1-39.

Michels, Eckard, Schahbesuch 1967. Fanal für die Studentenbewegung, Berlin 2017.

Miermeister, Jürgen (Hg.), Provokationen. Die Studenten- und Jugendrevolte in ihren Flugblättern 1965-1971, Darmstadt, Neuwied 1980.

Mitglied des umherschweifenden Rebellenhaufens der ehemaligen Wieland-Kommune, Kritik an den Leuten, die mit den Worten Mao's Mao bekämpfen, in: agit 883 35 (1969), S. 2.

Mommsen, Hans, Nationalsozialismus oder Hitlerismus?, in: Bosch, Michael (Hg.), Persönlichkeit und Struktur in der Geschichte. Historische Bestandsaufnahme und didaktische Implikationen, Düsseldorf 1977, S. 62-71.

Mommsen, Hans, Cumulative radicalisation and progressive self-destruction as structural determinants of the Nazi dictatorship, in: Kershaw, Ian; Lewin, Moshe (Hgg.), Stalinism and Nazism. Dictatorships in Comparison, Cambridge, New York 1997, S. 75-87.

o. A., Mord, in: Goeschel, Albrecht (Hg.), Richtlinien und Anschläge. Materialien zur Kritik der repressiven Gesellschaft, München 1968, S. 98-99.

Mosler, Peter, Was wir wollten, was wir wurden. Studentenrevolte – 10 Jahre danach, Reinbek bei Hamburg 1977.

Münz-Koenen, Ingeborg, Bilderflut und Lesewut. Die imaginären Welten der Achtundsechziger, in: Rosenberg, Rainer; Münz-Koenen, Ingeborg; Boden, Petra et al. (Hgg.), Der Geist der Unruhe. 1968 im Vergleich. Wissenschaft, Literatur, Medien, Berlin 2000, S. 83-96.

Nagel, Herbert, Brief an Frank Böckelmann, in: Böckelmann, Frank; Nagel, Herbert (Hgg.), Subversive Aktion. Der Sinn der Organisation ist ihr Scheitern, Frankfurt am Main 1976, S. 332-333.

GEDRUCKTE QUELLEN UND FORSCHUNGSLITERATUR

Nassehi, Armin, Gab es 1968? Eine Spurensuche, Hamburg 2018.
Negt, Oskar, Bemerkungen zur bisherigen Diskussion über eine neue sozialistische Politik, in: neue kritik 24 (1964), S. 3-8.
Neitzke, Peter, Wir waren Freunde, bevor wir Genossen waren. In: Semler, Christian, Kein Kommunismus ist auch keine Lösung. Herausgegeben von Stefan Reinecke und Mathias Bröckers, Berlin, S. 191-194.
o. A., Neukölln: Juliusstrasse 51 – Erfolge und Lehren, in: Rote Fahne 1 (1970), H. 8, S. 5.
Nevermann, Knut, Studienreform als politische Bildung, in: Leibfried, Stephan (Hg.), Wider die Untertanenfabrik. Handbuch zur Demokratisierung der Hochschule, Köln 1967, S. 291-297.
Niklewski, Günter, Theorie als Inneneinrichtung, in: Kursbuch 78 (1984), S. 1-7.
Oelinger, Josef, Die neue Linke und der SDS. Die politische Theorie der revolutionären Opposition, Köln 1969.
o. A., Offener Brief verschiedener Studentenverbände an den Rektor zum Fall Kuby, in: Lönnendonker, Siegward; Fichter, Tilman; Rietzschel, Claus (Hgg.), Hochschule im Umbruch. Teil IV: Die Krise (1964-1967), Berlin 1975, S. 205.
Olles, Werner, Zur Strategiediskussion, in: agit 883 14 (1969), S. 5.
Ostrowski, Nikolai Alexejewitsch, Wie der Stahl gehärtet wurde. Übersetzung neu bearbeitet von Nelly Drechsler, Berlin 1954.
P. St., nervös, in: Colloquium 18 (1964), H. 9/10, S. 5-6.
Paris, Rainer, Stachel und Speer. Machtstudien, Frankfurt am Main 1998.
Parr, Rolf, VIVA MARIA! und die Studentenbewegung. Vier Modi der Rezeption von Kitsch, in: Gruber, Bettina; Parr, Rolf (Hgg.), Linker Kitsch. Bekenntnisse – Ikonen – Gesamtkunstwerke, Paderborn 2015, S. 169-183.
Pauli, Frank, Kritik und Foyergeschwätz. Marginalien zur Vorlesungsrezension, in: Colloquium 21 (1967), H. 6, S. 8-9.
Paxton, Robert O., Anatomie des Faschismus, München 2006.
Perincioli, Cristina, Berlin wird feministisch. Das Beste, was von der 68er Bewegung blieb, Berlin 2015.
Perinelli, Massimo, Lust, Gewalt, Befreiung. Sexualitätsdiskurse, in: rotaprint 25 (Hg.), agit 883. Revolte, Underground in Westberlin 1969-1972, Berlin 2006, S. 85-99.
Peter, Lothar, Marx an die Uni. Die Marburger Schule: Geschichte, Probleme, Akteure, Köln 2014.
Pettenkofer, Andreas, Radikaler Protest. Zur soziologischen Theorie politischer Bewegungen, Frankfurt am Main 2010.
Pettenkofer, Andreas, Die Entstehung der grünen Politik. Kultursoziologie der westdeutschen Umweltbewegung, Frankfurt am Main 2014.
Pilzweger, Stefanie, Männlichkeit zwischen Gefühl und Revolution, Bielefeld 2015.
o. A., Plakat-Aktion in Berlin und München, in: SDS-Korrespondenz 1 (1966), H. 2, S. 5-6.

o. A., Praktikum der Germanisten an Berliner Schulen, in: Rote Presse Korrespondenz 6 (1969), S. 6-8.

Prien, Carsten, Dutschkismus, Seedorf bei Bad Segeberg 2015.

Programmatische Erklärung der Kommunistischen Partei Deutschlands, in: Rote Fahne 2 (1971), H. 21, 1-2; 12-16.

o. A., Proletarierinnen-Zentrum (PROZ-ML), in: Rote Presse Korrespondenz 36 (1969), S. 8-12.

Pulte, Peter (Hg.), Die Neue Linke, Berlin, New York 1973.

Rabehl, Bernd, Viva Maria und die Verknüpfung von Anarchismus und Marxismus innerhalb der neuen Linken, in: Kino (1967), H. 4, S. 23-29.

Rabehl, Bernd, Von der antiautoritären Bewegung zur sozialistischen Opposition, in: Bergmann, Uwe; Dutschke, Rudi; Lefèvre, Wolfgang et al. (Hgg.), Rebellion der Studenten oder Die neue Opposition. Eine Analyse, Reinbek bei Hamburg 1968, S. 151-178.

Rabehl, Bernd, Antwort auf den Brief von Kunzelmann, in: Böckelmann, Frank; Nagel, Herbert (Hgg.), Subversive Aktion. Der Sinn der Organisation ist ihr Scheitern, Frankfurt am Main 1976, S. 290-293.

Rabehl, Bernd, Feindblick. Der SDS im Fadenkreuz des »Kalten Krieges«, Berlin 2000.

Rammstedt, Otthein, Soziale Bewegung, Frankfurt am Main 1978.

o. A., Rapport über die Konstruktion von Situationen und die Organisations- und Aktionsbedingungen der internationalen situationistischen Tendenz, in: Der Beginn einer Epoche. Texte der Situationisten, Hamburg 1995, S. 28-44.

Raulff, Ulrich, Wiedersehen mit den Siebzigern. Die wilden Jahre des Lesens, Stuttgart 2014.

Reaktion des BV vor der Verteilung des Flugblatts, in: SDS-Korrespondenz 1 (1966), H. 2, S. 16.

Reckwitz, Andreas, Die Transformation der Kulturtheorien. Zur Entwicklung eines Theorieprogramms, Weilerswist 2006.

Reh, Sabine, Literatur lesen lehren im deutschen Unterricht. Lesehinweise in der Zeitschrift »Archiv für den Unterricht im Deutschen in Gymnasien, Realschulen und andern höhern Lehranstalten«, 1843/1844, in: Reh, Sabine; Wilde, Denise (Hgg.), Die Materialität des Schreiben- und Lesenlernens. Zur Geschichte schulischer Unterweisungspraktiken seit der Mitte des 18. Jahrhunderts, Bad Heilbrunn 2016, S. 159-190.

Reichardt, Sven, Inszenierung und Authentizität. Zirkulation visueller Vorstellung über den Typus des linksalternativen Körpers, in: Knoch, Habbo (Hg.), Bürgersinn mit Weltgefühl. Politische Moral und solidarischer Protest in den sechziger und siebziger Jahren, Göttingen 2007, S. 225-250.

Reichardt, Sven, Praxeologische Geschichtswissenschaft. Eine Diskussionsanregung, in: Sozial.Geschichte 22 (2007), H. 3, S. 43-65.

Reichardt, Sven, Authentizität und Gemeinschaft. Linksalternatives Leben in den siebziger und frühen achtziger Jahren, Berlin 2014.

GEDRUCKTE QUELLEN UND FORSCHUNGSLITERATUR

Reichardt, Sven, Radikalisierung. Zeithistorische Anmerkungen zu einem aktuellen Begriff, in: Geschichte und Gesellschaft 43 (2017), H. 1, S. 68-91.

Reiche, Reimut, Worte des Vorsitzenden Mao, in: neue kritik 41 (1967), S. 9-10.

Reiche, Reimut, Sexuelle Revolution – Erinnerung an einen Mythos, in: Baier, Lothar (Hg.), Die Früchte der Revolte. Über die Veränderung der politischen Kultur durch die Studentenbewegung, Berlin 1988, S. 45-72.

Reimann, Aribert, Dieter Kunzelmann. Avantgardist, Protestler, Radikaler, Göttingen 2009.

Reimann, Aribert, Zwischen Machismo und Coolness. Männlichkeit und Emotion in der westdeutschen »Kulturrevolution« der 1960- und 1970er Jahre, in: Borutta, Manuel; Verheyen, Nina (Hgg.), Die Präsenz der Gefühle. Männlichkeit und Emotion in der Moderne, Bielefeld 2010, S. 229-253.

Renaud, Terence, New Lefts. The Making of a Radical Tradition, Princeton 2021.

Repressive Aktion, in: Unverbindliche Richtlinien 2 (1963), S. 9-16.

o. A., Resolution von der versammelten Studentenschaft der Freien Universität Berlin auf dem Sit-in am 22./23. Juni 1966, in: Lönnendonker, Siegward; Fichter, Tilman; Rietzschel, Claus (Hgg.), Hochschule im Umbruch. Teil IV: Die Krise (1964-1967), Berlin 1975, 333-334.

Richter, Helmut, Zum Problem der Einheit von Theorie und Praxis bei Karl Marx, Frankfurt, New York 1978.

Riegel, Klaus-Georg, Konfessionsrituale im Marxismus-Leninismus, Graz 1985.

Rocker, Rudolf, Aus den Memoiren eines deutschen Anarchisten. Herausgegeben von Magdalena Melnikow und Hans Peter Dierr, Frankfurt am Main 1974.

Rohrwasser, Michael, Saubere Mädel, Starke Genossen. Proletarische Massenliteratur?, Frankfurt/Main 1975.

Roth, Andreas, Der Voltaire Verlag und die Edition Voltaire, in: Füssel, Stephan (Hg.), Die Politisierung des Buchmarkts. 1968 als Branchenereignis. Hans Altenhein zum 80. Geburtstag gewidmet, Wiesbaden 2007, S. 11-89.

Roth, Roland, Rebellische Subjektivität. Herbert Marcuse und die neuen Protestbewegungen, Frankfurt am Main 1985.

Rotzeg, Antwort der ROTZEG auf die Vorschläge der WI-SO-ML-Fraktion, in: Rote Presse Korrespondenz 35 (1969), S. 2-5.

Rotzeg, Rote Zelle Germanistik gegründet, in: Rote Presse Korrespondenz 20 (1969), S. 1-3.

Rucht, Dieter, Die Ereignisse von 1968 als soziale Bewegung. Methodologische Überlegungen und einige empirische Befunde, in: Gilcher-Holtey, Ingrid (Hg.), 1968. Vom Ereignis zum Gegenstand der Geschichtswissenschaft, Göttingen 1998, S. 116-130.

o. A., Rücktrittsabsichten der Bundesvorsitzenden, in: SDS-Korrespondenz 1 (1966), H. 2, S. 27-28.

Rudi Dutschke (A. J.), Die Rolle der antikapitalistischen, wenn auch nicht sozialistischen Sowjetunion für die marxistischen Sozialisten in der Welt, in: Böckelmann, Frank; Nagel, Herbert (Hgg.), Subversive Aktion. Der Sinn der Organisation ist ihr Scheitern, Frankfurt am Main 1976, S. 169-174.

QUELLEN- UND LITERATURVERZEICHNIS

Rudi Dutschke (A. J.), Diskussion: Das Verhältnis von Theorie und Praxis, in: Böckelmann, Frank; Nagel, Herbert (Hgg.), Subversive Aktion. Der Sinn der Organisation ist ihr Scheitern, Frankfurt am Main 1976, S. 190-195.

o. A., Ruhestörung, in: Wolff, Frank; Windaus, Eberhard (Hgg.), Studentenbewegung 1967-69. Protokolle und Materialien, Frankfurt am Main 1977, S. 27-97.

o. A., Runter mit den Kantinenpreisen!, in: Klassenkampf. Zeitung der Betriebszellen der Proletarischen Linken/Parteiinitiative 2 (1971), H. 12, S. 1-2.

Rutschky, Michael, Zur Ethnographie des Alltags. Eine literarische Tendenz der siebziger Jahre, in: Born, Nicolas; Manthey, Jürgen; Schmidt, Delf (Hgg.), Schreiben oder Literatur, Reinbek bei Hamburg 1979, S. 28-51.

Rutschky, Michael, Erfahrungshunger. Ein Essay über die siebziger Jahre, Köln 1980.

Rutschky, Michael, Erinnerungen an die Gesellschaftskritik, in: Merkur. Deutsche Zeitschrift für europäisches Denken 38 (1984), H. 423, S. 28-38.

Rutschky, Michael, Zur Ethnographie des Inlands, Frankfurt am Main 1984.

Ryschkowsky, Nikolaus, Die linke Linke, München 1968.

Saldern, Adelheid von, Markt für Marx. Literaturbetrieb und Lesebewegungen in der Bundesrepublik in den Sechziger- und Siebzigerjahren, in: Archiv für Sozialgeschichte 44 (2004), S. 149-180.

Sassoon, Donald, One hundred years of Socialism. The West European left in the twentieth century, London 2002.

Savigny, Eike von; Schatzki, Theodore R.; Knorr-Cetina, Karin (Hgg.), The practice turn in contemporary theory, London 2001.

Scharloth, Joachim, 1968. Eine Kommunikationsgeschichte, Paderborn 2010.

Scharloth, Joachim; Wengeler, Martin; Kämper, Heidrun (Hgg.), 1968. Eine sprachwissenschaftliche Zwischenbilanz, Berlin 2012.

Scharrer, Manfred, Auf der Suche nach der revolutionären Arbeiterpartei. Eine Momentaufnahme, in: Ästhetik & Kommunikation 39 (2008), H. 140/141, S. 35-56.

Schatzki, Theodore, The Site of the Social, Pennsylvania 2003.

Schauer, Helmut, Einige Kernpunkte der aktuellen Diskussion im SDS, in: neue kritik 33 (1965), S. 4-12.

Schauer, Helmut, Referat auf der Landesvollversammlung in Berlin, in: SDS-Korrespondenz 1 (1966), H. 2, S. 21-27.

Scheuch, Erwin, Die Wiedertäufer der Wohlstandsgesellschaft. Eine kritische Untersuchung der »Neuen Linken« und ihrer Dogmen, Köln 1968.

Schildt, Axel; Siegfried, Detlef; Lammers, Karl Christian (Hgg.), Dynamische Zeiten. Die 60er Jahre in den beiden deutschen Gesellschaften, Hamburg 2000.

Schimmang, Jochen, Der schöne Vogel Phönix, Frankfurt am Main 1979.

Schlaffke, Winfried, Die studentische Linke. Motive, Gruppen und Ziele, Köln 1968.

Schlögel, Karl; Jasper, Willi; Ziesemer, Bernd, Partei kaputt. Das Scheitern der KPD und die Krise der Linken, Berlin 1981.

Schmid, Thomas, Die Wirklichkeit eines Traums. Versuch über die Grenzen des autopoietischen Vermögens meiner Generation, in: Baier, Lothar (Hg.), Die Früchte der Revolte. Über die Veränderung der politischen Kultur durch die Studentenbewegung, Berlin 1988, S. 7-33.

Schmidt, Alfred, Studentenwohnheime, -hotels und -wohnungen, in: neue kritik 2 (1960), S. 36-38.

Schmidt, Christoph, Israel und die Geister von '68. Eine Phänomenologie, Göttingen 2018.

Schmidt, Götz, Linke Bauern und Studenten in den 70er Jahren. Ein Blick zurück auf 68 und die Folgen, in: Ästhetik & Kommunikation 39 (2008), H. 140/141, S. 119-134.

Schmidt, Götz, Siebenknie. Eine Kindheit und Jugend in Kriegs- und Nachkriegszeiten, Norderstedt 2016.

Schmidt, Rudi, Betriebsarbeit und Organisationsfrage. Zur Geschichte der Studentenbewegung, in: Sozialistische Politik 3 (1971), H. 10, S. 83-118.

Schmidt, Ulrich, Zwischen Aufbruch und Wende. Lebensgeschichten der sechziger und siebziger Jahre, Tübingen 1993.

Schmidt, Uta C., »Alle reden vom Wetter.- Wir nicht.«. Das Plakat als Medium, in: Ruppert, Wolfgang (Hg.), Um 1968. Die Repräsentation der Dinge, Marburg 1998, S. 47-63.

Schmierer, Joscha, Bemerkungen zur Organisationsfrage, in: neue kritik 50 (1968), S. 10-25.

Schneider, Christian; Simon, Annette; Steinert, Heinz et al., Identität und Macht. Das Ende der Dissidenz, Giessen 2002.

Schneider, Michael, Gegen den linken Dogmatismus, eine »Alterskrankheit« des Kommunismus, in: Kursbuch 25 (1971), S. 73-121.

Schneider, Michael, Demokratie in Gefahr? Der Konflikt um die Notstandsgesetze: Sozialdemokratie, Gewerkschaften und intellektueller Protest (1958 bis 1968), Bonn 1987.

Schneider, Peter, Die Frauen bei Bosch, in: Kursbuch 21 (1970), S. 83-109.

Schneider, Peter, Rebellion und Wahn. Mein 68: eine autobiographische Erzählung, Köln 2008.

Schoen, Anke-Elisabeth, Die symbolische Ordnung zu Grabe tragen. Die Kommune I und ihre Flugblätter, Hamburg 2014.

Schon, Jenny, 1967 Wespenzeit, Berlin 2015.

Schönberger, Klaus; Sutter, Ove (Hgg.), Kommt herunter, reiht euch ein ... Eine kleine Geschichte der Protestformen sozialer Bewegungen, Berlin 2009.

Schönbohm, Wulf, Die Thesen der APO. Argumente gegen die radikale Linke, Mainz 1969.

Schönhoven, Klaus, Aufbruch in die sozialliberale Ära. Zur Bedeutung der 60er Jahre in der Geschichte der Bundesrepublik, in: Geschichte und Gesellschaft (1999), H. 1, S. 123-145.

Schubert, Karl-Heinz (Hg.), Aufbruch zum Proletariat. Dokumente der Basisgruppen, Berlin 1988.

Schubert, Karl-Heinz, Zur Geschichte der westberliner Basisgruppen, in: Schubert, Karl-Heinz (Hg.), Aufbruch zum Proletariat. Dokumente der Basisgruppen, Berlin 1988, S. 6-31.

Schultz, Hartwig, Verse in Politik und Werbung, in: Neue Rundschau 83 (1972), S. 514-527.

Schulz, Kristina, Der lange Atem der Provokation. Die Frauenbewegung in der Bundesrepublik und in Frankreich, 1968-1976, Frankfurt, New York 2002.

SDS Landesverband Berlin, Strategie und Organisation des SDS, in: neue kritik 50 (1968), S. 54-67.

SDS Landesverband Berlin, Pressemitteilung, in: Lönnendonker, Siegward; Fichter, Tilman; Rietzschel, Claus (Hgg.), Hochschule im Umbruch. Teil IV: Die Krise (1964-1967), Berlin 1975, S. 428-429.

SDS-Bundesvorstand, Arbeitskonferenz der RPK am 6./7.12.69 in Berlin, in: SDS-info, Ausgabe 26/27, S. 1-6 SDS-Bundesvorstand, Arbeitskonferenz der RPK am 6./7.12.69 in Berlin, in: SDS-info 2 (1969), H. 26/27, S. 1-6.

Sedlmaier, Alexander, Konsum und Gewalt. Radikaler Protest in der Bundesrepublik, Berlin 2018.

Seitenbecher, Manuel, Mahler, Maschke & Co. Rechtes Denken in der 68er-Bewegung?, Paderborn 2013.

Semler, Christian, Wiedergänge. Versuch über das Nachleben der K-Gruppen-Motive, in: Landgrebe, Christiane; Plath, Jörg (Hgg.), '68 und die Folgen. Ein unvollständiges Lexikon, Berlin 1998, S. 133-137.

Sepp, Benedikt, Schwenken, Schmücken und Studieren. Die Mao-Bibel in der westdeutschen Studentenbewegung, in: Jaspers, Anke; Michalski, Claudia; Paul, Morten (Hgg.), Ein kleines rotes Buch. Die »Mao-Bibel« und die Bücher-Revolution der Sechzigerjahre, Berlin 2018, S. 99-116.

Sepp, Benedikt, Die Reformation der Revolution. Die konfessionelle Spaltung als implizites Deutungs- und Handlungsmuster in der Krise der antiautoritären Bewegung, in: Geschichte und Gesellschaft 45 (2019), H. 3, S. 444-465.

Sepp, Benedikt, Fugacious Marxisms. Some Thoughts on the Aesthetics of Marxism in the West German Student Movement (1961-1972), in: Berger, Stefan; Cornelissen, Christoph (Hgg.), Marxist Historical Cultures and Social Movements during the Cold War. Case Studies from Germany, Italy and Other Western European States, Cham 2019, S. 217-234.

Siegfried, Detlef, Time is on my side. Konsum und Politik in der westdeutschen Jugendkultur der 60er Jahre, Göttingen 2006.

Siegfried, Detlef, Sound der Revolte. Studien zur Kulturrevolution um 1968, Weinheim, München 2008.

Siegfried, Detlef, 1968. Protest, Revolte, Gegenkultur, Ditzingen 2018.

Siepmann, Eckhard, 1969 – Die große Sonnenfinsternis, in: Siepmann, Eckhard; Lusk, Irene; Holtfreter, Jürgen et al. (Hgg.), CheSchahShit. Die sechziger Jahre zwischen Cocktail und Molotow. Ein BilderLeseBuch, Reinbek bei Hamburg 1988, S. 338-340.

Sievers, Rudolf (Hg.), 1968. Eine Enzyklopädie, Frankfurt am Main 2008.

Slobodian, Quinn, Foreign front. Third World politics in sixties West Germany, Durham, NC 2012.

Slobodian, Quinn, The meanings of Western Maoism in the global 1960s, in: Jian, Chen; Klimke, Martin; Kirasirova, Masha et al. (Hgg.), The Routledge Handbook of the Global Sixties. Between protest and nation-building, London 2018, S. 67-78.

Sonnenberg, Uwe, Von Marx zum Maulwurf. Linker Buchhandel in Westdeutschland in den 1970er Jahren, Göttingen 2016.

Sontheimer, Kurt, Das Elend unserer Intellektuellen. Linke Theorie in der Bundesrepublik Deutschland, Hamburg 1976.

Soukup, Uwe, Der 2. Juni 1967. Ein Schuss, der die Republik veränderte, Berlin 2017.

o. A., Sozialistisches Zentrum in Westberlin, in: Rote Presse Korrespondenz 15 (1969), S. 1-2.

o. A., Spartakusbriefe, Berlin 1958.

Spengler, Tilman, Stirnwolkenbildung. Ein Plädoyer für theoretische Neugier, in: Kursbuch 78 (1984), S. 8-22.

Spix, Boris, Abschied vom Elfenbeinturm? Politisches Verhalten Studierender 1957-1967. Berlin und Nordrhein-Westfalen im Vergleich, Essen 2008.

Spreen, David, Signal strength excellent in West Germany. Radio Tirana, European Maoist internationalism and its disintegration in the global seventies, in: European Review of History 29 (2022), H. 3, S. 391-416.

Staadt, Jochen, Referat »Die Auflösung des SDS in etablierte Politik und die Extremposition von Kaderparteien und Partisanenabteilungen«, in: Lönnendonker, Siegward (Hg.), Linksintellektueller Aufbruch zwischen »Kulturrevolution« und kultureller »Zerstörung«. Der Sozialistische Deutsche Studentenbund (SDS) in der Nachkriegsgeschichte (1964-1969). Dokumentation eines Symposiums, Opladen 1998, S. 308-310.

Staadt, Jochen, Der SDS und die Stasi. Anmerkungen zu Hubertus Knabes Interpretation eines problematischen Verhältnisses, in: Zeitschrift des Forschungsverbundes SED-Staat 11 (2002), S. 138-142.

Stalin, Josef, Über die Perspektiven der KPD und über die Bolschewisierung, in: Marx-Engels-Lenin-Institut beim Zentralkomitee der SED (Hg.), J. W. Stalin: Werke. 7. 1925, Berlin 1952, S. 25-28.

Stallmann, Martin, Die Erfindung von »1968«. Der studentische Protest im bundesdeutschen Fernsehen, 1977-1998, Göttingen 2017.

Stanitzek, Georg; Bandel, Jan-Frederik, Broschüren. Zur Legende vom »Tod der Literatur«, in: Hirschi, Caspar; Spoerhase, Carlos (Hgg.), Bleiwüste und Bilderflut. Geschichten über das geisteswissenschaftliche Buch, Wiesbaden 2015, S. 59-90.

Steffen, Michael, Geschichten vom Trüffelschwein. Politik und Organisation des Kommunistischen Bundes 1971 bis 1991, Berlin 2002.

Steinhaus, Kurt, Vietnam. Zum Problem der kolonialen Konterrevolution, Frankfurt am Main 1966.

Stolz, Rolf, Innensichten des SDS in den Achtundsechziger Jahren, in: Dworok, Gerrit; Weissmann, Christoph (Hgg.), 1968 und die 68er. Ereignisse, Wirkungen und Kontroversen in der Bundesrepublik, Köln 2013, S. 21-39.

Strohschneider, Tom (Hg.), Eduard Bernstein oder: Die Freiheit des Andersdenkenden, Berlin 2019.

Struschka, Peter, Die Sorgen in der Nacht, in: Colloquium (1967), H. 5, S. 15-16.

Subversive Aktion, Konklusionen, in: Böckelmann, Frank; Nagel, Herbert (Hgg.), Subversive Aktion. Der Sinn der Organisation ist ihr Scheitern, Frankfurt am Main 1976, S. 132-134.

Subversive Aktion. oder: VEN-, VID-, VICIT, in: Unverbindliche Richtlinien 2 (1963), S. 27-29.

Swain, Geoff, A short history of the Russian Revolution, London 2017.

o. A., Tagung des Beirats der RPK, in: Rote Presse Korrespondenz 40 (1969), S. 13.

Tändler, Maik, Therapeutische Vergemeinschaftung. Demokratisierung, Emanzipation und Emotionalisierung in der ›Gruppe‹. 1963-1976, in: Tändler, Maik; Jensen, Uffa (Hgg.), Das Selbst zwischen Anpassung und Befreiung. Psychowissen und Politik im 20. Jahrhundert, Göttingen 2012, S. 141-167.

Terhoeven, Petra, Deutscher Herbst in Europa. Der Linksterrorismus der siebziger Jahre als transnationales Phänomen, München 2014.

Thomas, Nick, Protest movements in 1960s West Germany. A Social History of Dissent and Democracy, Oxford, New York 2003.

Timm, Uwe, Der Freund und der Fremde. Eine Erzählung, München 2007.

Tolomelli, Marica, »Repressiv getrennt« oder »organisch verbündet«. Studenten und Arbeiter 1968 in der Bundesrepublik Deutschland und in Italien, Wiesbaden 2001.

Tschirschwitz, Lars, Kampf um Konsens. Intellektuelle in den Volksparteien der Bundesrepublik Deutschland, Bonn 2017.

o. A., Über die Voraussetzungen und Ziele der Untersuchungsarbeit, in: Rote Presse Korrespondenz 52 (1970), S. 1-2.

Ulam, Adam, Die Bolschewiki. Vorgeschichte und Verlauf der kommunistischen Revolution in Rußland, Köln/Berlin 1967.

Ulbricht, Walter, Mehr Planmässigkeit der Arbeit, in: KPD-Aufbauorganisation (Hg.), Die Bolschewisierung der KPD. Teil 2, Berlin 1970, S. 27-35.

Verheyen, Nina, Diskussionslust. Eine Kulturgeschichte des »besseren Arguments« in Westdeutschland, Göttingen 2010.

Vester, Michael, Falsche Alternativen, in: neue kritik, S. 5-11

Vester, Michael, Die Strategie der direkten Aktion, in: neue kritik 30 (1965), S. 12-20.

Vinen, Richard, 1968. Der lange Protest: Biografie eines Jahrzehnts, München 2018.

Vogel, Meike, Unruhe im Fernsehen. Protestbewegung und öffentlich-rechtliche Berichterstattung, Göttingen 2010.

Von Betriebs- zu Abteilungsgruppen, in: PL. Zentralorgan der Proletarischen Linken/Parteiinitiative 1 (1971), H. 2, S. 2-3.

GEDRUCKTE QUELLEN UND FORSCHUNGSLITERATUR

o. A., Von diesem Gespräch haben wir nichts zu erwarten, in: Lönnendonker, Siegward; Fichter, Tilman; Rietzschel, Claus (Hgg.), Hochschule im Umbruch. Teil IV: Die Krise (1964-1967), Berlin 1975, S. 363-364.

o. A., Vorbereitende Probleme zur Konstruktion einer Situation, in: Situationistische Internationale 1958-1969 (Hg.), Gesammelte Ausgaben des Organs der Situationistischen Internationale. Band 1, Berlin 1976, S. 16-18.

o. A., Vorläufige Plattform der Aufbauorganisation für die Kommunistische Partei Deutschlands, in: Rote Presse Korrespondenz 56/57 (1970), S. 1-8.

o. A., Vorwort, in: Unverbindliche Richtlinien, S. 5, Vorwort, in: Unverbindliche Richtlinien 2 (1963), S. 5.

Vossberg, Henning, Studentenrevolte und Marxismus. Zur Marxrezeption in der Studentenbewegung auf Grundlage ihrer politischen Sozialisationsgeschichte, München 1979.

Vring, Thomas von der, Beitrag zu den Thesen zur Politik des SDS, in: SDS-informationen 7 (1961), S. 15-17.

Vring, Thomas von der, Neue Linke – Partei – Staat, in: SDS-informationen 9 (1962), S. 19-23.

Vring, Thomas von der, Probleme einer neuen sozialistischen Strategie, in: neue kritik 21 (1964), S. 5-15.

Vring, Thomas von der, Antikritisches zur Strategiediskussion (I), in: neue kritik 28 (1965), S. 17-23.

Vring, Thomas von der, Zur Strategie des Klassenkampfes in der Gegenwart, in: neue kritik 32 (1965), S. 20-32.

Waretzky, Johannes, Solitarität (!), Widerstand, Perspektive, in: neue kritik informationen 1 (1960), H. 1, S. 6-9.

Weber, Hermann; Bayerlein, Bernhard; Drabkin, Jakov (Hgg.), Deutschland, Russland, Komintern. Nach der Archivrevolution: Neuerschlossene Quellen zu der Geschichte der KPD und den deutsch-russischen Beziehungen, Berlin, München 2015.

Wehrs, Nikolai, Protest der Professoren. Der »Bund Freiheit der Wissenschaft« in den 1970er Jahren, Göttingen 2014.

Weigelt, Peter, Konzentrationsstörungen. Kopfstände und Bauchtänze auf dem Campus, in: Kursbuch 78 (1984), S. 103-118.

Weinhauer, Klaus, Der Westberliner »Underground«. Kneipen, Drogen und Musik, in: rotaprint 25 (Hg.), agit 883. Revolte, Underground in Westberlin 1969-1972, Berlin 2006, S. 73-83.

Weiss, Andreas von, Die Neue Linke. Kritische Analyse, Boppard am Rhein 1969.

Weiss, Hildegard, Die Ideologieentwicklung in der deutschen Studentenbewegung, München, Wien 1985.

Weitbrecht, Dorothee, Aufbruch in die Dritte Welt. Der Internationalismus der Studentenbewegung von 1968 in der Bundesrepublik Deutschland, Göttingen 2012.

Werbung für Reimut Reiches »5 Thesen und eine Schlussfolgerung zur DKP«, in: SDS-info 1 (1968), H. 2, S. 30.

Werder, Lutz von, Schwarze Landschaft. Berliner Erfahrungen 1966-1979, Tübingen 1979.
Wienand, Peter, Revoluzzer und Revisionisten. Die »Jungen« in der Sozialdemokratie vor der Jahrhundertwende, in: Politische Vierteljahresschrift 17 (1976), H. 2, S. 208-241.
Wienhaus, Andrea, Bildungswege zu »1968«. Eine Kollektivbiografie des Sozialistischen Deutschen Studentenbundes, Bielefeld 2014.
Wildt, Michael, Generation des Unbedingten. Das Führungskorps des Reichssicherheitshauptamtes, Hamburg 2003.
Wilk, Martin, Fragile kollektive Identitäten. Wie sich soziale Bewegungen radikalisieren, Bielefeld 2020.
o. A., Wir warn die stärkste der Partein … Erfahrungsberichte aus der Welt der K-Gruppen, Berlin 1977.
WISO-ad-hoc-Gruppe; Marxistisch-leninistisches Studienkollektiv WISO, Welche Organisation brauchen die Studenten? Aus den Fehlern der ROTZEG (Rote Zelle Germanistik) lernen, in: Rote Presse Korrespondenz 32 (1969), S. 11-13.
WISO-ML, Wie soll man sich schulen. Das Konzept und die Erfahrungen der marxistisch-leninistischen Studentengruppe an der WISO, in: agit 883 33 (1969), S. 4-5.
Wolff, Frank; Windaus, Eberhard (Hgg.), Studentenbewegung 1967-69. Protokolle und Materialien, Frankfurt am Main 1977.
Wolfrum, Edgar, Die 60er Jahre. Eine dynamische Gesellschaft, Darmstadt 2006.
Wright, Steve, Den Himmel stürmen. Eine Theoriegeschichte des Operaismus, Berlin 2005.
Zentralrat der umherschweifenden Haschrebellen, Hair, in: agit 883 35 (1969), S. 7.
o. A., Zum nk-Seminar: Heidelberg, in: SDS-info 7/8 (1969), 5a-d.
o. A., Zusammenfassung der Plenumsdiskussion auf der Tagung des Wissenschaftsreferates, in: SDS-arbeitsblätter 7 (1965), S. 5-10.

MODERNE ZEIT

Neue Forschungen zur Gesellschafts- und Kulturgeschichte
des 19. und 20. Jahrhunderts

Herausgegeben von
Jan Eckel, Ulrich Herbert,
Sven Reichardt und Lutz Raphael

Wandlungsprozesse in Westdeutschland. Belastung, Integration, Liberalisierung 1945 - 1980, Hg. von Ulrich Herbert, ISBN 978-3-8353-609-5, Band 1

Isabel Heinemann: Rasse, Siedlung, deutsches Blut. Das Rasse- und Siedlungshauptamt der SS und die rassenpolitische Neuordnung Europas, ISBN 978-3-8353-623-1, Band 2

Nicolas Berg: Der Holocaust und die westdeutschen Historiker. Erforschung und Erinnerung, ISBN 978-3-8353-610-1, Band 3

Jörg Später: Vansittart. Britische Debatten über Deutsche und Nazis 1902-1945, ISBN 978-3-8353-692-7, Band 4

Sybille Buske: Fräulein Mutter und ihr Bastard. Eine Geschichte der Unehelichkeit in Deutschland 1900-1970, ISBN 978-3-8353-750-4, Band 5

Bernhard Brunner: Der Frankreich-Komplex. Die nationalsozialistischen Verbrechen in Frankreich und die Justiz der Bundesrepublik Deutschland, ISBN 978-3-8353-693-4, Band 6

Torsten Gass-Bolm: Das Gymnasium 1945-1980. Bildungsreform und gesellschaftlicher Wandel in Westdeutschland, ISBN 978-3-8353-869-3, Band 7

Gerhard Altmann: Abschied vom Empire. Die innere Dekolonisation Großbritanniens 1945-1985, ISBN 978-3-8353-870-9, Band 8

Patrick Wagner: Bauern, Junker und Beamte. Lokale Herrschaft und Partizipation im Ostelbien des 19. Jahrhunderts, ISBN 978-3-8353-946-1, Band 9

Jan Eckel: Hans Rothfels. Eine intellektuelle Biographie im 20. Jahrhundert, ISBN 978-3-8353-975-1, Band 10

Karin Hunn: »Nächstes Jahr kehren wir zurück...«. Die Geschichte der türkischen »Gastarbeiter« in der Bundesrepublik, ISBN 978-3-8353-945-4, Band 11

Christina von Hodenberg: Konsens und Krise. Eine Geschichte der westdeutschen Medienöffentlichkeit 1945-1973, ISBN 978-3-8353-0029-3, Band 12

Imanuel Baumann: Dem Verbrechen auf der Spur. Eine Geschichte der Kriminologie und Kriminalpolitik in Deutschland 1880 bis 1980, ISBN 978-3-8353-0008-8, Band 13

Matthias Waechter: Der Mythos des Gaullismus. Heldenkult, Geschichtspolitik und Ideologie 1940-1958, ISBN 978-3-8353-0023-1, Band 14

Jürgen Lillteicher: Raub, Recht und Restitution. Die Rückerstattung jüdischen Eigentums in der frühen Bundesrepublik, ISBN 978-3-8353-0134-4, Band 15

Katrin Marx-Jaskulski: Armut und Fürsorge auf dem Land. Vom Ende des 19. Jahrhunderts bis 1933, ISBN 978-3-8353-0220-4, Band 16

Kim Christian Priemel: Flick. Eine Konzerngeschichte vom Kaiserreich bis zur Bundesrepublik, ISBN 978-3-8353-0219-8, Band 17

Gabriele Lingelbach: Spenden und Sammeln. Der westdeutsche Spendenmarkt bis in die 1980er Jahre, ISBN 978-3-8353-0538-0, Band 18

Stefanie Middendorf: Massenkultur. Zur Wahrnehmung gesellschaftlicher Modernität in Frankreich 1880-1980, ISBN 978-3-8353-0542-7, Band 19

Cornelia Brink: Grenzen Der Anstalt. Psychiatrie und Gesellschaft in Deutschland 1860-1980, ISBN 978-3-8353-0623-3, Band 20

Jürgen Kniep: »Keine Jugendfreigabe!«. Filmzensur in Westdeutschland 1949-1990, ISBN 978-3-8353-0638-7, Band 21

Olaf Blaschke: Verleger machen Geschichte. Buchhandel und Historiker seit 1945 im deutsch-britischen Vergleich, ISBN 978-3-8353-0757-5, Band 22

Detlev Humann: »Arbeitsschlacht«. Arbeitsbeschaffung und Propaganda in der NS-Zeit 1933-1939, ISBN 978-3-8353-0838-1, Band 23

Jenny Pleinen: Die Migrationsregime Belgiens und der Bundesrepublik seit dem Zweiten Weltkrieg, ISBN 978-3-8353-1185-5, Band 24

Christian Marx: Paul Reusch und die Gutehoffnungshütte. Leitung eines deutschen Großunternehmens, ISBN 978-3-8353-1119-0, Band 25

Rüdiger Ahrens: Bündische Jugend. Eine neue Geschichte 1918-1933, ISBN 978-3-8353-1758-1, Band 26

Arvid Schors: Doppelter Boden. Die SALT-Verhandlungen 1963-1979, ISBN 978-3-8353-1814-4, Band 27

Christiane Abele: Kein kleines Land. Die Kolonialfrage in Portugal 1961-1974, ISBN 978-3-8353-3009-2, Band 28

Thomas Zimmer: Welt ohne Krankheit. Geschichte der internationalen Gesundheitspolitik 1940-1970, ISBN 978-3-8353-1919-6, Band 29

Anna Catharina Hofmann: Francos Moderne. Technokratie und Diktatur in Spanien 1956-1973, ISBN 978-3-8353-3521-9, Band 30

Martin Deuerlein: Das Zeitalter der Interdependenz. Globales Denken und internationale Politik in den langen 1970er Jahren, ISBN 978-3-8353-3642-1, Band 31

Helena Barop: Mohnblumenkriege. Die globale Drogenpolitik der USA 1950-1979, ISBN 978-3-8353-5086-1, Band 32

Ole Münch: Cutler Street Market. Interkultureller Austausch im Londoner East End 1780-1850, ISBN 978-3-8353-5166-0, Band 33

Johannes Großmann, Zwischen Fronten. Die deutsch-französische Grenzregion und der Weg in den Zweiten Weltkrieg, ISBN 978-3-8353-5210-0, Band 34